타벨의 마술교실 5

Tarbell Course in Magic, Vol. 5

타벨의 마술교실 5

Tarbell Course in Magic, Vol. 5

2007
시그마북스
Sigma Books

타벨의 마술교실 5

발행일 2009년 01월 20일 초판 1쇄 발행

지은이 할란 타벨 | **옮긴이** 한수영 | **감수** 김준오

발행인 강학경 | **발행처** 시그마북스

마케팅 정제용 | **에디터** 권경자, 김경림, 김진주

편집디자인 참디자인 | **표지디자인** 성덕

등록번호 제10-965호

주소 서울특별시 마포구 성산동 210-13 한성빌딩 5층

전자우편 sigma@spress.co.kr | **홈페이지** http://www.sigmapress.co.kr

전화 (02)323-4845~7(영업부), (02)323-0658~9(편집부) | **팩시밀리** (02)323-4197

인쇄 백산인쇄 | **제본** 신안제책

가격 50,000원

ISBN 978-89-8445-294-7(94690)

Tarbell Course in Magic, Vol. 5

EACH YEAR BRINGS new magic. Sometimes the seemingly new magic is the old magic from the distant past, but it is new to this generation. I learn from the progressing new generation and I learn from the old timers who successfully entertained the audiences of their day. However, today or yesterday, the fundamental psychology is the sam—people want to be entertained, amused and mystified.

After years of experience as a magician I have learned that I am primarily a psychologist who uses his magic to play with human minds. It was Torrini who years ago told Robert-Houdin, that a magician must primarily be a psychologist who understands human nature—and plays upon the minds of his audience in a manner similar to the musician playing upon a musical instrument.

An important thing to keep in mind is the application of that psychology in order to entertain. To be successful as a magician you must be able to entertain. The trick itself is not enough. You must hold interest and make people like you and the thing you are doing.

Study the things that make people like you, and what they like about your magic. Is your personality appealing? Can you speak well? Do you appear to be authentic and with a properly prepared background? Do you have a good sense of timing? Have you studied the psychology of laughter so as to induce a natural laugh? Have you learned enough about acting to play your part?

Interesting in this volume is "Magic of the Bambergs" and the story of seven generations of famous magicians. Interesting about each of them is their intellectual background, their ability to act, their appreciation of detail, their sense of the dramatic and timing, their ability to speak aloud or work silently, their development of skill in performing their mysteries, and their knowledge of good showmanship.

Good magic depends much upon the observance of the fine details in performing and presentation. Many a mystery is ruined by the modern performer who takes it for granted that, because he knows how it is done, he may attempt to do it with little or no practice, forgetting the important details that are essential for successful presentation.

In this volume I have taken some of those older mysteries and explained the details with which our famous ancestors could create the amazing effects that they did. I have added new mysteries, explained in detail. In an age where mental effects are popular, I have not neglected that section.

It has taken time and patience to bring you the magic of this volume, and I am thankful to all those fine friends in magic who have helped by contributing their mysteries. We learn from each other.

Magicians as a whole have a fine spirit of cooperation for which I am thankful. Magic has brought me many wonderful friends. As for the rest of the Tarbell staff—Ralph W. Read and Louis Tannen —we all trust the field of magic has been made better because of the efforts we have made—and, for your information, we are already working on Volume VI.

Harlan Tarbell

머리말

매년 새로운 마술이 생겨난다. 때로는 새로운 것처럼 보이지만, 오래된 마술인 경우도 있다. 하지만 현 세대는 새롭게 느낀다. 나는 오래전 성공한 지난 세대로부터, 그리고 변화하는 새로운 세대로부터 많은 것을 배운다. 그러나 오늘이나 어제, 기본적인 심리는 동일하다. 사람들은 자신을 즐겁게 하고 놀라게 하는 신비한 것을 원한다.

몇 년간 마술사 생활을 하면서, 나는 내가 마술을 이용하여 사람들의 마음을 갖고 움직이는 심리학자라는 사실을 알게 되었다. 마술사는 인간의 본성을 이해한 심리학자이어야만 하고, 또한 음악가가 악기를 연주하는 것과 비슷한 방법으로 관객의 마음을 움직여야 한다고 토리니(Torrini)는 로버트 우댕(Robert Houdin)에게 말했다.

마음에 꼭 새겨둬야 할 중요한 것은 관객을 즐겁게 만들기 위해서 심리학을 이용해야 한다는 사실이다. 트릭 그 자체로는 충분하지 않다. 사람의 관심을 끌어서 그들이 당신과 당신이 하고 있는 마술을 좋아하게 만들어야 한다.

사람들이 당신을 좋아하게 만드는 것이 무언이지 연구하라! 그리고 사람들이 당신의 마술 중 어떤 점을 좋아하는지 알아보라! 당신의 인간성이 좋은가? 언변이 뛰어난가? 믿음직스럽게 보이는가? 좋은 배경을 갖고 있나? 타이밍을 잘 맞추나? 자연스런 웃음을 유발하기 위한 웃음 심리를 배운 적이 있나? 마술을 위해 연기를 배운 적이 있나?

이 책의 내용 중 흥미로운 부분은 '밤베르크 가의 마술(Magic of Bamberg)'이다. 7대 동안 이어진 유명한 마술사들의 이야기가 담겨 있다. 각각의 지적인 배경, 마술 능력, 그들이 공개한 마술, 타이밍에 대한 감각, 상황에 따라 소리의 크기를 조절하는 능력, 공연 기술의 발달, 쇼맨십에 대해 다루었다.

좋은 마술을 위해서는 다른 마술을 정교한 부분까지 세밀하게 관찰하는 것이 중요하다. 하지만 이런 점을 간과하는 몇몇 현대 마술사들이 수많은 마술을 망치고 있다. 그들은 연습도 거의 하지 않고, 세세한 부분을 완전히 무시한 채, 단순히 어떻게 하면 된다는 것을 안다는 자신감으로 무대에 선다.

제1권에서는 오래된 마술을 택하여 유명한 선배 마술사들이 개발한 놀라운 방법을 자세히 소개한 바 있다. 이번에는 그때 소개하지 못한 오래된 마술을 더 소개했다. 그리고 요즘 멘탈 미스터리가 인기를 끌기 때문에, 그 부분도 놓치지 않았다.

이번 책을 위해서는 오랜 시간과 인내가 필요했다. 이 책을 위해서 기꺼이 자신의 마술을 공개해 준 친구 마술사들에게 이 지면을 통해 감사의 인사를 전한다. 그리고 랠프 W. 리드(Ralph W. Read), 루이스 탄넨(Louis Tannen)을 비롯한 모든 스태프들, 우리는 우리의 노력을 통해서 마술 분야가 더 나아지고 있다고 믿는다. 그리고 여러분에게 더 많은 것을 알려주기 위해서 제6권을 준비하고 있다.

할란 타벨 Harlan Tarbll

추천사

　세상을 살다보면 무언가에 빠져드는 것이 있다. 마술도 그런 것 중 하나인 것 같다. 한국 마술은 도제식으로 발전되어 왔다. 2004년 우리나라에서는 학문을 추구하는 대학에 마술학과가 개설되었다. 내 인생에 있어 새로운 도전인 동아인재대학 마술학과 학과장을 맡게 되어, 마술이라는 새로운 분야에 대해 학문적 체계를 구축해야겠다는 사명감을 가지게 되었다. 그런데 안타까운 것은 학문의 전당이라는 대학에서 교재로 사용할 만한 서적이 국내에는 없다는 현실이었다. 대부분의 교수님들은 개인이 지니고 있는 경륜에 의존하여 강의를 하였다. 2005년에 접어들면서 만나는 마술관련 종사자분들에게 마술 전문 서적과 관련하여 많은 조언을 들었다. 알렉산더매직패밀리 김준오 감독, 안양마술극장 황휘 대표, 매직W 최병락 대표, 헬로우매직 김세전 대표 등등의 분들이 주저 없이 ≪타벨의 마술교실≫을 추천하였다. 그러나 막상 이 책을 출판할 출판사를 선정하지 못했었다. 그러던 차에 2006년 겨울 엔터스매직 양원곤 대표의 소개로 시그마북스에서 ≪타벨의 마술교실≫의 완역작업이 이루어졌다.

　≪타벨의 마술교실≫은 1927년에 출간되어 무려 80년 만에 우리나라에 소개된 것이다. 타벨이 머리말에서 밝혔듯이 "마술사가 만들어지기까지의 과정은 다른 직업과 별반 다르지 않다. 마술사가 되려면 기본적인 기술은 물론 예상하지 못한 상황에 대처하기 위한 기술까지 익혀야 한다. 배경도 상당히 중요하다. 신기한 마술을 보여주려면 자신이 선보이려는 마술을 완전히 꿰고 있어야 함은 물론 유쾌한 성격과 쇼맨십도 필요하다"라는 주장에 심히 공감한다. 내가 만났던 대다수의 마술사들은 ≪타벨의 마술교실≫을 마술의 바이블이라고 말한다. 이러한 평가를 이 책을 읽는 독자들도 동감할 것으로 생각한

다. 또한 타벨은 "어떤 직업의 파워는 그 분야에 종사하는 개개인의 파워에 달려 있다. (중략) 전문성이라고는 하나도 없이 단순한 속임수를 부리면서 스스로 '마술사'라고 칭하는 아마추어는 마술계의 암적인 존재이기 때문이다"라고 일침을 놓고 있다. 80년 전에 이러한 주장을 했다는 것에 감탄할 따름이다.

우리나라에서 마술은 철저한 도제식 방법으로 시작되었고, 오늘날에도 그 명맥을 유지하고 있다. 서구에서 도입된 학문적인 토양도 없이 유입된 마술은 폐쇄적인 틀에서 발전하였다. 이러한 발전은 결국 한계에 도달할 것으로 예견된다. 타벨이 마술사를 양성하기 위한 교재를 쓰고 싶어 기획하면서 체계적으로 정리한 것이 이 책이다. 이 책의 발간에 대해 타벨은 출간을 해준 출판사에 깊은 감사를 표하고 있다. 나도 마찬가지로 한국어 번역 출판을 맡아준 시그마북스 강학경 대표께 깊은 감사를 표하고 싶다. 총 8권으로 구성된 ≪타벨의 마술교실≫이 우리나라 마술사들에게도 값진 교재로 간직되길 바란다. 끝으로 타벨이 마지막으로 강조한 "모든 기술은 신기한 원리로 이루어진다. 기본을 탄탄하게 닦는 것이 중요하다는 사실을 명심하기 바란다"를 진정한 마술사를 꿈꾸는 우리나라 예비마술사들의 가슴에도 새겨져 세계적인 마술사로 거듭나길 기대한다.

한국마술산업진흥학회 회장
동아인재대학 마술학과 학과장
강 형 동

Tarbell course in Magic

차례

통과한 지팡이 | 맥스 말리니의 에그 백

Tarbell
Course in MAGIC

Tarbell course in MAGIC

독특한 마술
Unique Magic

《타벨의 마술교실》에는 수많은 참신하고 재미있는 마술이 가득하다. 관객은 평범 그 이상의 독특한 방식과 미스터리를 좋아한다. 영국의 저명한 마술사인 데이비드 데반트(David Devant)는 이렇게 말했다. "마술사는 터무니없는 이야기를 가능하다고 말하는 사람이다. 그리고 자신의 손에 있는 소품을 이용하여 그 이야기가 정말로 가능하다는 것을 보여준다." 데반트에게는 단순한 원리를 이용하여 사람들을 놀라게 하는 능력이 있었다. 이번 레슨에서 소개하는 마술을 통해서 데반트는 큰 명성을 얻게 되었다.

헤리슨의 코트를 통과한 칼
Harrison's Knife Through Coat

1947년 '마술사 해리슨(Harrison-Magician)' 이라는 사람이 나타나자, 한동안 뉴욕의 마술사들은 당황하여 놀라움을 금치 못했다. 해리슨은 프랑스계 캐나다인으로 몬트리올 출신이었으며, 매우 영리하고, 사람들과 쉽게 친해지는 성격을 가졌다. 뉴욕 마술사들이 모여서 최근에 일어난 일에 대해서 하는 이야기를 들어보면 해리슨은 그곳에서 관객들에게 최고의 호응을 받고 있었다. 미국인과의 고용이 만료되자, 그는 몬트리올로 떠났다. 그의 마술 비법을 알아내기 위해 노력하는 추종자들까지 생겨났다. 몇몇 추측이 등장했고, 사람들이 확실한 방법이라고 생각했던 것도 있었다. 하지만 어느 누구도 비법을 풀어내지는 못했다. 해리슨이 직접 타벨의 학생들을 위해 자세한 내용, 쇼맨십에 대한 조언, 스케치를 공개했다.

★ 이펙트

날카로운 주머니칼을 보여준다. 관객 한 사람이 '희생자'로 결정되면, 그 사람의 코트를 벗긴다. 다른 관객들이 그의 코트 모서리를 잡아 쫙 펴서 수평이 되게 든다 (**그림 1**). 지폐를 빌려 코트 위에 놓는다. 주머니칼을 펴서, 양면에 모두 아무런 장치가 되어 있지 않음을 보여준다. 칼을 잡은 오른손은 코트 아래로 가져가고, 왼손으로는 코트 위에 있는 지폐가 움직이지 않게 잡는다.

위에서 내려다보면 지폐가 살짝 위로 밀려 올라오다가, 결국에는 지폐에 칼날이 통과한다. 그럼 칼날에서 지폐를 빼내 모두에게 코트를 뚫고나온 칼날을 보여준다. 이때 칼을 놓고, 오른손을 관객에게 보여준다. 칼날에 지폐를 다시 꽂고, 코트 아래로 오른손을 넣어 칼을 코트에서 빼낸다. 칼이 코트를 통과했기 때문에 코트에는 구멍이 생겼다. 지폐를 치우자 '구멍'은 사라지고 보이지 않는다. 물론 관객이 직접 칼을 확인해볼 수 있다.

자신의 칼을 사용하거나, 관객에게 칼을 빌리거나, 혹은 두꺼운 옷이나 손수건과 같이 얇은 천에도 할 수 있는 다양한 방법이 있으며 응용도 가능하다. 먼저 가장 기본적인 방법을 설명하고자 한다.

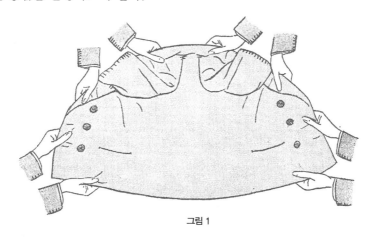

그림 1

★ 준비물

1. 1번 칼. 폭이 0.55cm 이상 0.6cm 이하인 평범한 주머니칼로 한쪽에만 날이 있고

끝은 날카롭다. 2번 칼과 구분하기 위해서 칼끝에 작은 칼자국을 만들어둔다.

그림 2

2. 2번 칼. 1번 칼과 완전히 똑같은 칼로 준비한다. 색깔, 흠집 등이 모두 일치해야한다. 하지만 다른 점이 두 가지 있다. 끝이 무뎌서 어느 것도 자를 수 없다. 그리고 1번 칼처럼 구분하기 위해 새겨둔 칼자국도 없다. 무딘 칼날의 폭은 0.55cm이다(**그림 2**).

2번 칼을 무디게 만들기 위해서는 부드러운 돌로 칼끝을 문질러 0.08cm 정도를 없앤다. 그럼 끝이 뭉뚝해져서 아무것도 자를 수 없게 된다. 마지막으로 칼끝을 단단한 나무로 문질러서 까칠하거나 날카로운 것을 모두 없애 부드럽게 만든다. 2번 칼을 이용하여 관객의 코트를 뚫을 것이기 때문에 이 작업은 매우 중요하다. 만약 날카로운 1번 칼에 흠집이 있다면 2번 칼에도 똑같이 만들어야 한다. 그래야만 관객의 의심을 피할 수 있다.

전문가들은 2번 칼을 준비할 때, 칼끝이 매끄러워질 때까지 간다. 그리고 마지막에 크롬으로 도금하고, 1번 칼도 크롬으로 도금한다. 그럼 칼날에 있는 흠집을 똑같이 만들 필요가 없어진다.

칼끝의 무딘 면이 0.55cm보다 짧아야만 다양한 천을 더 쉽게 통과시킬 수 있다. 그러나 끝이 너무 날카로우면 관객의 의심을 살 수도 있다.

준비

모든 종류의 천을 사용할 수 있는 것은 아니며 트위드가 가장 널리 이용된다. 너무 촘촘하지 않게 짜여진 직물을 이용하면 된다. 면 개버딘을 이용해도 된다. 그러나 실크 개버딘이나 모든 종류의 실크, 크레이프는 이용하면 안 된다. 만약 여성 의류를 이용하려 한다면 트위드나 저지 종류의 소재로 된 재킷이나 스웨터를 찾아야 한다. 하지만 가능하다면 여성 의류보다는 남성용 코트를 이용하는 것이 가장 좋다. 적합한 천과 부적합한 천에 대한 이해를 높이기 위해 다음과 같이 정리했다.

적합한 천	부적합한 천
트위드	모든 종류의 실크
부드러운 우스티드	크레이프
서지	브로드 천
면 개버딘	단단하고 촘촘한 직물
저지	면 손수건
홈스펀 울	냅킨이나 식탁보

해리슨은 실제로 마술을 하기 전에 위에 나열된 모든 천을 가지고 여러 차례 시험을 했다고 한다. 모든 마술사는 반드시 마술을 할 때 먼저 보거나 만져서 천의 종류를 확인해야만 한다. 만약 천의 종류를 잘 모르겠으면, 양복점이나 백화점에 가서 물어보면 된다. 그리고 무대에 오르기 전에 트위드나 서지 등과 같은 다양한 천에 무딘 칼날을 시험해봐야 한다. 이때 칼끝을 움직여 실(재단사들은 이것을 방사라고 부른다) 사이로 칼끝을 꽂는 방법과, 칼끝을 움직여 칼날이 완전히 들어올 수 있는 공간을 만드는 방법을 터득해야 한다. 이때 천에 구멍을 내지 않고, 실 사이를 벌려 공간을 만들어 나중에 가볍게 문질러서 원래대로 만들 수 있게 해야 한다. 문제가 발생하는 것을 막기 위해서는 천에 대해서 잘 알고 있어야만 한다.

모든 천에 아무런 흠집도 내지 않고 안전하게 통과시키기 위해서는 칼날이 바늘처럼 얇아야 한다. 하지만 바늘처럼 얇은 칼을 사용하면 어느 누구나 천에 칼을 통과시킬 수 있지 않은가? '칼날'에 이 마술의 비법이 숨어 있다. 트로피컬 우스티드 소재는 너무 촘촘하게 짜여 있어서 칼을 밀어 넣으려 하면 실이 끊어지고 만다. 그리고 아무리 얇은 바늘을 이용하여 실이 끊어지지 않더라도 바늘의 흔적이 남는 실크도 있다.

그렇기에 이 마술을 고안한 마술사는 '아주 날카로운' 칼을 이용해야 한다고 강조했다. 물론 관객에게 확인시켜 줄 때는 반드시 날카로운 칼을 이용해야 한다. 이런 면에서 마술사 해리슨의 말이 맞다.

이 책의 편집자가 하나의 제안을 했다. 코트의 오른쪽 주머니 아래쪽 중간을 꿰매어 깊이 3cm 정도의 공간을 두 개 만드는 것이다. 중심을 기준으로 양쪽으로 대각선으로 바느질을 하면 양쪽 공간에 있는 칼이 서로 부딪히는 것을 막아 조용하게 마술을 진행할 수 있다(**그림 3**). 무딘 칼을 주머니 왼쪽에 넣고, 날카로운 칼은 오른쪽에 넣는다. 잘만 기억하면 원하는 칼을 쉽게 집을 수 있다. 하지만 확신이 서지 않는 경우에는 미리 만들어둔 칼자국을 만져서 구분하면 된다. 그럼 이제 마술을 위한 준비는 모두 끝났다.

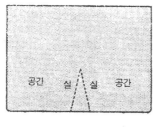

그림 3

시연

방법 1

객석을 둘러보아 트위드 소재로 된 코트를 입은 관객을 찾는다. 트위드 소재는 인기 있기 때문에 남자 관객이 있는 곳이라면 어디에서든 쉽게 찾을 수 있을 것이다.

"선생님, 옷이 아주 멋지시군요. 제가 그 옷을 가지고 마술을 하나 보여드릴까 하는데요. 괜찮으신가요? 아, 네. 좋습니다. 그럼 잠시 코트를 벗어주시겠습니까? 감사합니다."

가능한 많은 사람을 무대로 불러 동그랗게 서게 한다. 그리고 **그림 1**과 같이 코트의 모서리를 잡아 쫙 펴서 평평하게 한다. 다른 사람들도 무대로 올라와 가까이에서 마술을 볼 수 있게 한다. (그럼 마술사의 행동을 더 쉽게 숨길 수 있다.) 사람들이 코트를 잡고 있는 동안 날카로운 칼을 꺼내 칼날을 편다. 그리고 접었다가 다시 펴서 날카로운 칼날을 보여준 뒤 다시 접어 오른손으로 잡는다.

그리고 왼손은 코트 중앙으로 가져간다. 그럼 코트를 잡고 있는 사람들의 시선은 왼손을 따라 코트 중앙으로 이동한다. 이때 오른손을 몰래 주머니에 넣어 날카로운 칼을 놓고, 무딘 칼을 빠르게 잡은 다음 손을 천천히 주머니에서 꺼낸다. 왼손 집게 손가락으로 코트 중앙에 가상의 원을 만든다. 그리고 날카로운 칼의 칼날을 펴서 가상의 원 안에 칼을 놓고, 관객에게 지폐를 빌려 모두가 볼 수 있도록 지폐를 코트 중앙에 놓는다. 양손을 천천히 펴서 손가락을 벌리고, 서서히 손을 뒤집어 관객에게 보여준다. 이때 아무 말을 하지 않더라도 손에 아무것도 숨기지 않았고 하나의 칼만을 사용한다는 사실을 동작으로 충분히 전달할 수 있다(**그림 4**).

그림 4

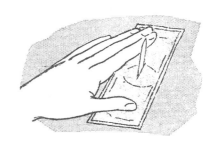

그림 5

오른손으로 칼을 잡고, 동시에 왼손으로 코트 위에 놓인 지폐를 평평하게 잡는다. 그리고 나서 칼을 든 오른손을 서서히 코트 아래로 넣어 지폐 바로 아랫부분에 칼을 갖다댄다. 그리고 그 부분의 실을 살짝 비튼 후, 그 틈에 칼날을 넣어 지폐까지 통과시킨다. 왼손은 여전히 지폐를 평평하게 잡고 있다. 칼을 꽂는 지점은 코트 등의 가운데 솔기에서부터 10~13cm 정도 떨어진 곳이 적당하다(**그림 5**). 그리고 이렇게 말한다.

"자, 이제 여러분이 보시다시피 칼날이 신사분의 코트를 통과했습니다."

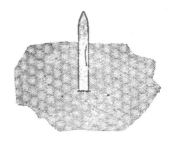

그림 6

왼손으로 튀어나온 칼날을 잡고, 이렇게 말한다.

"칼이 정말로 코트를 통과했는지 확인하고 싶으시죠? 아래로 손을 뻗으시면 칼을 잡으실 수 있을 거예요. 하지만 칼은 절대 움직이시면 안 돼요. 지금 그대로 잡고 계셔야 해요!"

관객이 칼을 움직이는 것을 막기 위해 코트 위로 나온 칼날을 잡는다. 관객이 칼을 놓으면 조심스럽게 칼날에 있는 지폐를 뺀다. 그럼 칼은 어느 누구의 손에도 닿지 않은 상태에서 코트에 달려 있다. 칼날이 코트를 통과한 것을 눈으로 직접 확인할 수 있기 때문에 의심하는 사람은 없다(**그림 6**).

이제 다시 오른손을 코트 아래로 넣어 칼을 잡고, 왼손으로 지폐를 (원래 있던 구멍을 이용하여) 다시 칼날에 꽂는다(**그림 5**). 지폐를 칼날에 꽂자마자 오른손으로 칼을 아래로 당겨 코트에서 칼을 빼낸다. 이때 왼손은 지폐가 움직이지 않도록 고정시킨다. 그러고 나서 왼손으로 지폐를 치우고 칼날이 지나간 부분 바로 위를 잡고, 오른손은 칼을 잡은 상태로 코트 아래에 둔다. 그리고 지폐와 칼을 모두 몸쪽으로 가져온다. 칼과 지폐가 코트의 모서리에 오면 지폐는 보이게, 그리고 칼은 지폐 아래에 숨겨 보이지 않게 한다. 그런 다음 왼손으로 칼과 지폐를 함께 잡는다. 코트 밖으로 나왔지만 코트에서 멀리 떨어지지 않게 한다(**그림 7**). 이 동작을 할 때는 칼날이 지나간 자리에 생긴 구멍에 관객의 주의를 집중시킨다. 마치 칼로 잘려 생긴 구멍처럼 보이지만, 실제로는 실과 실 사이가 벌어진 것뿐이다. 모두가 구멍을 보고 있는 사이에 관객 몰래 다음과 같이 움직인다. 오른손은 칼을 쥐고 있는 것처럼 자연스럽게 옆으로 내린다.

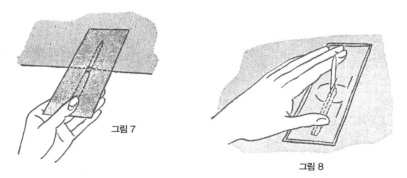

그림 7

그림 8

관객들이 코트에 난 구멍을 보고 있는 동안 빠른 움직임을 통해 (칼을 아래 숨기고 있는)

지폐를 다시 구멍 위로 가져간다. 그리고 구멍을 더 크게 만들어보겠다고 이야기한다. 오른손을 코트 아래로 넣고, 지폐를 잡고 있는 왼손의 도움을 받아 칼날을 반만 펴서 칼자루와 칼날이 직각이 되게 한다. 이때 전에 지폐에 뚫어 놓은 구멍으로 칼날을 통과시킨다. 왼손 집게손가락, 가운뎃손가락, 넷째 손가락, 새끼손가락은 지폐 아래로 넣고, 엄지손가락은 지폐 위를 잡아 칼이 움직이지 않게 고정시킨다. 이때 지폐를 아래로 눌러, 지폐와 코트 사이에 있는 칼이 보이지 않게 한다. 오른손은 여전히 코트 아래에 있으며, 칼자루를 잡고 있는 것처럼 연기한다(**그림 8**).

지폐로 구멍을 가린 사이, 오른손은 구멍이 있는 부분의 천을 잡는다. (여전히 지폐를 통과하고 있는) 칼을 위아래로 움직여 코트와 지폐 사이의 구멍을 더 크게 만드는 동작을 한다. 하지만 실제로는 지폐에 난 구멍만 더 커진다. 지폐를 자를 때, 칼날이 자신을 향하게 하고, 오른손은 천천히 코트에서 손을 뗀다. 그리고 코트에 큰 구멍이 생겨 코트 아래에 있던 칼이 위로 통과한 것처럼 연기한다. 칼날의 4cm 정도가 지폐 위로 보이면 칼날을 완전히 펴고, 지폐에 난 구멍으로 칼을 완전히 통과시킨다(**그림 9**). 그럼 이제 지폐와 코트 사이에 있던 칼이 없어졌기 때문에 지폐는 코트에 평평하게 놓여 있다. 칼을 잡은 오른손을 옆으로 내린 동안, 지폐는 그 자리에 그대로 둔다. 그러고 나서 몸을 숙여 지폐를 살짝 들어 올렸다 다시 내려놓는다.

"이제 구멍을 없애보겠습니다."

그림 9

오른손에는 여전히 칼이 들려 있다. 왼손으로 코트 위에 놓인 지폐를 잡고 있는 동안, 오른손은 코트 아래로 넣는다. 그리고 관객 몰래 구멍 부분의 천을 잡고 문질러서 구멍을 없앤다. 간단히 문지르기만 하면 구멍이 '없어진다'는 사실을 관객이 모르기 때문에 이 동작은 매우 중요하다. 이 과정에서 이 마술의 은밀한 비법이 발각될 수도 있기 때문이다. 지폐로 가린 상태에서 구멍을 없애면 정말로 마술처럼 보인다.

아직은 구멍이 사라졌다는 사실을 관객은 알지 못하는 상태에서 코트 위에 놓인 지폐를 살짝 들어서 안을 엿본 후 이야기한다.

"오! 오! 어떻게 하죠? 이번에 실수를 해버렸어요!"

여전히 구멍이 있던 자리를 지폐로 가린 상태에서 모두가 그곳을 쳐다본다. 그럼 이때 무딘 칼을 접고, 주머니에 있는 날카로운 칼과 바꿀 수 있는 기회를 얻게 된다. 날카로운 칼로 바꾼 후 칼을 펴서 자연스럽게 들고 있다. 그럼 곧 누군가가 칼을 시험해 보겠다고 이야기할 것이다. 그럼 이 마술은 끝이 난다. 다시 한 번 강조하지만, 다양한 천에 대해서 확실히 알고, 각 동작을 완벽하게 습득하기 전에 섣불리 이 마술을 선보여서는 안 된다. 이 마술은 관객의 주의를 다른 곳으로 끄는 기술과 교묘한 쇼맨십을 토대로 이루어진 마술이다.

코트 아래에서 몰래 구멍을 없앤 후 극적인 동작을 첨가해도 된다. 지폐와 코트에 난 구멍에 왼손 손가락을 한번에 찔러 넣는 척하고, 오른손으로 코트 아래를 잡는다. 왼손 손가락을 지폐의 구멍에 끼운 상태에서 오른손을 위로 올려 지폐를 조금씩 찢은 다음 옆으로 던진다. 지폐가 완전히 사라질 때까지 이 동작을 반복한 뒤, 왼손을 들어 모두에게 구멍이 있던 자리를 보여준다. 구멍은 사라지고 보이지 않는다!

방법 2 : 날카로운 칼만 이용하는 방법

'스포츠 코트'에 사용되는 소재를 비롯하여 느슨하게 짜인 직물이 있다. 홈스펀 우스티드로 느슨하게 짜인 직물로서, 보풀이 많이 있기 때문에 느슨하게 짜여진 것처럼 보이지 않는다.

이런 종류의 천을 사용하는 경우, 충분히 연습하고 주의를 기울이면 날카로운 칼로 직접 천을 통과시킬 수 있다. 이번에는 그 방법에 대해서 설명하고자 한다. 앞의 방법과 동일하게 지폐가 코트 위에 놓여 있다. 칼날을 편 칼을 오른손으로 잡는다. 이때 칼날의 날카로운 면이 밖을 향하게 잡고, 오른손을 코트 아래로 넣는다. 칼이 코트의 아래에 닿을 때 지폐를 살짝 들어서 아래를 살짝 본다.

칼끝을 천에 넣으며, 칼날의 무딘 뒷면을 몸쪽으로 당겨 모든 힘이 칼의 무딘 면으로 오게 한다. 그 상태에서 칼날을 서서히 밀어 넣는다. 이때 칼날의 날카로운 면을 조금씩 앞뒤로, 즉 오른쪽 왼쪽으로 움직이고, 무딘 면은 지지대 역할을 하도록 움직이지 않게 한다. 날카로운 면을 양옆으로 움직이면 천의 실을 자르지 않고도 칼을 통과시킬 수 있다.

사전 테스트와 연습을 통해서만 이 방법을 이용할 때 어떤 천이 적합한지 알 수 있다. 직접 관객의 옷을 가지고 마술을 하기 전에 자신의 옷이나 연습용 천을 가지고 시험해봐야만 한다. 간혹 칼날의 양쪽이 모두 날카롭지 않고 끝만 '뾰족한' 칼이 있다. 이 칼을 이용하면 더 수월하게 마술을 진행할 수 있다.

방법 3 : 방법 1의 끝에 날카로운 칼을 이용하는 방법

더 다양한 방법으로 마술을 진행하기 위하여 방법 1을 변형한 것이다. 방법 1에서 이미 설명했던 바와 같이 '핸드 슬레이트'를 이용하여 지폐와 코트에 칼을 통과시키기 바로 전에 무딘 칼을 날카로운 칼로 바꿔 지폐와 코트 사이에 숨긴다. 이 방법에서 지폐에 칼을 완전히 통과시킨다. 그럼 지폐와 코트에 칼을 통과시킨 것 같은 효과를 내고, 동시에 곧바로 날카로운 칼을 관객에게 보여줄 수 있다.

방법 4 : '녹아웃' 통과

회의론자와 다른 마술사들은 종종 미심쩍은 마술에 의심을 품곤 한다. 칼 하나가 코트와 지폐를 뚫고 지나가는 마술을 할 때, 누군가가 당신을 의심한다고 가정해보자. 이런 경우 다음과 같이 그들을 확신시키면 된다.

현재 당신은 무딘 칼을 사용하고 있으며, 칼을 편 상태로 지폐 아래 숨겨둔 상태이다. 칼끝은 밖을 향하고 있고, 지폐와 칼은 모두 왼손에 있다. 오른손은 칼을 잡고 있는 것처럼 하고 코트 아래로 넣는다. 동시에 (지폐와 칼을 잡고 있는) 왼손을 코트 중앙으로 움직이는데, 이때 코트 아래에 있는 오른손의 도움을 받는다. 왼손으로 관객 몰래 칼을 아래로 밀어서, 오른손으로 칼끝을 잡는다. 그리고 빠르게 칼을 뒤집어 칼날이 위를 향하게 한다. 물론 이 모든 과정은 코트 아래에서 관객 몰래 이루어진다.

이제 빠르게 왼손으로 위로 보이는 칼날에 지폐를 꽂는다. 그럼 코트를 뚫고 나온 칼날에 지폐가 끼어 있는 것처럼 보인다. (물론 관객은 코트에 칼을 한번만 꽂았다고 생각한다.) 칼자루가 실제로는 코트 위에 있지만, 관객은 모두 코트 아래에 있다고 믿는다.

이제 칼날이 꽂혀 있는 지폐를 움직여서 칼날을 시야에서 사라지게 한다. 이때 코트와 지폐에 동시에 꽂혀 있는 칼을 잡아 빼는 것처럼 연기해야 한다. 그리고 방법 1의 마지막에서처럼 지폐와 코트에 동시에 손가락을 끼우는 척한 뒤 마무리 한다. 그럼 아무리 똑똑한 사람이라도 속게 마련이다.

방법 5 : 관객에게 빌린 칼과 손수건을 이용한 방법

예나 지금이나 비판적인 사람들은 다음과 같이 요구한다.

"제 칼과 손수건을 갖고 마술을 해보시지요."

그럼 그는 자신이 마술사를 옴짝달싹 못하게 만들었다고 확신할 것이다. 방법 4는 마술사를 위한 것이고, 이번 방법은 아마추어를 위한 것이다.

앞에서 설명한 것처럼 핸드 슬레이트까지 진행한다. 그럼 빌린 칼이 지폐와 손수건 사이에 위치한다. 이 상태에서 손수건과 지폐에 칼날을 꽂는 것처럼 연기한다. 칼을 완전히 구멍으로 통과시킨다.

더 자세한 내용은 제3권 434페이지에 나온 '손수건을 통과하는 나이프(The Penetrating Pocket Knife)'에서 확인할 수 있다.

오래된 방법

이 방법은 몇 년 전 유행하던 방법으로, 평범한 칼에 손잡이가 없는 가짜 칼날을 연결하여 사용했다. 왼손에 평범한 칼을 잡은 상태에서 손수건 아래에 왼손을 넣는다. 그리고 가짜 칼날을 위에서 잡아 마치 진짜 칼이 손수건을 통과한 것처럼 보이게 한다.

아니면 평범한 칼을 관객 몰래 지폐 아래에 숨긴 후, 오른손으로 가짜 칼날을 잡고 손수건 아래로 넣는다. 잠시 가짜 칼날을 손수건 아래로 보여주어, 손수건 아래에 '정말로' 칼이 있음을 보여준다. 여기에 있는 다양한 방법을 충분히 이해하고 나면 이 방법도 쉽게 이해할 수 있을 것이다.

★ 주의

마술을 시작하기 전에, 관객에게 빌린 코트에 구멍이나 흠이 있는지 주의를 기울여 확인해야 한다. 만약 구멍이나 홈이 있다면 칼을 꺼내기 전에 먼저 관객에게 확인 시킨다. 만약의 상황에 대비하기 위한 행동이다. 그리고 지폐 대신에 종이를 이용해 도 된다. 하지만 종이보다는 지폐가 더 효과적이다. 만약을 위해서 항상 지폐를 주머 니에 넣고 다니는 것이 좋다.

프랭크 켈리의 '제가 해냈어요'
Frank Kelly's 'I DOOD IT'

수년간 마술사들은 냅킨을 찢었다가 다시 하나로 만드는 마술을 선보였으며 그 방법 또 한 가지각색이었다. 하지만 모든 마술사들이 지겹도록 이 마술을 선보였기에, 이 마술에 대해 새로운 것을 기대하는 사람은 거의 없어 보였다.

이때, 프랭크 켈리가 기발하면서도 예리한 방법을 마술계에 선보였다. 아주 자연스러우 면서도 동시에 모두를 놀라게 했다. 프랭크 켈리는 이 마술을 통해 큰 성공을 거두었다. 그에게서 이 마술을 배운 후, 나는 테오 밤베르크(오키토)에게 처음으로 이 마술을 보여주 었다. 그는 이 마술을 볼 때마다 놀라움을 금치 못하고 이렇게 말했다. "선생님, 이제까지 제가 봤던 냅킨을 찢었다가 다시 복원시키는 마술 중 단연 최고예요." 만약 당신이 냅킨 을 찢었다가 복원시키는 마술에서 무언가 새롭고 신선한 방법을 찾고 있다면, 바로 이것 이다.

★ 이펙트

마술사가 냅킨을 펴서 관객에게 보여주고, 자신의 손에 냅킨 한 장 외에는 아무것 도 없음을 보여준다. 냅킨을 갈기갈기 긴 조각으로 찢는다. 그리고 긴 조각을 나란히 놓은 후 다시 반으로 찢고 뭉쳐서 공으로 만든다. 찢어진 냅킨을 뭉쳐서 만든 공을 왼손 손바닥에 놓은 후 주먹을 쥔다. 그 공을 손수건으로 쌀 것이라고 이야기한 후, 코트의 가슴 주머니에서 손수건을 꺼낸다. 손수건을 펴자 다른 냅킨 공이 바닥으로 떨어진다. 마술사가 실수를 했다고 이야기한다. 그럼 이제 마술사가 어떻게 마술을 하려 했는지, 지금 무엇을 하고 있는지 누구나 알 수 있다. 즉, 찢어진 냅킨을 뭉쳐서 만든 공을 온전한 냅킨을 뭉쳐서 만든 공과 바꿔서 찢어진 냅킨이 복원된 것처럼 보이게 할 것이라고 생각한다.

오른쪽 바지주머니에 손수건을 넣고 바닥에 떨어진 냅킨 공을 줍는다. 그러고 나서 그가 어떻게 하려고 했는지 설명하며, 손에 있는 찢어진 냅킨 공을 바닥에 있는 냅킨 공과 몰래 바꾼다. 방금 주운 냅킨 공을 펼쳐서 보여준 후 옆에 치워둔다.

"물론, 찢어진 냅킨이 온전한 냅킨으로 복원된다는 것이 불가능하다는 것은 모두가 아실 겁니다. 물론 저도 찢어진 냅킨을 복원시키고 싶습니다. 그러나 제가 비록 마술사이기는 하지만 제가 과연 할 수 있을지는 의심스럽습니다."

나머지 공을 펼치자, 온전한 냅킨이 나타나 관객뿐만 아니라 마술사까지 놀라게 한다. 거기에는 커다란 검은색 글씨로 이렇게 적혀 있다.

"제가 해냈어요."

마지막으로 양손에는 복원된 냅킨 한 장 외에는 아무것도 없음을 관객에게 보여준다.

★ 준비물

1. 한 변이 33cm인 냅킨 세 장. 세 장 모두 같은 크기, 같은 색깔이어야 한다. 그중 하나에는 '제가 해냈어요'라고 검은색 크레용이나 파스텔로 적어둔다(**그림 1**).
2. 특별한 홀더. 코트 아래에 고정시켜, 공처럼 뭉친 '제가 해냈어요' 냅킨을 끼워둘 때 사용할 것이다. 옷핀에 구부린 실핀을 연결하여 만들면 된다(**그림 2**). 코트의 왼쪽 아래쪽에 옷핀을 끼워서 고정시키고, 공처럼 뭉친 냅킨을 실핀 사이에 끼우면 된다(**그림 3**). 코트의 아랫단과 공의 거리는 2.5cm 정도가 되게 하여, 왼팔을 아래로 내렸을 때 손가락을 구부려 공을 쉽게 잡을 수 있도록 해야 한다.

그림 1

그림 2

또 다른 종류의 홀더는 **그림 4**와 같다. 철사로 틀을 만들어 안전핀에 연결시킨다. 철사를 구부려 양끝에 각각 원 하나씩 만들어, 그 사이에 냅킨 공을 끼울 수 있게 한다. 이 홀더 앞에서 설명한 홀더와 마찬가지로 코트의 왼쪽 아래에 고정시킨다.

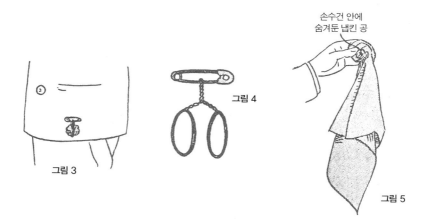

그림 3

그림 4

손수건 안에
숨겨둔 냅킨 공

그림 5

3. 손수건 한 장. 손수건의 한쪽 끝에 아무런 조작도 하지 않은 냅킨을 공처럼 뭉쳐서 말아둔다(**그림 5**). 그림에서는 잘 보이지 않지만, 먼저 손수건으로 공 주위를 한 방향으로 몇 차례 감는다. 그러고 나서 방향을 바꿔 끝까지 감는다(**그림 6**). 이렇게 하면 냅킨 공을 자연스럽게 떨어뜨릴 수 있다. 손수건의 말린 부분이 아래로 가게 하여 가슴 주머니에 넣고, 남은 끝은 주머니 밖으로 보이게 정리한다(**그림 7**).

그림 6

그림 7

그림 8

시연

테이블에 놓인 냅킨을 집어 관객에게 보여주고, 양손에 냅킨 외에는 아무것도 없음을 보여준다.

"중국 마술사가 되는 비법 중 하나는 냅킨을 찢어서 여러 개의 긴 조각으로 만드는 기술입니다."

냅킨을 여러 개의 긴 조각으로 찢는다. 먼저 냅킨을 반으로 찢으면 더 쉽게 찢을 수 있다(**그림 8**).

"다시 이 조각을 반으로 찢겠습니다."

반을 찢은 냅킨을 나란하게 모은 후 다시 반으로 찢는다(**그림 9**).

그림 9

그림 10

"다음 단계는 이 조각을 공처럼 뭉치는 겁니다. 이제 이 공을 제 왼손 위에 놓겠습니다."

냅킨 조각을 단단하게 뭉쳐 공처럼 만든 후, 왼손 위에 놓는 것처럼 보이게 한다.

이 동작은 매우 단순하지만 제대로 하면 완벽한 효과를 낼 수 있다. 오른손 엄지손가락과 나머지 손가락 사이에 냅킨 공을 놓고 관객에게 보여주며 왼손을 편다(그림 10). 오른손을 왼손 위로 가져가서 공을 왼손 손바닥 위에 놓고 오른손 손가락 위로 왼손 손가락을 접는다(그림 11). 여전히 엄지손가락과 나머지 손가락으로 공을 잡은 상태로 왼손에서 오른손을 빼낸다. 이때 왼손 손가락을 천천히 접으면 마치 왼손에 공을 놓고 온 것처럼 보인다(그림 12). 오른손 손등이 관객을 향하게 하여, 관객이 오른손에 있는 공을 보지 못하게 한다. 이 과정을 제대로 하면 관객은 공은 왼손에 있으며 오른손에는 아무것도 없다고 생각한다. 거울 앞에서 이 과정을 연습해야만 한다. 무엇보다도 먼저 왼손에 공을 놓은 후, 오른손에는 아무것도 없는 듯이 왼손에서 빼내는 연기가 필요하다.

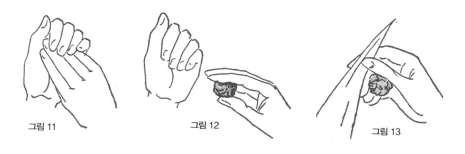

그림 11   그림 12   그림 13

"그럼 이제 냅킨 조각을 손수건으로 싸겠습니다."

가슴 주머니에 있는 손수건 모서리로 오른손을 뻗으며 냅킨 공을 핑거 팜으로 잡고, 오른손 손가락으로 손수건을 잡는다(그림 13). 그리고 손을 대각선 위로 움직여 주머니에 있는 손수건을 꺼낸다. 손수건이 주머니 밖으로 완전히 나오면 말아두었던 부분이 펼쳐지면서 안에 숨겨두었던 냅킨 공이 바닥에 떨어진다.

"오! 오! 이런, 제가 실수를 했습니다. 제가 의도했던 것은 주머니에서 손수건을 꺼내고, 손수건에는 온전한 냅킨으로 만든 공을 숨겨두는 것이었거든요. 제가 어떻게 하려고 했는지 이해하시죠? 그렇게 손수건으로 가린 상태에서 찢어진 냅킨을 온전한 냅킨으로 바꾸려고 했었는데…."

그림 14

이렇게 설명하는 동안 손수건과 찢어진 냅킨 공을 오른쪽 바지주머니에 넣는다. 이 때 왼손은 마치 공을 쥐고 있는 것처럼 살짝 쥐고 있어야 한다.

오른발을 살짝 앞으로 내딛고 몸을 숙여 바닥에 떨어진 공을 오른손으로 줍는다(그림 14). 이렇게 몸을 숙이는 동작을 하면, 왼손은 자연스럽게 코트의 아래쪽으로 가게 된다. 그럼 이때 손가락을 구부려 홀더에 끼워둔 공을 꺼낸다. 이 동작이 매우 자연스럽고 순식간에 이루어지기 때문에 어느 누구도 코트 아래에서 또 다른 공을 꺼내는 것에 대해서는 전혀 생각하지 못한다. 오른손으로 바닥에 있는 공을 줍고 일어설 때, 왼손은 여전히 살짝 주먹을 쥔 채로 몸 앞쪽으로 가져온다.

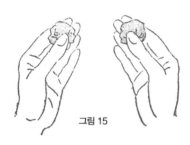

그림 15

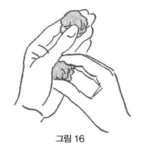

그림 16

이제 양손에 있는 공을 관객에게 보여준다(그림 15). 관객은 마술사가 왼손에 들고 있는 공이 처음에 사용한 찢어진 냅킨 공이라고 생각한다.

"이제, 이렇게 손수건으로 가리면 찢어진 냅킨을 온전한 냅킨으로 바꿀 수 있습니다."

오른손에 있는 공을 왼손 손바닥 위에 놓고 왼손에 있던 공을 오른손으로 잡는다(그림 16). 이 과정을 모두 관객이 볼 수 있게 천천히 해야 한다. 그래야만 실제로 공 두 개를 서로 바꿨다는데 어느 누구도 이의를 제기하지 않을 것이다.

"이제 이 공을 펴서 냅킨이 온전히 복원되었음을 보여드리겠습니다."

그림 17   그림 18

이렇게 말하면서 냅킨을 펴서 보여준다(**그림 17**). 그리고 냅킨을 객석에 던진다.

"그러나 아직 찢어진 냅킨이 남아있습니다. 저는 항상 제가 찢어진 냅킨을 온전하게 만들 수 있기를 소망했습니다. 하지만 저는 할 수 없습니다."

글씨가 있는 면이 객석을 향하여 똑바로 보이게 냅킨을 편다(**그림 18**).

"오, 보십시오. 제가 해냈습니다!"

★ 주의

준비할 수 없는 상황이라면, 글씨가 있는 냅킨 대신에 평범한 냅킨을 이용하여 이 찢어진 냅킨 마술을 해도 좋을 것이다. 글씨가 있는 냅킨이 평범한 냅킨으로 바뀌었을 뿐이지 나머지 과정은 동일하다. 그리고 마지막에는 "제가 해냈습니다!" 라고 외친다.

힌두 털실 미스터리
Hindu Yarn Mystery

이 흥미로운 마술은 인도의 거리에서 유래되었다. 존 플랫(John Platt)이 머나먼 타국에서 돌아온 후, 그는 화려한 색깔의 털실을 이용하는 동인도 마술에 심취해 있었다. 그는 캘커타에서 거리 마술사에게 이 마술을 배웠다고 한다. 나는 여러 차례 마술쇼에서 이 마술을 선보였고, 항상 좋은 반응을 얻었다. 팬터마임으로 해도 좋고, 이야기를 하면서 진행해도 좋다. 이 유명한 털실 미스터리에 대한 수많은 해법이 제시되어 왔지만 대부분은 실행 불가능한 것이었다. 여기에 소개된 방법은 동인도에서 전해지는 진짜 방법이다.

★ 이펙트

양손 손바닥을 이용해 털실 한 타래를 잡고 관객에게 보여준다. 실을 풀면서 실을 조금씩 잘라서 약 40cm의 실을 사용한다. 잘라놓은 실 조각을 뭉쳐서 뭉치로 만든 후, 다시 양손을 관객에게 보여주어, 손에 실뭉치 외에는 아무것도 없음을 보여준다. 왼손 손바닥에 실뭉치를 놓고 손가락을 구부려 주먹을 쥔다. 실의 한쪽 끝을 당기자 실은 다시 한 가닥이 되었다. 마지막에 왼손을 펴서 앞뒤로 뒤집어 손바닥과 손등을 모두 보여주어, 한 가닥으로 변한 실뭉치 외에는 아무것도 없음을 보여준다.

★ 준비물

그림 1

1. 화려한 색깔의 털실 두 개. 백화점 등에서 구입할 수 있다. 개인적으로 밝은 오렌지색 털실을 좋아한다. 하지만 이제까지는 흰색, 노란색, 빨간색, 연두색만 사용해봤다. 각각의 길이는 4.6m 정도가 적당한다.

2. 길이 8.3cm, 지름 2.5cm의 종이 튜브 하나(**그림 1**). 종이 튜브를 만드는 손쉬운 방법은 8.3cm×16.5cm 크기의 책표지를 칫솔 홀더에 말아 놓은 다음, 양끝에 스티커를 붙이는 것이다. 그리고 튜브의 한쪽 모서리는 폭 3.2cm의 흰색 종이테이프로 감는다.

준비

4.6m 길이의 털실을 종이 튜브에 감는다(**그림 2**). 나머지 털실은 뭉쳐서 작은 공처럼 만든다. 이때 실의 한쪽 끝에 매듭을 만들고, **그림 3**과 같이 매듭이 있는 쪽을 왼손 엄지손가락과 집게손가락 사이에 놓고, 집게손가락, 가운뎃손가락, 넷째 손가락에 실을 감고 60cm만 남겨둔다. 그리고 손가락에서 실을 뺀 후, 남은 실을 가로 방향으로 감는다(**그림 4**). 이 과정을 제대로 하면, 실뭉치는 너무 단단하지 않고, 매듭은 밖으로 살짝 삐져나온다. 왼손으로 실뭉치를 잡을 때는 매듭이 있는 쪽이 엄지손가락을 향하게 하여, 오른손으로 매듭을 잡아 실뭉치를 쉽게 풀 수 있도록 한다. 실뭉치는 길이 5.8cm, 지름 1.9cm가 적당하다.

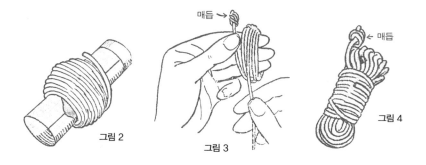

그림 2   그림 3   그림 4

그리고 이 뭉치를 종이 튜브 안쪽에 넣는다. 이때, 매듭이 있는 부분이 흰색 종이테이프를 감아둔 쪽으로 가게 한다(**그림 5**). 그럼 이제 모든 준비가 끝났다. 실뭉치를 넣은 종이 튜브를 테이블 위에 놓는다. 이때 관객이 튜브 안쪽을 보지 못하도록 주의해야 한다.

매듭

그림 5

그림 6

시연

실뭉치를 넣어둔 튜브를 집는다. 오른손으로 튜브가 수평이 되게 든다(**그림 6**). 그럼 자연스럽게 손에 튜브 외에는 아무것도 없음을 관객에게 보여줄 수 있다.

"인도에서 유래된 신기한 이야기가 있습니다. 저는 이제부터 인도가 아닌 다른 곳에서는 보기 어려운 마술을 인도의 거리 마술사가 사용하는 방법 그대로 보여드리고자 합니다. 일명 실뭉치 마술입니다."

말하는 동안 왼손 손가락을 접어서 튜브의 한쪽을 가린다. 그리고 오른손 가운뎃손가락을 흰색 종이테이프가 둘러진 튜브 끝에 넣어 실뭉치를 왼손 손바닥으로 보낸다(**그림 7**). 튜브를 오른쪽으로 가져오고, 왼손을 튜브에서 뗀다. 이때 실뭉치는 왼손에 남아있고, 매듭이 있는 부분이 위를 향한다(**그림 8**).

왼손 엄지손가락과 집게손가락을 이용해 튜브에 감겨 있는 실 끝을 잡고, 튜브를 바닥이나 테이블에 떨어뜨려 실을 푼다.

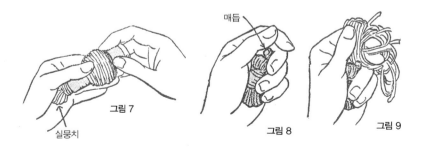

그림 7

실뭉치

매듭

그림 8

그림 9

"인도 마술사는 실뭉치를 여러 조각으로 잘랐습니다."

왼손 집게손가락과 가운뎃손가락에 실을 30cm 정도 감고, 실의 나머지 부분은 오른손으로 잡아 당겨 실을 끊는다. 이 과정을 반복하여 실을 모두 끊는다(**그림 9**).

"그리고 이렇게 자른 조각을 뭉쳐서 실뭉치를 만들었습니다."

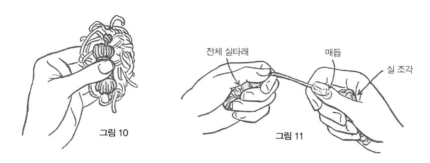

그림 10

전체 실타래 매듭 실 조각

그림 11

왼손 집게손가락과 가운뎃손가락에 있는 실을 **빼내면서** 관객 몰래 미리 준비해둔 실뭉치를 실 조각 뒤에 숨긴다(**그림 10**). 그럼 실 조각을 보여주며 자연스럽게 손에 실 조각 외에는 아무것도 없음을 보여줄 수 있다. 손등이 객석을 향하게 한 상태에서 오른손을 실 조각 위로 가져간다. 준비해둔 실뭉치는 왼손 안으로 밀어 넣으면서 오른손으로 실 조각을 잡는다. 오른손 엄지손가락과 집게손가락으로 실뭉치의 매듭을 잡고 점점 당긴다(**그림 11**).

"그러고는 마술사가 실 조각의 한 끝을 잡아당기자 신기한 일이 일어났습니다."

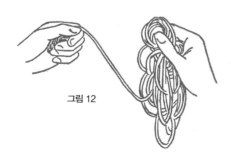

그림 12

오른손을 오른쪽으로 38cm 정도 이동하며 실을 당긴다. 그리고 다시 오른손을 왼쪽으로 가져와 실을 잡고 다시 오른쪽으로 38cm 이동한다. 이 과정을 반복하면 여러 개의 고리가 생겨 오른손에 있는 실 조각을 숨길 수 있게 된다(**그림 12**).

실을 왼손에서 완전히 빼냈을 때, 왼손을 천천히 펴서 아무것도 없음을 보여준다(**그림 13**). 이렇게 손을 펴서 아무것도 없음을 보여주는 동작은 매우 효과적이다. 실 조각을 긴 실로 말아서 하나의 실뭉치로 만든다(**그림 14**). 동작이 매우 자연스럽고 대담하기 때문에, 어느 누구도 실 조각이 긴 실과 함께 뭉쳐 있을 것이라고는 상상하지 못할 것이다.

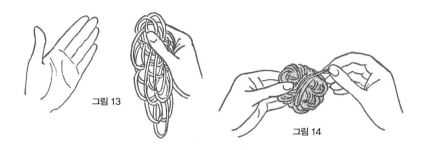

그림 13

그림 14

"실 조각이 다시 하나로 되었습니다. 다음 쇼에서 다시 사용해도 될 것 같습니다."

각 동작을 잘 연습하면 아름다운 효과를 낼 수 있다.

모라의 움직이는 구슬
Mora's Travelling Marbles

고전 마술을 보고자 한다면 사일런트 모라(Silent Mora)의 화려한 움직이는 구슬 마술을 놓쳐서는 안 된다. 네 개의 종이 뭉치를 한번에 하나씩 이쪽 모자에서 저쪽 모자로 옮기는 마술은 익숙할 것이다. 그러나 모라는 이 마술에서 아이디어를 착안하여 네 개의 알록달록한 구슬, 예를 들어 빨간 구슬, 노란 구슬, 녹색 구슬, 파란 구슬을 이용했다.

★ 이펙트
색깔이 다른 구슬 네 개가 테이블 위에 놓여 있고, 그 위에 모자가 있다. 다른 모자를 집어 안에 아무것도 없음을 보여준 후 왼쪽에 놓는다. 모자는 모두 뚫린 부분이 아래로 가게 놓는다. 신기하게 구슬이 하나씩 오른쪽 모자에서 왼쪽 모자로 옮겨간다.

★ 준비물

1. 각각 색깔이 다른 구슬 네 개. 빨간색, 노란색, 녹색, 파란색 구슬을 준비한다. 구슬의 크기는 지름 1.9~2.5cm가 적당하다.
2. 중절모 두 개
3. 테이블보가 씌워진 테이블 하나. 테이블보가 있으면 구슬이 떨어지며 나는 소리나 구슬이 굴러 떨어지는 것을 방지할 수 있다. 모라는 종종 카펫이나 담요를 이용하여 바닥에서 마술을 선보이기도 했다.

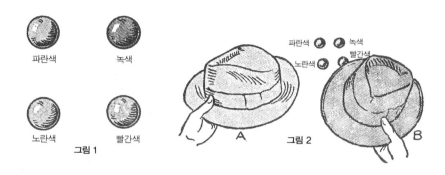

파란색   녹색

노란색   빨간색

그림 1

파란색   녹색

노란색   빨간색

A   그림 2   B

시연

"중국 마술의 대가 중에는 '사일런트 모라'도 있습니다. 그의 마술 중 네 가지 색깔 구슬 마술은 매우 많은 사랑을 받고 있습니다."

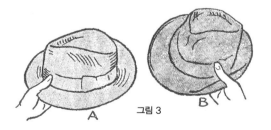

A   그림 3   B

구슬 네 개를 테이블의 오른쪽에 나란히 놓는다(**그림 1**). 그리고 양손에 모자를 하나씩 들고 안에 아무것도 없음을 보여준다. 이때 엄지손가락을 제외한 나머지 손가락으로 모자 아랫부분을 잡고 손바닥이 위를 향하게 한 다음, 엄지손가락이 챙 위로 가게 한다(**그림 2**). 모자 B를 구슬 위에 놓는다(**그림 3**). 이때 오른손 가운뎃손가락과 넷째 손가락으로 빨간색 구슬을 집는다(**그림 4**). **그림 5**와 같이 구슬을 핑거 팜으로 숨기며 오른손을 모자에서 뗀다. 그리고 손을 뒤집어 손등이 보이게 한다.

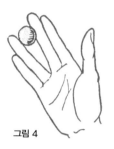

그림 4

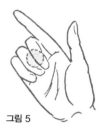

그림 5

그림 6

오른손을 모자 A로 가져가 가운뎃손가락과 넷째 손가락을 모자 안쪽으로 넣는다. 그 상태로 모자를 잡아서 구슬이 손가락과 밴드 사이로 가게 한다(**그림 6**, **그림 7**). 엄지손가락은 모자 밖에 나와 있다. 오른손으로 모자를 잡아 테이블에 내려놓으면서 왼손은 모자에서 뗀다. 모자를 놓을 때는 벌어진 부분이 아래로 가게 하고, 두 모자 간의 거리는 10cm 정도로 유지한다. 다시 가운뎃손가락과 넷째 손가락으로 **그림 4**와 같이 구슬을 잡는다. 그리고 소리가 나지 않게 조심히 구슬을 테이블 위에 놓는다. 테이블보가 있으면 소리가 거의 나지 않을 것이다. 그러고 나서 모자에서 손을 떼낸다. 모자 B에서 구슬을 집어 모자 A 아래에 내려놓는 일련의 과정이 리듬에 맞춰 자연스럽게 이루어져야만 한다. 거의 습관적으로 할 수 있을 정도로 반복해서 연습해야만 한다. 그럼 어느 누구도 마술사가 직접 이쪽 모자 아래에 있던 구슬을 반대쪽으로 옮겼다고 의심하지 않을 것이다. 그럼 이제 모자 A 아래에 구슬 하나, 모자 B 아래에 구슬 세 개가 있다(**그림 8**). 하지만 관객은 여전히 오른쪽 모자에 구슬이 네 개 있다고 생각한다.

"이제 기억하십시오. 제 오른쪽에 있는 모자에 구슬 네 개가 있습니다. 먼저 빨간색 구슬을 옮겨보겠습니다."

왼손으로 모자 B의 윗부분을 잡고 모자를 앞으로 기울여 오른손을 모자 아래로 넣어 빨간 구슬을 꺼내는 척한다. 마치 구슬을 잡은 것처럼 손을 살짝 쥔 상태로 모자에서 손을 빼낸다. 모자는 다시 원래대로 테이블 위에 내려놓는다.

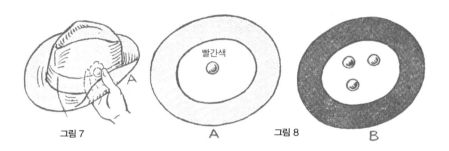

그림 7   A   그림 8   B

"그럼 이제 보이지 않게, 그리고 소리 없이 구슬을 왼쪽 모자로 던지겠습니다. 자, 던졌습니다!"

모자 A 위로 무언가 던지는 척하며 오른손을 펴서 손에 아무것도 없음을 보여준다. 왼손으로 모자 B의 윗부분을 잡아 들어올린 후 오른손으로 옮겨 잡는다. 이때 오른손의 엄지손가락은 모자의 챙 위에, 나머지 손가락은 모자 아래에, 손바닥은 위를 향한다(**그림 7**).

"물론 이제 모자 아래에 남아 있는 구슬은 노란색, 녹색, 파란색 구슬뿐입니다."

모자를 다시 구슬 위에 놓으면서 오른손 가운뎃손가락과 넷째 손가락으로 노란색 구슬을 잡는다(**그림 4**). 그리고 핑거 팜으로 구슬을 숨긴 후 손등이 보이게 모자에서 손을 빼낸다.

왼쪽에 있는 모자 A의 윗부분을 왼손으로 잡은 후, 오른손으로 옮겨 잡는다. 이때 노란색 구슬이 손가락과 모자의 밴드 사이에 위치하게 한다(**그림 7**). 엄지손가락은 모자 밖에 위치한다.

"빨간색 구슬이 넘어갑니다."

모자 A를 빨간색 구슬 위에 놓으면서, 노란색 구슬을 조용히 테이블 위에 내려놓는다. 모자에서 오른손을 빼내고, 왼손으로 모자 B의 윗부분을 잡는다. 그리고 모자를 기울여 오른손을 그 아래에 넣는다.

"이번에는 노란색 구슬을 없애겠습니다."

마치 손에 구슬을 쥔 것처럼 오른손을 살짝 쥔 상태에서 모자에서 빼낸다.

"그리고 다시 반대쪽 모자로 던져보겠습니다."

노란색 구슬을 모자 A 위로 던지는 척한 뒤, 오른손에 아무것도 없음을 보여준다. 왼손으로 모자 B의 윗부분을 잡아서 들어올린 후 오른손으로 옮겨 잡는다.

"그럼 이제 이쪽에는 녹색과 파란색 구슬만 남아있습니다."

다시 모자를 내려놓으며 다른 구슬을 잡은 것처럼 녹색 구슬을 잡는다. 왼손으로 다시 모자 A의 윗부분을 잡아서 테이블 위에 빨간색과 노란색 구슬이 있음을 보여준다. 모자를 오른손으로 옮겨 잡으며 녹색 구슬이 손가락과 모자 밴드 사이에 오게 한다.

"노란색 구슬도 이쪽으로 옮겨왔기 때문입니다."

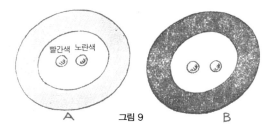
그림 9

빨간색과 노란색 구슬을 모자로 덮으며 녹색 구슬을 내려놓는다. 이때 관객은 양쪽 모자에 각각 구슬이 두 개씩 있다고 생각한다(**그림 9**).

"그리고 이제 녹색 구슬을 옮기겠습니다."

오른손을 모자 B 아래로 넣어 녹색 구슬을 꺼내는 연기를 한다. 그리고 모자 A를 향해 던지는 척한다.

"가라!"

오른손에 아무것도 없음을 보여준다. 왼손으로 모자 B를 들어 오른손으로 옮겨 잡는다.

"이제 이쪽 모자 아래에는 파란색 구슬만 남아있습니다."

파란색 구슬 위에 모자를 내려놓으며 다른 구슬을 잡은 것처럼 파란색 구슬을 잡는다(**그림** 10). 왼손으로 모자 A의 윗부분을 잡아서 든 후 오른손으로 옮겨 잡으며 오른손 손가락과 모자 사이에 파란색 구슬을 숨긴다.

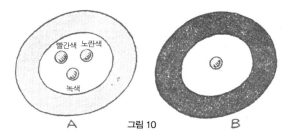

그림 10

"여기에는 녹색 구슬이 빨간색과 노란색 구슬과 함께 있습니다."

모자를 다시 내려놓으며 파란색 구슬을 테이블 위에 내려놓는다(**그림** 11).

"기억하십시오. 제 왼쪽에 있는 모자 아래에는 구슬이 세 개 있습니다. 그리고 오른쪽 모자 아래에는 파란색 구슬 하나가 있습니다. 이제, 제가 만약 중국 마술사라면 보이지 않게 파란색 구슬을 꺼낼 겁니다."

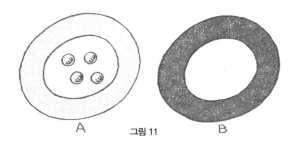

그림 11

오른손을 모자 B 위로 가져가서 파란색 구슬을 집어 모자 A 위로 가져가는 척한다.

"그리고 구슬을 이쪽 모자를 통과시켜 아래로 보내보겠습니다."

구슬을 모자 A 아래로 떨어뜨리는 척한다. 오른손에 아무것도 없음을 보여준 후 오른손으로 모자 B를 들어올려 파란색 구슬이 사라졌음을 보여준다.

"여기에 있던 파란색 구슬이 사라졌습니다."

모자를 다시 테이블 위에 내려놓는다. 그리고 왼손으로 모자 A의 윗부분을 잡아 들어올려, 모자 아래에 구슬 네 개가 모두 있음을 보여준다.

"파란색 구슬은 다른 구슬과 함께 이쪽 모자 아래에 있습니다."

버클리의 우유와 손수건 바꾸기
Buckley's Milk and Silk Transposition

몇 년 전 아서 버클리(Arthur Buckley)가 이 마술을 선보이는 것을 본 적이 있다. 매우 명료하고 직접적인 동작 때문에 큰 사랑을 받았다.

★ 이펙트
색깔 손수건이 담겨 있는 큰 유리컵을 모자 안에 놓는다. 우유가 담긴 유리잔을 종이로 싼다. 마술사의 명령에 우유와 손수건의 위치가 바뀐다.

★ 준비물
1. 똑같이 생긴 유리잔 세 개

2. 아이보리 색깔의 에나멜 종이 셸 하나. 유리잔 밖에 씌웠을 때 꼭 맞아야 한다 (**그림 1**). 아이보리 색깔은 흰색보다는 우유 색에 가까워야만 한다. 나는 주로 에나멜지로 된 책표지나 셸프 페이퍼를 이용한다. 흰색 셸프 페이퍼는 주로 아이보리 색이나 우유 색이다.

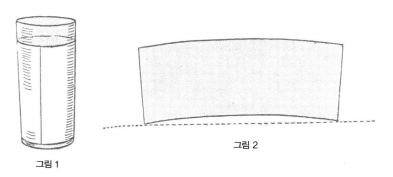

그림 2

그림 1

에나멜 종이 셸 제작 : 셸을 만들기 위해서 유리잔에 꼭 맞게 두를 수 있는 종이를 준비한다. 가위를 이용해 종이의 윗면과 아랫면을 자른다. 유리잔의 아랫면에 있는 띠가 보이도록 종이를 다듬는다. 그리고 유리잔의 윗부분이 2.5cm 정도 보이게 한다(**그림 1**). 만약 이 마술을 여러 차례 할 예정이라면 두꺼운 종이를 이용해 표본을 만들어 두는 게 좋다(**그림 2**). 그리고 두꺼운 종이 위에 미리 만들어 놓은 셸을 놓고 둘레를 따라서 자르기만 하면 된다. 그렇게 하면 다음부터는 종이를 놓고 그 위에 표본을 올려놓은 후, 표본을 따라 선을 그리고 가위로 자르기만 하면 된다. 그리고 셸을 유리잔에 맞게 두른 후, 양끝을 고무 시멘트나 풀로 붙이면 된다. 이때 유리잔에서 셸이 쉽게 빠지도록 해야 한다.

3. 우유 한 잔. 셸의 높이와 비슷하게 유리잔에 채운다.

4. 밝은 색의 손수건. 한 변의 길이는 38~46cm가 적당하다.

5. 중절모 하나.

6. 신문지 한 장. 31cm×38cm 크기가 적당하다.

준비

우유가 담긴 유리잔에 종이 셸을 씌운다(**그림 3**). 이때 반드시 유리잔의 표면에 물기가 없어야 한다. 그리고 이 잔을 다른 유리잔 두 개와 손수건, 신문지, 모자와 함께 테이블 위에 둔다.

시연

오른손으로 셀을 씌우고 우유를 담아둔 유리잔을 잡는다. 그리고 왼손으로 모자를 들어 모자 안에 아무것도 없음을 보여준 후, 모자의 벌어진 부분이 위를 향하게 하여 테이블 위에 내려놓는다.

"이 마술에서 저는 우유 한 잔과 모자를 이용합니다."

우유가 담긴 유리잔을 모자 안에 넣는다. 이때 모자의 앞쪽에 넣고, 다시 꺼낼 때는 셀을 그 자리에 남겨두고 우유가 담긴 유리잔만 꺼낸다. 그럼 모자 안에는 종이 셀이 들어 있다.

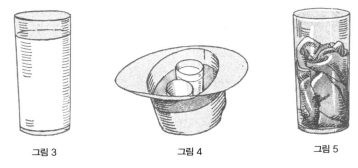

그림 3   그림 4   그림 5

"이게 진짜 우유인지 의심하는 분이 계실지도 모릅니다."

테이블에 놓인 빈 잔을 들어 거기에 우유를 쏟는다. 그리고 우유가 담긴 유리잔을 모자 안의 셀 옆에 놓는다(**그림 4**).

"분명히 우유가 담긴 잔입니다."

테이블에서 빈 잔을 집고, 색깔 손수건을 보여준 후, 유리잔 안에 손수건을 넣는다 (**그림 5**). 오른손으로 유리잔을 잡고 이야기한다.

"이 손수건을 유리잔 안에 넣겠습니다."

왼손으로 신문지를 집는다.

"이 신문지로 손수건이 담긴 유리잔을 싸겠습니다. 아니 거꾸로 하겠습니다. 손수건을 모자 안에 넣겠습니다."

손수건이 담긴 유리잔을 모자 안에 있는 종이 셸에 끼운다. 유리잔의 바닥이 보이게 종이 셸을 살짝 위로 당긴다. 종이 셸을 끼운 유리잔을 모자에서 꺼낸다. 그럼 마치 우유가 담긴 유리잔을 꺼내는 것처럼 보인다. 이때 유리잔이 기울어 바닥을 통해 손수건이 보이지 않도록 주의해야 한다(**그림 6**).

"그리고 우유가 담긴 유리잔을 신문지로 싸겠습니다. 손수건이 있는 유리잔은 모자 안에 있습니다. 여기까지는 마술이 아니죠."

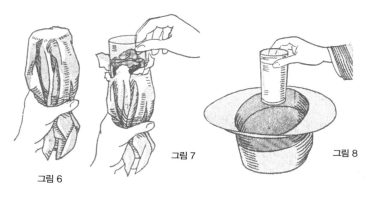

그림 6

그림 7

그림 8

신문지 위에 구멍을 뚫는다.

"진짜 마술이 되려면 신문지 안에 우유가 담긴 유리잔 대신에…."

윗부분을 잡고 유리잔을 신문지에서 꺼낸다(**그림 7**). 이때 종이 셸은 신문지 안에 담겨둔다. 왼손으로 신문지를 꽉 잡으면 쉽게 종이 셸을 신문지 안에 남길 수 있다.

"손수건이 담긴 유리잔이 있어야겠죠? 그리고 우유가 담긴 유리잔은 모자 안에 있어야 합니다."

모자에서 우유가 담긴 유리잔을 꺼낸다(**그림 8**). 손수건이 담긴 유리잔을 테이블

Tarbell course in Magic

위에 놓고, 빈 유리잔을 집는다. 우유가 담긴 유리잔을 기울여 우유를 빈 잔에 따른다. 마지막으로 모자를 집어 안에 아무것도 없음을 보여준다.

에드윈 타보르의 '4차원' 손수건
Edwin Tabor's 'Fourth Dimension' Silks

로이드 존스(Lloyd Jones)와 함께 에드윈 타보르(Edwin Tabor)의 손수건 매듭에 대해서 이야기 할 때, 로이드는 이런 말을 했다.

"타벨, 저는 당신의 마술 책에 넣으면 좋을 좀 더 나은 매듭을 알고 있어요. 최근 〈더 배트(The Bat)〉에도 실렸었죠. 무대에서 하기에도 좋고, 아무런 준비 없이 즉석에서 하기에도 아주 좋거든요. 저에게 이 마술을 배운 사람은 모두 만족하더라고요."

★ 이펙트
파란색과 주황색과 같이 대비되는 색깔의 손수건 두 장을 보여준다. 길게 펼쳐놓은 주황색 손수건에 파란색 손수건을 감는다. 그리고 주황색 손수건으로 파란색 손수건 가운데를 감는다. 한 손에는 파란색 손수건의 양끝을, 반대쪽 손으로는 주황색 손수건의 양끝을 잡는다. 그리고 두 손수건의 가운데가 서로 감겨 있음을 보여준다. 하지만 손수건을 양쪽으로 당기자 아주 쉽게 손수건이 떨어진다.

★ 준비물
대비되는 색깔의 손수건 두 장. 한 변의 길이가 45~60cm인 손수건이 적당하다. 주황색과 파란색, 빨간색과 노란색, 녹색과 노란색, 어두운 색과 흰색이 잘 어울린다.

시연
손수건을 각각 길게 말아서 로프처럼 만들어둔다. 손바닥이 위를 향하도록 왼손을 편 후, 그 위에 주황색 손수건을 올려놓는다. 이때 손수건의 중심은 손바닥에서 살짝 비껴서 둔다. 그 위에 파란색 손수건을 엇갈려 놓는다. 파란색 손수건의 중심 역시 살짝 비껴서 둔다(**그림 1, 그림 2**). 그럼 끝 B와 끝 D가 끝 A와 끝 C보다 더 길게 늘어지게 된다.

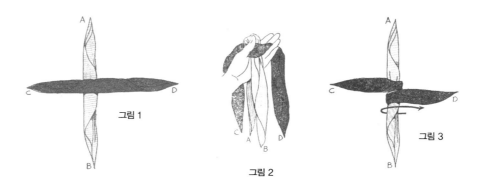

그림 1

그림 2

그림 3

"이렇게 파란색 손수건을 주황색 손수건 위에 놓고, 파란색 손수건으로 주황색 손수건을 한 바퀴 감겠습니다."

파란색 손수건의 끝 D로 주황색 손수건의 가운데를 감는다(**그림 3**). 그럼 오른쪽에서 파란색 손수건을 주황색 손수건 아래로 돌리고, 왼쪽으로 나온 파란색 손수건을 주황색 손수건 위로 넘긴다. 왼손 엄지손가락으로 손수건을 감은 부분을 잡는다.

"그리고 이제는 주황색 손수건으로 파란색 손수건의 가운데를 감겠습니다."

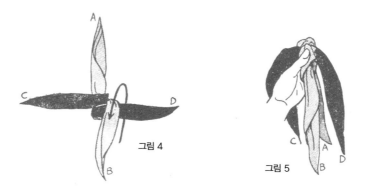

그림 4

그림 5

아래에서는 주황색 손수건의 끝 B를 파란색 손수건 아래로 돌리고, 위로 나온 주황색 손수건의 끝을 잡아 파란색 손수건 위로 넘긴다(**그림 4**). 손수건이 서로 엮여 있는 부분을 왼손으로 잡는다(**그림 5**). 그리고 이제 파란색 손수건의 끝 C를 왼손으로 잡고 있는 부분 위로 넘긴다(**그림 6**). 그럼 오른쪽에 끝 C와 끝 D가 나란히 위치한다(**그림 7**). 그리고 왼쪽에 끝 A와 끝 B를 나란하게 정리한다(**그림 8**). 그럼 이제 손수건은 **그림 9**와 같이 들려 있다. 누가 보아도 손수건은 서로 꼭 엮여 있다.

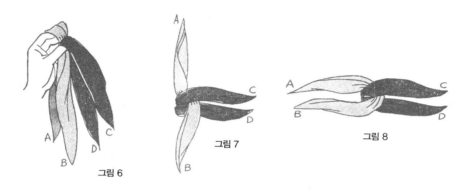

그림 6

그림 7

그림 8

"그럼 이제 손수건은 서로 꼭 묶이게 됩니다. 그러나 이렇게 당겨보겠습니다. 그럼 바로 이렇게 됩니다."

그림 9

그림 10

손을 양쪽으로 벌려 손수건을 분리시킨다(**그림 10**).

'진' 타벨의 '풀-어파트' 손수건
'Gene' Tarbell's 'Pull-Apart' Silks

이 마술은 내 아들 '진' 이 자신의 쇼에서 즐겨한 마술이다. 관객과의 거리가 가까운 경우나 무대에서 선보이는 경우에 모두 적합하다.

★ 이펙트

파란색과 주황색과 같이 대비되는 손수건 두 장을 서로 묶어 가운데에 더블 매듭을 만든다. 그리고 주황색 손수건의 양끝을 관객에게 주고, 양끝을 더블 매듭으로 묶게 한다. 그리고 파란색 손수건의 양끝도 더블 매듭으로 묶게 한다. 그럼 세 개의 매듭이 만들어진다. 그러고 나서 파란색 손수건의 양끝을 관객에게 주어 꽉 쥐고 있게 한다. 마술사가 주황색 손수건을 잡고 당기자 갑자기 주황색 손수건이 파란색 손수건에서 떨어져 나온다. 주황색 손수건과 파란색 손수건은 완전히 분리되고, 각각의 손수건에는 매듭으로 인한 고리가 만들어져 있다.

★ 준비물

1. 대비되는 색깔의 손수건 두 장. 파란색과 주황색, 보라색과 노란색, 빨간색과 흰색은 서로 잘 어울린다. 손수건의 한 변의 길이는 45~60cm가 적당하다.

시연

손바닥이 위를 향하도록 왼손을 편 후, 그 위에 파란색 손수건을 올려놓는다. 이때 끝 B가 끝 A보다 더 늘어지게 한다(**그림 1**). 스퀘어 매듭을 이용하여 손수건을 묶는다(**그림 2, 그림 3**). 스퀘어 매듭을 쉽고 정확하게 매기 위해서는 파란색 손수건의 끝 B를 어떻게 주황색 손수건 위로 넘겨서 오른손으로 잡는지 확인해야만 한다(**그림 2**). 그러고 나서 주황색 손수건의 끝 C를 왼손으로 잡고, 파란색 손수건의 끝 B를 왼쪽으

그림 1

로 넘겨 끝 C 아래로 넣는다. 끝 C를 당겨 파란색 손수건 위로 올리고, 반대쪽은 아래로 당긴다. 이 때 고리가 마술사를 향하게 한다. 매듭을 당기되 너무 꼭 묶어서는 안 된다. 몇 번 연습을 하면 어느 정도 헐렁하게 묶어야만 하는지 알게 된다.

"먼저 이 두 손수건을 더블 매듭으로 묶겠습니다. 선생님, 여기 주황색 손수건의 양끝을 두 번 묶어 주세요."

객석에서 관객 한 명이 나와서 주황색 손수건을 더블 매듭으로 묶는다. 관객이 매듭을 너무 꼭 묶지 않는 것이 좋다. 매듭은 살짝 헐거운 것이 좋다(**그림 4**).

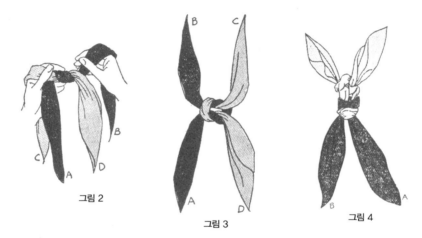

그림 2

그림 3

그림 4

"이제 파란색 손수건의 양끝을 묶겠습니다. 하지만 너무 꼭 묶지는 않겠습니다."

왼손으로는 파란색 손수건의 끝 B, 오른손으로는 끝 A를 잡아 **그림 5**와 같이 되게 한다.

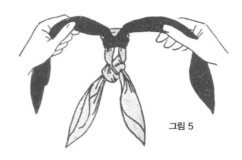

그림 5

갑자기 양손을 벌려 파란색 손수건을 곧게 편다. 그럼 주황색 손수건은 마치 넥타이처럼 파란색 손수건에 매여 있다(**그림 6, 그림 7**).

관객이 파란색 손수건에 더블 매듭을 만들도록 한다(**그림 8**). 첫 번째 매듭이 주황색 손수건과 너무 가까워서는 안 된다. 더블 매듭 자체로도 충분히 단단하다. 손수건을 정리하여 관객이 파란색 손수건의 양끝을 잡게 한다. 그리고 주황색 손수건과 연결되어 있는 고리 E는 마술사를 향하게 한다(**그림 9**).

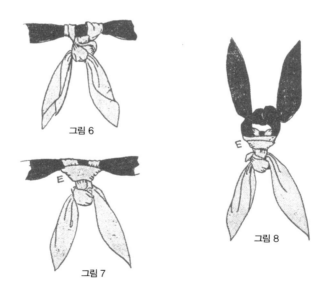

그림 6

그림 7

그림 8

"두 장의 손수건을 단단하게 묶었습니다. 그리고 또 묶었습니다. 오른손으로 파란색 손수건의 양끝을 꼭 잡아주세요."

그림 9 그림 10

오른손 집게손가락을 주황색 손수건의 고리 E 안에 넣는다.

"이건 일종의 러브 매듭입니다."

자신을 향해 손가락을 세게 당기면 손수건은 분리된다(**그림 10**). 만약 매듭이 올바로 묶이지 않아서 손수건을 분리하는 데 어려움이 있다면 왼손을 살짝 이용해도 된다.

"만약 당신이 그를 사랑하지 않는다면, 그를 떠날 수 있습니다."

'페네트라' 손수건
'Penetra' Silk

이 마술은 오래된 장치를 새로운 방법으로 이용한 마술로서, 마술쇼에서 관객에게 큰 사랑을 받았다.

★ 이펙트

색깔 있는 손수건이 들어 있는 유리 상자의 여섯 개의 면을 관객에게 자유롭게 보여준다. 모든 면은 유리로 되어 있고, 안에 있는 손수건을 쉽게 들여다 볼 수 있다. 테이블 위에 상자를 놓고 뚜껑을 열어 손수건을 꺼낸다. 그리고 다시 뚜껑을 닫는다. 다음으로 유리잔을 관객에게 보여주며 유리잔의 바닥을 두드려본 후, 유리잔을 유리 상자 위에 놓는다. 유리잔에 손수건을 넣은 후, 유리잔보다 조금 큰 원통 커버로 유리잔을 덮는다. 갑자기 손수건이 유리 장자 안에서 나타난다. 커버를 벗겨보자 유리잔은 비어 있다. 유리 상자에서 손수건을 꺼내 관객에게 보여준다.

★ 준비물

1. 손수건 유리 상자. 마술용품점에서 비슷한 것을 구할 수 있다. 원래는 비어 있는 상자에서 갑자기 손수건이나 공이 나타나게 하는 마술에 이용되는 장치이다. 쉽게 사용할 수 있기 때문에 많은 사람들로부터 사랑을 받았다.

   그림 1은 일반적인 유리 상자의 모습을 보여준다. 여섯 개의 유리면이 금속이나 종이 틀로 고정되어 있다. 유리 상자는 정직해 보이지만 실제로는 그렇지 않다. 유리 상자 안에는 경첩으로 고정시킨 날개가 있는데, 이 날개는 반사하는 성질을 띤 금속으로서 유리면을 연결시키는 틀에 고정되어 있다. 날개를 고정하는 경첩은 유리 상자 바닥에 위치하며, 옆면과는 1.3cm 가량 떨어져 있다(**그림 2**).

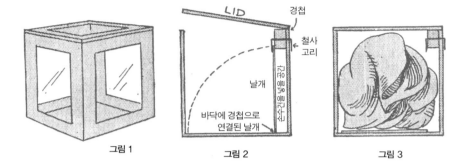

그림 1   그림 2   그림 3

날개를 수직으로 세우면 윗부분이 나무 블록에 닿는다. 나무 블록은 유리 상자 뒷면 위쪽에 달려 있다(**그림 2**). 그리고 나무 블록을 관통하는 철사 고리가 날개를 고정시켜준다. 똑바로 세운 날개와 뒷면 사이에는 손수건 한 장을 몰래 숨길 수 있는 공간이 있다. 반사하는 날개는 마치 유리 상자 뒤를 볼 수 있는 것과 같은 효과를 낸다. 또한 철사 고리가 풀어져 날개가 바닥으로 쓰러지면 뭉쳐놓았던 손수건이 퍼지며 유리 상자 안을 가득 채운다(**그림 3**). 유리 상자의 뚜껑은 윗면을 뒷면에 경첩으로 연결하여 만든다.

2. 색깔과 크기가 똑같은 손수건 두 장. 유리 상자의 한 면이 8cm라면, 한 변이 45cm인 손수건을 사용한다. 더 큰 유리 상자를 이용하는 경우에는 더 큰 손수건을 사용해야 한다. 멀리에서도 쉽게 눈에 띄는 밝은 색을 준비하는 것이 좋다.

3. 유리잔 하나. 유리잔 안에는 꼭 맞으면서도 쉽게 빼낼 수 있는 셀룰로이드 인서트가 들어 있다. 인서트는 옆면과 바닥으로 이루어져 있고, 유리잔과 비슷하게 생겼다(**그림 4**).

4. 두꺼운 종이나 금속으로 된 커버. 유리잔보다 조금 커서 살짝 헐겁게 맞아야 한다. 그리고 유리잔보다 2.5cm 정도 더 높아야 한다.

준비

손수건 한 장을 구겨서 유리 상자의 뒤칸에 넣는다. 그리고 손수건이 움직이는 것을 막기 위해서 날개는 수직으로 세운 후, 철사를 구부려서 만든 고리에 걸어서 고정시킨다. 나머지 손수건은 유리 상자 안에 넣는다(**그림 5**). 그리고 철사 고리가 있는 면이 뒤로 가도록 유리 상자를 테이블 위에 놓는다. 유리잔 안에 셀룰로이드 인서트를 넣는다.

그림 4

그림 5

시연

"오래전 중국에는 칭 루(Ching Loo)라는 마술사가 있었습니다. 그에게는 아주 귀한 손수건이 하나 있었는데, 너무 소중해서 항상 유리 상자 안에 넣어 두었습니다."

오른손으로 유리 상자를 집어서 보여준다. 이때 엄지손가락으로 철사 고리의 머리 부분을 잡는다.

"이 유리 상자는 여섯 면이 모두 유리여서 어느 방향에서건 안을 볼 수 있습니다."

유리 상자의 여섯 면을 모두 관객에게 보여준다. 뒤 공간에 숨겨둔 손수건은 마치 앞에 있는 손수건의 일부처럼 보이기 때문에 아무런 의심도 사지 않는다. 다시 유리 상자를 테이블에 내려놓으며, 이때 철사 고리는 뒤쪽으로 가게 한다.

"하지만 가끔 손님이 오면 유리 상자에서 손수건을 꺼내 보여주곤 했습니다."

유리 상자의 뚜껑을 열어 손수건을 꺼내고 뚜껑은 다시 닫는다. 상자 안의 날개가 거울로 되어 있어서 마치 뒷면도 유리인 것처럼 보이고, 그럼 관객은 상자 안이 비었다고 생각한다.

"하지만 그는 손님이 손수건을 만지는 것을 원하지 않았기 때문에 손수건을 유리잔 안에 넣었습니다."

유리잔 안에 있는 셀룰로이드 인서트 안에 손수건을 넣는다. 그리고 지팡이로 유리잔의 바닥을 친다.

"그는 항상 유리잔을 사용했습니다."

유리잔의 바닥을 치는 진짜 이유는 유리잔의 바닥이 단단하다는 것을 관객에게 보여주어, 나중에 관객이 지팡이가 유리잔 바닥을 통과해서 내려갔다는 의심을 피하기 위함이다.

"그리고 상자도 유리로 된 것이었습니다."

상자의 뚜껑을 열고, 지팡이로 뚜껑을 친 다음 다시 뚜껑을 닫는다. 그렇게 하면 아무런 말도 하지 않고 유리 상자의 뚜껑 역시 단단한 유리로 되어 있음을 보여줄 수 있다. 손수건이 담긴 유리잔을 유리 상자의 뚜껑 위에 놓는다(**그림 6**).

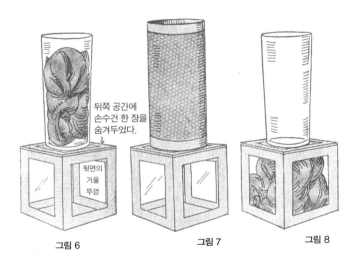

뒤쪽 공간에 손수건 한 장을 숨겨두었다.

뒷면의 거울 뚜껑

그림 6   그림 7   그림 8

"어느 날, 칭 루는 그 손수건에 대한 신비한 경험을 했다고 나에게 이야기했습니다. 친구에게 손수건을 보여준 후, 손수건을 유리잔에 넣어 상자 위에 올려놓았다고 합니다. 그때 옆에 커버가 있는 것을 보았습니다."

옆에 놓인 속이 빈 커버를 집는다.

"그는 손수건이 담긴 유리잔을 커버로 덮었습니다."

손수건이 담긴 유리잔에 커버를 씌운다(**그림 7**).

"왜 그가 커버로 유리잔을 덮었는지는 그도 모릅니다. 어쩌면 손수건을 보호하려는 의도였을지도 모릅니다. 어쨌든, 그때 이상한 일이 벌어졌습니다."

이렇게 말하면서 왼손을 상자 뒤로 가져가 철사 고리를 앞으로 민다. 그럼 뚜껑이 앞으로 넘어지며 손수건이 부풀어 상자 안을 가득 메운다. 마치 순식간에 손수건이 나타난 것처럼 보인다. 물론 왼손은 곧바로 다시 커버를 잡는다.

"손수건이 갑자기 유리 상자 안에서 나타났습니다."

왼손 엄지손가락으로 커버의 바깥 부분을, 나머지 손가락으로는 안쪽을 잡는다. 이때 안에 있는 셀룰로이드 인서트도 함께 잡는다. 그리고 커버와 손수건이 들어 있는 인서트를 동시에 들어올려 빈 유리잔을 관객에게 보여준다(**그림 8**). 인서트를 안에 넣은 채, 커버를 테이블 위에 세워둔다.

"물론 유리잔은 비었습니다."

유리 상자 위에 놓인 유리잔을 테이블 위에 내려놓는다. 그리고 상자 뚜껑을 연 다음 손수건을 꺼내 커버 안에 넣는다. 그럼 그 안에 있는 다른 손수건의 존재를 숨길 수 있다. 아니면 손수건을 다시 상자 안에 넣어도 된다.

"나중에 칭 루의 이야기를 다시 들어보니, 그가 손수건을 무언가로 가려놓으면 항상 이런 일이 일어난다고 합니다. 자신이 무언가에 가려졌다고 생각되면 손수건은 곧바로 잘 보이는 곳으로 날아간다고 합니다."

블랙리지의 카드와 담배 바꾸기
Blackledge Card and Cigarette Change

엘더 블랙리지(J. Elder Blackledge) 덕분에 여기에서 소개될 고전 마술을 배울 수 있게 되었다. 이 마술은 그가 직접 무대에서 선보이던 것으로, 특히 백악관에서 이 마술을 선보여 큰 반향을 일으켰다.

★ 이펙트

관객이 주의를 담배 케이스로 집중시킨다. 그리고 담배 케이스를 열어 그 안에 있는 담배의 개수를 함께 센다. 여기에서는 16개비의 담배가 있다고 하자. 케이스를 닫은 후, 관객에게 코트 주머니에 넣고 있으라고 말하며 케이스를 건넨다. 다른 관객이 카드 한 장을 선택하면, 그 모서리를 찢어서 관객에게 맡긴다. 그리고 그 카드를 돌돌 말아서 왼손으로 잡는다. 카드는 어느새 담배로 변해 있다. 관객이 코트 주머니에서 담배 케이스를 꺼내 열어보자, 담배 한 개비가 사라지고 그 자리에 카드가 들어 있다. 카드를 펼쳐 찢은 조각과 맞춰보니 딱 맞는다.

★ 준비물

1. 담배 케이스 하나. 블랙리지는 한 줄에 12개비씩, 총 24개비의 담배를 넣을 수 있는 가죽 담배 케이스를 사용했다. **그림 1**은 케이스를 닫은 모습, **그림 2**는 케이스를 연 모습이다. 급한 경우에는 일반적인 담뱃갑을 사용해도 된다.

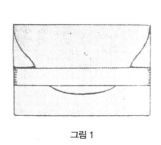

그림 1

그림 2

2. 특별한 풀(**그림 3**). 땜질로 나란히 연결된 두 개의 놋쇠 튜브로 되어 있다. 튜브 하나는 길이 5cm, 지름 1.5cm이고, 나머지 하나는 길이 5cm, 지름 0.9cm이다. 두 개의 튜브 사이에는 작은 고리가 땜질로 연결되어 있고, 거기에는 검은색 고무줄이 연결되어 있다.

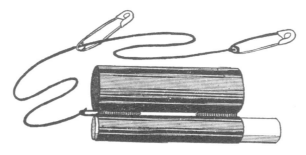

그림 3

고무줄의 반대쪽 끝에는 옷핀이 달려 있고, 중간에도 옷핀이 하나 연결되어 있다. 고무줄은 조끼의 뒤쪽 가운데에서 왼쪽 주머니까지 올 수 있는 길이이다.

3. 카드 한 벌. 그리고 똑같이 생긴 카드 한 장. 여기에서는 스페이드 6이라고 하자.

준비

한 벌의 카드에서 스페이드 6을 꺼내 여분으로 준비한 스페이드 6 위에 포개어 놓는다. 이때 두 장의 카드는 같은 방향을 향해야 한다. 그리고 숫자가 적힌 한쪽 모서리를 찢는다. 두 장을 함께 찢으면 찢긴 조각의 모양과 크기가 비슷하다. **그림 4**는 모서리가 찢긴 두 장의 카드 모습이다. 카드 A의 모서리는 버린다. 그리고 카드 A를 나머지 카드 위에 놓는다(**그림 5**). 카드 B는 말아서 담배 두께로 만든다(**그림 6**).

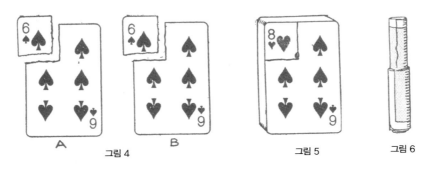

그림 4   그림 5   그림 6

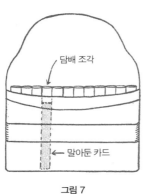

그림 7

담배 케이스에는 담배가 16개비 있다고 하자. 12개비는 뒷줄에 있고, 나머지 4개비는 아랫줄에 있다. 뒷줄 왼쪽에서 네 번째 담배를 꺼내서, 날카로운 칼로 끝부분을 1.3cm 자른다. 끝부분은 남기고 나머지는 버린다. 말아 둔 카드를 네 번째 담배가 있던 자리에 넣고, 그 위에 1.3cm 크기의 담배 조각을 놓는다(**그림 7**). 케이스를 뒤집으면 이 담배 조각은 쉽게 빠진다.

그리고 담배 한 개비를 풀의 작은 튜브에 넣는다. 작은 튜브는 담배를 넣기에 적당한 크기이다(**그림 3**). 풀(pull)을 조끼 왼쪽 주머니에 넣고, 고무줄에 연결된 옷핀을 조끼의 뒷면 3분의 2 지점 높이에 고정시킨다.

턱시도 조끼나 야회복 조끼를 입는 경우, 고무줄 중간에 있는 옷핀은 조끼 왼쪽 주머니 뒤쪽 아래 모서리에 고정시킨다. 그리고 고무줄 끝에 달린 옷핀은 조끼의 반대편에 고정시킨다. 그래야만 풀을 놓았을 때, 풀이 아래로 떨어지지 않는다.

카드 한 벌을 상자 안에 넣는다. 이때 찢어진 스페이드 6 카드 A는 맨 위에 놓여 있고, 카드 A는 상자 입구로 살짝 보이도록 넣는다. 그리고 상자 뚜껑을 닫는다. 카드 B

의 조각을 상자 뚜껑 사이로 넣는다. 그럼 카드의 뒷면이 밖을 향하고, 찢어진 조각은 오른쪽 위에 위치한다. 그렇게 하면 나중에 오른손으로 카드를 조작하는 데 훨씬 수월하다(**그림 8**).

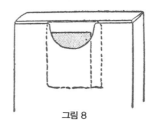

그림 8

시연

"누군가 이런 말을 했습니다. '눈은 손보다 빠르다.' 어쩌면 이 말이 사실일 수도 있고, 그렇지 않을 수도 있습니다. 자, 보십시오. 지금 미리 말씀드리건대, 놓쳐서는 안 되는 순간에 엉뚱한 곳을 보고 계셔서는 안 됩니다. 물론 정확한 곳을 엉뚱한 순간에 보는 것도 안 됩니다."

주머니에서 담배 케이스를 꺼내 열어 모두에게 담배를 보여준다.

"그러나 먼저, 제 담배 케이스 안에 있는 담배에 집중해 주십시오. 함께 담배 개수를 세어 봅시다."

관객이 숫자를 센 뒤,

"열여섯이요."

라고 말할 것이다.

"열여섯이요. 잘 기억해 두세요. 이 케이스 안에는 담배가 열여섯 개비 있습니다."

케이스를 닫으면서 케이스를 뒤집어, 담배가 위아래가 바뀐 상태에서 마술사를 향하게 한다. 그럼 네 번째에 있는 짧은 담배 조각은 케이스의 뚜껑으로 떨어진다. 이 상태에서 케이스를 살짝 기울여 관객 몰래 왼손으로 담배 조각을 잡은 다음 케이스를 닫는다.

Tarbell course in Magic

"잠시 이 케이스를 맡아주시겠습니다. 그냥 코트 안주머니에 넣어주시면 됩니다."

오른손으로 케이스를 잡고, 왼손으로 관객이 어떻게 해야 하는지 보여주며 왼손을 코트 안주머니에 넣는다. 이때 담배 조각을 주머니에 넣는다.

"이 주머니에…."

관객에게 케이스를 주어 코트 안주머니에 넣게 한다.

"아, 코트 단추까지 모두 채워주시면 정말 케이스에는 아무 일도 일어나지 않겠죠?"

왼손으로 카드 상자를 잡는다. 이때 카드 뚜껑부분이 위를 향하게 한다. 오른손 엄지손가락이 카드의 위쪽 모서리에 오게 하여, 카드 모서리 조각을 오른손에 핑거 팜으로 숨길 수 있게 한다. 카드 상자에서 카드를 꺼내 관객이 카드의 앞면을 보지 못하도록 뒤집어 카드의 뒷면이 위를 향하게 한다. 그리고 맨 아래에 있는 찢어진 카드의 찢어진 부분이 오른쪽으로 가게 한다. 마치 카드를 모두 왼손으로 잡은 상태에서 맨 아래에 있는 카드부터 하나씩 뽑는 척하면서, 실제로는 카드의 찢어진 부분을 통해 바로 위에 있는 카드를 뽑을 수 있게 된다.

"저를 도와주실 분이 또 한 분 필요합니다. 5에서 12 사이의 아무 숫자나 말씀해 주시면 됩니다."

관객이 "8이요"라고 했다고 하자.

"맨 아래에서부터 여덟을 세겠습니다."

오른손 집게손가락과 가운뎃손가락을 카드 아래에 넣고, 맨 아래 카드의 찢어진 부분에 가운뎃손가락이 가게 한다. 그러면 아래에서 두 번째에 있는 카드를 쉽게 뽑을 수 있다. 그리고 카드의 앞면을 관객에게 보여준 뒤 테이블 위에 떨어뜨린다.

"하나."

여덟이 될 때까지 관객에게 카드 보여주기를 반복한다. 그리고 마지막으로 오른

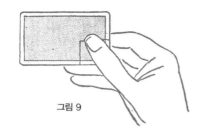

손에 숨기고 있던 카드 조각을 꺼내 스페이드 6과 맞추고, 오른손 손가락으로 찢어진 부분을 가린다(**그림 9**). 그러면서 "여덟"을 외친다.

그림 9

나머지 카드는 모두 옆에 내려놓고, 양손으로 스페이드 6을 잡고 카드의 모서리를 찢는 척한다. 천천히 자연스럽게 움직여 정말로 카드 모서리를 찢는 것처럼 보여야 한다. 카드와 찢어진 조각의 앞면을 보며 말한다.

"스페이드 6이네요. 이 모서리를 갖고 계시겠습니까?"

숫자를 말한 관객에게 카드의 찢어진 조각을 건넨다. 그럼 관객은 자신이 마술사의 손에 있는 카드에서 찢긴 조각을 갖고 있다고 생각한다. 하지만 실제로 그가 들고 있는 조각은 담배 케이스 안에 있는 카드의 조각이다.

"카드의 한쪽 모서리는 없습니다. 이제 이 카드를 동그랗게 말아보겠습니다. 꼭꼭 말아서 담배처럼 만들어 보겠습니다."

카드 케이스에 넣은 카드와 비슷하게 만다.

"그리고 카드를 이쪽 주머니에 넣겠습니다."

이렇게 말하면서 왼손 집게손가락과 가운뎃손가락을 조끼 왼쪽 주머니에 넣는 동작을 취한다. 그리고 풀을 잡아 손에 숨긴 채 주머니에서 손을 꺼낸다.

"하지만 '이게 무슨 마술이야!' 라고 말씀하시는 분이 계실지도 모르겠습니다. 오, 여러분이 보시고 싶으신 건 마술이죠? 그렇죠? 이쪽 신사분께서 카드의 한쪽 모서리를 갖고 계십니다. 그리고 저쪽 신사분의 주머니에 담배 케이스가 들어 있습니다. 그럼 이제 이 카드를 제 주먹에 넣어보겠습니다."

풀을 감싸듯 주먹을 쥐고, 풀의 튜브에 카드를 넣는다. 왼쪽 집게손가락과 엄지손가락으로 담배 끝을 잡고 튜브에서 꺼낸다.

Tarbell course in Magic

"손으로 소리를 내보겠습니다."

오른손으로 소리를 내면서 풀을 놓는다. 그럼 풀은 손과 팔 아래를 지나 관객 몰래 코트 아래로 날아간다. 이때 풀에 있던 담배는 왼손에 남아 있다.

"여러분 모두가 올바른 때에 올바른 곳을 보고 계셨는지 모르겠네요. 보십시오!"

그림 10

왼손을 왼쪽으로 돌려 손등이 관객을 향하게 한 상태에서 엄지손가락이 아래로 가게 한다. 엄지손가락으로 손에 있는 담배를 밀어 올려 위로 보이게 한다(**그림 10**).

"여기 담배가 있습니다!"

오른손으로 담배를 잡아서 완전히 꺼낸 후, 왼손에 아무것도 없음을 보여준다.

"제가 손가락으로 소리를 내자 무슨 일이 일어났는지 보십시오. 담배 케이스에 있던 담배 한 개비가 제 손으로 날아왔습니다. 그리고 제 왼손에 있던 카드는 사라졌습니다. 제 생각에는 신사분 주머니에 있는 담배 케이스 안으로 들어간 것 같습니다. 아직 주머니 안에 담배 케이스 있지요? 이제 제가 말한 대로 이루어졌는지 확인해 봅시다. 그럼 담배 케이스를 보여주세요. 아니 그냥 직접 보세요. 저는 담배 케이스를 건드리지도 않겠습니다. 케이스를 열어보세요. 안에 담배가 몇 개비 있죠? 15개비요? 처음보다 하나가 부족하네요. 거기에 카드가 있나요? 뒷줄에서 담배가 있던 바로 그 자리에 카드가 있습니다. 14번째 담배가 있던 자리에 있는 것을 꺼내보세요. 카드죠? 이제 저에게 담배 케이스를 돌려주세요. 감사합니다."

케이스를 주머니에 넣거나 옆에 치워둔다.

"카드를 펴서 모두가 볼 수 있도록 들어주세요. 그리고 카드 조각을 갖고 있는 신사분께 카드를 넘겨주세요. 모서리와 꼭 맞죠? 그렇습니다. 같은 카드입니다. 즉, 셜록 홈즈가 말한 것처럼 '이해하기만 하면 모든 것은 아주 간단합니다.'"

★ 주의

가죽으로 된 담배 케이스가 없어서 일반적인 담뱃갑을 이용해야 하는 경우, 담뱃갑의 한쪽 모서리를 찢어서 담배를 꺼낸다. 담배 한 갑에는 20개비의 담배가 들어 있다. 담배를 꺼낸 자리에 카드를 말아서 넣는다. 그리고 그 위에 담배 조각을 놓는다. 담뱃갑을 뒤집었을 때 담배 조각이 쉽게 빠져 나와야 한다.

담배 한 갑에 총 20개비의 담배가 있음을 보여준 후, 관객 몰래 담배 조각을 손에 숨긴다. 그러고 나서 관객에게 담뱃갑을 건넨다.

마틴 가드너의 '팝업' 담배
Martin Gardner's 'Pop-Up' Cigarette

마틴 가드너가 고안한 마술로 특별한 준비 없이 즉석에서 할 수 있는 매우 효과적인 마술이다. 막간의 틈에 보여줄 수 있는 짧은 마술이다. '주머니' 마술을 하는 경우에 이 마술을 함께 하면 유용하다.

★ 이펙트

담배를 보여준 후 손수건으로 덮는다. 갑자기 담배가 손수건 가운데로 튀어 나온다.

★ 준비물

1. 담배 한 개비
2. 손수건 한 장

시연

오른손 엄지손가락과 넷째 손가락, 새끼손가락 끝으로 담배 끝을 잡는다(**그림 1**). 관객은 마술사가 담배를 잡기 위해서 집게손가락과 가운뎃손가락도 모두 사용했다

Tarbell course in Magic

고 생각한다. 집게손가락과 가운뎃손가락을 쭉 펴면 담배를 자유롭게 돌릴 수 있다(**그림 2**). 이때 가운뎃손가락이 집게손가락 위에 있어야 한다.

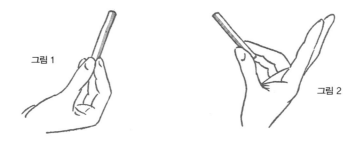

담배를 **그림** 1과 같이 잡는다. 왼손으로 손수건을 잡고, 담배 윗부분이 손수건의 중앙에 오는 것처럼 보이도록 담배를 손수건으로 덮는다. 하지만 실제로는 손수건으로 가린 상태에서, 오른손 가운뎃손가락과 집게손가락을 손수건 아래에 넣는다. 그리고 이때 엄지손가락, 넷째 손가락, 새끼손가락으로 잡고 있는 담배는 뒤로 기울인다(**그림 3**).

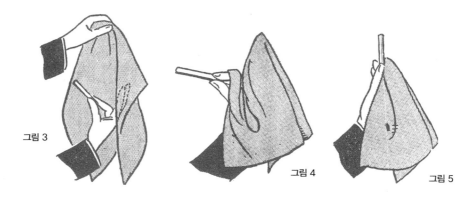

손수건을 완전히 아래로 내려서 집게손가락과 가운뎃손가락을 완전히 덮는다. 하지만 담배와 엄지손가락, 넷째 손가락, 새끼손가락은 손수건 밖에 나와 있다(**그림 4**). 담배가 있는 쪽으로 내려온 손수건은 손아귀 사이에 넣어 정리한다.

"이 마술에서는 손수건으로 덮여 있는 담배가 갑자기 손수건 위로 튀어 올라옵니다."

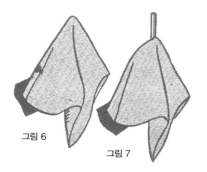

이렇게 말하며 갑자기 담배를 집게손가락과 새끼손가락이 있는 위치로 올린다(**그림 5**). 그럼 마치 담배가 손수건을 뚫고 위로 올라온 것처럼 보인다. **그림 6**과 **그림 7**은 담배가 나타나기 전과 나타난 후의 모습을 관객의 입장에서 본 것이다.

그림 6

그림 7

마틴 가드너의 움직이지 않는 담배
Martin Gardner's Immovable Cigarette

★ 이펙트

마술사가 자신의 왼손 위에 손수건을 던져서 손수건의 중앙이 손가락 위에 정확하게 떨어지도록 한다. 그리고 담배를 손수건 위에 놓고 손수건 아래에 있는 손가락 끝으로 담배를 잡는다.

오른손으로 손수건을 당겨 왼손에서 **빼낸다**. 하지만 담배는 움직이지 않고, 왼손 엄지손가락과 나머지 손가락 사이에 있다.

★ 준비물

1. 손수건. 한 변이 45~60cm인 남성용 손수건이 적당하다.
2. 담배 한 개비

그림 1

시연

그림 1과 같이 손수건의 양 모서리를 잡아 관객에게 보여준다.

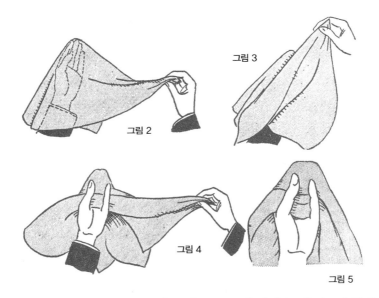

그림 3

그림 2

그림 4

그림 5

　왼손을 손수건 아래로 넣어 손수건 중앙으로 오게 한다(**그림 2**). 이 상태에서 손을 돌려 관객에게 모든 면을 보여준다. **그림 3**과 같이 오른손으로 잡고 있는 부분을 위로 올려서 왼손의 엄지손가락과 새끼손가락이 손수건 밖으로 나오게 한다(**그림 4, 그림 5**). 가운데 세 손가락은 여전히 손수건 아래에 있지만, 새끼손가락과 엄지손가락은 손수건 밖에서 자유롭게 움직일 수 있다. 하지만 관객은 마술사의 한 손이 손수건으로 완전히 덮여 있다고 생각한다.

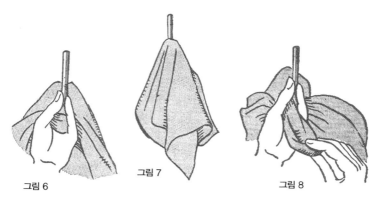

그림 6   그림 7   그림 8

담배의 끝을 엄지손가락과 새끼손가락으로 잡는다(**그림 6**). 그럼 담배의 거의 모든 길이가 손수건 위로 나와 관객의 시야에 들어온다(**그림 7**). 그럼 관객은 마술사가 손 수건을 통해서 담배를 잡고 있다고 생각한다.

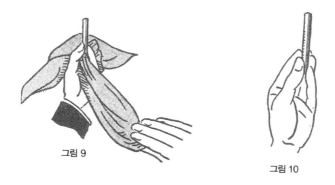

그림 9   그림 10

"이것은 움직이지 않는 담배입니다. 여기에 무슨 짓을 하건 담배는 그대로 있습니다."

엄지손가락과 새끼손가락 사이에 있는 부분을 잡고, 손수건을 뒤로 당긴다(**그림 8**, **그림 9**). 그럼 왼손이 손수건 밖으로 완전히 모습을 드러낸다(**그림 10**). 담배는 여 전히 엄지손가락과 나머지 손가락 사이에 놓여 있다. 이 동작이 전혀 어색하지 않을 만큼 연습을 반복해야만 한다. 그럼 짧은 시간에 아주 효과적인 마술을 선보일 수 있다.

밥 엘리스의 골무 만들기
Bob Ellis' Thimble Production

밥 엘리스가 갑자기 골무를 만들어내는 마술을 보았을 때, 우리 모두는 이 마술의 매력에 빠져버렸다. 정말 예상치 못한 놀라운 결말이 기다리고 있다.

★ 이펙트

마술사가 쭉 뻗고 있는 오른손 집게손가락에서 갑자기 골무가 나타난다. 그럼 양손을 뒤집어 골무 하나 외에는 아무것도 없음을 보여준다. 그런데 또 갑자기 오른손 가운뎃손가락, 넷째 손가락, 새끼손가락에 골무가 각각 하나씩 나타난다.

★ 준비물

오른손 엄지손가락을 제외한 네 손가락에 맞는 골무 네 개

준비

왼손에 골무 세 개를 섬 팜으로 잡는다. 이때 골무의 뚫린 부분이 아래를 향하게 한다(**그림 1**). 이 골무는 오른손 가운뎃손가락, 넷째 손가락, 새끼손가락에 맞아야 한다. 네 번째 골무는 오른손 집게손가락으로 쉽게 낄 수 있도록 오른손에 섬 팜으로 잡는다(제4권 **레슨 47** 87페이지 참조).

시연

손에 숨기고 있는 골무가 보이지 않도록 손등이 관객을 향하게 하여 양손을 자연스럽게 옆으로 내린다. 먼저 오른손을 올려 집게손가락의 끝이 하늘을 향하게 쭉 뻗는다. 갑자기 집게손가락을 왼쪽으로 1/4바퀴 돌렸다가 다시 펴면서 섬 팜으로 숨기고 있던 골무를 손가락에 끼운다. 자연스럽게 오른손의 앞뒤를 보여준다. 그리고 다

시 섬 팜을 이용해 골무를 숨기고 다시 나타나게 한다.

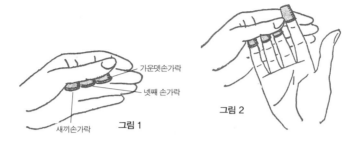

그림 1

그림 2

손등이 관객을 향하게 한 상태로 왼손을 몸 앞으로 가져온다(**그림** 1). 오른손 손가락을 왼손 손바닥 위로 가져온다. 이때 오른손의 집게손가락 끝에 있는 골무는 왼손 위로 보이게 한다(**그림** 2). 이와 동시에 오른손 가운뎃손가락, 넷째 손가락, 새끼손가락을 왼손에 숨기고 있는 골무에 끼운다. 그리고 이 세 손가락을 구부려 골무가 오른손 손바닥에 닿게 한다(**그림** 3). 몸을 왼쪽으로 돌려 왼손 손바닥이 관객을 향하게 한다.

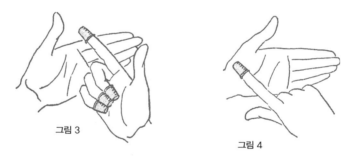

그림 3

그림 4

오른손 집게손가락에 있는 골무를 왼손 손바닥 위에 놓는다(**그림** 4). 이때 왼손 손날이 오른손의 손가락 마디에 닿는다.

오른손 가운뎃손가락, 넷째 손가락, 새끼손가락을 쭉 펴서 왼손 뒤로 가게 한다. 그러고 나서 오른손을 뒤집어 오른손 손바닥을 관객에게 보여준다(**그림** 5). 오른손과 왼손을 떼어 오른손의 나머지 세 손가락에 나타난 골무를 공개한다(**그림** 6).

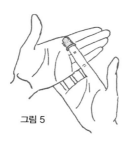

그림 5

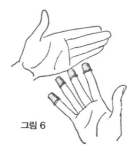

그림 6

에드 리노의 물로 변한 잉크
Ed Reno's Ink to Water

가장 오래된 마술 중 하나로 잔에 담긴 잉크를 손수건으로 가린 상태에서 물로 바꾸는 것
이 있다. 유리잔의 3/4을 검은색 헝겊으로 싼다. 그리고 그 선까지 유리잔에 물을 채운다.
젖은 천이 유리잔의 표면에 달라붙어 마치 유리잔에 잉크가 담긴 것처럼 보인다. 때로는
작은 국자를 유리잔 안에 넣고 진짜 잉크를 접시에 떠내 관객에게 유리잔 안에 진짜 잉크
가 있음을 보여준다. 이때 사용되는 국자는 손잡이가 비어 있어 그 안에 잉크가 담겨 있
다. 손잡이와 국자의 머리 부분이 똑바로 닿아 있으면 잉크는 그대로 있어서, 관객에게
빈 국자를 보여줄 수 있다. 하지만 국자를 유리잔에 넣고 잉크를 뜨는 행동을 취할 때 잉
크가 국자의 머리 부분으로 흘러나온다. 그럼 유리잔에서 국자를 꺼내 옆에 놓은 접시에
잉크를 따라 진짜 잉크임을 보여줄 수 있다. 관객을 감쪽같이 속일 수 있다. 그러고 나서
손수건으로 유리잔을 가린다. 잉크를 물로 바꾸기 위해서는 손수건 가운데 부분을 눌러
유리잔 안에 넣고 검은색 헝겊을 잡은 후, 손수건과 함께 검은색 헝겊을 제거해야 한다.
그럼 유리잔 안에는 물만 남아있다. 이와 같은 원리를 더 큰 물병에 적용시킬 수 있다.
에드 리노는 더욱 실용적인 방법을 찾았다. 잉크가 담겨 있는 유리잔을 관객에게 빌린 손
수건으로 덮어서 옆에 있는 소년에게 건넨 후, 소년이 손수건을 치우자 유리잔에 담긴 물
이 모습을 드러낸다. 오랫동안 리노의 마술쇼에서 큰 인기를 얻었다.

★ 이펙트

마술사가 2/3를 잉크로 채운 유리잔을 보여준다. 그리고 유리잔 안에 흰색 카드를 넣었다 빼서 잉크가 묻은 카드를 관객에게 보여주어, 유리잔 안에 진짜 잉크가 들어 있음을 확인시킨다. 잉크가 담긴 유리잔을 손수건으로 덮은 후 소년에게 맡긴다. 소년이 직접 손수건을 치우자 유리잔 안에는 잉크가 아닌 물이 담겨 있다. 원한다면 소년이 직접 물을 마셔 봐도 된다.

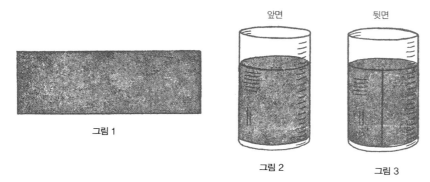

그림 1

앞면

뒷면

그림 2

그림 3

★ 준비물

1. 옆면이 평평한 유리잔 하나. 높이 9.5cm, 지름 6.5cm의 평범한 유리잔으로 준비한다.
2. 검은색 헝겊(**그림 1**). 유리잔 바깥 표면의 둘레보다 아주 약간 길어야 한다. 그리고 폭은 유리잔의 바닥이 살짝 보이게 씌웠을 때, 유리잔의 2/3가 잉크로 차 있는 것처럼 보여야 한다(**그림 2**, **그림 3**). 헝겊의 양끝이 살짝 겹쳐야 한다.
3. 흰색 카드. 2.5cm×8.7cm 크기가 적당하다. 카드의 한쪽 면은 검은색 방수 잉크로 칠해서 카드의 한쪽을 잉크에 넣었다 뺀 것처럼 만든다(**그림 4**).
4. 유리잔 2/3를 채울 수 있는 양의 물
5. 남성용 손수건. 원한다면 관객에게 빌려서 사용해도 된다.

준비

검은색 헝겊을 적셔서 **그림 2**, **그림 3**과 같이 유리잔을 감싼다. **그림 2**는 앞에서 본 모습이다. **그림 3**은 뒤에서 본 모습으로 헝겊의 끝이 살짝 겹쳐 있다. 이때 헝겊이 유리잔 아래로 삐져나와서는 안 되고, 유리잔의 바닥이 보여야만 한다. 유리잔에 잉크가 담긴 것처럼 보이게 만드는 작업이다. 흰색 카드는 흰색 면이 보이도록 테이블 위에 둔다.

그림 4

그림 5

시연

객석에서 소년 한 명을 무대 위로 불러 마술사의 왼편에 세운다. 이때 약간의 거리를 유지해야만 한다.

> "자, 너를 위한 새로운 음료수를 준비했단다. 바로 잉크란다! 나는 만년필처럼 너에게 잉크를 채울 수 있을 것이라고 생각했는데…"

왼손으로 잉크 잔을 들고, 오른손으로 카드를 집는다. 이때 잉크를 칠한 부분이 아래로 가고, 흰색 면이 객석을 향해야 한다. 유리잔 안에 담긴 물에 카드를 넣으며 몰래 카드를 뒤집어서 검은색 잉크를 칠한 면이 관객을 향하게 한다. 그 상태로 카드를 꺼내어 카드에 '잉크'가 묻은 것을 보여준다. 이때 카드에 검은색 잉크를 칠한 부분까지만 물에 담가야 한다. 그리고 테이블에 놓인 작은 접시에 카드를 놓는다.

손수건으로 유리잔을 덮는다. 손수건 아래에서 왼손 엄지손가락과 나머지 손가락으로 유리잔 윗부분을 잡는다. 그리고 오른손으로 유리잔에 있는 검은색 헝겊을 벗긴 다음 뭉쳐서 손에 숨긴다(**그림 5**).

원한다면 왼손으로 손수건을 통해 유리잔 윗부분을 잡아도 된다. 그리고 오른손만 손수건 아래로 넣어 검은색 헝겊을 벗긴다. 그리고 나서 소년에게 유리잔을 건넨다.

> "잠시만 잉크가 들어있는 잔을 들고 있겠니? 잉크가 쏟아지지 못하게 고무밴드로 손수건을 고정시켜놔야겠구나."

고무밴드를 찾는 척 주머니에 손을 넣으며 거기에 검은색 헝겊을 넣는다.

"주머니에 고무밴드가 있는 줄 알았는데…. 그냥 해도 별 차이가 없을 것 같구나. 그냥 잉크를 마시자. 손수건을 벗기렴."

소년이 손수건을 벗기자 물이 담긴 유리잔이 나타난다(**그림 6**). 소년에게서 손수건을 건네받은 후, 손수건의 양쪽 모서리를 잡아 관객에게 보여준다. 그리고 손수건은 테이블 위에 내려놓는다.

"이게 뭐지? 잉크가 어디 갔지? 대신 물이 있잖아? 그냥 그걸 마시렴."

그림 6

소년이 맛을 본다.

"오, 물을 별로 안 좋아한다고? 진(gin)을 마시고 싶다고? 흠, 그것도 진이란다. '하이드로진(Hydrogin)' 과 '옥시진(Oxygin)' 이지."

★ 주의

에드 리노가 했던 또 다른 잉크와 물 마술에서는 잉크가 담긴 유리잔에 손수건을 씌워 한 소년에게 주고, 물이 담긴 유리잔에 손수건을 씌워 다른 소년에게 준다. 그리고 마술사의 명령에 물이 담긴 유리잔과 잉크가 담긴 유리잔의 위치가 바뀐다. 잉크를 물로 바꾸는 것은 검은색 헝겊을 이용하면 되고, 물을 잉크로 바꿀 때는 '잉크 태블릿' 을 이용하면 된다. 손수건으로 가린 상태에서 물이 담긴 유리잔에 잉크 태블릿을 넣으면 잉크 태블릿이 녹으면서 물이 검게 변한다. 잉크 태블릿은 이 책의 편집자인 로터버그(A. Roterverg)와 랠프 리드(Ralph Read)가 시카고에서 마술용품점을 운영하던 당시에 널리 이용되었다. 여전히 마술용품점에서 잉크 태블릿을 구할 수 있다.

오들리 월시의 '(나이트) 클럽의 킹'
Audley Walsh's 'King of (Nite) Clubs'

오들리 월시(Audley Walsh)가 라이징 카드의 마무리로 이 마술을 보여주었을 때, 이 놀라운 효과의 매력에 곧바로 빠지게 되었다. 마술에서 기대치 않은 작은 에피소드는 마술의 재미를 높이는 결과를 가져온다.

★ 이펙트

관객이 카드 한 벌에서 세 장의 카드를 선택하여 기억한 후 나머지 카드와 함께 섞는다. 그리고 카드를 유리잔에 넣는다. 마술사의 명령에 선택된 카드 한 장이 위로 올라온다. 그러자 마술사는 각각의 카드가 무언가를 상징한다고 말하며 의미를 설명한다. 두 번째 선택된 카드가 올라오면 그때도 카드의 의미를 설명한다. 세 번째로 올라오는 선택된 카드는 클럽 킹이다.

"물론입니다."

마술사가 이야기한다.

"클럽의 진정한 킹입니다. 나이트클럽 말입니다. 바로 알 존슨(Al Jolson)입니다!"

반쯤 올라온 클럽 킹이 갑자기 팔을 벌리고 있는 알 존슨의 모형으로 바뀐다. 양팔 간격이 25cm 정도 되도록 쫙 벌리고, '마미(Mammy)'를 부르고 있는 듯한 모습이다.

★ 준비물
1. 포커 사이즈의 카드 한 벌
2. 1번과 동일한 카드 한 벌. 카드의 2/3에 작은 구멍이 뚫려 있다. 구멍은 카드의 위 모서리에서 1.2cm 내려온 지점에 위치한다(**그림 1**). 모든 카드의 구멍이 일치

하여 그 사이로 검은색 실을 통과시킬 수 있어야 한다.

3. 브리지 사이즈 카드 두 장

4. 검은색 실

5. 손수건 한 장. 카드를 바꿀 때 이용할 것이다.

6. 카드를 넣을 유리잔 하나

7. 특별하게 제작한 클럽 킹―존슨 폴딩 카드 하나(**그림 2**)

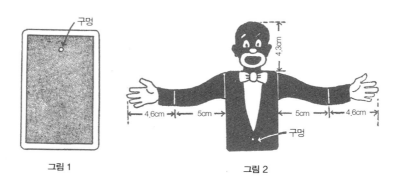

그림 1   그림 2

★ 제작

브리지 사이즈 카드를 세 겹의 두꺼운 백상지 위에 놓는다. 그리고 펜으로 카드를 따라서 그린 후 카드를 치운다. 카드를 따라서 그린 아래 선보다 0.3cm 위에 아래 선을 그린다. 이렇게 만든 사각형을 몸통으로 이용하고, 여기에 팔과 머리를 붙여서 노래하는 알 존슨을 만든다(**그림 2**). 먼저 밑그림을 그리고 검은색 방수 잉크와 흰색 수채물감으로 색을 칠한다.

아래에서 1.2cm 위로 올라와 가운데에 작은 구멍을 뚫는다. 목과 머리의 길이는 4.3cm이어야 한다. 오른손 끝에서 왼손 끝의 그리는 25cm이다.

밑그림을 완성하면 가위나 날카로운 칼을 이용해서 자른다. 그리고 목과 몸통의 경계를 자른다. 팔과 몸통의 경계도 자르고, 다시 어깨에서 5cm 떨어진 지점을 자른다. 손과 아래 팔뚝의 길이는 4.6cm이다(**그림 2**).

다시 조각을 모아서 뒤집어 색칠한 면이 아래로 가고, 뒷면이 위로 보이게 한다. 0.9cm나 1.2cm 고무밴드를 3.1cm씩 자른다. 그리고 흰색 고무 시멘트를 고무밴드의 한쪽 면에 바르고, 자른 부분을 잘 맞춰서 거기에도 시멘트를 바른다. 몇 분 후, 고무 시멘트를 바른 고무밴드를 자른 부분에 붙인다. 이때 고무밴드를 살짝 늘려야 한다 (**그림 3**). 그 상태로 마르게 한다.

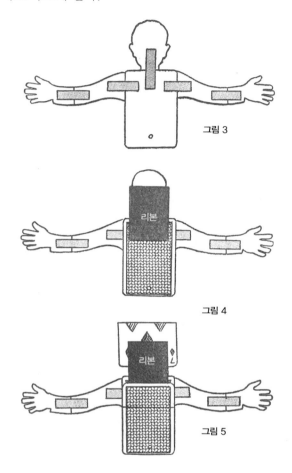

그림 3

그림 4

그림 5

이 상태로 고무밴드를 접으면 놓는 순간 고무밴드가 당겨서 원래 모습으로 돌아간다. 따라서 모든 연결부분을 접었다가 힘을 풀면 한번에 펼쳐지면서 전체 모습이 나타난다.

카드의 앞면에 고무 시멘트를 발라서 사각형 몸통 뒤에 붙인다(**그림 4**). 5cm 두께의 리본 3.5cm에 시멘트를 발라 카드 뒷면 위쪽에 붙인다(**그림 4**). 방금 붙인 카드의 아랫면을 다듬어 알 존슨 카드의 아랫면과 똑같이 만든다. 그리고 포커 사이즈 카드를 4cm 잘라서 윗부분을 리본에 붙인다(**그림 5**). 이 카드는 알 존슨의 머리와 리본 사이에 위치해야만 한다.

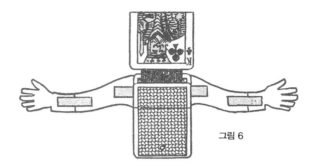

그림 6

이때 잘라서 붙인 카드 조각과 뒷면이 보이는 카드와의 거리는 0.5cm이다. 브리지 사이즈 카드를 리본 아랫부분을 포함한 아래 카드에 붙인다(**그림 5**).

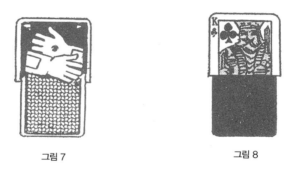

그림 7   그림 8

포커 사이즈 카드에서 클럽 킹을 찾아서 5cm로 자른다. 그리고 고무 시멘트를 이용하여 고무밴드 윗부분에 붙인다(**그림 6**). 제대로 붙이면 카드가 **그림 7**과 같이 접힐 것이다. 클럽 킹의 머리 부분을 아래로 접어서 양팔 사이에 넣는다. 이때 뒤에 있는 카드와 클럽 킹이 일치해야만 한다(**그림 7**). 그래야만 카드가 일정한 높이로 올라 갔을 때 두 장이 동시에 펼쳐진다. 접은 카드를 앞에서 본 모습은 **그림 8**과 같다.

준비
알 존슨 카드의 아래에 만든 구멍에 검은색 실을 통과시키고, 실이 빠지지 않도록 큰 매듭을 만든다(**그림 9**). 그리고 실을 위로 올려 구멍을 뚫어놓은 카드의 구멍에 통과시키고 실을 아래로 내린다. 다이아몬드 1을 그 위에 세워놓는다. 다시 실을 위로 당겨서 다음에 놓인 구멍 뚫린 카드의 구멍에 넣고 실을 아래로 내린다.

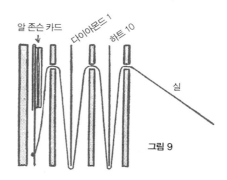

그림 9

그 위에 하트 10을 놓고, 실을 구멍 뚫린 카드에 넣는다(**그림 9**). 아무런 준비도 하지 않은 나머지 카드는 알 존슨 카드 앞에 놓는다. 그리고 마지막 카드를 통과시킨 실을 자를 때 1.5m 정도 남겨두어 의자나 지팡이에 고정시킬 수 있게 한다. 이는 나중에 카드를 올라오게 만들 때 이용할 것이다. 카드 라이징 방법은 제2권 **레슨 27**에 소개된 바 있다. 카드에 구멍을 뚫는 이유는 클럽 킹이 알 존슨 카드로 바뀌는 순간 갑자기 카드가 펼쳐지며 튕겨나가는 것을 방지하기 위함이다.

실로 엮은 카드를 나란히 정리한 후, 카드의 앞면이 아래를 향하게 하여 테이블 위에 놓는다. 그리고 그 앞에 손수건을 놓는다. 따로 준비한 카드에서 하트 10, 다이아몬드 1, 클럽 킹을 맨 위에 놓는다.

시연

첫 번째 관객이 하트 10을 선택하게 만들고, 두 번째 관객에게는 다이아몬드 1, 그리고 세 번째 관객에게는 클럽 킹을 선택하게 만든다. 각자 선택한 카드를 기억하게 한 후 나머지 카드와 함께 섞는다. 무대로 돌아와서 카드를 손수건 뒤에 놓고, 유리잔을 준비한다. 다시 카드를 집을 때는 미리 실로 엮어놓은 카드를 집어 유리잔 안에 넣는다.

하트 10을 선택한 관객에게 어떤 카드를 선택했는지 알려달라고 한다. 그가 "하트

10이요" 라고 말하는 순간 카드를 위로 올리며 말한다.

"모든 카드에는 의미가 있습니다. 하트 10이라. 이 카드는 여러 마음이 함께 조화를 이루어 움직이면 더욱 성공할 수 있습니다."

카드가 거의 올라오면 잡아서 유리잔에서 빼낸다. 그리고 다이아몬드 1을 선택한 관객에게 어떤 카드를 선택했는지 알려달라고 한다.

"다이아몬드 1이요."

"다이아몬드 1, 올라와라! 다이아몬드는 부를 상징합니다. 우리 모두 각각 중요한 것 하나씩 갖고 있을 겁니다. 진정한 부와 성장은 바로 거기에서 시작합니다."

카드가 올라오면 잡아서 빼낸다. 그리고 세 번째 관객에게 물으면 관객은 이렇게 대답한다.

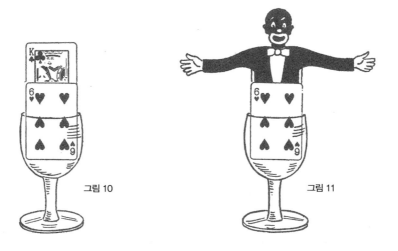

그림 10

그림 11

"클럽 킹, 올라와라!"

클럽 킹이 올라오는 동안 이렇게 말한다.

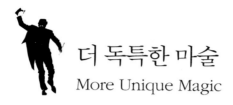

더 독특한 마술
More Unique Magic

이번 레슨에서는 다양한 소품을 이용한 독특한 마술을 다룰 것이다. 무대나 응접실 등에서 선보이기에 적합하다. 이 중 대부분은 저명한 마술사가 이 책의 독자를 위해 비법을 공개했다.

오들리 던햄의 사라진 동전
Audely Dunham's Vanishing Coins

이 마술을 직접 배우고 해보기 전에는 모두들 이 마술을 믿지 못한다. 던햄(Dunham)의 손에서 이 마술은 정말 기적과도 같았다.

★ 이펙트

마술사가 빈 유리잔과 50센트 동전 몇 개를 보여준다. 왼손으로는 유리잔을, 오른손으로는 동전을 잡고, 모두가 보는 앞에서 동전을 유리잔 안으로 던진다. 마술사의 명령에 유리잔 안에 있던 동전이 사라진다. 유리잔에는 아무것도 없다.

★ 준비물
1. 50센트 동전 여러 개
2. 유리잔 두 개

준비

유리잔 하나를 입구가 위를 향하게 하여 조끼 안쪽에 넣는다(**그림 1**). 이때 유리잔의 입구가 조끼 맨 위 단추 뒤에 와야 한다.

그림 1

그림 2

시연

밖에 있는 유리잔을 왼손으로 들고 관객에게 자유롭게 보여준다(**그림 2**). 그리고 오른손으로 동전을 들고 관객에게 보여준다. 유리잔을 잡은 왼손을 조끼의 첫 번째 단추 앞으로 가져온다. 오른손으로 동전을 뒤로 던져 유리잔 안으로 넣는다. 하지만 실제로 던진 동전은 조끼 안에 숨어 있는 유리잔으로 들어간다(**그림 3**).

동전이 안에 있는 유리잔에 떨어지며 나는 소리 때문에, 동전이 마술사의 왼손에 있는 유리잔으로 떨어지는 듯한 착각을 일으킨다. 물론 이때 왼손으로 유리잔의 아랫부분을 잡아 동전이 유리잔 안에 들어오지 않았다는 사실을 관객이 알지 못하게 해야 한다.

그림 3

"제가 유리잔 안에 몇 개의 동전을 넣었는지 세는 것을 깜빡했습니다. 그런데 이제 그럴 필요가 없게 되었네요. 유리잔에는 동전이 하나도 없습니다."

유리잔을 뒤집어 관객에게 보여준다. 동전은 사라졌다. 조끼 안에 숨기는 유리잔은 가능한 작아야 한다. 하지만 최소한 동전을 던져서 넣을 수 있는 크기여야 한다.

던햄의 떠다니는 탁구공
Dunham's Floating Ping-Pong Ball

오들리 던햄(Audley S. Dunham)의 손에서 이루어진 이 마술은 큰 인기를 얻었다. 전혀 어렵지 않으면서도 그 효과는 훌륭하다.

★ 이펙트
마술사가 흰색 탁구공을 관객에게 보여준다. 곧 탁구공이 마술사의 양손 사이를 떠다닌다. 이때 양손의 거리는 37cm이다.

★ 준비물
1. 흰색 탁구공 하나
2. 75cm 길이의 검은색 실. 양끝을 함께 묶어 하나의 고리를 만든다.
3. 핀이나 ㄱ자 못 두 개. 둘 사이의 거리가 2.5cm 되게 하여 테이블 뒤 모서리에 고정시킨다.

준비
검은색 실로 만든 고리를 테이블 뒤에 고정시켜 놓은 두 개의 핀에 건다(**그림 1**). 실을 늘어뜨려 왼손 집게손가락을 고리 안으로 넣었다가 당겨 쉽게 실을 집을 수 있도록 준비한다.

시연

관객 몰래 왼손 집게손가락을 두 개의 핀에 걸려 있는 고리에 넣는다(**그림 1**). 그리고 실을 집게손가락에 걸어 아래로 늘어뜨린다(**그림 2**). 이 동작은 관객에게 이야기하는 동안 몰래 할 수 있다. 양손을 모으며 오른손 집게손가락을 고리 안쪽에 넣는다(**그림 3**). 그리고 양손을 벌려 실이 팽팽해지도록 한다(**그림 4**).

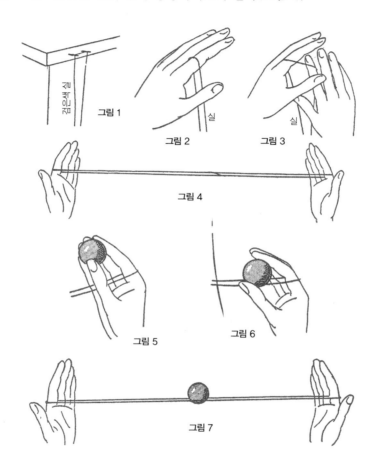

오른손 엄지손가락과 집게손가락으로 테이블 위에 놓인 탁구공을 집는다(**그림 5**). 그리고 실로 만들어진 길 위에 공을 놓는다(**그림 6**). 공을 앞뒤로 움직이게 한다(**그림 7**).

Tarbell course in Magic

조금만 연습하면 관객 몰래 모든 동작을 할 수 있고, 또한 공의 움직임을 마음대로 조절해서 공이 양손 사이를 떠다니는 것처럼 보이게 할 수 있다. 마지막에는 실을 느슨하게 만들어 공을 아래로 떨어뜨린다.

루푸스 스틸의 '당신을 위한 꽃'
Rufus Steele's 'A Flower For You'

마술사가 평범하지 않은 특별한 무언가를 기발한 방법으로 보여줄 때 관객은 즐거워한다. 루푸스 스틸은 특히 자신의 쇼에서 기발한 카드 마술을 선보여 큰 성공을 거뒀다. 스틸은 특히 카드 마술을 전문적으로 하여 카드 도박에서 사용되는 기술에도 조예가 깊다. 자신의 프로그램에 숙녀 관객이 있는 경우에는 '당신을 위한 꽃'을 그들에게 선사했다.

★ 이펙트

세 명의 숙녀가 각각 카드 한 장씩 선택한 후, 자신이 선택한 카드에 표시를 해둔다. 그리고 어떤 카드인지 기억한 후 나머지 카드와 함께 섞는다. 마술사가 코트 안쪽에 손을 넣어 카네이션 한 송이를 꺼내 첫 번째 숙녀에게 건네며 이렇게 말한다.

"당신을 위한 꽃입니다."

숙녀가 꽃을 받기 바로 직전에 꽃에 묶여 있는 리본이 떨어진다. 리본 끝에는 숙녀가 선택한 카드가 달려 있다. 그리고 그 카드에는 그 숙녀가 만들어둔 표시가 있다. 마술사는 다시 코트 안에 손을 넣어 두 번째 리본이 달린 카네이션과 선택된 카드를 꺼내어 두 번째 숙녀에게 준다. 세 번째 숙녀에게도 똑같이 반복한다.

★ 준비물

1. 카네이션 세 송이. 가능하면 서로 다른 색으로 준비한다.
2. 리본 세 조각. 폭 0.8cm, 길이 18cm로 준비한다.
3. 카드 한 벌
4. 양쪽에 접착력이 있는 양면테이프

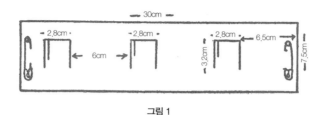

그림 1

5. 세 겹으로 된 카드보드지나 두꺼운 백상지로 만든 카드보드 홀더 하나. 카네이션 세 송이를 걸어둘 때 사용할 것이다(**그림 1**).

홀더는 30cm×7.5cm이다. 윗면에서 6.5cm 내려온 지점에 꽃을 끼워둘 수 있는 날개를 만든다. 날개는 세 면을 칼로 잘라서 만들면 된다. 2.8cm×3.2cm로 자른 후, 날개의 아랫면에서 0.3cm 떨어진 왼쪽 면에 가로로 1.5cm 칼집을 내어 리본 끝을 걸어둘 공간을 만든다.

날개 아랫면에서 6cm 내려온 지점에 두 번째 날개를 만들고, 두 번째 날개 아랫면에서 또다시 6cm 떨어진 지점에 세 번째 날개를 만든다. 그리고 홀더의 맨 아래와 위에 옷핀을 고정시켜 조끼나 바지에 홀더를 고정시킬 수 있게 만든다.

양면테이프　그림 2

그림 3

준비

카네이션의 줄기를 2.5~5cm만 남겨두고 자른다(**그림 2**). 그리고 리본의 한쪽 끝을 카네이션 줄기의 위쪽에 묶는다. 이때 꽃이 빠지지 않도록 꼭 묶어야만 한다. 그리고 리본의 반대쪽 끝에서 1cm 올라온 지점에 양면테이프 1.2cm를 붙인다. 이때 테이프의 두께와 리본의 두께가 일치해야만 한다.

카네이션 줄기를 첫 번째 날개에 끼운다(**그림 3**). 리본은 날개 아래에서 정리하고, 테이프가 붙어 있는 끝 부분만 왼쪽 아래에 만들어놓은 틈을 이용해 위로 빼낸다. 나중에 카드를 쉽게 붙일 수 있도록 양면테이프가 밖을 향하도록 해야만 한다. 나머지 두 개의 날개에도 카네이션을 끼우면 **그림 4**와 같이 된다.

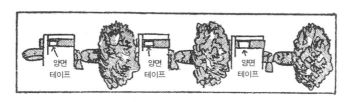

그림 4

이렇게 준비한 홀더를 **그림 5**와 같이 코트 아래에 고정시킨다. 이때 위쪽 옷핀은 셔츠나 조끼에 끼우고, 아래쪽 옷핀은 조끼나 바지에 끼운다. 그리고 코트로 닫아 홀더를 가린다.

시연

세 명의 숙녀에게 각각 카드 한 장을 선택하여 거기에 이름을 적거나 쉽게 알아 볼 수 있도록 표시를 남기라고 한다. 그리고 카드를 나머지 카드와 합친다. 이때 선택된 카드 세 장을 맨 위에 놓고, 각각 셔플을 한다.

그림 5

그림 6

양면테이프

뒷면이 위를 향하게 카드를 들고 맨 위에 있는 카드 세 장을 오른손 손바닥에 숨긴다. 그리고 오른손을 코트 아래에 넣어 손에 숨기고 있는 카드를 맨 아래 날개 위에 있는 양면테이프에 붙인다(**그림 6**). 그런 다음 카네이션을 오른쪽으로 움직여 날개에서 빼낸다. 카드는 여전히 손바닥에 숨기고 있는 상태이다(**그림 7**). 코트 아래에서 카네이션을 꺼내되 이때 오른손 손등이 관객을 향하게 한다.

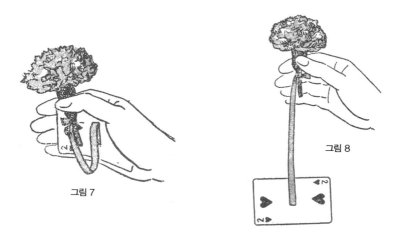

그림 8

그림 7

테이프에 붙인 카드(여기에서는 하트 2라고 하자)를 선택한 숙녀에게 말한다.

"당신을 위한 꽃입니다."

꽃을 숙녀에게 건네는 순간 손에 숨기고 있는 카드를 떨어뜨린다. 그럼 관객은 리본 끝에 붙어 있는 카드를 보게 된다(**그림 8**).

"죄송합니다만, 숙녀분께서 선택하신 카드가 맞나요? 하트 2인가요? 맞습니다! 그리고 카드에 있는 표시가 아까 직접 만들어 놓으신 것 맞죠?"

꽃과 리본, 카드를 모두 숙녀에게 건네고 카드 맨 위에 놓인 두 번째 선택된 카드를 오른손에 숨긴다. 그런 다음 코트 아래에 오른손을 넣어 가운데 날개에 있는 카네이션을 꺼내 양면테이프에 카드를 붙인 후 두 번째 숙녀에게 준다. 세 번째 카드와 카네이션도 같은 방법으로 세 번째 숙녀에게 준다.

★ 주의

카드를 리본을 붙여둔 양면테이프에 붙일 때 떨어지지 않게 꼭 붙여야만 한다. 필요한 경우 손가락을 이용해 잘 붙여도 된다. 계절에 따라서 카네이션 대신 장미나 다른 꽃을 사용해도 된다. 시간이 많지 않은 경우에는 한 송이의 카네이션과 선택된 한 장의 카드를 이용해도 된다. 스틸은 한 번에 서로 색깔이 다른 다섯 송이의 꽃을 이용한 적도 있다. 각자의 상상력을 발휘해 남들과는 다른 차별화된 기발한 효과를 만들어내면 더욱 좋다.

에드 리노의 시계와 제라늄
Ed Reno's Watch and Geranium

옛날 마술을 돌아보다 보면 우리 부모님과 할머니, 할아버지가 즐기셨던 놀라운 마술을 찾게 된다. 하지만 이런 마술이 현대 마술에서는 점차 잊혀져 가고 있다. 어떻게 그렇게 훌륭한 마술과 방법이 뒷전으로 밀리게 되었는지 도무지 이해가 되지 않는다.

몇 해 전 에드 리노는 관객에게 빌린 시계와 제라늄이라는 식물을 이용해 관객에게 큰 즐거움을 선사했다. 그는 쉽게 구할 수 있는 소품을 이용해 순식간에 마술을 만들어냈고, 관객은 이를 오래 기억하게 되었다.

★ 이펙트

객석에 있는 한 소녀를 무대로 부른다. 그리고 꽃을 좋아하는지 물어본 후 제라늄 화분을 들고 있게 시킨다. 객석의 신사에게 시계를 빌린 후 신문지에 싼다. 신문을 찢어보니 신기하게도 시계는 보이지 않는다. 마술사가 제라늄 줄기를 잡고 당기자 제라늄이 화분에서 빠져나온다. 제라늄 뿌리에 달려 있는 시계를 풀어 주인에게 돌려준다.

★ **준비물**

1. 제라늄 화분 하나. 화원에서 쉽게 구할 수 있다. 화분의 크기는 지름 12cm, 높이 12cm 정도 되어야 한다. 그리고 화분 위로 보이는 제라늄의 높이가 25cm 정도 되어야 쉽게 다룰 수 있다.

2. 회색이나 검은색 실. 여기에 시계 걸쇠를 달아둔다.

3. 한 변이 18cm 되는 정사각형 신문지 한 장

4. 관객에게 빌린 시계 하나

준비

칼을 이용해 화분에 심겨진 제라늄 주변의 흙을 헐렁하게 만든 후, 제라늄을 화분에서 꺼내 뿌리 주변의 흙을 살짝 털어낸다. 그리고 시계 걸쇠를 달아둔 회색이나 검은색 실을 줄기와 뿌리의 경계에 묶는다. 걸쇠에 시계를 달아서 시계가 뿌리의 아래쪽에 오도록 실의 길이를 조정한다(**그림 1**). 시계를 제거하고, 제라늄을 다시 화분에 심는다. 이때 제라늄을 쉽게 뽑을 수 있도록 흙을 헐겁게 놔둔다. 시계 걸쇠는 화분 뒤쪽으로 꺼낸다(**그림 2**).

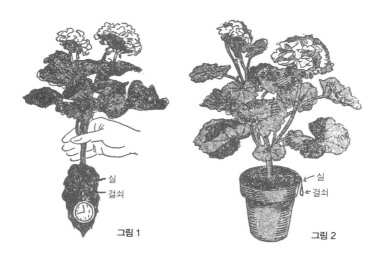

그림 1   그림 2

시연

객석에 있는 한 소녀를 무대로 불러 마술사의 왼편에 세운다.

"꼬마 아가씨, 꽃 좋아하니? 그렇다고? 그럼 이 제라늄 화분을 받으렴."

제라늄 화분을 소녀에게 주며 꼭 들고 있으라고 당부한다. 이때 시계 걸쇠는 뒤로 가야 한다.

"꼭 잡고 있으렴."

객석에 있는 신사에게 시계를 빌려 무대로 돌아온 후, 모두에게 시계를 보여준다.

"꼬마 아가씨는 꽃을 좋아하고, 저는 시계를 좋아합니다."

신문지를 집어 그 위에 시계를 놓는다. 그리고 시계를 관객 몰래 쉽게 꺼낼 수 있도록 특별한 방법으로 시계를 싼다. 이 방법은 제2권 **레슨 22**에 더욱 자세하게 나와 있다. 먼저 시계를 종이 가운데에서 살짝 위쪽에 놓는다(**그림 3**). 그리고 종이 아랫부분을 7cm 위로 접어 올린다(**그림 4**). 위에는 4cm가 남는다. 종이의 오른쪽을 뒤로 접는다(**그림 5**). 그리고 왼쪽도 뒤로 접는다(**그림 6**). 마지막으로 종이의 윗부분 4cm를 뒤로 접는다(**그림 7**, **그림 8**).

"괜찮으시다면 선생님 시계를 신문지에 싸서 제가 집으로 가져가겠습니다."

접은 종이를 뒤집어 벌어진 부분이 오른손으로 오게 한다(**그림 9**). 그럼 시계는 자연스럽게 종이에서 빠져나와 오른손 손바닥으로 들어온다.

그림 3

그림 4

그림 5

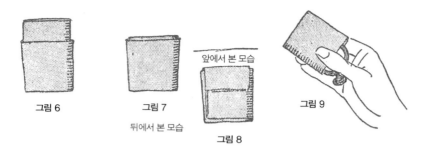

그림 6

그림 7

앞에서 본 모습

뒤에서 본 모습

그림 8

그림 9

"오, 안 괜찮으세요? 그렇다면 저희 집으로 가져가지는 않겠습니다."

그림 10

접은 종이를 잘게 찢어서 바닥에 버리거나 왼손으로 찢은 종이를 잡아 객석에 뿌린다. 그리고 소녀를 향해 돌아선다.

"꽃 감상은 잘하고 있나요, 아가씨? 내가 꽃을 예쁘게 포장해 주마."

양손을 화분 뒤로 뻗어 관객 몰래 손에 있는 시계를 걸쇠에 건다. 그럼 시계는 **그림 10**과 같이 화분 뒤로 늘어진다.

"뭐라고? 화분은 필요 없다고? 좋아. 그럼 제라늄만 포장해 주마."

오른손으로 제라늄 줄기를 잡고, 왼손으로는 화분 뒷부분을 잡는다. 줄기를 당겨 제라늄을 화분에서 빼내며 제라늄을 돌려 뿌리에 달려 있는 시계를 보여준다(**그림 1**). 시계를 보며 말한다.

"대체 신사분의 시계가 어떻게 되었는지 궁금하던 참이었거든요. 꼬마 아가씨, 우리 꼬마 아가씨가 진짜 마술사네. 시계가 제라늄 뿌리에 묶여 있을 줄이야."

제라늄을 다시 돌려 시계가 뒤로 오게 한 후 걸쇠에서 시계를 푼다. 그리고 제라늄과 다시 분리된 시계를 보여주며 제라늄을 테이블 위에 놓는다.

"선생님, 아주 놀라운 시계를 갖고 계시군요."

시계를 주인에게 돌려주고 다시 무대로 올라온다. 소녀에게서 화분을 돌려받으며 이야기한다.

"나는 이 화분이 무지개 끝에 있는 황금 화분이었으면 좋겠단다."

레몬을 보라
Watch the Lemon

버트 더글라스(Bert Douglas)가 고안한 이 마술을 나는 개인적으로 참 좋아한다. 시드 로레인(Sid Lorraine)의 초기 마술인 '레몬 크러시(Lemon Crush)'를 응용했다. 특히 기발한 결말은 관객의 사랑을 받는 비결이다. 더글라스는 여기에 새로운 대사와 현대적인 장치를 첨가하여 마술을 간결하게 만들었다.

★ 이펙트

바구니에서 자유롭게 레몬 하나를 선택한다. 선택된 레몬을 관객이 직접 살펴본다. 마술사가 빈 유리잔을 모두가 볼 수 있도록 테이블 위에 놓은 후, 속이 빈 카드보드 커버를 씌운다. 다음으로 선택된 레몬을 또 다른 카드보드 튜브에 넣은 후, 튜브에 있는 레몬을 유리잔으로 옮겨보겠다고 이야기한다. 하지만 여전히 튜브 안에 남아있는 레몬을 보고 관객은 비웃는다. 하지만 마술사는 레몬이 껍질만 남겨두고 알맹이는 유리잔으로 옮겨 갔음을 증명한다. 유리잔에는 레몬즙이 레몬에이드 형태로 담겨 있다.

★ 준비물

1. 아무런 무늬도 없는 긴 유리잔 하나. 그리고 이 안에 들어가는 셀룰로이드 인서트와 유리잔을 완전히 씌울 수 있는 원통형 커버 하나(**그림 1**)

2. 체인지 튜브. 높이 23cm, 지름 10cm의 튜브로 다이 튜브와 같이 튜브의 가운데에 크로스 테이프가 있어 공간이 둘로 나뉜다(**그림 2**).

3. 준비된 레몬 하나. 레몬의 한쪽 끝을 살짝 자른 후, 작은 스푼을 이용해 속을 모두 파내어 껍질만 남긴다. 그리고 자른 부분을 다시 핀으로 고정시켜 평범한 레몬처럼 보이게 만든다. 마술의 마지막에 튜브에서 꺼내는 레몬이 바로 크로스 테이프 위에 올려둔 속이 빈 레몬이다(**그림 2**).

4. 레몬 3~4개가 담겨 있는 바구니, 날카로운 과도, 긴 유리잔 하나

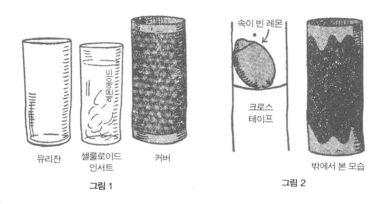

| 유리잔 | 셀룰로이드 인서트 | 커버 | 속이 빈 레몬 / 크로스 테이프 | 밖에서 본 모습 |

그림 1   그림 2

준비

레몬 과육이 들어 있는 레몬에이드를 유리잔 안에 있는 셀룰로이드 인서트의 3/4까지 따른 후, 셀룰로이드 인서트와 유리잔에 커버를 씌운다. 크로스 테이프 위에 속이 빈 레몬을 넣어 둔 체인지 튜브를 바로 옆에 준비해둔다.

시연

레몬 바구니를 집으며 이야기한다.

"저는 항상 새로운 마술에 대해 생각합니다. 오늘 여러분이 보실 마술은 제가 과일을 이용

Tarbell course in Magic

해 새롭게 만든 마술입니다. 아무나 레몬 하나를 골라주십시오. 그냥 하나만 골라주시면 됩니다."

관객에게 레몬 하나를 자유롭게 선택하도록 시킨다. 원한다면 바구니에 있는 레몬을 모두 객석에 던진 후, 하나만 돌려받아도 된다. 물론 관객은 레몬을 직접 확인할 것이다. 원한다면 객석에 레몬을 돌려 많은 사람이 직접 만져보게 해도 된다. 하지만 한 사람이 레몬을 너무 오래 관찰하게 해서는 안 된다.

"감사합니다. 이제 이 레몬을 '가장 잘 선택된 과일'이라고 부르겠습니다. 여러분이 직접 확인해 보셨다시피, 그냥 평범한 레몬입니다. 단단하고 속에는 과즙으로 가득 차 있을 겁니다. 때로 사람들은 제게 이런 질문을 합니다. '어떻게 이런 새로운 마술을 만들어내나요?' 그럴 때는 이런 생각을 하게 됩니다. '여러분을 모두 무대 뒤로 데려가서 어떻게 마술이 이루어지는지 보여주면 어떨까'라고 말입니다."

이야기하는 동안 오른손 손가락 끝으로 레몬을 집어 모두가 볼 수 있도록 든다.

"이제 라임에 맞춰 이야기를 들려드리겠습니다. 즐겁게 들어주십시오. 그리고 절대 한눈을 파시면 안 됩니다."

"나는 마술을 만들기로 결심했네, 잘 알려진 과일을 갖고,
우유병, 잼 병을 갖고도 해봤네, 하지만 아무 소용없고,
집게손가락과 엄지손가락으로 이런 것은 옆으로 치워뒀네.
이 사랑스런 유리잔으로 마침내 성공했네."

오른손에 있는 레몬을 왼손으로 던진 후, 테이블로 걸어가 오른손으로 유리잔에 씌워둔 커버를 집는다. 이때 집게손가락과 가운뎃손가락을 유리잔 안에 넣어 안에 있는 인서트도 함께 잡는다(**그림 3**). 그럼 아무것도 담겨 있지 않은 유리잔이 모습을 드러낸다.

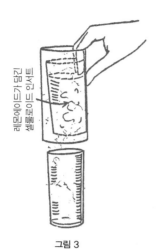

크로스 테이프 위로 올라간 셸룰로이드

그림 3

"유리잔을 집어 안을 보았네, 안에는 아무것도 없다네,
아무런 조작도 속임수도 없네, 말 그대로 비어 있었네,
유리잔을 테이블에 올려놓고, 잠시 커버를 씌워둔 다음,
유리잔과 레몬에 대해 생각하고, 그보다 라임을 맞추는
생각을 하고."

　다시 커버를 씌우면서 관객 몰래 유리잔 안에 인
서트를 넣는다.

"그리고 나의 노력이 헛되지 않았음을 알게 되었네,
유리잔과 레몬을 갖고 멋진 마술을 선보이겠네."

커버를 씌워둔 유리잔과 왼손에 있는 레몬을 동시에 쳐다보며 말한다.

"과일을 사라지게 하는 모두가 알고 있는 방법 있네.
하지만 그게 어디로 갔는지 알면 그건 마술이 아닌데.
먼저 레몬을 튜브에 넣어 사라지게 하겠네."

오른손 엄지손가락과 집게손가락으로 체인지 튜브를 집어서 왼손 손바닥 위에 놓
인 레몬 위에 씌운다.

"이제 눈을 크게 뜨고 잘 보십시오. 여기에 있는 레몬이 저기로 점프할 겁니다."

손에 튜브를 든 상태로 컵을 향해 무언가 던지는 척한다. 그러면서 주문을 외운다.
아니면 배경 음악을 준비해도 좋다.

"이제 레몬이, 여기에 있던 레몬이 이사 갔네,
완전한 마술로 이사 갔네, 놀라운 방법으로 이사 갔네."

튜브에서 오른손을 떼고, 왼손으로 튜브 끝을 잡고 튜브를 기울여 속이 빈 레몬을
오른손에 떨어뜨린다. 그럼 속이 찬 레몬은 크로스 테이프 위로 올라간다.

Tarbell course in Magic

"이게 뭐지? 레몬이네. 아직 놀라지 마세요,

레몬이 이사 갔다고 말했어요. 아직 그 말이 틀리진 않았어요."

튜브를 테이블 위에 놓고, 과도를 집어 오른손 위에 있는 레몬의 반을 가른다. 그리고 레몬 속이 비었음을 보여준다. 과육이 모두 사라졌다.

"여러분이 보셨다시피, 레몬이 날아갔네, 껍질만 남았네.

레몬에서 사라진 부분은, 유리잔 안에 모두 있네."

테이블로 걸어가 컵에서 레몬 과육을 꺼내는 척하다 갑자기 마음을 바꾼 연기를 한다.

"하지만 껍질이 없는 레몬의 모습은 너무 끔찍하네,

그래서 마술로 모든 것을 해결해 보겠네."

커버로 덮인 유리잔 위에서 오른손으로 몇 번 젓는다.

"모두 해결하겠네, 레몬에이드로 말이네."

오른손으로 커버를 벗겨 유리잔 옆에 내려놓는다. 레몬에이드가 담겨 있는 인서트는 여전히 유리잔 안에 있다. 오른손 집게손가락으로 인서트 윗부분을 잡은 상태로 레몬에이드를 왼손에 있는 다른 유리잔에 따른다.

★ 주의

셀룰로이드 인서트, 커버, 유리잔 대신에 버트 더글라스는 금속으로 된 커다란 칵테일 잔이나 셰이커를 이용했다. 더글라스가 이용한 칵테일 잔과 셰이커는 로타 볼 (Lota Bowl)처럼 양면으로 되어 있으며, 마술용품점에서 구할 수 있는 것으로서 이 도구를 이용하면 빈 잔에서 음료수를 만들어내는 마술을 할 수 있다. 먼저 레몬에이드를 담고, 바깥에 있는 위쪽 공기구멍을 마술용 왁스나 양면테이프로 가린다.

모자에서 튀긴 팝콘
Popping Corn in a Hat

관객 중 어린이가 있는 경우 아주 훌륭한 마술이다. 준비와 과정 모두 간단하다.

★ 이펙트

마술사가 초에 불을 붙여 소년에게 들고 있도록 시킨다. 그리고 마술사의 지시에 따라 소년이 상자에서 팝콘 재료인 옥수수 알갱이를 꺼내어 관객에게 빌린 모자 안에 넣는다. 그리고 모자를 촛불 위에 놓자, 잠시 후 모자에서 팝콘 알갱이가 튀어나온다. 마술사가 모자를 뒤집어 모자의 반을 채우고 있는 팝콘을 종이에 쏟아서 소년과 다른 아이들에게 준다.

★ 준비물

1. 모자 하나. 관객에게 빌려서 사용한다.
2. 촛대에 놓인 초 하나
3. 팝콘 재료인 옥수수 알갱이와 튀긴 팝콘 조금
4. 종이 한 장
5. 특별한 상자 하나

팝콘 재료가 되는 옥수수 알갱이가 담겨 있는 평범한 상자처럼 보이지만 실제로는 튀긴 팝콘이 담겨 있다. 그래서 필요한 때에 모자에 팝콘을 쏟을 수 있다.

준비

상자 제작 : 슈퍼에서 시리얼 한 상자를 산다. 이때 상자의 크기는 15cm×22.5cm×7.5cm가 적당하다. 상자는 두꺼운 종이로 되어 있고, 상자 안에 있는 내용물을 모자 안에 쉽게 쏟을 수 있는 크기이다.

상자를 조심히 열어 원래 내용물을 제거한다. 그리고 조심해서 상자 바닥을 잘라 낸다. 상자의 폭에 꼭 맞는 두꺼운 종이 두 조각을 준비한다. 이 두 장의 종이를 0.6cm 겹쳐 놓는다. 그리고 상자의 바닥에서 몇 cm 떨어진 지점에 놓고, 헝겊을 상 자에 붙인 후 거기에 두꺼운 종이를 붙여 날개를 만든다. 헝겊은 매우 유연한 경첩 역할을 하여 상자가 비어 있는 경우 날개가 열리게 만든다. 날개 A가 날개 B 위에 위 치하게 한다. 그리고 날개 A를 **그림 1**에서와 같이 2.5cm 정도 자르고, 상자 뒷면에는 열쇠구멍 모양으로 구멍을 만든다.

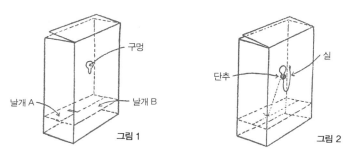

날개 A의 잘라진 틈 사이로 보이는 날개 B에 바늘을 이용하여 두꺼운 실을 연결한 다. 이렇게 연결한 실을 위로 당겨 열쇠구멍 모양의 구멍을 통해 밖으로 꺼낸다. 이 때 양 날개가 상자 안에서 평평하게 되도록 실을 팽팽하게 당겨야 한다. 구멍을 통해 밖으로 나온 부분에 단추를 달아 실이 마음대로 움직이는 것을 막는다. 그리고 실 끝 은 상자 표면에 붙여둔다(**그림 2**).

단추를 올리면 구멍의 넓은 부분을 통과해 상자 안으로 들어간다. 그럼 양 날개가 아래로 떨어지며 열린다. 다시 버튼을 원래대로 고정시키면 상자 안에는 무엇이 있 든 잘 담겨져 있다. 하지만 단추를 풀면 날개가 열리고 상자 바닥이 뚫려 내용물이 아래에 있는 그릇으로 쏟아진다(**그림 3**).

상자의 위에서 5cm 내려온 지점에 두꺼운 종이를 붙여서 상자 안을 두 개의 공간 으로 나눈다. 두꺼운 종이를 상자에 붙일 때는 풀칠한 헝겊을 이용한다(**그림 4**).

이제 튀긴 팝콘을 준비한다. 관객의 모자를 버리지 않기 위해서는 소금, 버터, 기름 등이 첨가되지 않은 팝콘을 이용해야만 한다. 상자를 뒤집어 튀긴 팝콘을 가득 채운 다. 그리고 날개를 닫은 후, 버튼을 당겨 구멍 아래쪽에 고정시킨다. 상자를 똑바로 세우면 **그림 5**와 같이 된다.

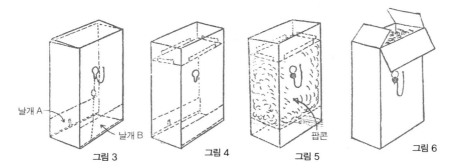

날개 A		팝콘	
날개 B			
그림 3	그림 4	그림 5	그림 6

두꺼운 종이를 이용해 상자 위쪽에 만들어놓은 공간에 팝콘 재료가 되는 옥수수 알갱이를 넣는다. 공연 도중에 절대 칸막이 역할을 하는 두꺼운 종이가 보이지 않게 해야 한다. 앞이나 위에서 보면 **그림 6**과 같이 옥수수 알갱이가 담겨 있는 평범한 상자처럼 보인다. 앞면이 객석을 향하게 하여 테이블 위에 상자를 놓는다. 그리고 촛대에 초를 꽂고 성냥과 종이와 함께 상자 옆에 놓는다.

시연

객석의 신사에게 모자를 빌리고, 한 소년을 무대 위로 불러 마술사의 오른쪽에 세운다. 소년의 이름을 물어보고, 적당한 인사와 소개를 한 후 마술을 계속한다.

"존, 엄마를 아주 잘 도와주는 착한 어린이인 거 같구나. 엄마가 식사 준비하시는 것도 잘 도와주지? 요리해본 적 있니?"

초가 꽂혀 있는 촛대와 성냥을 테이블에서 집어 촛대는 존에게 건넨다.

"존, 너 그거 아니? 요리라는 게 예전과는 약간 달라졌단다. 예전에 요리는 아주 원시적이었지."

성냥으로 초에 불을 붙인다. 그리고 소년에게 촛대를 왼손으로 들게 시킨다.

"오늘날에는 현대적인 요리 방법이 있지만, 예전 방법도 함께 알아두면 좋단다. 특히 집이

Tarbell course in Magic

아닌 밖에 있는 경우에 말이란다. 그런데, 존, 너 보이스카우트니?"

물론 아주 어린 소년이라면 보이스카우트 일리가 없다. 조금 더 큰 소년이라면 보이스카우트일지도 모른다. 각각의 상황에 적절한 멘트를 해야 한다.

"아니라고? 아마 너는 크면 분명 보이스카우트가 될 것 같구나. 훌륭한 보이스카우트 대원은 간단하게 요리하는 방법을 알아야만 한단다. 일종의 인디언 방식을 이용하지."

왼손으로 관객에게 빌린 모자를 들고, 오른손에는 준비한 상자를 든다. 오른손 집게손가락은 언제든 단추를 풀 수 있도록 바로 아래를 잡는다(**그림 7**).

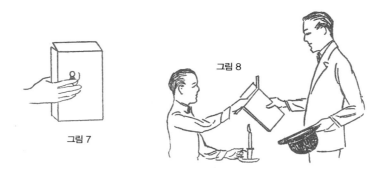

그림 7

그림 8

"존, 모자를 스토브로 이용하는 것에 대해서 어떻게 생각하니? 모자에는 먹을 게 있어야겠구나."

모자에는 아무런 속임수도 없다는 것을 보여주기 위해 모자 안을 보여준다.

"우리에게 모자를 빌려주신 신사분도, 우리가 모자를 스토브로 이용하는 것에 대해서 반대하시지 않는 것 같구나."

객석에 있는 신사에게 묻는다.

"반대하지 않으시죠? 그렇죠? 물론 그러실 겁니다. 존, 이제 여기에 옥수수 알갱이가 담겨 있는 상자가 있단다. 안에서 옥수수 알갱이를 한 움큼 꺼내렴."

존을 향해 돌아서서 상자를 든 오른팔을 뻗어 존이 쉽게 옥수수 알갱이를 잡을 수 있게 한다. **그림 8**은 객석에서 바라본 마술사와 존의 모습이다.

"알갱이가 약간 날카롭긴 하지만 아주 좋은 옥수수란다. 품질도 좋고, 건조도 아주 잘 되었단다. 이제 옥수수 알갱이를 모자 안에 넣으렴. 옳지. 손에 있는 옥수수를 모두 넣으렴."

소년이 옥수수를 모자에 넣는다.

"아 참, 잊은 게 있단다. 존, 지금 왼손에 촛대를 들고 있지? 이제 오른손으로 들으렴."

존에게 지시를 내리며 상자를 모자 바로 위로 가져간다. 그리고 오른손 집게손가락으로 단추를 위로 올린다. 그럼 날개가 열려 튀긴 팝콘이 모자 안으로 떨어진다(**그림 9**).

모자에 팝콘을 모두 넣으면 곧바로 상자를 치운다. 이때 관객이 상자의 밑바닥을 보지 못하도록 낮게 움직여 테이블 위에 내려놓는다. 그리고 모자는 소년의 눈높이로 들어 안에 있는 팝콘이 보이지 않게 한다.

"이제 좀 낫구나. 그럼 이제 이 모자를 스토브로 이용하자꾸나. 이 안에 옥수수 알갱이를 넣었으니 촛불을 스토브로 이용하고, 모자는 냄비로 이용하면 되겠구나. 너는 스토브를 잘 들고 있으렴. 내가 냄비를 움직여 팝콘을 골고루 튀기마."

초 위에 있는 모자를 앞뒤로 움직이다. 이때 모자와 촛불과의 거리를 15cm 정도 유지해야 모자가 손상되는 것을 막을 수 있다(**그림 10**).

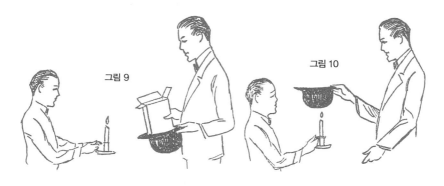

그림 9

그림 10

모자를 움직이는 속도를 높여, 팝콘이 밖으로 한두 개씩 날아가게 한다. 그럼 마치 팝콘이 정말로 튀겨지는 것처럼 보인다. 그러다 다시 서서히 속도를 줄인다(**그림 11**).

"존. 이제 대부분의 알갱이가 튀겨진 것 같구나."

소년이 들고 있는 초를 받아 옆으로 치워놓고, 종이를 양손으로 들게 시킨다. 그리고 모자에 있는 팝콘을 종이에 쏟는다(**그림 12**).

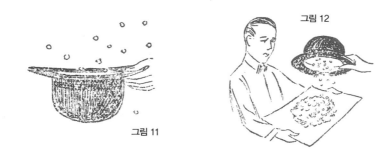

그림 12

그림 11

"여기 팝콘이 모자 한가득 있구나. 가지고 내려가서 친구들과 함께 팝콘 파티를 즐겨보렴."

소년이 무대에서 내려가는 것을 도와준 뒤 돌아오며 이야기한다.

"이제 모자를 돌려드리겠습니다. 보시다시피 모자는 아주 멀쩡합니다. 이제 나중에도 팝콘 튀기실 때 이 모자를 이용하셔도 좋을 것 같습니다."

★ 조언

타벨 박사가 오래전 이 마술에 대해 쓴 것은 셀로판지가 발명되기 전이었다. 오늘날에는 미적인 효과를 높이기 위해 모자에 옥수수 알갱이를 넣기 전에 셀로판지를 깔아도 좋다.

타벨의 빨리 팝콘 튀기기
Tarbell's Quick Popper

팝콘을 튀겨내는 마술에서 모자 대신에 쓰레기통을 이용할 수도 있다. 쓰레기통에 아무 것도 없음을 관객에게 보여준다. 하지만 쓰레기통을 위아래로 흔들자 옥수수 알갱이가 튀겨져 쓰레기통 밖으로 팝콘이 날아간다. 쓰레기통을 접시나 종이 위에 뒤집자 팝콘이 쏟아져 나온다.

★ 준비물

1. 준비된 쓰레기통. 개인적으로 원통형 쓰레기통을 애용한다. 백화점에서 구할 수 있는 제품으로 접으면 평평하게 만들 수 있어 편리하다. 높이 28cm, 지름 20cm 가 적당하다. 쓰레기통 바닥과 같은 색깔의 동그란 두꺼운 종이를 준비한다. 쓰레기통에 넣었을 때 꼭 맞아야 한다. 쓰레기통에 넣기 전에 먼저 칼을 이용해 두꺼운 종이를 가로지르는 칼집을 낸다. 그리고 한쪽 끝에는 스테이플러를 이용해 손잡이를 만든다(**그림 1, 그림 2**).

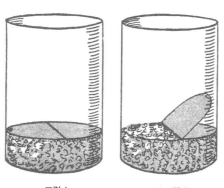

그림 1   그림 2

2. 튀긴 팝콘. 쓰레기통 1/4만큼 채운다. 그리고 그 위에 **그림 1**과 같이 뚜껑을 위로

열 수 있도록 두꺼운 종이를 놓는다(**그림 2**).

3. 팝콘 재료인 옥수수 알갱이가 담겨 있는 작은 상자나 봉지

시연

가짜 바닥 아래에 팝콘을 넣어둔 쓰레기통을 관객에게 보여준다. 관객과의 거리 때문에 관객은 쓰레기통 안에 아무것도 없다고 생각한다. 쓰레기통 바닥뿐만 아니라 모든 면을 골고루 보여준다.

상자나 봉지에 담겨 있는 옥수수 알갱이를 한 줌 집어서 보여준다. 그리고 쓰레기통 안에 넣는다. 쓰레기통 안에 손을 넣어 알갱이를 저으면서 스테이플러로 만들어 놓은 손잡이를 잡아 뚜껑을 연다. 그 상태에서 쓰레기통을 위아래로 흔들어 팝콘이 밖으로 날아가게 한다. 마지막으로 그릇에 팝콘을 쏟는다.

가드너의 '손수건을 통과한 카드'
Gardner's 'Card Through the Handkerchief'

'손수건을 통과한 카드'는 오래된 마술로서 그동안 다양한 방법으로 행해졌다. 제3권의 레슨 40에서 소개된 오래된 방법에서는 팜을 많이 이용했다. 하지만 마틴 가드너(Martin Gardner)가 고안한 방법에는 팜은 이용하지 않고 직접적이고 깔끔한 동작으로 이루어진다.

★ 이펙트

관객이 카드를 자유롭게 선택한 후, 그 카드를 나머지 카드와 함께 섞는다. 그리고 카드를 상자 안에 넣고 뚜껑을 닫는다. 그리고 나서 카드 상자를 손수건 가운데에 놓고 손수건으로 상자를 싼다. 마술사의 명령이 떨어지자 선택된 카드가 손수건 가운데를 뚫고 밖으로 나온다.

★ 준비물
1. 상자에 담겨 있는 카드 한 벌
2. 손수건 한 장

시연
카드를 상자에서 꺼낸 후 관객에게 한 장을 선택하게 한다. 그럼 관객은 선택한 카드를 기억한 다음 나머지 카드 맨 위에 놓는다. 가짜 셔플을 이용해 카드를 섞어서 선택된 카드는 그대로 맨 위에 남겨둔다. 카드 상자 안에 아무것도 없음을 보여준 후 카드의 뒷면이 뚜껑 홈으로 오게 카드를 넣는다. 그리고 상자의 뚜껑이 맨 위에 있는 카드와 그 다음 카드 사이로 들어가게 닫는다(**그림 1**). 오른손으로 뚜껑 홈을 잡고 상자의 양면을 관객에게 보여준다.

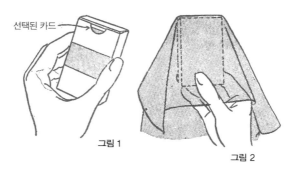

선택된 카드

그림 1

그림 2

자연스럽게 손수건의 앞뒤를 보여준다. 그리고 상자를 뒤집고 그 위에 손수건을 씌운다(**그림 2**). 이때 손수건의 한쪽 끝이 오른손 손아귀로 들어오게 하여 오른손 엄지손가락을 손수건 밖으로 꺼낸다. 뚜껑 홈이 있는 면을 앞으로 돌리며 손가락으로 뚜껑 홈을 가린다.

왼손으로 손수건과 카드 상자의 양면을 잡는다. 이때 왼손 엄지손가락이 상자의 왼쪽 모서리 가운데를 잡는다(**그림 3**). 이 동작을 통해 손수건을 잘 정리할 수 있다.

오른손 집게손가락을 뚜껑 홈으로 가져가 선택된 카드 윗부분을 누른다. 그 상태로 손을 아래로 내려 카드도 함께 아래로 내려오면 오른손 집게손가락과 가운뎃손가락으로 카드를 잡는다(**그림 4**).

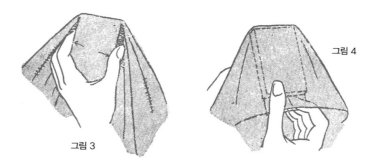

그림 4

그림 3

뚜껑이 함께 열리면 손가락 끝으로 밀어 뚜껑을 다시 닫으면 된다. 선택된 카드가 상자에서 완전히 나오면 손수건 모서리 끝으로 가져온다. 그리고 카드와 손수건을 함께 잡고 뒤집어 카드 밖으로 나오게 한다(**그림 5**). 오른손으로 상자 윗부분을 잡되, 이때 엄지손가락으로는 상자 앞쪽을, 나머지 손가락으로는 상자의 뒷부분을 잡는다.

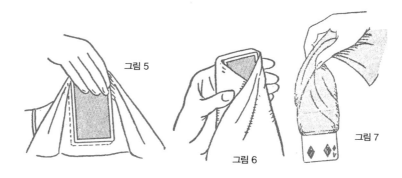

그림 5

그림 6

그림 7

이제 남은 것은 손수건으로 선택된 카드를 싸는 것이다(**그림 6**). 그리고 **그림 7**과 같이 손수건을 잡고 손수건을 흔든다.

"선택하셨던 카드가 어떤 카드죠? 다이아몬드 4요? 감사합니다. 다이아몬드 4가 나옵니다."

손수건을 흔들어 카드가 밖으로 보이게 만든다(**그림 7**). 카드가 반쯤 나오면 왼손으로 손수건을 잡아서 빼낸다.

"바로 손수건을 통과해서 나오네요."

카르멘 다미코의 '토스 오버 카드'
Carmen Damico's 'Toss Over Card'

기발한 동작을 이용한 카드 마술은 재미있어서 관객을 웃게 만들 수 있다. 카르멘 다미코 (Carmen Damico)는 이런 마술을 만들어냈다. 특별한 준비 없이 즉석에서 할 수 있다.

★ 이펙트

카드의 맨 위 카드를 보여준 후, 카드의 앞면이 아래로 가도록 테이블에 내려놓는다. 여기에서는 하트 5라고 하자. 다른 두 카드를 뒤집어 카드의 앞면이 위로 가게 하여 나머지 카드 중간에 놓은 후, 카드를 나란히 정돈한다. 테이블에 놓인 카드를 집어 보이지 않게 나머지 카드가 있는 곳으로 던진다. 그러자 오른손에 있는 카드는 사라지고, 선택된 카드는 뒤집어 놓은 두 장의 카드 사이에서 나타난다.

★ 준비물

카드 한 벌

시연

맨 위에 있는 카드 두 장을 한 장처럼 집는다. 어느 카드이건 상관없지만 여기에서는 편의상 두 번째에 있는 카드가 하트 5라고 하자. 두 장을 함께 나머지 카드 위에 내려놓은 후, 이번에는 한 장만 집어서 카드의 뒷면이 보이게 테이블 위에 내려놓는다.

"하트 5입니다."

Tarbell course in Magic

2. 20~23cm 길이의 작은 마술 지팡이 하나(**그림 1**)

3. 폭이 7.5cm 정도 되고 위에 똑따기가 달려 있는 동전 지갑 하나(**그림 2**)

4. **그림 3**에서 보이는 것과 같은 작은 부처 조각상. 지갑에 넣을 수 있는 크기로 준비한다. 굳이 불상이 아니더라도 조각으로 된 작고 동그란 물체를 준비해도 된다.

5. 선택된 카드에 표시를 남길 때 이용할 연필이나 만년필

준비

불상을 넣고 지갑을 닫은 후 코트 왼쪽 주머니에 넣는다. 카드와 지팡이는 테이블 위에 놓아둔다.

시연

마술사가 테이블 뒤에 앉고, 관객은 테이블 반대편에 앉는다. 카드를 섞어서 부채 모양으로 펼친 후 관객에게 한 장 선택하게 한다. 그럼 관객은 카드를 기억한 후 카드 위에 표시를 남기고 나머지 카드 중간에 넣는다. 패스나 서플을 이용해 관객 몰래 선택된 카드를 맨 위로 올린다. 그리고 카드를 오른손에 팜으로 잡은 후 오른손을 테이블 아래로 내린다. 남은 카드는 관객이 직접 섞게 한다. 오른손을 테이블 아래에 숨긴 상태에서 카드를 세로로 반 접고, 다시 가로로 반 접는다. 그럼 카드는 1/4 크기가 된다(**그림 4**). 이렇게 접은 카드는 오른손에 핑거 팜으로 잡는다.

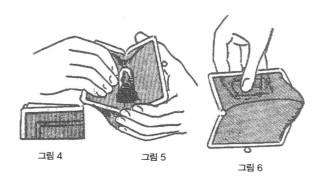

그림 4   그림 5   그림 6

왼손을 코트 주머니에 넣어 동전지갑을 꺼낸다. 왼손 엄지손가락과 집게손가락,

가운뎃손가락으로 지갑의 양옆을 잡는다. 카드를 숨기고 있는 오른손으로 지갑을 열어 안에 들어 있는 불상을 보여준다(**그림 3**).

오른손 집게손가락, 가운뎃손가락, 넷째 손가락, 새끼손가락을 지갑 안쪽에 넣어 오른손으로 지갑을 잡는다. 그럼 카드는 손가락과 지갑 안쪽 면 사이에 위치한다(**그림 5**). 오른손으로 지갑을 뒤집어 불상을 테이블 위에 떨어뜨린다(**그림 6**). 왼손을 이용해 지갑을 닫는다. 이때 관객이 지갑 안에 있는 카드를 보지 못하게 주의해야 한다.

그림 7

작은 불상을 카드 위에 놓는다. 그리고 닫은 동전지갑을 카드에서 15cm 정도 떨어진 곳에 놓고, 카드와 지갑 위에 지팡이를 걸쳐놓는다(**그림 7**). 전혀 관객의 의심을 받지 않고 이 모든 과정을 수행할 수 있다. 지갑을 열어 불상을 꺼낸 후, 다시 닫아서 테이블 위에 놓은 것이기 때문에 전혀 이상할 게 없다. 또한 관객은 직접 지갑 안에 불상 외에는 아무것도 없음을 확인했다.

"이 불상은 제가 동양에서 직접 가져온 것입니다. 동양 사람들은 이 불상에 신비한 힘이 있다고 믿습니다. 특히 작은 지팡이로 연결되어 있을 때는 말입니다. 여기에 계신 신사분께서 카드 한 장을 선택하여 잘 기억해두셨습니다. 그리고 카드에 직접 표시도 하시고, 다른 카드 중간에 넣고 카드를 섞었습니다. 그렇게 섞은 카드는 테이블 위에 놓여 있습니다. 그 중간 어딘가에 선택된 카드가 있겠죠? 카드 위에는 불상을 놓았습니다. 지팡이가 카드와 지갑을 연결하는 다리 역할을 합니다. 원래 지갑에 있던 불상을 꺼냈으니 지갑은 분명히 비어 있습니다. 이제 진짜 마술입니다. 집중해서 선택하신 카드를 생각하십시오. 그 카드가 다른 카드 사이에서 나와 다리를 건너 지갑 안으로 들어가는 것을 상상해보십시오. 그리고 불상 주변에서 빛이 나는 것을 생각해보십시오. 선택하셨던 카드가 어떤 거죠? 하트 8이요?"

지팡이와 불상을 테이블 위에 내려놓는다. 그리고 지갑을 들고 양손에 지갑 외에는 아무것도 없음을 보여준다. 지갑을 천천히 열어 안에 들어 있는 접힌 카드를 보여준다. 카드를 선택한 관객이 직접 지갑에서 카드를 꺼내게 한다.

"직접 그려넣은 표시가 있는지 확인해보십시오. 하트 8입니다. 바로 그 카드입니다."

나머지 카드를 뒤집어 테이블 위에 부채모양으로 펼친다.

"하트 8이 다른 카드 사이에서 빠져나왔습니다. 그 카드는 직접 간직하시지요. 행운의 카드입니다. 분명 선생님께 좋은 일을 가져다줄 겁니다."

★ 주의

작스는 종종 작은 빔을 이용해 불상 위에서 지갑으로 움직이는 빛을 보여주었다. 그럼 카드가 빛을 통해 움직이는 것처럼 보이게 만들 수 있다.

힘버의 '이름 카드'
Himber's 'Name Cards'

리처드 힘버(Richard Himber)가 특별한 준비 없이 자주 하던 카드 마술이다. 선택된 카드의 위치를 중점적으로 살펴보아야 한다.

★ 이펙트

카드 한 장을 선택한 뒤, 나머지 카드와 함께 섞는다. 그리고 관객에게 아무 이름이나 말해보라고 부탁한다. 그가 Fred라고 했다고 하자. 마술사가 알파벳 한 자를 말할 때마다 테이블에 카드를 한 장씩 내려놓는다. 즉, 이번에는 카드 네 장을 내려놓는다. 이제 알파벳 한 자당 내려놓은 카드를 한 장씩 세어 마지막 알파벳에 걸리는 카드를 빼낸다. 이 과정을 카드가 한 장만 남을 때까지 반복한다. 마지막 카드는 선택된 카드이다.

시연

카드 한 벌을 준비한 후, 관객에게 카드 한 장을 선택하게 한다. 그럼 관객은 카드를 선택하여 기억한 뒤 나머지 카드 사이에 넣는다. 패스를 이용해 선택된 카드를 맨 위 바로 아래에 넣는다. 그리고 가짜 셔플을 이용해 선택된 카드의 위치가 변하지 않게 나머지 카드를 섞는다.

"사람 이름 아무거나 말해주세요. 남자건 여자건 상관없습니다."

관객이 Fred라고 말했다고 하자. 알파벳 한 자당 카드 한 장씩 테이블 위에 내려놓는다. 이름이 다섯 자나 일곱 자로 되어 있지 않은 경우에는 카드를 왼쪽에서 오른쪽으로 내려놓는다. 하이츠의 '57'(Heinz's 'Fifty-Seven')의 응용에서도 5, 7이 나온다. 5, 7의 경우는 오른쪽에서 왼쪽으로 놓는다.

그림 1은 Fred라는 이름 네 자에 대해서, 카드를 왼쪽에서부터 하나씩 내려놓는 방법을 보여준다. 이때 선택된 카드는 왼쪽에서 두 번째에 위치한다.

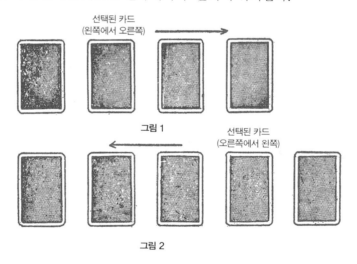

선택된 카드
(왼쪽에서 오른쪽)

그림 1

선택된 카드
(오른쪽에서 왼쪽)

그림 2

그림 2는 Frank라는 알파벳 다섯 자로 된 이름을 이용하여 오른쪽에서 왼쪽으로 내

Tarbell course in Magic

려놓은 모습을 보여준다. 그럼 선택된 카드는 오른쪽에서 두 번째 카드이다.

그림 3

Fred는 네 자이기 때문에 맨 위에 있는 카드부터 차례로 왼쪽에서 오른쪽으로 내려놓는다(**그림 3**).

"분명 무작위로 이름 하나를 선택했음을 잘 기억해두십시오. 직접 Fred라는 이름을 선택하셨습니다. 이름에 관하여 재미있는 게 있습니다."

다시 알파벳을 하나씩 이야기하며 네 번째 카드를 빼낸다.

"F-R-E-D"

그럼 카드는 세 장만 남는다.
다시 카드를 세기 시작한다.

"F-R-E"

그리고 다시 처음으로 돌아가 D를 말한다(**그림 4**). 그리고 카드 두 장만 남겨두고 첫 번째 카드를 빼낸다.

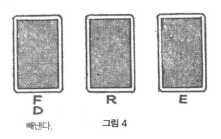

그림 4

다시 알파벳을 말한다.

"F-R"

그리고 다시 돌아가서 "E-D"를 말한다(**그림 5**). 두 번째 카드를 뺀다. 그럼 첫 번째 카드, 즉 선택된 카드만 남게 된다(**그림 6**).

"선택하신 카드가 어떤 카드죠? 하트 9라고요?"

테이블에 남은 카드를 뒤집어 선택된 카드임을 보여준다.

그림 5 F E / R D 빼낸다.

선택된 카드

그림 6

이름이 여덟 자를 넘어서는 안 된다. 그리고 다섯 자나 일곱 자인 경우를 제외하고는 반드시 왼쪽에서 시작해야 한다는 사실을 잊어서는 안 된다. 그리고 카드를 세다가 오른쪽에 카드가 더 이상 없는 경우 다시 제일 왼쪽으로 돌아가서 카드를 세야 한다.

레온 맥과이어의 신문지 카드 홀더
Leon Maguire's Newspaper Card Holder

평범한 사물을 이용해 신비로운 마술을 만들어낼 수 있다는 사실은 놀랍지 않을 수 없다. 카드 마술을 할 때 에이스 네 장과 같은 카드를 진열할 홀더가 필요한 경우가 있다. 가위를 신문지에 응용한 맥과이어의 아이디어는 큰 성공을 거두었다.

★ 제작

접은 신문지의 중간에서 약간 위 지점을 잘라 반원 네 개를 만든다(**그림 1**). 이때 반원의 지름은 6.2cm 정도 되거나 카드의 폭과 동일하다. 신문 하나는 보통 10~12페이지로 되어 있다. 반원을 만들 때 신문지 4~5장을 잘라야 카드를 튼튼하게 지탱할 수 있다.

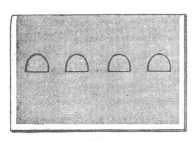

그림 1

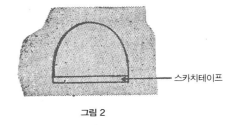

스카치테이프

그림 2

만약 여러 번 사용하고자 한다면 반원의 밑변에 스카치테이프를 붙인다. 그래서 잘라놓은 신문지 여러 장을 하나로 묶어 더욱 튼튼하게 할 수 있다(**그림 2**).

시연

신문지에 구멍을 뚫은 면이 앞으로 오게 의자 등받이에 걸쳐놓는다(**그림 3**). 그럼 카드를 각각의 구멍에 끼워 진열할 수 있다(**그림 4**). 모두 네 장의 카드를 끼울 수 있기 때문에 네 개의 에이스 마술(Four Ace Trick)과 같이 카드를 진열해야 하는 마술에서 이용하면 편리하다.

그림 3

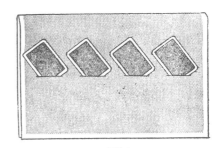

그림 4

맥과이어 카드 배열Maguire Card Set-Up

레온 맥과이어는 관객을 혼란스럽게 하는 데 효과적인 배열을 사용했다. 평범한 카드를 무작위로 섞어서 나온 순서가 자신만의 특별한 배열이 된다. 관객 몰래 신문지 뒤에 큰 종이를 붙인다(**그림 5**). 종이는 네 칸으로 나뉘어 있고, 각각의 칸 맨 위에는 카드 모양이 하나씩 그려져 있다. 그리고 에이스부터 시작해서 킹까지 13가지 숫자와 알파벳이 적혀 있다.

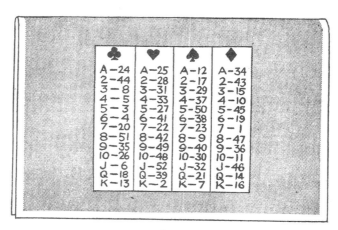

♣	♥	♠	♦
A – 24	A – 25	A – 12	A – 34
2 – 44	2 – 28	2 – 17	2 – 43
3 – 8	3 – 31	3 – 29	3 – 15
4 – 5	4 – 33	4 – 37	4 – 10
5 – 3	5 – 27	5 – 50	5 – 45
6 – 4	6 – 41	6 – 38	6 – 19
7 – 20	7 – 22	7 – 23	7 – 1
8 – 51	8 – 42	8 – 9	8 – 47
9 – 35	9 – 49	9 – 40	9 – 36
10 – 26	10 – 48	10 – 30	10 – 11
J – 6	J – 52	J – 32	J – 46
Q – 18	Q – 39	Q – 21	Q – 14
K – 13	K – 2	K – 7	K – 16

그림 5

카드의 숫자와 알파벳 옆에는 그 카드가 어디에 위치했는지 나타내는 숫자가 적혀 있다. 이 표를 작성하기 위해서는 먼저 맨 위에 있는 카드를 집는다. 여기에서는 다이아몬드 7이라고 하자. 그럼 다이아몬드 7 옆에 (1)이라고 적고, 그 카드의 앞면이 보이게 테이블 위에 내려놓는다. 이제 두 번째 카드 하트 킹을 집는다. 다이아몬드 7 위에 앞면이 보이게 내려놓으며 표의 하트 킹 옆에 (2)라고 적는다. 이 과정을 반복하여 표를 완성시킨다. 그럼 신문지 뒤에 있는 표를 보면 순식간에 카드의 위치를 알 수 있다. 물론 카드는 가짜 셔플이나 가짜 커트를 이용해 섞는 척해야 한다. 카드의 뒷면이 오른쪽을 향하도록 왼손으로 카드를 들고, 왼손 엄지손가락으로 카드의 안쪽 모서리를 훑는다. 그럼 관객이 멈추라고 외친다. 멈춘 순간 엄지손가락 뒤에 위치한 카드 묶음을 오른손으로 잡는다. 이때 오른손으로 잡은 카드 묶음 중 제일 앞에 있는 카드가 스페이드 2라고 하자. 그럼 표를 살펴보면 스페이드 2가 17번째 카드임을 알 수 있다. 즉, 오른손에 있는 카드는 모두 17장이다. 이제 마술사가 얼마나 빠르고 정확하게 카드를 셀 수 있는지 보여주면 된다.

또 다른 방법은 두 명의 관객이 각각 카드 하나씩 말하면 그 카드가 어디에 위치하는지 맞추는 것이다. 예를 들어 관객이 다이아몬드 퀸과 클럽 10을 말했다면, 표를 보고 다이아몬드 퀸은 위에서 14번째에, 클럽 10은 26번째에 있음을 확인할 수 있다. 이런 배열을 이용한 루틴은 시 스테빈스(Si Stebbins)와 같은 다른 시스템과 함께 이용해도 좋다.

기발한 선반A Novel Servante or Loader

작은 종이가방의 한쪽 면을 풀칠해서 신문지 뒷면에 붙이면 기발한 선반 혹은 마술을 통해 만들어낸 모자와 같은 다양한 소품을 걸어 놓을 수 있는 옷걸이가 된다. 종이가방은 접으면 **그림 6**과 같이 납작하게 되어, 신문지를 테이블 위에 놓더라도 아무것도 없는 것처럼 평평하다. 하지만 종이가방을 펼치면 선반이나 옷걸이가 된다 (**그림 7**). 이때 종이가방의 아랫면이 평평해야 한다. 또한 종이가방 바닥에 손수건을 깔아 놓으면 소품을 가방 안에 넣을 때 최대한 조용하게 넣을 수 있다. 또한 마술을 통해 모자와 같은 소품을 만들어내고자 하는 경우에는 종이가방을 펼쳐 거기에 소품을 준비해둔 후, 신문지를 의자 등받이에 걸쳐놓아야 한다.

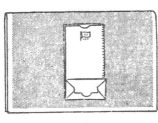

그림 6

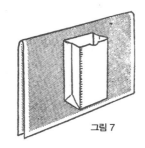

그림 7

여러 가지 소품을 걸어두어야 하는 경우에는 신문지 뒷면에 작은 가방 여러 개를 붙여서 사용한다. 신문지 뒤에 종이가방을 붙여 펼쳐놓으면 카드를 손쉽게 넣을 수 있어서 매우 유용하다.

카렐 폭스의 '질문은…'
Karrell Fox's 'The Question is…'

카렐 폭스(Karrell Fox)가 선보인 이 간단하고 짧은 마술은 언제나 나를 즐겁게 한다. 카렐 폭스는 어느 누구도 흉내 낼 수 없는 '콘의 제왕(King of Korn)'으로서 무대 위뿐만 아니라 무대 밖에서도 수많은 사람에게 즐거움과 놀라움을 선사했다.

★ 이펙트

관객이 카드를 선택하여 기억한 후 나머지 카드 사이에 놓는다. 마술사가 카드를 섞다가 갑자기 테이블에 내려놓으며 카드로 물음표를 만든다. 물음표 아래의 점을 뒤집어 보니 바로 선택된 카드이다.

시연

평범한 카드를 준비하여 관객에게 한 장 선택하게 한다. 그럼 관객은 카드를 기억한 후, 나머지 카드 사이에 놓는다. 패스를 통해 선택된 카드가 맨 위로 오게 한 후, 가짜 서플을 한다.

카드의 뒷면이 보이게 테이블 위에 놓는다. 그리고 카드를 펼쳐 물음표를 만든다 (**그림 1, 그림 2**). 그럼 맨 위에 있던 선택된 카드는 마지막에 점이 된다.

그림 1

그림 2

"질문은… 선택하셨던 카드가 어떤 거죠? 말씀해주세요!"

관객이 자신이 선택한 카드의 이름을 말한다. 그럼 물음표의 점을 뒤집어서 그것이 바로 선택된 카드임을 보여준다.

"바로 점입니다."

토니 로필라토의 '효모' 팩
Tony Lopilato's 'Yeast' Pack

토니 로필라토(Tony Lopilato)의 기발한 아이디어는 카드 마술 사이에 막간을 이용해 선보이면 매우 효과적이다.

★ 이펙트

카드 여러 장을 부채모양으로 펼친 후 다시 나란히 정리한다. 그리고 약간의 효모를 그 위에 뿌린 다음 손수건 가운데에 놓고 손수건으로 카드를 싼다. 이때 손수건의 모서리를 카드 아래로 모은 후 손으로 손수건을 잡는다. 손수건 안이 따뜻하기 때문에 효모가 카드를 팽창시키는 것처럼 보인다. 카드의 평평한 면 그대로 손수건 안에서 부풀어 오른다.

★ 준비물

1. 한 변의 길이가 48cm 정도 되는 손수건 하나. 준비를 못했을 경우에는 보통 크기의 손수건을 사용해도 된다.
2. 특별히 준비된 '효모 카드' 여덟 장. 사탕 전문점이나 장난감 가게에 있는 '점핑 캔디(Jumping Candy)'에 있는 스프링을 이용해 카드를 함께 잡는다(**그림 1**). 스프링

의 지름은 2.1cm이고, 늘어났을 때 길이는 13.7cm이다. 스프링과 스카치테이프를 이용해 카드 여덟 장을 **그림 2**와 같이 만든다. 가운데에 있는 카드 여섯 장에는 가운데에 구멍을 뚫어 스프링을 통과시킨다. 이때 카드 사이의 간격이 1.8cm 정도 되게 하고, 카드와 스프링을 스카치테이프로 붙인다(**그림 2**). 이 작업을 제대로 수행하면 스프링을 눌렀을 때 카드가 평평하게 차곡차곡 쌓이고, 부채모양으로 펼칠 수도 있다(**그림 3**, **그림 4**). 그리고 스프링을 누르는 힘을 풀면 스프링이 늘어난다(**그림 2**).

3. 효모 가루가 담겨 있는 것처럼 보이는 작은 상자 하나

준비

스프링으로 연결된 카드를 납작하게 만들어 클립으로 고정시킨다. 이때 관객이 클립이 카드에 끼어 있는 것이나 마술사가 클립을 빼는 것을 눈치 채서는 안 된다. 혹은 카드를 상자 안에 넣어둔다.

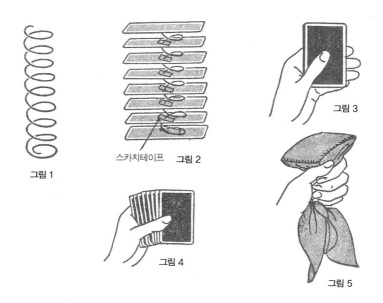

그림 1

스카치테이프   그림 2

그림 3

그림 4

그림 5

시연

준비된 카드를 집어 카드 상자에서 꺼내거나, 카드에 끼워둔 클립을 뺀다. 그리고

카드가 펼쳐지지 않도록 왼손으로 카드의 위아래를 꼭 누르고 있다가 카드를 부채모양으로 펼친다(**그림 3, 그림 4**).

"어떤 사람들은 카드를 도우라고 생각합니다. 그리고 저는 도우를 부풀릴 수 있는 것을 갖고 있습니다."

'효모 가루' 라고 적혀 있는 상자를 집는다. 상자에 직접 '효모 가루' 라고 적힌 라벨을 붙여놓아도 좋다.

"이 상자에는 효모 가루가 들어 있습니다."

효모 가루를 조금 집어 카드 위에 뿌리는 척한다.

"효모를 카드에 뿌리겠습니다."

효모 가루 상자는 옆으로 치워두고 손수건을 집어 관객에게 보여준다. 카드를 다시 **그림 3**과 같이 나란히 한 후, 손수건으로 카드를 싼다. 이때 카드가 펼쳐지지 않도록 꼭 싸야 한다(**그림 5**). 그리고 손수건의 남은 부분을 왼손으로 잡는다.

"분명 카드가 도우와 같다고 말씀드렸습니다. 그리고 거기에 효모를 뿌렸죠. 이제 손수건으로 따뜻하게 만들어 보겠습니다. 보십시오."

서서히 손수건을 잡은 힘을 줄여 스프링이 펼쳐지게 한다. 그럼 카드와 카드 사이가 벌어지며 마치 도우가 부푸는 것처럼 카드가 위로 올라온다(**그림 6**).

만약 손수건이 얇아서 카드의 모서리가 비친다면, 무대 뒤쪽에 조명을 설치해서 관객이 손수건 안의 실루엣을 볼 수 있게 한다. 단, 조명을 설치할 때 스프링이 보이지 않게 주의해야 한다.

오른손으로 맨 위에 있는 카드와 손수건을 동시에 잡고 왼손은 손수건에서 뗀다(**그림 7**). 그리고 오른손으로 카드의 균형을 맞춰 맨 아래 카드를 왼손 손바닥 위에 놓는다.

"아주 좋은 효모입니다. 카드 도우도 잘 부풀어 올랐습니다. 하지만 때로는 다시 도우가 꺼질 때도 있습니다."

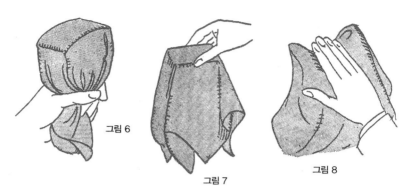

그림 6

그림 7

그림 8

　오른손 손바닥을 맨 위 카드 위에 놓고, 갑자기 양손을 모아 카드를 납작하게 만든다(**그림 8**). 그리고 오른손 엄지손가락, 집게손가락, 가운뎃손가락으로 손수건을 들어 올리면서 왼손 엄지손가락을 맨 위 카드 위로 올린다(**그림 3**). 손수건을 치우고 왼손에 있는 카드를 보여준다(**그림 3**). 카드를 부채모양으로 펼쳤다가 다시 나란히 정리한다(**그림 4**). 마지막으로 카드를 빈 상자 안에 넣는다.

토니 로필라토의 일심동체 손수건
Tony Lopilato's Sympathetic Silks

일심동체 손수건(Sympathetic Silks)의 깔끔하고 직접적인 방법이다. 이 훌륭한 방법을 토니 로필라토 덕분에 이 책에 실을 수 있게 되었다.

★ 이펙트
　관객 두 명을 무대 위로 불러 조수 역할을 부탁한다. 그리고 각각의 조수에게 손수건 세 장이 걸려 있는 판자를 건넨다. 판자를 뒤집어 손수건이 서로 떨어져 있음을 보여준다. 마술사가 한쪽 판자에서 손수건 한 장씩 집어서 보여준 후 다시 판자에 건다. 그리고 반대쪽 판자에서 손수건 두 장을 집어 양끝을 묶어 연결한 다음 남은 손수건 한 장도 묶어서 연결한다. 이렇게 연결한 세 장의 손수건을 다시 판자 위에 걸어둔다. 양쪽 손수건에는 서로 비슷해지려는 힘이 있다고 설명하며, 첫 번째 판자에 있는 손수건을 집어 서로 연결되었음을 보여준다. 그 손수건의 매듭을 푼 후, 두 번째 판자의 손수건을 보니 매듭이 풀려 있다.

★ 준비물

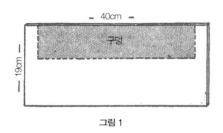

그림 1

1. 크기 40cm×19cm, 두께 0.6~0.9cm인 합판 두 장. 그중 하나에는 특별한 구멍이 뚫려 있다(**그림 1**). 위 모서리에 깊이 7.5cm의 구멍이 뚫려 있다.
2. 한 변이 60cm인 손수건 여섯 장. 다양한 색으로 준비하면 더 좋다.

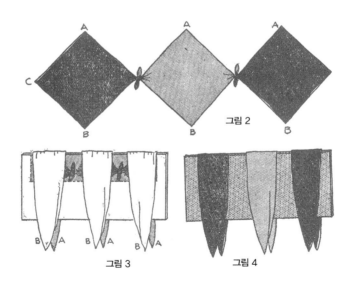

그림 2

그림 3   그림 4

준비

모서리를 서로 묶어 손수건 세 장을 연결한다(**그림 2**). 매듭이 있는 부분은 구멍에 넣어가며 미리 준비한 합판에 손수건을 건다. 이때 손수건이 서로 분리되어 있는 것처럼 보이게 해야 한다(**그림 3, 그림 4**). 여기에서 이용되는 원리는 제4권 **레슨 56**의 알 베이커의 일심동체 손수건(Al Baker Sympathetic Silks)에서 이미 설명한 바 있다. 알 베이커는 손수건 세 장이 아닌 두 장을 이용했다. 합판을 뒤집어 양면을 모두 보여주어도 손수건은 여전히 분리된 것처럼 보인다. 구멍이 없는 합판에 손수건을 걸어 이와 비슷한 모양을 만든다.

시연

무대 위로 관객 두 명을 불러 한 명을 오른쪽에 세운다. 그리고 매듭이 없는 손수건 세 장을 걸어둔 구멍이 없는 합판을 맡긴다. 합판을 뒤집어 앞뒤를 모두 보여주어 손수건이 서로 연결되어 있지 않음을 보여준다. 그리고 다른 한 명은 왼쪽에 세우고, 구멍이 뚫린 합판을 맡긴다. 이 합판 역시 앞뒤를 모두 보여줘도 손수건이 서로 연결되지 않은 것처럼 보인다.

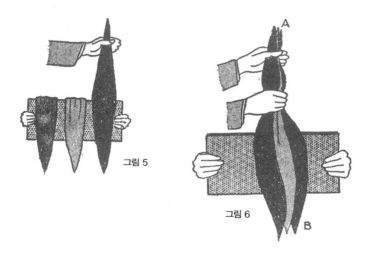

그림 5

그림 6

왼손으로 구멍이 뚫린 합판 뒤쪽에서 가장 바깥쪽에 있는 손수건의 모서리 A를 잡아 판자 위로 올린다(**그림 5**). 그리고 오른손은 가운데 손수건의 모서리 B를 잡아 왼손으로 가져간다. 마지막으로 남은 손수건의 모서리 B를 잡아 왼손으로 가져간다(**그림 6**). 왼손으로 손수건을 위로 잡아당기며 오른손으로 손수건을 쓸어내린다. 그럼 구멍에 끼워둔 매듭이 빠져나온다. 이렇게 판자에서 손수건을 완전히 분리시켰다가 다시 판자에 걸쳐둔다.

반대쪽 판자에서 손수건 두 장을 집어 양끝을 묶는다. 이때 일심동체 손수건에서 자주 이용하는 가짜 매듭으로 묶는다. 제3권 **레슨 42**(411쪽)에 나온 '스퀘어 매듭 풀기 (Square Knot Release)'를 이용하면 좋다. 그리고 남은 손수건을 집어 같은 방법으로 매듭을 만든다(**그림 2**). 이렇게 생긴 매듭을 잡아 손수건을 모은 후, 관객 몰래 엄지손가락을 이용해 매듭을 푼다. 그리고 여전히 매듭이 있는 것처럼 판자 위에 손수건을 내려놓는다.

> "이 손수건 사이에는 서로 닮고자 하는 강력한 힘이 있습니다. 분명 왼쪽 판자에 분리된 손수건 세 장을 놓았습니다. 그리고 오른쪽에 매듭으로 연결시킨 손수건 세 장을 놓았습니다. 하지만 서로 닮고자 하는 힘 때문에 왼쪽에 있는 손수건에도 매듭이 생겼습니다."

첫 번째 손수건의 모서리 C를 잡은 후 손수건을 털면 손수건이 펼쳐지며 중간에 있는 매듭이 모습을 드러낸다.

> "이제 제가 이 매듭을 풀면…"

특별한 슬립 매듭이기 때문에 쉽게 풀 수 있다.

> "반대쪽 손수건의 매듭도 사라질 겁니다."

반대쪽 판자에 있는 손수건을 한 장씩 집어 매듭이 사라졌음을 보여준다. 그리고 손수건은 다시 판자 위에 내려놓는다.

★ 주의

'일심동체'라는 개념을 이용하지 않고도 이 마술을 선보일 수 있다. 이 경우에는 한쪽에 있는 매듭이 반대쪽으로 보이지 않게 옮겨 갔다고 설명하면 된다. 오른쪽에 매듭이 없어졌음을 보여주고, 왼쪽에 매듭이 생겼음을 보여준다. 토니 로필라토의 판자를 이용하면 재미있는 루틴을 몇 가지 선보일 수 있다.

토니 로필라토의
빠르게 매듭이 생긴 손수건
Tony Lopilato's Snappy Knotting Silks

일심동체 손수건 마술을 할 때 이용할 수 있는 재미있는 원리이다.

★ 이펙트

손수건 한 장을 보여준 후, 대각선으로 반 접어서 테이블에 내려놓는다. 또 다른 손수건을 관객에게 보여준 후, 같은 방법으로 반 접어서 첫 번째 손수건 위에 놓는다. 나중에 놓은 손수건의 모서리를 집어 위로 들어올리자 아래에 있는 손수건이 함께 올라온다. 두 장의 손수건을 연결시키는 매듭이 생긴 것이다.

★ 준비물

1. 특별하게 준비한 손수건 두 장. 장난감 가게에서 '자석 강아지(Magnetic Dogs)'를 사거나 아니면 크기가 작으면서도 강력한 자석 두 개를 준비한다. 각각의 손수건 한쪽 모서리에 매듭을 만들어 자석을 매듭 안에 숨긴다(그림 1).

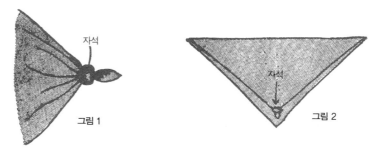

그림 1   그림 2

시연

손수건 두 장을 따로 보여준다. 그리고 손수건 한 장을 대각선으로 접는다. 이때 자석과 매듭이 뒤로 가게 한다(**그림 2**). 접은 손수건은 매듭이 위로 오도록 테이블 위에 내려놓는다(**그림 2**). 다른 손수건 한 장을 집어 매듭이 뒤로 가게 대각선으로 접어 먼저 접어놓은 손수건 위에 놓는다(**그림 3**). 이때 매듭에 넣어둔 자석이 서로 닿게 해야 한다. 그럼 자석이 붙어 손수건이 서로 연결된다.

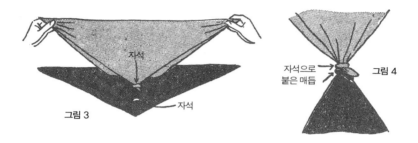

그림 3

그림 4

자석으로 붙은 매듭

자석

자석

나중에 놓은 손수건의 자석 반대쪽 모서리를 집어 들어올린다. 그럼 아래에 있는 손수건도 함께 올라오며 두 손수건 사이에 생긴 매듭이 모습을 드러낸다(**그림 4**).

빠른 매듭 손수건
The Quick-Knot Silks

손수건을 이용한 매듭 마술은 매우 인기 있다. 토니 로필라토는 양끝을 모아 고리처럼 만든 손수건 두 장을 이용해 멋진 마술을 선보였다.

★ 이펙트

마술사가 손수건 두 장을 보여준다. 각각의 손수건은 양끝이 묶여 고리처럼 되어 있다. 이 손수건 고리를 다른 손수건 고리에 통과시켜 서로 분리되어 있음을 보여준다. 그러나 갑자기 두 개의 고리가 연결되어 있다.

★ 준비물

1. 한 변이 60cm인 손수건 두 장. 서로 대비되는 색깔로 준비하면 더 좋다.

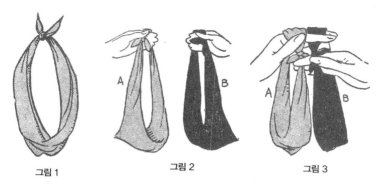

그림 1   그림 2   그림 3

시연

손수건의 양끝을 묶어 고리로 만든다(**그림 1**). 그리고 양손에 손수건 고리를 하나씩 든다(**그림 2**). 이때 매듭이 엄지손가락 아래로 가게 한다. 손수건 A를 손수건 B에 통과시키고, 손수건 B를 손수건 A에 통과시킨다.

그러고 나서 손수건 두 장을 모은다(**그림 3**). 이때 왼손 집게손가락과 가운뎃손가락으로 손수건 B의 매듭 바로 위를 잡고, 오른손 집게손가락과 가운뎃손가락으로 손수건 A의 매듭 바로 아래를 잡는다. 손수건 A를 손수건 B에 통과시키고, 손수건 B를 손수건 A에 통과시키며 양손을 밖으로 벌린다.

그림 4

그럼 **그림 4**와 같이 매듭이 생긴다. 이 모든 과정은 순식간에 이루어진다.

Tarbell course in Magic

진 타벨의 줄을 통과한 고무밴드
Gene Tarbell's Rubber Band Off String

관객이 줄의 양끝을 잡고 있는 상태에서 거기에 꿰어 둔 반지, 고무밴드, 종이 등을 빼내는 마술은 널리 알려졌다.

그중 줄에서 고무밴드를 빼내는 마술의 원래 방법은 고무밴드를 끊어 줄에서 빼낸 후, 끊은 고무밴드는 숨기고 똑같이 생긴 고무밴드를 관객에게 보여주는 것이다. 혹은 고무밴드를 끊어서 숨긴 후 온전한 고무밴드를 줄에 묶어두었다가 손수건으로 가린 후 줄에 묶어둔 고무밴드를 풀어서 보여주는 것이다. 이런 방법에서는 두 개의 고무밴드를 사용하지만 내 아들 진의 방법에서는 하나의 고무밴드만 사용한다. 그리고 효과 또한 탁월하다.

★ 이펙트

마술사가 고무밴드를 보여준 후, 60cm 길이의 줄에 고무밴드를 꿴다. 그리고 관객이 나와 줄이 팽팽해지도록 양쪽을 잡는다. 마술사가 관객에게 빌린 손수건으로 고무밴드를 가린다. 잠시 후 손수건을 치워 줄 가운데에 묶여 있는 고무밴드를 보여준다. 마술사가 줄을 한번 튕기고 곧바로 고무밴드를 빼낸다.

★ 준비물

1. 고무밴드 하나. 길이 6.2cm, 두께 0.3cm가 적당하다. 이보다 더 큰 고무밴드를 사용해도 상관없다.
2. 60cm 길이의 줄이나 전선
3. 관객에게 빌린 손수건 한 장. 급한 경우 마술사의 손수건을 이용해도 된다.

준비

고무밴드를 특별하게 준비하여 겉으로 보기에는 평범한 고무밴드처럼 보이게 한다. 우선 고무밴드의 중간을 날카로운 가위로 자른다(**그림 1**). 그리고 자른 면 양쪽에 흰색 고무 시멘트를 바른 후 말린다. 자른 면을 잘 맞춰 양쪽에서 누르면 서로 붙는다(**그림 2**). 왼손 엄지손가락과 집게손가락만으로도 쉽게 붙일 수 있다. 그럼 고무밴드는 다시 온전한 고리가 된다(**그림 3**). 고무 시멘트로 붙일 때 제대로 붙이면 어느 누구도 준비된 고무밴드임을 눈치 채지 못한다.

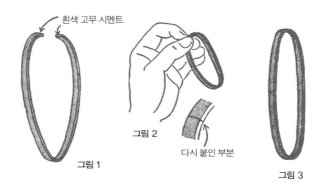

흰색 고무 시멘트

그림 2

다시 붙인 부분

그림 1

그림 3

시연

길이 60cm 줄을 보여준 후, 관객에게 양끝을 잡게 한다. 그리고 고무밴드를 보여준다.

"고무밴드를 줄에 끼려면 당연히 한쪽 끝에 넣어야겠죠? 한쪽 끝을 제게 주십시오."

관객에게 줄의 한쪽 끝을 건네받아 거기에 고무밴드를 끼운다(**그림 4**). 그리고 다시 줄의 끝을 관객에게 건네, 관객이 줄을 팽팽하게 잡게 한다. 고무밴드를 살짝 들어 앞뒤로 움직여 고무밴드가 정말로 줄에 걸려 있음을 보여준다. 이때 고무 시멘트를 바른 부분이 위나 아래로 가게 한다. 단, 어느 쪽에 있는지 반드시 기억해야만 한다.

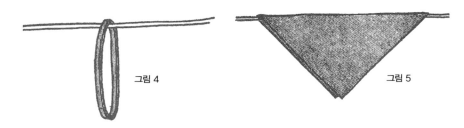

그림 4   그림 5

손수건을 빌려 펼쳐서 앞뒤를 보여준 후, 줄에 걸쳐 고무밴드를 가린다(**그림 5**). 양 손에 아무것도 없음을 보여준 후, 손수건 아래로 손을 넣어 시멘트로 붙여놓은 부분 을 떼어내면 쉽게 떨어진다. 그럼 줄에서 고무밴드를 빼낸 후, 다시 엄지손가락과 집 게손가락으로 고무밴드를 연결시켜 **그림 2**와 같이 만든다.

줄의 가운데 부분에 고리를 만들어 거기에 고무밴드를 넣는다(**그림 6**). 그러고 나 서 줄을 밴드 위로 넘긴 후 줄을 아래로 내린다(**그림 7**). 고무밴드를 뒤집으면 **그림 8** 과 같이 된다.

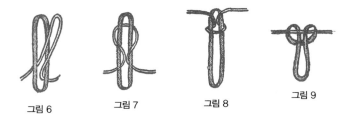

그림 6   그림 7   그림 8   그림 9

손수건을 거둬낸 후, 자연스럽게 손수건의 앞뒤를 보여주고 옆에 내려둔다. 고무 밴드 양쪽 옆을 잡고 당겨 **그림 9**와 같이 줄을 팽팽하게 만든다. 고무밴드의 위쪽 작 은 고리를 잡아당기면 고무밴드가 줄에서 빠져나온다.

모자를 통과한 지팡이
Wand Through the Hat

한번은 마틴 가드너(Martin Gardner)와 마술에 대한 이야기를 나눈 적이 있다. 그때 마틴이 이런 말을 했다.

"선생님, 이 책에 꼭 실어야만 하는 옛날 마술이 있어요. 요즘 마술사들은 본인들이 잘 한다고 하지만, 정작 정확한 방법을 아는 사람은 거의 없더라고요. 그들이 사용하는 방법은 원래 방법보다 단순하지도, 직접적이지도 않고요. 예를 들어 모자를 통과한 지팡이 마술이 그래요."

마틴이 직접 주위 마술사들에게 모자를 통과한 지팡이 마술을 할 수 있냐고 물어봤다. 그들은 모두 할 수 있다고 대답했다. 하지만 그들은 정확한 방법을 알지 못해 깔끔하고 효과적인 결과를 보여주지는 못했다. 마틴이 직접 정확한 방법을 선보였다. 그래서 그때 펜과 종이를 꺼내 마틴의 포즈를 그리고, 각 단계를 기록했다.

★ 이펙트

마술사가 관객의 모자를 빌린다. 그리고 나무 지팡이를 모자 아래로 넣어, 지팡이가 모자 춤을 뚫고 나오게 한다.

★ 준비물

1. 부드러운 모자 하나
2. 지팡이 하나

시연

관객에게 부드러운 모자 하나를 빌려 모자 춤을 평평하게 편다. 모자의 입구가 아래로 가도록 왼손 엄지손가락으로 모자 챙을 잡고, 나머지 손가락은 모자 안에 넣는다(**그림 1**). 오른손으로 지팡이를 잡고 지팡이의 끝을 모자 춤 가운데에 갖다댄다.

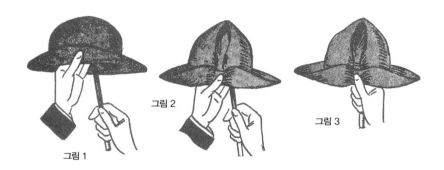

그림 1

그림 2

그림 3

지팡이를 위로 밀어 올리며, 왼손 엄지손가락을 아래로 내리고 동시에 앞으로 밀어 모자 뒤가 움푹 패게 만든다(**그림 2**). 왼손을 모자에서 떼면서, 왼손으로 잡고 있던 부분을 오른손 엄지손가락으로 잡는다(**그림 3**). 그리고 왼손은 움푹 팬 부분을 잡는다. 이때 엄지손가락으로 왼쪽을, 나머지 손가락으로는 오른쪽을 잡고 왼손을 꽉 쥐어 **그림 4**와 같이 만든다.

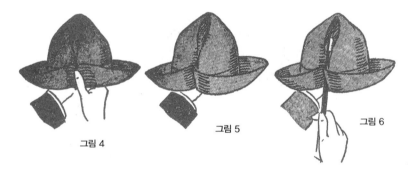

그림 4

그림 5

그림 6

지팡이를 잡은 채 오른손을 모자에서 뗀다. 그리고 지팡이로 테이블을 쳐서 지팡이가 단단하다는 사실을 보여준다. 이때 관객은 지팡이를 보느라 잠시 모자에 대해 신경 쓰지 않기 때문에 모자의 모양이 살짝 변했다는 사실을 눈치 채지 못한다(**그림 5**). 물론 움푹 팬 부분은 무대 뒤를 향하고, 관객은 이에 대해서 전혀 알지 못한다.

지팡이를 보여준 후, 움푹 들어간 부분의 아래쪽에 넣는다(**그림 6**). 계속해서 지팡이를 위로 밀어 넣는다(**그림 7**). 그럼 마치 지팡이가 모자를 뚫고 위로 나온 것처럼 보인다. **그림 8**은 객석에서 바라본 모습이다. 위로 나온 지팡이 끝을 잡아 당겨 모자에서 지팡이를 완전히 **빼낸다**. 지팡이는 테이블 위에 내려놓는다.

　모자 안쪽을 쥐고 있던 손을 놓고, 오른손으로 챙 뒷부분을 평평하게 편다(**그림 9**). 그러고 나서 양손을 모자 안에 넣는다. 이때 왼손이 모자의 뒤쪽에, 오른손이 모자 앞쪽에 가게 한 뒤, 손을 벌려 모자를 평평하게 만든다(**그림 10**).

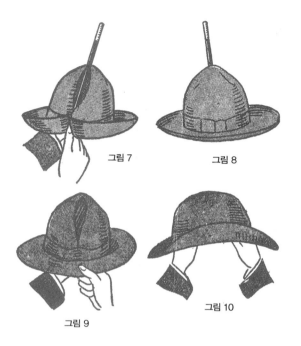

그림 7

그림 8

그림 9

그림 10

　마지막에 모자의 춤 가운데에 주름을 하나 만든다. 이 모든 과정은 짧은 순간에 이루어진다. 더욱 멋진 모습을 연출하기 위해서는 마술사가 쉽게 동작을 해야 한다. 그렇기에 충분한 연습이 필요하다. 경우에 따라서는 특별한 준비 없이 나이프나 긴 연필을 이용해도 된다.

시모어 데이비스의
손수건을 통과한 지팡이
Seymour Davis' Wand Through Handkerchief

대부분의 마술사들은 특별한 준비 없이 곧바로 할 수 있는 마술을 좋아한다. 이것도 그런
마술로서 얼마전 시모어 데이비스(Seymour Davis)가 선보인 바 있다.

★ 이펙트

마술사의 왼손 주먹이 손수건의 가운데에 오도록 손수건을 편다. 그리고 오른손
집게손가락으로 손수건 가운데를 질러 왼손 주먹 안으로 넣는다. 그럼 손수건 가운
데가 움푹 들어가 우물 모양이 된다. 연필이나 지팡이를 우물 안에 넣자 손수건 아래
로 나온다. 연필이나 지팡이가 손수건을 뚫고 나온 것처럼 보인다. 천천히 손수건을
쫙 펴서 우물을 없앤다. 손수건은 구멍 하나 없이 온전하다.

★ 준비물

1. 흰색 신사용 손수건 하나. 관객에게 빌려서 사용해도 된다.
2. 지팡이나 긴 연필, 혹은 나이프 하나

시연

신사용 흰색 손수건을 빌린다. 이때 가능하다면 방금 다림질한 빳빳한 것이나 주
름이 적은 것을 선택한다. 손수건의 중앙을 왼손 주먹 위에 놓는다(**그림 1**). 그리고
오른손 집게손가락을 왼손 주먹 안에 넣는다(**그림 2**). 집게손가락을 빼내면 손수건
중앙에는 우물이 생긴다. 이 우물을 관객에게 모두 보여준다. 다시 오른손을 손수건
으로 가져가 집게손가락은 우물 왼쪽에, 가운뎃손가락, 넷째 손가락, 새끼손가락은
우물 오른쪽에 놓는다(**그림 3**).

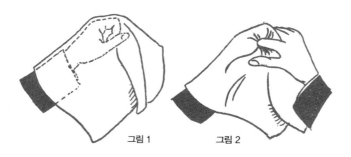

그림 1　　　　　그림 2

　가운뎃손가락을 우물 안에 넣고, 왼손 엄지손가락과 나머지 손가락 사이로 손가락을 움직인다(**그림 4**). 그럼 왼손 손아귀에서 시작하여 엄지손가락과 나머지 손가락 사이를 지나는 길이 생긴다(**그림 4, 그림 4A**).

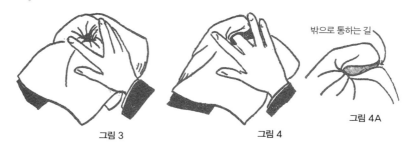

밖으로 통하는 길

그림 3　　　　　그림 4　　　　　그림 4A

　왼손 엄지손가락과 나머지 손가락을 다시 모아 **그림 2**와 같이 손수건 가운데에 우물만 있는 것처럼 보이게 한다(**그림 5**). 지팡이나 연필, 나이프를 집어 우물로 밀어 넣는다. 실제로는 진짜 우물 모양이 아니라 손수건의 움푹 들어간 부분에 넣는 것이다(**그림 6**). 그럼 그 부분을 곧바로 통과해 손수건 아래로 나온다. 아래로 나온 지팡이 끝을 오른손으로 잡고 아래로 당겨 손수건에서 완전히 빼낸다. 그럼 사물이 손수건의 가운데를 뚫고 아래로 나온 것처럼 보인다.

　다음으로 손수건을 펼친다. 이때 손수건의 움푹 들어간 부분의 양옆 모서리를 잡고 천천히 당긴다(**그림 7**). 그럼 먼저 움푹 들어간 부분이 펴지며 우물만 남게 된다.

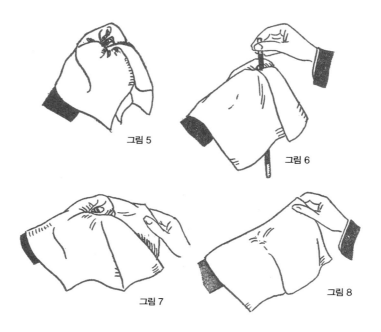

그림 5

그림 6

그림 7

그림 8

　이 상태에서 손수건을 당기면 왼손 주먹에 있던 우물이 사라진다(**그림 8**). 이때까지 왼손은 주먹 쥔 상태를 유지하여 주먹에서 손수건이 빠져나오는 것을 관객에게 직접 보여준다. 마지막으로 손수건을 흔들어 손수건 중앙에 구멍이나 다른 흠집이 전혀 생기지 않았음을 보여준다.

맥스 말리니의 에그 백
Max Malini's Egg Bag

고 맥스 말리니(Max Malini)가 이용하던 에그 백의 제작 방법에 대해서 수많은 이론이 있다. 호놀룰루에 갔을 때 맥스 말리니의 아들인 오시아르(Osiar)가 나를 찾아온 적이 있다. 그때 그의 아버지의 마술에 대해 이야기하던 중 에그 백에 관한 이야기도 나누었다. 이 지면을 통해 그 제작 방법을 밝힐 수 있게 되어 기쁘다.

말리니의 에그 백에 관해서 이야기가 많은 이유는 아마도 관객이 직접 주머니 안에 손을 넣을 수 있고, 직접 계란을 꺼내고, 주머니에는 아무런 조작도 없는 것처럼 보이고, 또한 전에 관객이 주머니에 손을 넣었을 때에는 계란이 없었기 때문이다. 제2권 레슨 28에서 소개한 에그 백(The Egg Bag)으로는 불가능한 마술이다.

알비니와 말리니의 에그 백 비교Comparing Albini's and Malini's Egg Bags

에그 백의 원조인 알비니(Albini)의 에그 백에서는 마술사가 주머니에 손을 넣어 계란을 꺼낸다. 그렇기 때문에 말리니가 위대한 마술사라는 사실과 상관없이 말리니의 에그 백이 더 큰 인기를 얻게 되었다. 알비니는 작은 에그 백의 창시자라고 불리었고, 에그 백을 이용해 계란을 사라지게도, 나타나게도 했다. 그는 보드빌에서 에그 백 마술을 자주 선보였다. 알비니의 에그 백은 **그림 1**과 같이 두 개의 공간으로 되어 있고, 바닥에 입구가 하나 있다. **그림 2**는 뒤집었을 때 옆에서 본 것이다. **그림 3**은 에그 백의 단면을 보여준 것으로 주머니 안쪽 바닥에 입구가 있다.

마술사는 이 둘을 연결하는 입구를 통해 안쪽 공간에 계란을 넣을 수 있다. 이 상태에서 주머니를 뒤집어 안을 보여준 후, 다시 뒤집어 원래대로 만든다. 그럼 주머니 안에 있던 계란이 사라진 것처럼 보인다. 다시 계란을 만들 때는 계란을 아래로 밀어 넣은 후, 손을 넣어 아래 입구를 통해 뒤에 있는 공간에서 계란을 꺼내면 된다.

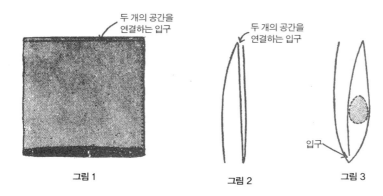

두 개의 공간을
연결하는 입구

두 개의 공간을
연결하는 입구

입구

그림 1   그림 2   그림 3

★ 이펙트 : 말리니 방법

한 변이 17.5cm인 작은 주머니와 계란 하나가 있다. 계란을 주머니 안에 넣자 사라진다. 주머니를 뒤집어보고, 다시 뒤집어도 계란은 보이지 않는다. 관객이 주머니에 손을 넣어 직접 확인해 봐도 계란은 없다. 하지만 마술사의 명령에 주머니 바닥에 계란이 나타난다. 관객이 직접 손을 넣어 계란을 꺼낸다. 또한 마술사가 계란을 자신의 주머니나 다른 곳에 놓는 것처럼 보이나, 계란은 관객이 생각하는 그곳에 있지 않다.

★ 준비물

1. 나무나 셀룰로이드 계란. 계란처럼 보이는 모형을 준비한다. 삶은 계란을 이용해도 된다. 개인적으로 나무 계란을 자주 이용한다. 나무를 계란 모양으로 만든 후, 계란 색으로 칠해 계란처럼 보이게 한다.

2. 폭 19cm, 깊이 17.5cm의 맥스 말리니 에그 백 하나(**그림 4**)

에그 백을 만들 때는 눈에 띄는 색깔의 부드러운 천을 사용한다. 적갈색, 파란색, 녹색과 같은 단색이 좋다. 혹은 스카치 플래드라는 직물을 이용해도 된다. 알비니 에그 백처럼 두 개의 공간으로 되어 있고, 위를 조여 리본이나 테이프로 묶을 수 있다. 하지만 두 개의 공간을 연결하는 입구는 알비니 에그 백과는 전혀 다르다(**그림 5**). 주머니의 바닥은 제대로 꿰매어 있고, 한쪽 모서리에 입구가 있다.

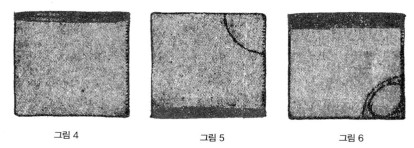

| 그림 4 | 그림 5 | 그림 6 |

그림 5는 주머니를 뒤집은 모습으로, 한쪽 모서리에 있는 부채모양의 천을 볼 수 있다. **그림 6**은 주머니를 원래대로 뒤집었을 때의 모습으로, 계란이 어디로 어떻게 떨어지는지를 볼 수 있다. 계란을 모서리의 비밀 공간에 넣는 것은 매우 간단하다. 이렇게 계란을 넣은 후, 주머니를 뒤집어 계란이 사라졌음을 보여준다. 그리고 다시 뒤집어 계란을 앞의 공간으로 가져온다(**그림 6**). 그림 관객이 손을 넣어 계란을 꺼낼 수 있다.

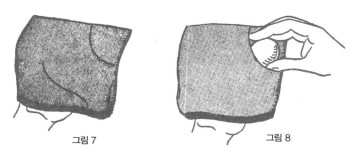

| 그림 7 | 그림 8 |

시연

에그 백을 이용한 대부분의 루틴에 이용할 수 있다. 제2권의 **레슨 28**에서 소개한 에그 백 루틴이나 알비니 루틴도 가능하다.

흔히 볼 수 있는 것처럼 주머니 안에서 계란을 사라지게 하는 것이 아니라 주머니 밖에서 계란을 사라지게 하는 방법을 소개하고자 한다. 말리니 에그 백이 이 방법에서 특히 진가를 발휘한다. 먼저 주머니를 뒤집어 앞뒤를 관객에게 보여준 뒤, 입구가 뒤로 오게 한다(**그림 7**). 이때 왼손은 주머니를 잡기 위해 주머니 안쪽에 있다. 마술로 계란을 만들어내거나, 테이블에 놓인 계란을 집어 관객에게 보여준다. 그리고 계

포 에이스 마술
Four-Ace Effects

　카드 마술 중에서도 포 에이스 마술은 남녀노소를 불문하고 모든 마술사가 즐겨한다. 원래 루틴은 간단하나, 시간이 지나면서 마술사들이 새로운 기법과 방법을 추가했다. 이번 레슨에서는 포 에이스 마술 중에서도 최고로 꼽히는 몇 가지를 소개하고자 한다. 직접적이고 단순하면서도 매우 효과적이다. 여기에서 소개되는 하나의 마술을 제외하고는 모두 평범한 카드를 이용해서 할 수 있다. 최고의 포 에이스 마술 선정에 도움을 준 훌륭한 카드 마술사인 에드 말로(Ed Marlo)에게 감사의 인사를 전하고 싶다.

　포 에이스 마술이 언제 시작되었는지는 알지 못한다. 하지만 1584년 발행된《마술의 발견(The Discoveries of Witchcraft)》에는 이런 글이 있다. '에이스 네 개를 잭 네 개로 바꾸는 방법.'

코너스의 에이스
Conus' Aces

　초기 마술사인 코너스는 에이스 네 장을 보여주고 테이블 위에 카드의 뒷면이 보이게 내려놓은 후 관객이 그 위에 손을 놓고 있게 했다고 한다. 그리고 나서 전혀 상관없는 카드를 한 장씩 뽑아 관객의 손에 건드리면, 그 카드가 에이스가 되었다. 이렇게 네 장의 카드를 에이스로 만들었다. 물론 관객의 손아래에 있는 카드를 뒤집어 보니, 에이스가 아닌 전혀 상관없는 네 장의 카드가 모습을 드러냈다.

먼저 에이스 네 장을 관객에게 보여준 후, 카드의 뒷면이 보이게 테이블 위에 내려 놓는다. 관객이 확신할 수 있도록, 관객이 직접 테이블 위에 놓인 카드를 뒤집어 확인할 수 있게 한다. 관객이 에이스를 확인하는 동안 마술사는 카드 맨 위에 있는 상관없는 카드 네 장을 손바닥에 숨긴다. 다음으로 관객이 직접 테이블에 있는 카드를 집어 나머지 카드 맨 위에 놓는다. 마술사는 카드를 나란히 정리하는 척하면서 손바닥에 숨기고 있던 카드 네 장을 에이스 위에 놓는다. 관객이 에이스라고 생각하는 맨 위의 카드 네 장을 집어 테이블 위에 뒷면이 보이도록 내려놓는다. 그리고 관객에게 손으로 그 카드를 누르고 있으라고 부탁한다. 실제로 에이스 네 장은 카드 맨 위에 위치한다. 마술사는 카드 묶음 중간에서 한 장을 꺼내 관객에게 보여준 후, 보텀 체인지(bottom change)를 이용해 에이스로 바꾼다. 제2권 **레슨 25**의 '톱 카드 체인지(Top Card Change)'를 참고하면 자세히 알 수 있다. 이 과정을 세 번 더 반복한다. 그리고 매번 에이스로 관객의 손을 건드린 후, 뒤집어 앞면을 보여준다. 그러고 나서 관객의 손 아래에 있는 카드 네 장을 뒤집어 에이스가 아님을 보여준다.

1853년 파리에서 출판된 퐁신(J. N. Ponsin)의 책《새로운 마술 비법 공개(Nouvelle Magie Blanche Devoilee)》에는 오랫동안 마술사들에게 포 에이스 마술의 기본으로 전해지고 있는 마술이 소개되어 있다.

심플 포 에이스 루틴
Simple Four-Ace Routine

★ 이펙트

테이블 위에 에이스 네 장의 뒷면이 보이게 나란히 놓는다. 그리고 각각의 에이스 위에 상관없는 카드 세 장씩 올려놓는다. 그중 한 묶음을 관객이 선택한다. 뒤집어 보니 네 장이 모두 에이스다. 나머지 세 묶음을 뒤집어 보니 거기에는 에이스가 한 장도 없다.

★ 준비물

카드 한 벌

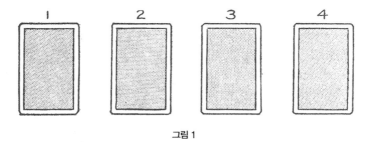

그림 1

시연

카드에서 에이스 네 장을 빼낸다. 에이스를 찾을 때마다 테이블 위에 뒷면이 보이도록 나란히 내려놓는다(**그림 1**).

"테이블 위에 에이스 네 장을 나란히 내려놓았습니다. 내려놓은 카드가 에이스라는 사실에 대해 의심이 있으시다면 확인해 보셔도 좋습니다."

손바닥에 숨긴 카드 세 장

그림 2

관객이 테이블에 놓인 카드를 집어 에이스임을 확인하는 동안 왼손으로 나머지 카드를 살짝 부채모양으로 펼친 후 위에서 세 번째 카드 아래에 새끼손가락을 넣는다. 그리고 다시 카드를 나란하게 만든다. 이 동작은 카드를 보지 않은 상태에서 할 수 있다. 그리고 오른손 손바닥으로 맨 위 카드 세 장을 팜으로 잡은 후, 곧바로 나머지 카드를 오른손으로 잡는다(**그림 2**).

"분명 에이스 네 장 맞죠? 그럼 다시 뒷면이 보이도록 나머지 카드 위에 놔주십시오."

카드의 뒷면이 보이도록 다시 왼손으로 옮겨 잡고, 딜링할 자세를 취한다. 그리고 관객이 나머지 카드 위에 에이스 네 장을 뒷면이 보이게 놓을 수 있도록 손을 내민다. 카드 위에 오른손을 올려놓으며, 손바닥에 숨겨 두었던 카드를 몰래 에이스 위에 내려놓는다. 오른손으로 맨 위에 놓은 에이스 네 장을 옆으로 펼치며 손바닥에 숨긴 카드를 놓으면 된다. 그럼 관객은 카드 맨 위에는 에이스 네 장이 있고, 그것을 마술사가 펼쳐서 보여준다고 생각한다. 다시 카드를 나란히 한 후 오른손으로 맨 위에 있는 카드 네 장을 집어 맨 아래에 에이스가 있음을 자연스럽게 보여준다.

"에이스 네 장입니다."

하지만 실제로 상관없는 카드 세 장과 에이스 한 장이 들려 있다. 나머지 에이스 세 장은 다른 카드 맨 위에 놓여 있다. 오른손으로 집은 카드 네 장을 다시 다른 카드 위에 놓는다. 그리고 그 카드 네 장을 한 장씩 테이블 위에 내려놓는다. 이때 카드 사이의 간격이 3.8cm 정도 되게 한다. 첫 번째 카드를 **그림 1**의 1번 위치에 놓는다. 그리고 두 번째 카드를 4번 위치, 세 번째 카드는 2번 위치, 네 번째 카드는 3번 위치에 놓는다. 네 번째 카드를 놓을 때는 자연스럽게 카드의 앞면을 관객에게 보여준다.

다음 단계로 테이블 위에 놓인 에이스라고 여겨지는 카드 네 장 위에 상관없는 카드를 세 장씩 올려놓는다. 이때 손에 들고 있는 카드 맨 위에 있는 세 장은 에이스이다. 이 세 장의 에이스를 마치 상관없는 카드인 것처럼 다룬다. 맨 위에 있는 네 장의 카드를 살짝 오른쪽으로 펼친다. 그리고 왼손 새끼손가락을 네 번째 카드 아래에 넣고 오른손으로 펼친 네 장의 카드를 나란하게 만든다. 오른손에 있는 네 장의 카드를 들어 맨 아래에 있는 카드를 보여주며, 네 장 모두 상관없는 카드라고 관객이 믿게 만든다.

"이제 상관없는 카드 세 장씩 에이스 위에 올려놓겠습니다."

오른손을 나머지 카드 위로 가져와 관객 몰래 맨 아래에 있는 카드를 내려놓는다. 그리고 오른손에 있는 에이스 세 장을 3번 위치에 있는 에이스 위에 놓는다. 다시 왼손에 있는 카드 중 맨 위에 있는 카드 세 장을 오른쪽으로 살짝 펼친다. 오른손으로 세 장의 카드를 나란히 모아 두 번째 카드 위에 놓는다. 같은 방법으로 남은 카드 두 장 위에도 상관없는 카드 세 장씩 올려놓는다.

"처음에 에이스 네 장을 테이블 위에 나란히 놓았습니다. 그리고 그 위에 각각 상관없는 카드 세 장씩 올려놓았습니다. 누가 이 중 한 묶음을 선택해 주시겠습니까? 아무거나 선택해 주시면 됩니다."

주로 대부분의 사람이 세 번째 묶음을 선택한다. 그렇게 되면 아무 문제없이 에이스를 보여주면 된다. 하지만 만약 관객이 다른 묶음을 선택한다면, 관객이 선택한 묶음을 옆으로 치워둔다. 그리고 다른 묶음을 선택하게 만든다. 다시 선택할 때 첫 번째 묶음을 선택하면 첫 번째 묶음도 옆으로 치워둔다.

"이 두 묶음은 필요 없습니다."

이제 남은 것은 에이스 카드 한 묶음과 상관없는 카드 한 묶음이다.

"이제 어떤 묶음을 선택하시겠습니까?"

만약 에이스 카드를 선택하면 나머지 묶음을 옆으로 치워둔다.

"이제 선생님께서 선택하신 묶음을 사용하겠습니다. 나머지 묶음은 옆으로 치워두고요. 기억하십시오. 분명 선생님께서 자유롭게 선택하신 겁니다."

만약 관객이 상관없는 카드를 선택하면 그 묶음을 옆으로 치워둔다.

"이 묶음도 옆으로 치워두겠습니다. 그럼 이제 남은 것은 하나뿐입니다. 잘 보십시오! 이쪽에 치워둔 묶음에서 에이스를 모두 빼내겠습니다."

옆으로 치워둔 묶음 세 개를 모두 뒤집어 카드의 앞면을 보여준다. 그리고 남겨둔 묶음을 뒤집어 모두 에이스임을 보여준다.

"그리고 이쪽에서 사라진 에이스는 모두 여기로 모였습니다."

★ 주의
슈튜어트 제임스(Stewart James)는 관객이 에이스 묶음을 선택하도록 할 때 재치 있는 방법을 사용했다. 먼저 카드 묶음의 순서를 살짝 섞는다.

"아무나 에이스 이름 하나를 말해주시겠어요? 어느 에이스건 상관없습니다."

이때 누군가가 "클럽 에이스요"라고 대답했다고 하자. 그럼 첫 번째 묶음을 들어 관객에게는 카드의 뒷면이 보이게 살짝 펼쳐서 본 후, 테이블에 내려놓으며 말한다.

"다이아몬드 에이스네요."

두 번째 파일을 보고 내려놓는다.

"하트 에이스네요."

에이스가 모두 있는 묶음을 집어서 펼쳐 본다. 그리고 거기에서 클럽 에이스를 꺼내 관객에게 보여준 후, 다시 나머지 에이스 위에 놓는다.

"이제 클럽 에이스가 있네요. 그럼 선생님께서 선택하신 클럽 에이스가 있는 묶음을 이용하겠습니다."

관객이 어떤 에이스를 선택하건 같은 묶음에 있기 때문에 방법에는 차이가 없다.

"쉬크!"

쇼크(Schoke)는 테이블 위에 한 장씩 나란히 놓은 카드 위에 에이스 세 장을 놓을 때 이런 소리를 냈다. 그리고 카드를 내려놓을 때 자연스럽게 맨 아래에 있는 상관없는 카드를 보여주고, 뒷면이 보이게 카드를 테이블 위에 내려놓는다. 같은 방법으로 테이블에 놓인 나머지 카드에 상관없는 카드 세 장씩 올려놓는다. 그리고 나서 테이블 위에 놓인 묶음을 하나씩 펼쳐서 각각 네 장의 카드가 있음을 보여준다. 세 번째 묶음을 펼칠 때 네 장이 아니라 다섯 장임을 확인한다.

"한 장이 많군요."

그리고 아래에서 두 번째에 있는 상관없는 카드를 빼낸다.

도박과 마술의 손기술에 능숙한 루푸스 스틸은 오른손으로 카드 전체 묶음을 잡은 상태에서 테이블 모서리에 카드를 놓곤 했다(**그림 2**). 이때 오른손 손바닥에 카드 세 장을 숨겼다. 그 다음으로 관객이 에이스 네 장을 나란히 정리하여 테이블 모서리에 놓인 카드 위에 놓는다. 그럼 자연스럽게 오른손으로 카드 위를 치며 에이스 세 장을 맨 위에 놓는다(**그림 3**). 그러면서 곧바로 카드를 잡

그림 3

는다. 카드를 왼손으로 옮겨 잡고 카드를 세 장씩 테이블에 놓인 카드 위에 놓을 준비를 한다.

에드 말로의 심플렉스 에이스
Ed Marlo's Simplex Aces

에드 말로(Ed Marlo)는 바로 앞에서 설명한 심플 에이스 루틴을 토대로 팜 동작을 없앤 걸작을 만들어냈다. 특별한 준비 없이 할 수 있다.

★ **이펙트**

카드 묶음에서 에이스 네 장을 한번에 한 장씩 빼낸다. 뒷면이 보이게 놓인 나머지 카드 위에 앞면이 보이게 에이스를 내려놓는다. 그리고 에이스를 한번에 한 장씩 뒤집어서 나머지 카드 맨 위에 놓은 후, 테이블 위에 한 장씩 뒷면이 보이도록 나란히 놓는다. 그리고 각각의 에이스 위에 상관없는 카드 세 장씩 놓는다. 마지막에 에이스 네 장은 한 곳에 모여 있고, 나머지 세 곳에는 상관없는 카드가 있다.

시연

카드 한 세트에서 에이스 네 장을 빼낸다. 그리고 뒷면이 보이게 놓인 나머지 카드 위에 에이스 네 장을 앞면이 보이게 놓는다(**그림 1**). 카드를 오른쪽으로 펼친다. 다시 카드를 나란히 하면서 일곱 번째 카드 아래에 새끼손가락을 넣는다(**그림 2**).

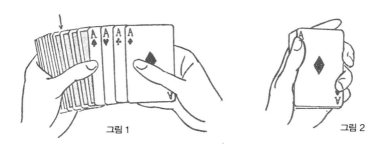

그림 1   그림 2

새끼손가락 위에 있는 카드 일곱 장을 오른쪽으로 움직여 **그림 3**과 같이 되게 한다. 왼손 엄지손가락으로 맨 위에 있는 에이스를 **그림 4**와 같이 왼쪽으로 당긴다. 오른쪽에 있는 카드를 기울여 첫 번째 에이스를 뒤집어 아래로 넣는다(**그림 5, 그림 6**). 같은 동작을 반복해서 두 번째와 세 번째 에이스도 뒤집는다.

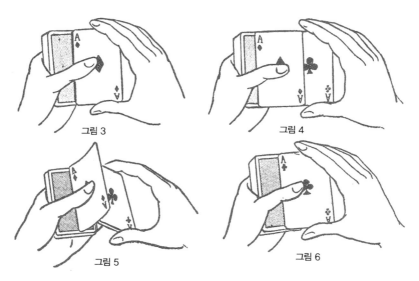

그림 3   그림 4

그림 5   그림 6

그리고 네 번째 에이스만 남기고 상관없는 카드를 한번에 앞에서 이용한 방법으로 뒤집어서 네 번째 에이스의 앞면만 위를 향하게 한다(**그림 7**). 이렇게 반대 방향으로 놓인 카드를 뒤집어 앞면이 아래를 향하게 한다(**그림 8**).

그림 7

그림 8

그럼 맨 위에 에이스 한 장, 그 아래에 상관없는 카드 세 장, 그 아래에 나머지 에이스 세 장이 놓여 있게 된다. 맨 위에 있는 카드 네 장을 테이블 위에 한 장씩 나란히 내려놓는다.

"테이블 위에 에이스를 한 장씩 나란히 내려놓겠습니다. 그리고 그 위에 상관없는 카드를 세 장씩 올려놓겠습니다."

카드 세 장(에이스 세 장)을 뒷면이 보이게 테이블 위에 놓인 첫 번째 카드, 즉 먼저 내려놓은 에이스 위에 놓는다. 그리고 다시 카드 세 장을 집어 자연스럽게 카드 앞면을 보여주며 두 번째 카드 위에 내려놓는다. 이 과정을 두 번 더 반복한다.

두 번째, 세 번째, 네 번째 묶음을 뒤집어 에이스는 사라지고 상관없는 카드 네 장만 존재함을 보여준다. 마지막으로 첫 번째 묶음을 뒤집어 에이스 네 장이 모두 함께 있음을 보여준다. 원한다면 관객이 직접 에이스가 있는 묶음을 선택하도록 만들어도 된다.

그랜트의 포-에이스 루틴
Grant's Four-Ace Routine

흔히 사용하는 슬레이트를 이용하지 않고도 할 수 있는 간단한 루틴이다. 수많은 흥미로운 작품을 마술사들에게 소개시켜준 젠 그랜트(Gen Grant)가 얼마 전 고안한 마술이다.

★ 이펙트

에이스 네 장을 앞면이 보이게 테이블 위에 일렬로 내려놓는다. 다시 에이스를 뒤집어 뒷면이 보이게 한다. 그러고 나서 각각의 에이스 위에 상관없는 카드 세 장씩 올려놓는다. 이렇게 만든 네 개의 묶음을 차곡차곡 쌓은 후 셔플과 커트를 이용해 카드를 섞은 후, 카드를 네 장씩 네 묶음으로 나눈다. 첫 번째 묶음은 맨 처음에 남은 카드 사이에 넣고, 두 번째 묶음도 남은 카드 사이에 넣는다. 그리고 세 번째와 네 번째 묶음도 남은 카드의 다른 부분에 끼워 넣는다. 이렇게 합친 카드를 커트를 이용해 순서를 바꾼다. 그리고 테이블 위에 카드 네 장을 일렬로 내려놓고, 그 위에 카드 세 장씩 더 올려놓는다. 이렇게 만든 네 묶음을 다시 합쳐서 섞은 후, 다시 네 장씩 네 묶음으로 나눈다. 관객이 그중 한 묶음을 선택하여 뒤집어보니, 네 장이 모두 에이스이다. 나머지 묶음을 뒤집어보니 에이스는 없고 모두 상관없는 카드만 있다.

시연

에이스 네 장을 앞면이 보이도록 테이블 위에 나란히 내려놓는다.

"에이스 네 장입니다."

내려놓은 에이스를 모두 뒤집어 뒷면이 보이게 한다. 그리고 각각의 에이스 위에 상관없는 카드를 세 장씩 올려놓는다. 카드를 놓을 때 카드의 앞면을 관객에게 보여준다.

"각각의 에이스 위에 상관없는 카드 세 장씩 올려놓았습니다."

카드 묶음 네 개를 아무 순서로 쌓아서 16장의 카드를 한 묶음으로 만든다. 빠르게 오버핸드 커트를 여러 번 반복하거나, 카드 몇 장으로 오버핸드 셔플을 하면 마치 카드를 진짜로 섞는 것처럼 보인다. 커트의 횟수에 상관없이 에이스 한 장과 상관없는 카드 세 장이 함께 나란히 있는 순서는 바뀌지 않는다.

"카드를 섞겠습니다."

다시 카드를 네 장씩 나눈다. 이때 카드의 뒷면이 보이게, 한번에 한 장씩 내려놓는다. 그럼 자동적으로 에이스 네 장은 한곳에 모이게 되지만 관객은 이에 대해 전혀 알지 못한다. 카드를 한 묶음씩 집어 나란히 정리하는 척하며 맨 아래 카드를 관객 몰래 본다. 그래서 어떤 묶음에 에이스가 있는지 확인한다.

이제 카드 묶음을 나머지 카드 사이사이에 넣는다. 이때 에이스 묶음은 맨 마지막으로 맨 위에 놓는다. 관객은 에이스가 각각의 묶음으로 흩어져 있다가 남은 카드의 사이사이에 들어가 뿔뿔이 흩어졌다고 생각한다. 이 상태에서 리플 셔플로 카드를 섞는 척한다. 하지만 맨 위에 있는 에이스 네 장의 위치는 변하지 않는다.

"다시 카드를 섞겠습니다."

맨 위에 있는 카드 16장을 테이블 위에 내려놓는다. 이때 카드의 뒷면이 보이게 한번에 한 장씩 내려놓아서 네 개의 묶음을 만든다. 그럼 각각의 묶음의 맨 아래 카드는 에이스이다.

"이제 이 묶음들을 원하시는 순서로 쌓아주세요."

관객이 각각의 묶음을 하나씩 집어서 차곡차곡 쌓는다. 다시 16장 카드 묶음을 네 묶음으로 나눈다. 이번에도 역시 한번에 한 장씩 내려놓는다면 에이스 네 장은 모두 네 번째 묶음으로 갈 것이다.

"카드를 여러 차례 섞었습니다. 그리고 네 묶음은 하나로 합쳐져 이렇게 제 손에 있습니다."

이제 이 중 하나를 선택해 주십시오. 그럼 거기에 에이스 네 장이 모두 있도록 만들겠습니다. 아무 묶음이나 선택해 주시면 됩니다."

만약 관객이 네 번째 묶음을 선택하면 그 상태에서 카드를 한 장씩 내려놓아, 네 묶음을 만들면 된다. 만약 세 번째 묶음을 선택하면 맨 위에 있는 카드를 집어서 테이블을 가리키며 말한다.

"에이스가 세 번째 묶음에 있으면 좋겠다고요?"

손에 있는 카드를 묶음 맨 위에 놓지 않고 맨 아래에 넣는다. 이 상태에서 카드를 한 장씩 내려놓아 네 묶음을 만들면, 세 번째 묶음에 에이스 네 장이 놓이게 된다.

만약 관객이 두 번째 묶음을 선택하면 맨 위에 있는 카드 두 장을 집어 테이블에 나란히 놓는다.

"에이스가 두 번째 묶음에 있으면 좋겠다고요?"

손가락으로 테이블에 놓인 두 번째 카드를 가리킨 후, 테이블에 놓인 카드를 집어 나머지 카드의 맨 아래에 놓는다. 이 상태에서 카드를 한 장씩 내려놓아 네 묶음을 만들면, 에이스는 모두 두 번째 묶음으로 간다.

만약 관객이 첫 번째 묶음을 선택하면, 맨 위에 있는 카드 네 장을 차례대로 테이블에 내려놓는다.

"첫 번째 묶음에 있으면 좋겠다고요?"

손가락으로 첫 번째 묶음을 가리킨다. 그리고 나서 맨 마지막에 내려놓은 카드, 에이스는 나머지 카드의 맨 위에 놓는다. 그리고 나머지 세 장은 모아서 맨 아래에 놓는다. 이 상태에서 카드를 한 장씩 내려놓아, 네 개의 묶음을 만들면 에이스 네 장은 모두 첫 번째 묶음으로 간다. 관객이 선택한 묶음을 뒤집어 네 장이 모두 에이스임을 보여준다.

"여기에 에이스 네 장이 모두 있습니다."

그리고 나머지 묶음을 뒤집어 거기에는 모두 상관없는 카드만 있음을 보여준다.

폴 로시니의 에이스 트랜스포지션
Paul Rosini's Ace Transposition

폴 로시니(Paul Rosini)가 이 포 에이스 마술을 빠르게 진행하는 것을 보면 기분이 좋아진다.

★ 이펙트

카드 한 묶음에서 에이스 네 장을 찾은 후, 에이스 카드를 위로 살짝 밀어서 다른 카드 사이로 에이스 카드가 반쯤 삐져나오게 만든다. 이때 카드는 모두 앞면이 보이게 놓여 있다. 에이스 네 장을 빼내서 하나의 묶음을 만든 뒤, 그 뒤에 나머지 카드를 앞면이 보이게 놓는다. 그리고 에이스를 한 장씩 테이블에 일렬로 내려놓는다. 그런 다음 남은 카드를 테이블 위에 펼쳐놓는다. 이때 카드의 가운데에서 에이스 네 장이 나란히 모습을 드러낸다. 그리고 테이블에 놓은 카드를 뒤집어 보니 모두 상관없는 카드이다.

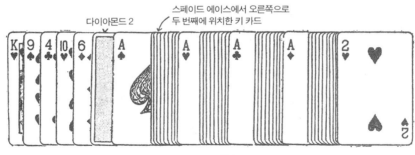

그림 1

준비

관객 몰래 카드를 **그림 1**과 같이 정렬한다. 제일 왼쪽에 상관없는 카드 다섯 장을 앞면이 보이게 놓는다. 편의상 첫 번째 카드를 하트 킹이라고 하자. 그 다음으로 다이아몬드 2를 뒤집어서 놓는다. 그리고 스페이드 에이스를 앞면이 보이게 놓는다. 스페이드 에이스 다음에 상관없는 카드 한 장과 스페이드 10(키 카드)을 놓는다. 둘 다 앞면이 보이게 놓는다. 그리고 남은 하트 에이스, 클럽 에이스, 다이아몬드 에이스를 앞면이 보이게 놓아둔 카드 중간 중간에 놓는다. 제일 오른쪽에는 하트 2를 앞면이 보이게 놓는다. 다이아몬드 2와 하트 2를 이용하는 이유는, 비슷해 보이기 때문에 서로를 대신하여 사용할 수 있다. 마지막으로 카드를 나란히 정리하여 모든 준비를 끝낸다.

시연

손으로 카드를 잡은 상태에서 오른쪽으로 살짝 펼쳐서 첫 번째 에이스인 다이아몬드 에이스를 찾는다. 다이아몬드 에이스 아래에 있는 카드는 나란히 정리하고 다이아몬드 에이스를 오른쪽으로 살짝 밀어낸다. 이때 다이아몬드 에이스 아래에 놓인 카드의 왼쪽이 1/3 정도 보이게 한다. 그리고 다이아몬드 에이스 위에 놓인 카드는 아래로 내린다(**그림 2**). 에이스를 단단하게 잡고, 에이스 아래쪽으로 내린 카드를 올리면 **그림 3**과 같이 다이아몬드 에이스가 나머지 카드 위로 삐져나온다. 클럽 에이스, 하트 에이스를 찾아서 다이아몬드 에이스처럼 위로 삐져나오게 만든다.

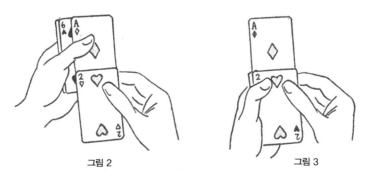

| 그림 2 | 그림 3 |

카드를 펼쳐서 키 카드(스페이드 10)를 찾는다. 키 카드는 그로부터 두 장 아래에 스페이드 에이스가 있음을 의미한다. 이때 키 카드 아래에 있는 카드를 잘 정리하여 뒤집어 놓은 다이아몬드 2가 보이지 않게 한다. 스페이드 에이스를 찾으면 오른손으로

카드를 나란히 정리하여 위로 삐져나온 카드 뒤로 가져간다(**그림 4**). 그리고 미리 찾아놓은 에이스와 스페이드 에이스를 완전히 포갠다(**그림 5**).

그림 4

그림 5

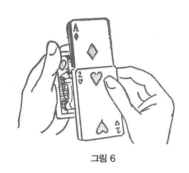

그림 6

왼손 집게손가락으로 하트 킹(맨 마지막 카드)을 오른쪽으로 구부린다. 그럼 하트 킹은 자연스럽게 나머지 카드와 분리된다. 그럼 하트 킹을 왼쪽 아래로 내려서 **그림 6**과 같이 나머지 카드 왼쪽으로 살짝 보이게 한다. 그런 다음 카드를 나란히 정리한다. 그럼 마치 스페이드 에이스 아래에 있던 카드를 모두 아래로 내리는 것처럼 보인다. 그리고 마치 에이스 네 장만 위로 삐져나오게 한 것 같은 효과를 낼 수 있다.

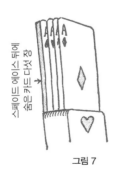

그림 7

스페이드 에이스 뒤에
숨은 카드 다섯 장

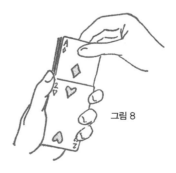

그림 8

그림 7은 이때의 카드 모습이다. 각각의 에이스 세 장은 홀로 삐져나와 있고, 스페

이드 에이스는 상관없는 카드 다섯 장을 뒤에 숨긴 채 삐져나와 있다. 왼손으로 남은 카드를 꼭 잡는다.

오른손 엄지손가락과 나머지 손가락으로 위로 삐져나온 카드를 잡는다(**그림 8**). 그리고 밖으로 빼낸 후 뒤집은 다음 앞면이 보이게 놓인 나머지 카드 위에 뒷면이 보이게 놓는다. 관객은 마술사가 에이스 네 장만 뒤집었다고 생각한다(**그림 9**). 맨 위에 네 장을 오른쪽으로 펼친다(**그림 10**). 그리고 뒷면이 보이게 테이블에 일렬로 내려놓는다. 그럼 맨 위에 보이는 카드는 다이아몬드 2이다. 관객은 마술사가 에이스 네 장을 테이블에 내려놓았다고 생각한다. 모든 동작에 있어서 남은 카드를 꼭 잡아서 다이아몬드 2 뒤에 숨겨둔 뒤집힌 에이스 네 장이 보이지 않게 한다.

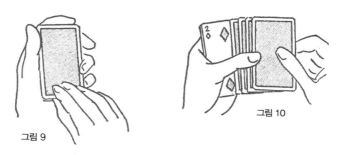

그림 9

그림 10

커트를 통해서 에이스 네 장을 가운데로 보낸다. 그리고 뒷면이 보이게 카드를 테이블에 펼쳐놓으며 가운데에 앞면이 보이게 놓인 에이스 네 장을 보여준다. 마지막으로 테이블에 놓인 카드 네 장을 뒤집어 상관없는 카드임을 보여준다.

★ 주의
원하는 경우에는 테이블에 내려놓은 상관없는 카드 네 장을 킹이나 퀸, 잭 카드로 이용해도 된다.

에드 말로의 페이스 업 에이스 엠블리
Ed Marlo's Face-Up Ace-Embly

에드 말로(Ed Marlo)는 이 포 에이스 루틴과 같은 똑똑한 카드 마술로 유명하다. 깔끔하게 할 수 있는 방법이기에 분명 좋아하게 될 것이다.

★ 이펙트

카드 한 벌에서 에이스 네 장을 빼낸다. 그리고 맨 아래에 있는 카드의 앞면 위에 에이스를 놓는다. 다시 에이스를 잡아서 뒷면이 보이게 뒤집어 놓는다. 그리고 에이스를 한 장씩 뒷면이 보이게 테이블에 나란히 내려놓는다. 각각의 에이스 위에, 나머지 카드를 4등분 하여 하나씩 내려놓는다. 이렇게 만든 묶음을 하나로 모아서 커트한다. 그럼 에이스는 카드 묶음 여기저기에 위치한다. 하지만 카드 묶음의 뒷면이 보이게 펼쳐보자, 에이스 네 장은 모두 함께 가운데에 놓여 있다.

다이아몬드 4

그림 1

준비

그림 1과 같이 정렬한다. 카드의 앞면이 보이게 펼쳐놓는다. 제일 오른쪽에 있는 카드는 클럽 에이스이다. 그 왼쪽에는 다이아몬드 4를 뒤집어 놓고, 나머지 카드는 모두 앞면이 보이게 놓는다. 다음으로 상관없는 카드 네 장을 놓고, 하트 4를 놓는다.

그리고 남은 에이스 세 장을 중간 중간에 넣어둔다. 이렇게 정렬한 뒤, 정리해서 나란히 모아둔다.

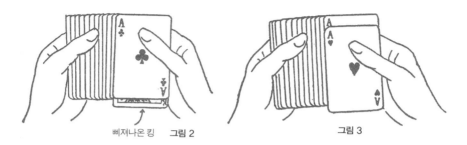

삐져나온 킹 그림 2

그림 3

시연

뒤집어 놓은 클럽 에이스가 보이지 않도록 조심하며 카드를 살짝 펼친 다음 하트 킹을 살짝 아래로 당긴다(**그림 2**). 그리고 두 번째 카드인 하트 에이스를 찾아서 클럽 에이스 위에 놓는다. 이때 클럽 에이스로 하트 킹을 가린다(**그림 3**). 나머지 에이스 두 장을 찾아서 클럽 에이스 위에 놓는다.

삐져나온 하트 킹 오른쪽에 있는 카드 모두를 오른손으로 잡은 뒤, 나란히 하여 **그림 4**와 같이 잡는다. 이렇게 잡은 카드 아홉 장을 뒤집어서 앞면이 보이게 놓인 묶음 위에 뒷면이 보이게 놓는다. 그럼 에이스 네 장을 뒤집은 것처럼 보인다(**그림 5**). 관객이 에이스라고 생각하는 카드를 한 장씩 뒷면이 보이게 테이블에 일렬로 내려놓는다.

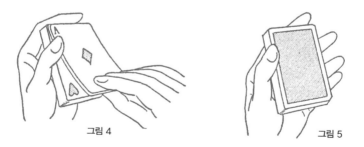

그림 4

그림 5

테이블에 놓인 첫 번째 카드 위에 뒷면이 보이게 남은 카드를 내려놓는다. 그리고 카드 한 벌의 3/4을 집어서 두 번째 카드 위에 놓는다. 1/2을 집어서 세 번째 카드 위에 놓고, 1/4을 집어서 네 번째 카드에 놓는다. 그럼 남은 카드를 4등분하여 각각의 에이스 위에 놓은 것처럼 보인다(**그림** 6).

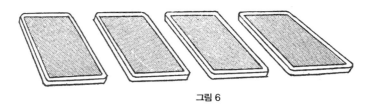

그림 6

제일 오른쪽에 있는 묶음을 오른쪽에서 두 번째 묶음에 놓고, 이 과정을 반복하여 카드를 하나로 모은 뒤 나란히 정리한다. 커트를 통해서 에이스로 여겨지는 맨 아래 카드를 중간으로 옮긴다. 이때 실제로는 에이스 네 장을 잡아서 앞면이 보이게 다른 카드 사이에 놓는다.

"만약 카드를 네 번 리플하면, 제가 각기 다른 묶음에 놓아두었던 에이스 네 장은 한곳으로 모이게 됩니다."

그림 7

왼손 엄지손가락으로 리플을 네 번 한다.

"하지만 더 쉽게 에이스를 찾기 위해서 리플을 한 번 더 하겠습니다. 그럼 에이스가 한곳으로 모일 뿐 아니라 뒤집혀 있을 겁니다."

또다시 리플을 한 뒤, 카드의 뒷면이 보이게 테이블에 펼쳐놓는다. 그럼 앞면이 보이는 에이스 네 장

이 모습을 드러낸다(**그림** 7).

조 베르크의
'마술사는 선한 것을 만든다'
Joe Berg's 'Magician Makes Good'

조 베르크의 유명한 마술로서, 기발한 결말이 기다리고 있다.

★ 이펙트

선택된 카드 한 장을, 앞면을 보지도 않은 채 뒷면이 보이도록 테이블의 한 귀퉁이에 내려놓는다. 다음으로 앞면이 보이게 카드를 부채꼴로 펼친 뒤, 관객에게 보이는 카드 한 장을 건드리라고 말한다. 하트 8을 건드렸다고 하자. 그럼 8 카드를 위로 당겨 반쯤 빼낸다. 다른 8 카드 두 장도 같은 방법으로 반쯤 빼낸다. 반쯤 삐져나온 카드 세 장을 뽑아서 뒤집은 후 각기 다른 곳에 끼워 넣는다. 그러고 나서 관객이 자유롭게 8을 선택했고, 그가 그렇게 한 이유는 테이블에 뒤집어 놓은 카드, 그가 맨 처음에 선택한 카드가 네 번째 8 카드이기 때문이라고 말한다. 카드를 앞면이 보이게 뒤집어 보니 8이 아닌 에이스이다. 마술사는 용서를 구하고, 실수를 바로 잡기 위해서 뒤집어 놓은 8 카드를 모두 에이스로 바꾸겠다고 말한다. 테이블에 놓인 에이스를 집어서 카드 묶음을 두드린다. 그리고 카드의 뒷면이 보이게 테이블 위에 펼쳐놓는다. 그러자 뒤집혀 있던 에이스 세 장의 앞면이 보인다.

준비

에이스 네 장을 나머지 카드 맨 위에 놓는다. 쉽게 다룰 수 있도록 에이스 네 장을 살짝 구부려 놓는다.

시연

에이스 네 장을 묶음 가운데로 가져가서 그중 한 장을 선택하게 한다. 이때 관객이 카드의 앞면을 보게 해서는 안 된다. 그리고 곧바로 뒷면이 보이게 테이블에 내려놓는다. 패스를 통해서 가운데에 남은 에이스 세 장을 맨 위로 보낸다.

그림 1

그림 2

카드의 앞면이 보이게 묶음을 부채모양으로 펼친 뒤, 카드 한 장을 건드리게 한다. 이때 건드린 카드를 다이아몬드 8이라고 하자. 선택된 8 카드와 다른 8 카드 두 장을 위로 당겨서, 다른 카드 위로 반쯤 삐져나오게 한다(**그림 1**). 카드를 나란히 하여 **그림 2**와 같이 만든다. 그리고 오른손 엄지손가락으로 에이스 세 장을 밀어낸다. 에이스 카드는 미리 구부려 놓았기 때문에 쉽게 구분할 수 있다. 왼손 엄지손가락, 가운뎃손가락, 넷째 손가락, 새끼손가락으로 에이스를 잡는다. 그리고 오른손으로 잡은 묶음을 아래로 당겨서, 에이스가 8 카드와 같은 높이가 되게 한다. 왼손 집게손가락을 8 카드 위에 놓으면, 에이스와 8 카드를 같은 높이로 유지할 수 있다(**그림 3**).

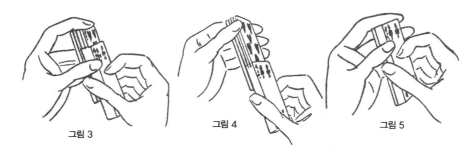

그림 3

그림 4

그림 5

에이스 세 장과 8 카드 세 장의 윗부분을 왼손으로 잡고(**그림 4**) 위로 당겨서 오른손에 있는 카드와 분리한다. 그리고 왼손에 있는 카드 위에 오른손에 있는 카드를 놓는다(**그림 5**). 그럼 맨 위 카드가 8인 것처럼 보이지만 실제로는 에이스이다. 뒷면이 보이게 카드를 내려놓는다.

맨 위 카드, 관객은 8일 것이라고 생각하지만 실제로는 에이스인 카드를 오른손으로 잡는다. 그리고 계속해서 앞면이 아래를 향하게 한다. 왼손에 있는 묶음을 앞면이 보이게 뒤집는다. 왼손 엄지손가락으로 카드를 넘긴 뒤, 앞면이 보이게 놓인 카드 중간에 뒷면이 보이는 에이스를 넣는다. 다음으로 카드를 다시 나란히 정리하여 뒷면이 보이게 뒤집는다. 두 번째 카드(에이스)를 집어서, 같은 방법으로 나머지 카드 사이에 넣는다. 이때 첫 번째 카드와 다른 위치를 선택한다. 8 카드와 마지막 에이스를 한번에 집어서 8 카드를 보여준다. 그리고 다시 나머지 카드 위에 내려놓은 뒤, 마지막 에이스를 집어서 첫 번째, 두 번째와 같은 방법으로 나머지 카드 중간에 넣는다.

"선생님께 자유롭게 카드 한 장을 선택할 수 있는 기회를 드렸습니다. 그리고 선생님께서는 8 카드를 선택하셨습니다. 왜 그런지 아십니까? 처음에 선생님께서 선택하신 카드의 영향을 받았기 때문이죠. 바로 테이블에 놓아둔 이 카드 말입니다. 네 번째 8 카드입니다."

테이블에 놓인 카드를 뒤집어 8이 아닌 에이스임을 보여준다. 그리고 실패에 대해 놀란 것처럼 연기한다.

"이런, 망쳐버렸네요. 이렇게 실패하려고 한 건 아닌데…. 그럼 테이블에 놓인 카드가 에이스니까, 카드 중간에 뒤집어 놓은 8 카드를 모두 에이스로 바꿔보겠습니다."

테이블에서 집은 에이스로 카드 묶음을 건드린다. 그리고 카드 묶음의 뒷면이 보이게 테이블에 펼쳐놓는다. 카드 사이사이로 에이스 세 장의 앞면이 보인다.

라젠의 에이스
Larsen's Aces

에이스 네 장만을 사용하는 마술로서, 윌리엄 W. 라젠(William W. Larsen)이 즐겨했다. 포 에이스 루틴 전에 멋지게 할 수 있는 마술 중 하나이다.

★ 이펙트

카드의 뒷면이 보이게 왼손으로 에이스 네 장을 잡는다. 그리고 맨 위에 있는 카드를 들어서 관객에게 보여준다. 그 카드는 스페이드 에이스다. 하트 에이스라고 말하며, 뒷면이 보이게 테이블에 내려놓는다. 그리고 두 번째 카드를 들어서 보여준다. 이번에 역시 스페이드 에이스다. 이번에는 다이아몬드 에이스라고 말하며 테이블에 내려놓는다. 세 번째 카드를 들어서 보여준다. 역시 스페이드 에이스이다. 하지만 클럽 에이스라고 말하며 테이블에 놓는다. 마지막으로 네 번째 카드, 스페이드 에이스를 자유롭게 보여준 뒤, 스페이드 에이스라고 말하며 내려놓는다. 이쯤이면 관객은 네 장의 카드가 모두 스페이드 에이스라고 생각한다. 이때 마술사가 카드를 뒤집어 각기 다른 하트, 클럽, 다이아몬드, 스페이드 에이스임을 보여준다.

★ 준비물

1. 에이스 네 장

그림 1

시연

에이스 네 장을 **그림** 1과 같이 정렬한다. 하트 에이스, 스페이드 에이스, 다이아몬드 에이스, 클럽 에이스 순서이다. 이렇게 정렬한 카드의 앞면을 관객에게 보여줘서는 안 된다. 카드를 나란히 정리한 후, 뒷면이 보이게 뒤집어서 왼손에 놓는다. 그리고 카드를 살짝 펼쳐서 왼손 새끼손가락을 위에서 두 번째 카드 아래에 넣는다. 그리고 오른손으로 두 장의 카드를 마치 한 장인 것처럼 잡는다. 이때 엄지손가락으로 위를 잡고, 나머지 손가락으로 아래를 받친다. 그리고 관객에게 앞에 있는 스페이드 에이스를 보여준다(**그림** 2).

"저는 이제 에이스 네 장을 이용할 겁니다. 먼저, 하트 에이스입니다."

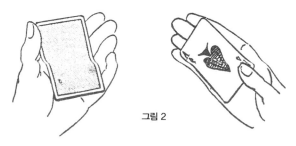

그림 2

오른손에 있는 카드를 왼손에 있는 카드 위에 놓고, 맨 위에 있는 하트 에이스만 다시 잡는다. 그리고 카드의 뒷면이 보이게 테이블에 내려놓는다. 다시 맨 위에 있는 스페이드 에이스 한 장을 잡고, 관객에게 보여주며 말한다(**그림** 3).

"두 번째로 다이아몬드 에이스입니다.

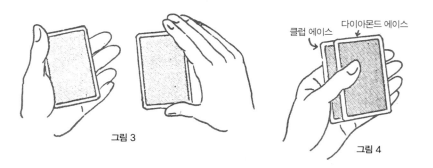

그림 3

클럽 에이스   다이아몬드 에이스

그림 4

이렇게 말하면서 왼손 엄지손가락으로 다이아몬드 에이스를 오른쪽으로 2.5cm 밀어낸다(**그림 4**). 스페이드 에이스를 클럽 에이스와 같은 위치에 내려놓는다.

그리고 오른손 집게손가락과 가운뎃손가락으로 다이아몬드 에이스의 오른쪽 위 모서리를 잡고, 엄지손가락으로는 오른쪽 아래 모서리를 잡는다(**그림 5**). 다이아몬드 에이스를 옆으로 빼낸 뒤, 뒷면이 보이게 하트 에이스 위에 놓는다. 카드를 바꾸는 동작은 주저함 없이 순식간에 이루어져야만 한다. 다시 스페이드 에이스를 집어서 관객에게 보여준다(**그림 3**).

"세 번째로 클럽 에이스입니다."

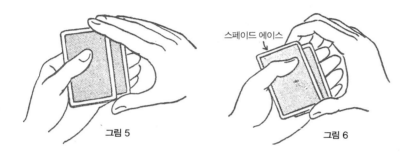

그림 5

스페이드 에이스

그림 6

스페이드 에이스를 클럽 에이스 위에 내려놓는다. 이때 클럽 에이스의 오른쪽 2.5cm는 가리지 않도록 왼쪽으로 비껴 놓는다(**그림 6**). 그럼 오른손으로 클럽 에이스를 쉽게 빼낼 수 있다. 그리고 테이블 위에 내려놓은 두 장의 에이스 위에 놓는다. 마지막으로 남은 스페이드 에이스를 보여준다.

"네 번째로 스페이드 에이스입니다."

나머지 카드 위에 스페이드를 내려놓는다. 그리고 누군가 말하는 것을 들은 척한다.

"지금 제가 들은 게 무슨 말이죠? 카드 네 장이 모두 스페이드 에이스라고요?"

카드 네 장을 집어서 뒤집은 뒤, 펼쳐서 관객에게 앞면을 보여준다.

"그럴 리가요. 각기 다른 네 장의 에이스입니다."

크리스토퍼의
빨간색 에이스와 검은색 에이스
Christopher's Red and Black Aces

똑똑하기로 유명한 밀본 크리스토퍼(Milbourne Christopher)에게 배운 마술로서, 진행시간은 매우 짧다. 동작은 간단하지만 그 효과는 매우 재미있다.

★ 이펙트

에이스 네 장을 보여준다. 검은색 에이스 두 장을 한번에 한 장씩 테이블에 내려놓는다. 그럼 손에는 빨간색 에이스 두 장이 남는다. 갑자기 손에 있는 검은색 에이스 두 장을 보여준다. 그리고 테이블에 있는 카드를 뒤집어 보니 두 장 모두 빨간색 에이스이다.

그림 1   그림 2

★ 준비물

1. 에이스 네 장

시연

에이스 네 장을 **그림 1**과 같이 정렬한다. 하트 에이스, 스페이드 에이스, 다이아몬드 에이스, 클럽 에이스의 순서로 정렬한 뒤 나란히 정리한다.

"지금 보여드리는 것은 두 장의 빨간색 에이스와 두 장의 검은색 에이스 마술입니다."

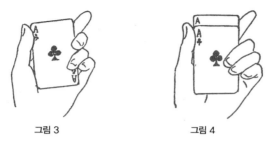

그림 3   그림 4

카드의 앞면이 손바닥을 향하게 왼손으로 카드를 잡는다. 그리고 카드를 살짝 펼쳐서 왼손 새끼손가락을 위에서 두 번째 카드, 스페이드 에이스 아래에 넣는다. 위에 있는 두 장을 마치 한 장인 것처럼 잡고 스페이드 에이스를 관객에게 보여준다 (**그림 2**).

"스페이드 에이스입니다. 검은색 카드인 스페이드 에이스를 테이블에 내려놓겠습니다."

오른손에 있는 카드 두 장을 왼손에 있는 카드 두 장 위에 놓은 뒤, 맨 위에 있는 카드 한 장, 하트 에이스를 잡는다. 그리고 뒷면이 보이게 테이블에 내려놓는다. 관객은 그 카드가 스페이드 에이스라고 생각한다.

왼손에 있는 카드 세 장을 뒤집어서, 맨 아래에 있는 클럽 에이스를 관객에게 보여준다(**그림 3**). 그리고 다시 카드를 원래대로 뒤집는다. 오른손으로 맨 아래 카드를 빼내는 척한다. 이때 왼손 가운뎃손가락으로 클럽 에이스를 살짝 뒤로 밀어낸다(**그림 4**). 그럼 오른손으로 쉽게 가운데에 있는 다이아몬드 에이스를 빼낼 수 있다(**그림 5**). 빼낸 카드는 테이블에 뒤집어 놓은 하트 에이스 위에 뒷면이 보이게 놓는다.

"이제 테이블 위에는 검은색 에이스 두 장이 있습니다. 그럼 당연히 제 손에 있는 두 장의 카드는 모두 빨간색 에이스겠죠? 하지만 뭔가 이상합니다."

왼손에 있는 카드를 뒤집어서 모두 검은색 에이스임을 보여준다(**그림 6**).

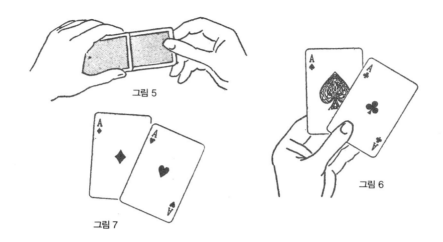

그림 5

그림 6

그림 7

"제 손에는 검은색 에이스 두 장이 있습니다."

테이블에 있는 카드를 뒤집어 모두 빨간색 에이스임을 보여준다(**그림 7**).

"그리고 테이블에 있는 카드는 모두 빨간색 에이스입니다."

'쉬크' 쇼크의 깡충깡충 에이스
'Chic' Schoke's Hippity Hop Aces

★ 이펙트

시카고의 '쉬크' 쇼크('Chic' Schoke)가 좋아하는 마술로서 진행시간이 매우 짧다. 마술사가 클럽 에이스와 하트 에이스를 서로 뒷면이 마주하게 놓은 후 왼손으로 잡는다. 다음으로 다이아몬드 에이스와 스페이드 에이스를 서로 뒷면이 마주하게 놓은 후 오른손으로 잡는다. 그리고 하트 에이스와 다이아몬드 에이스, 빨간색 에이스 두 장의 앞면이 서로 마주보게 한다. 갑자기 빨간색 에이스가 검은색 에이스로 바뀐다. 즉, 빨간색 에이스가 검은색 에이스로 바뀌어, 검은색 에이스 두 장이 서로 앞면을 마주하고 있다. 그리고 빨간색 에이스는 밖에서 서로 반대 방향을 향하고 있다.

★ 준비물
1. 에이스 네 장

시연
클럽 에이스와 하트 에이스를 서로 뒷면이 마주하게 놓은 후 왼손으로 잡는다. 그리고 다이아몬드 에이스와 스페이드 에이스를 서로 뒷면이 마주하게 놓은 후 오른손으로 잡는다. 이때 빨간색 에이스가 안쪽에, 검은색 에이스가 바깥쪽에 위치하게 한다(**그림 1**). 양손으로 어떻게 카드를 잡는지 정확히 숙지해야 한다. 왼손 엄지손가락과 나머지 손가락은 카드의 아랫부분을, 오른손 엄지손가락과 나머지 손가락은 카드의 윗부분을 잡는다.

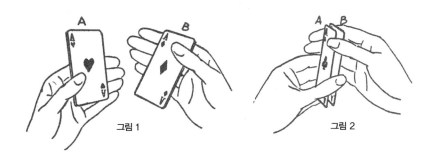

그림 1   그림 2

"여러분이 보시다시피, 빨간색 에이스 두 장은 안쪽에, 검은색 에이스 두 장은 바깥에 있습니다."

그림 1과 같이 카드를 보여준다. 그리고 나서 A 묶음과 B 묶음을 모아서 **그림 2**와 같이 잡는다. 이때 두 묶음 사이의 거리는 2.5cm 정도가 적당하다. 그리고 오른손 엄지손가락과 집게손가락, 가운뎃손가락으로 A 묶음을 잡고, 왼손 엄지손가락과 집게손가락, 가운뎃손가락으로 B 묶음을 잡는다.

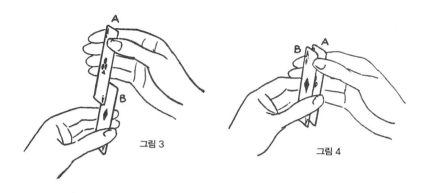

그림 3   그림 4

양손을 갑자기 10cm 정도 올린 뒤 약간 앞으로 움직인다. 이때 빠르게 오른손에 있는 A를 B의 오른쪽으로 가져간다(**그림 3, 그림 4**). A와 B를 벌려서 검은색 에이스가 안쪽에 있음을 보여준다(**그림 5**).

"어느새 검은색 에이스 두 장이 안으로 들어왔습니다. 그리고 빨간색 에이스 두 장은 밖으로 나갔습니다."

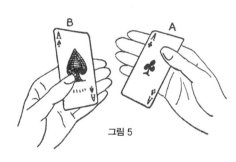

그림 5

이 동작을 다시 반복하여, 빨간색 에이스를 다시 안쪽으로 가져온다. 손을 움직이는 동안 A를 B의 오른쪽으로, B를 A의 오른쪽으로 가져오는 동작을 연습하여, 1초만에 끝낼 수 있게 해야 한다. 동작이 자연스럽고 아름다워질 때까지 거울 앞에서 연습해야 한다. '쉬크' 쇼크의 손에서 정말

놀라운 마술이었다.

오들리 월시의 에이스 모임
Audley Walsh's Ace Assembly

제3권의 레슨 39에서, '멀티플 카드 패스(Multiple Card Pass)'에 대해 설명했다. 카드의 여기저기에 꽂혀 있는 네 장, 혹은 그 이상의 카드를 맨 위나 맨 아래로 모으는 방법이었다. 이번 레슨을 위해서 오들리 월시가 이와 비슷한 효과를 내는 방법을 공개했다. 카드 마술에 있어서 매우 중요한 방법으로 그 과정은 쉽고 간단하다.

★ 이펙트

카드를 부채모양으로 펼친 후 에이스 네 장을 각기 다른 곳에 꽂은 다음 나란히 정리한다. 다시 카드를 펼쳐보니 에이스 네 장은 한곳에 모여 있다.

시연

그림 1

카드 한 벌을 준비하여, 거기에서 에이스 네 장을 빼낸다. 그리고 나머지 카드를 부채모양으로 펼친 후, 왼쪽에서 17번째와 18번째 정도 사이에 에이스 한 장을 꽂는다(**그림 1**). 그리고 첫 번째 에이스 위에 두 번째 에이스를 꽂는다. 이때 다른 각도에서 꽂으면 마치 다른 부분에 꽂는 것처럼 보인다. 세 번째와 네 번째 에이스도 같은 방법으로 꽂는다. **그림 2**는 서로 겹쳐 있는 에이스 네 장의 모습이다.

관객은 마술사가 에이스 네 장을 서로 다른 곳에 넣었다고 생각한다. 하지만 실제로 에이스는 한곳에 모여 있다.

그림 2

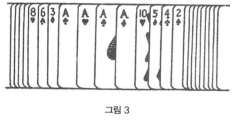

그림 3

에이스 네 장을 아래로 밀어 넣은 뒤 카드를 나란히 정리한다. 이렇게 모은 카드를 다시 펼쳐서 에이스 네 장이 한곳에 모여 있음을 보여준다(**그림 3**).

원하는 경우에는, 에이스 네 장이 카드의 맨 위나 맨 아래에서 모이게 할 수도 있다. 이때는 에이스의 위치를 확인할 수 있도록 카드를 넓게 벌린다. 그런 다음 패스나 커트를 통해서 에이스 위에 있는 카드나 아래에 있는 카드를 옮긴다. 그렇게 에이스를 맨 위나 맨 아래, 원하는 위치로 보내면 된다.

반하트의 포 에이스 오프너
Barnhardt's Four-Ace Opener

러셀 반하트(Russel Barnhardt)로 인해 유명해진 마술로서, 포 에이스 루틴 전에 에이스 네 장을 재미있게 만들어낼 수 있다.

★ 이펙트

카드 한 벌을 집어서 섞은 후, 네 묶음으로 나눈다. 각 묶음의 맨 위 카드는 에이스이다.

시연

에이스 네 장을 맨 위에 놓는다. 그리고 가짜 셔플로 카드를 섞는 척한다. 하지만 에이스 네 장의 위치는 변하지 않는다. 양손으로 **그림 1**과 같이 카드를 잡는다. 양손 엄지손가락으로 카드의 옆면을 잡고, 집게손가락으로는 카드의 뒷면을, 가운뎃손가락과 넷째 손가락으로 반대쪽 옆면을 잡는다.

그림 1

카드의 3/4 정도를 몸쪽으로 들어올린다(**그림 1**). 그리고 오른손 집게손가락으로 맨 위 카드를 지그시 누르면 오른손을 오른쪽 움직인다(**그림 2**).

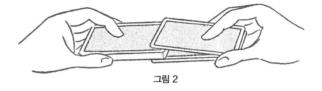

그림 2

그럼 아래 1/4이 오른쪽으로 나오면서, 동시에 맨 위에 있는 에이스 한 장이 그 위로 떨어진다. 카드를 완전히 분리한 뒤, 오른손에 있는 카드를 테이블 위에 내려놓는다. 이 과정을 세 번 반복하여 테이블 위에 카드 네 묶음을 내려놓는다. 각 묶음의 맨 위 카드를 뒤집어서 모두 에이스임을 보여준다.

에드 말로의 포 에이스 오프너
Ed Marlo's Four-Ace Opener

앞으로 사용할 에이스 네 장을 기발하게 만들어내는 방법으로 관객에게 즐거움을 선사할 수 있다.

★ 이펙트

카드 한 벌을 두 묶음으로 커트한다. 그리고 앞면이 보이도록 양손으로 두 묶음을 잡는다. 맨 위에 보이는 카드는 에이스가 아닌 상관없는 카드이다. 순식간에 하나로 합치며 "럽-어-둡-둡!"이라고 주문을 외치자 상관없는 카드 두 장은 검은색 에이스 두 장으로 변해 있다. 검은색 에이스를 각각 앞면이 보이게 테이블에 내려놓는다. 다시 상관없는 카드를 보여준다. 그리고 하나로 모았다가 떼어보니, 빨간색 에이스 두 장이 나타난다. 이번에도 역시 테이블 위에 내려놓는다. 다음으로 포 에이스 루틴이 이어진다.

준비

카드의 아랫부분을 **그림 1**과 같이 정렬한다. 앞면이 보이게 놓인 묶음 위에 하트 에이스를 앞면이 보이게 놓는다. 그리고 다이아몬드 에이스를 뒷면이 보이게 놓고, 상관없는 카드를 뒷면이 보이게 놓는다. 다음으로 상관없는 카드를 앞면이 보이게 놓고, 클럽 에이스를 앞면이 보이게 놓고, 스페이드 에이스를 뒷면이 보이게 놓고, 그 위에 상관없는 카드를 뒷면이 보이게 놓고, 마지막으로 상관없는 카드를 앞면이 보이게 놓는다.

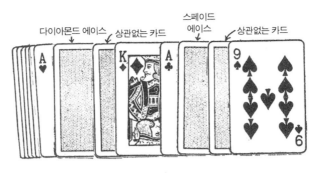

다이아몬드 에이스　상관없는 카드　　스페이드 에이스　상관없는 카드

그림 1

시연

카드 한 벌을 뒷면이 보이게 왼손으로 잡는다. 그리고 한 관객에게 커트로 카드를 자르고, 윗부분을 가져가서 셔플로 카드를 섞게 한다. 관객이 카드를 섞는 동안, 왼손에 남은 카드를 뒤집어 앞면이 보이게 한다. 왼손 엄지손가락으로 앞에서부터 카드 세 장을 센다. 그리고 **그림 2**와 같이 잡는다.

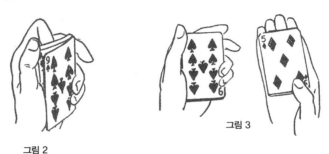

그림 2　　　　　　　　　　　　　　　　**그림 3**

오른손으로 관객이 들고 있는 부분을 받아서 **그림 3**과 같이 카드의 앞면이 보이게 잡는다.

"보통 사람이라면, 특정 카드를 찾기 위해서는 카드 묶음을 뒤적여야만 합니다. 하지만 저는 마술을 이용하겠습니다. 럽-어-둡-둡!"

그리고 양손에 있는 카드의 앞면이 서로 마주보게 양손을 모은다(**그림 4**).

"럽-어-둡-둡!"

이렇게 말하면서 왼손 엄지손가락으로 세어둔 세 장의 카드를 오른쪽으로 보낸다. 그리고 다시 양손을 벌려서 검은색 에이스 두 장을 보여준다(**그림 5**). 왼손 엄지손가락으로 왼손에 있는 클럽 에이스를 밀어서 테이블에 내려놓는다. 그리고 다시 왼손 엄지손가락으로 오른손에 있는 스페이드 에이스를 테이블에 내려놓는다.

"에이스 두 장입니다."

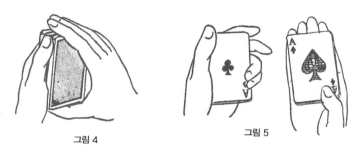

그림 4   그림 5

왼손 엄지손가락으로 앞에서부터 세 장의 카드를 센다. 그리고 **그림 2**와 같이 잡는다. 다시 카드의 앞면이 마주 보게 양손을 모은다(**그림 4**). 그리고 왼손 엄지손가락으로 세어둔 카드 세 장을 오른쪽으로 보낸다.

"럽-어-둡-둡!"

다시 양손을 벌려서 빨간색 에이스 두 장을 보여준다. 그리고 빨간색 에이스 두 장을 테이블 위에 내려놓는다.

★ 주의
왼손에 있는 카드 중에는 뒤집힌 카드 두 장이 있다. 셔플을 통해서 뒤집힌 카드를 다시 뒤집을 수 있다. 그리고 오른쪽에 있는 카드는 왼쪽에 있는 대부분의 카드를 기준으로 볼 때, 뒤집혀 있음을 잊지 말아야 한다.

에드 말로의 제너럴 에이스 오프너
Ed Marlo's General Ace Opener

다른 에이스 미스터리를 하기 전에 에이스 네 장을 기발하게 만들어내기 위한 방법이다.

★ 이펙트

마술사가 자신이 카드 한 벌을 마음대로 조정할 수 있다고 말하며 셔플과 커트를 한다. 커트를 한 후, 마술사가 보여준 맨 위 카드는 스페이드 에이스이다. 스페이드 에이스를 집어서 뒷면이 보이게 테이블 위에 내려놓는다. 다시 셔플을 하고 커트를 한다. 그리고 두 번째로 보여준 맨 위 카드는 또다시 스페이드 에이스이다. 이번에도 뒷면이 보이게 테이블 위에 내려놓는다. 마술사는 그것을 하트 에이스라고 부른다. 이 과정을 두 번 더 반복하지만, 매번 맨 위에 있는 카드는 스페이드 에이스이다. 하지만 마술사는 그것이 각각 클럽 에이스와 다이아몬드 에이스라고 말하며 테이블에 내려놓는다. 그러나 관객들이 서로 다른 에이스 네 장이 아니라 모두 스페이드 에이스라고 외친다. 그래서 테이블에 놓인 네 장의 카드를 뒤집어 보니 정말로 서로 다른 에이스 네 장이다.

준비

스페이드 에이스의 앞면이 보이게 에이스 네 장을 포갠 뒤, **그림 1**과 같이 구부린 다음 나머지 카드 위에 올려놓는다. 그럼 에이스 네 장을 구부렸기 때문에 나머지 카드와는 살짝 떨어져 있다(**그림 2**).

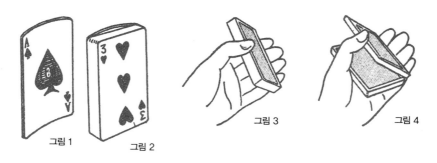

그림 1   그림 2   그림 3   그림 4

시연

카드의 뒷면이 왼쪽을 향하도록 왼손으로 카드를 잡는다. 그리고 카드의 오른쪽 반을 빼내어 왼쪽 반 위에 놓는다. 그리고 나란히 정리하여 **그림 3**과 같이 잡아서, 원 핸드 패스(one-handed pass)나 채리어 패스(Charier pass)를 위한 준비를 마친다. **그림 4**와 같이 쪼갠다. 그럼 에이스가 아래 묶음의 맨 위에 오게 된다. 에이스를 굽혀놓았기 때문에 정확한 부분을 쉽게 쪼갤 수 있다. 그리고 원 핸드 패스를 한다. **그림 5, 그림 6, 그림 7**과 같이 카드를 움직여 다시 에이스가 맨 위로 가게 한다.

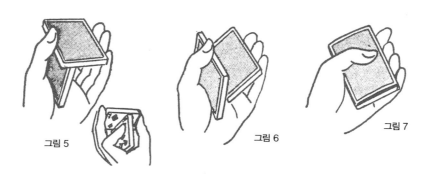

그림 5   그림 6   그림 7

그리고 **그림 8**과 같이 잡는다. 그럼 오른손 엄지손가락과 집게손가락으로 에이스 네 장을 마치 한 장인 것처럼 잡은 뒤, 관객에게 스페이드 에이스를 보여줄 수 있다 (**그림 9**). 에이스 네 장을 다시 내려놓고, 이번에는 맨 위에 있는 에이스 한 장을 잡는다. 그리고 뒷면이 보이게 테이블에 내려놓는다.

"스페이드 에이스입니다."

전과 같이 셔플과 원 핸드 커트를 반복한 뒤 맨 위에 있는 에이스 세 장을 잡는다. 그리고 또다시 스페이드 에이스를 보여주며 말한다.

"하트 에이스입니다."

에이스 세 장을 다시 나머지 카드 위에 놓았다가 맨 위에 있는 에이스 한 장을 잡아서 테이블에 내려놓는다. 다시 이 과정을 반복하여 스페이드 에이스를 보여주며 말한다.

"클럽 에이스입니다."

그림 8

그림 9

그리고 나머지 카드 위에 에이스 두 장을 내려놓았다가, 맨 위에 있는 에이스 한 장을 잡아서 테이블에 내려놓는다. 다시 셔플과 커트를 반복한 뒤, 이번에는 맨 위에 있는 에이스 한 장을 집는다.

"다이아몬드 에이스입니다."

이미 내려놓은 카드 위에 놓는다.

"이제 서로 다른 네 장의 에이스를 갖고 신기한 마술을 보여드리겠습니다."

그럼 누군가 네 장 모두 스페이드 에이스가 아니냐고 외친다. 혹시 아무도 말하지 않더라도, 모두 그렇게 생각하고 있다.

"뭐라고요? 테이블에 놓인 카드가 서로 다른 에이스 네 장이 아니라고 생각하시나요? 모두 스페이드 에이스라고요?"

테이블에 놓인 카드를 뒤집어, 모두 서로 다른 에이스임을 보여준다.

에드 말로의 에이스 한번에 하나씩
Ed Marlo's One-At-A-Time Aces

★ 이펙트

뒷면이 보이게, 에이스 네 장을 테이블 위에 내려놓는다. 그리고 그 위에 상관없는 카드를 각각 세 장씩 놓는다. 그럼 세 묶음의 에이스가 한번에 하나씩 스페이드 에이스가 있는 묶음으로 이동한다.

시연

카드 한 벌에서 에이스 네 장을 빼낸 후, 맨 위에 있는 카드의 뒷면에 앞면이 보이게 놓는다. 맨 위에서 관객을 마주보고 있는 카드는 다이아몬드 에이스, 그 아래에 있는 카드는 클럽 에이스, 세 번째 카드는 하트 에이스, 네 번째 카드는 스페이드 에이스이다. 배우는 동안은 이렇게 정렬해둔다. 완전히 숙지한 다음에는 원하는 대로 정렬을 바꿔도 된다.

에이스를 한 장씩 집어서 왼쪽에서 오른쪽으로 내려놓는다. 그리고 '에드 말로의 심플렉스 에이스(Ed Marlo's Simplex Ace)'에서와 같이 세 장의 카드를 더 내려놓는다. 그리고 심플렉스 에이스와 같이 에이스를 한번에 한 장씩 보여준 뒤 다시 모은다. 그럼 스페이드 에이스 바로 아래에는 상관없는 카드 세 장이 있고, 그 아래에는 하트 에이스와 클럽 에이스, 다이아몬드 에이스가 있다.

다음으로 스페이드 에이스를 앞면이 보이게 테이블 위에 내려놓는다. 그런 다음 스페이드 에이스 바로 뒤에 있던 카드를 뒷면이 보이도록 한 장씩 내려놓는다. 이때 나중에 내려놓은 세 장은 윗줄에, 스페이드 에이스는 아랫줄에 놓는다(**그림 1**). 관객은 마술사가 에이스 네 장을 한 장씩 차례대로 테이블 위에 내려놓되 스페이드 에이스는 앞면이 보이게, 나머지는 뒷면이 보이게 놓았다고 생각한다.

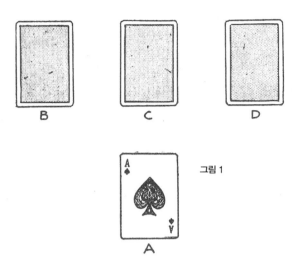

그림 1

나머지 카드를 왼손으로 잡은 뒤 카드 세 장을 오른쪽으로 밀어내는 척하면서 실제로는 다섯 장을 밀어낸다(**그림 2**). 그리고 밀어낸 다섯 장의 카드 모두 나란하게 정리한다(**그림 3**). 스페이드 에이스를 뒤집어놓은 뒤, 그 위에 오른손에 있는 카드 다섯 장을 내려놓는다. 이때 맨 아래에 있는 상관없는 카드를 보여준다.

그림 2   그림 3

"각각의 에이스 위에 상관없는 카드 세 장씩 놓겠습니다."

뒤집어 놓은 에이스 위에, 다섯 장의 카드를 마치 세 장인 것처럼 올려놓는다. 그런 다음에는 남은 카드 위에 상관없는 카드를 세 장씩 올려놓는다. 그럼 이제 세 묶음에는 각각 네 장의 카드가, 스페이드 에이스가 있는 묶음에는 여섯 장의 카드가 있다.

스페이드 에이스가 있는 카드 묶음은 **그림 4**와 같이 정렬되어 있다. 스페이드 에이스 묶음을 집는다.

"잘 기억해두십시오. 우리가 만든 묶음에는 에이스 한 장과 상관없는 카드 세 장이 들어 있습니다."

그림 4

자연스럽게 묶음을 펼치면서 스페이드 에이스와 바로 뒤에 있는 카드 두 장을 보여준다(**그림 5**). 다시 나란히 정리한 후, 뒷면이 보이게 테이블 위에 내려놓는다. 다음으로 제일 왼쪽에 있는 B 묶음을 왼손으로 잡는다. 그리고 그중 세 장을 앞면이 보이게 테이블 위에 내려놓는다. 관객은 마지막 남은 한 장이 에이스일 것이라고 생각한다. 오른손 가운뎃손가락으로 카드를 누르면서 외친다.

"가라!"

왼손에 있는 카드를 천천히 뒤집어서 앞면을 보여주며, 에이스는 사라지고 상관없는 카드가 그 자리에 나타났음을 보여준다. 그리고 스페이드 에이스가 있는 A 묶음을 집어서 **그림 6**과 같이 잡는다. 첫 번째 카드인 스페이드 에이스의 앞면이 보이게 테이블 위에 내려놓는다.

두 번째에 있는 상관없는 카드를 에이스 위에 내려놓는다. 다음으로 세 번째에 있는 상관없는 카드를 잡으면서, 이와 동시에 왼손 집게손가락을 구부려 맨 뒤에 있는 카드를 구부린다. 그럼 맨 뒤 카드와 나머지 카드 세 장이 분리된다(**그림 7**). 이제 세 장을 마치 한 장인 것처럼 잡고 이미 내려놓은 카드 위에 놓는다. 이때 왼손에 남아 있는 카드는 하트 에이스이다. 하트 에이스의 앞면이 보이게 내려놓으며 말한다.

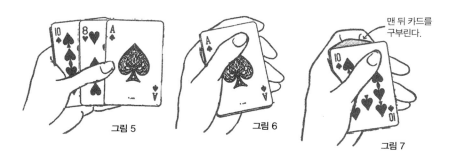

그림 5　　　　　　　　　　　그림 6　　　　　　맨 뒤 카드를
구부린다.

그림 7

"에이스가 두 장입니다!"

A 묶음을 정리해서 뒷면이 보이게 테이블 위에 놓는다. 그리고 C 묶음을 집고, B 묶음을 갖고 했던 과정을 반복한다. 먼저 세 장의 앞면을 보여준 뒤 마지막 카드를 잡고 말한다.

"가라!"

그리고 마지막 카드를 뒤집어서 에이스가 아닌 상관없는 카드임을 보여주며 B 묶음에 내려놓는다. 다시 A 묶음의 앞면이 보이게 왼손으로 잡는다.

"이 묶음에는 에이스 두 장이 있었습니다. 이번에는 세 장이 나오겠죠?"

첫 번째 카드인 하트 에이스를 앞면이 보이게 테이블 위에 내려놓는다. 그리고 두 번째 카드인 상관없는 카드를 내려놓는다. 세 번째 카드인 다이아몬드 에이스를 잡으면서 왼손 집게손가락을 구부려서 맨 뒤에 있는 카드를 분리시킨다. 그리고 다이아몬드 에이스와 함께 다른 두 장의 카드를 잡고 한 장인 것처럼 내려놓는다. 마지막으로 스페이드 에이스를 내려놓는다.

"에이스가 세 장입니다!"

A를 뒤집어서 뒷면이 보이게 놓는다. 그리고 마지막으로 D 묶음을 잡고, 전과 같은 과정을 반복한다. 그리고 B 묶음, C 묶음, D 묶음을 하나로 모아서 12장의 카드를 하나의 묶음으로 만든 뒤 앞면이 보이게 테이블 위에 놓는다.

그림 8

앞면이 보이도록 왼손으로 묶음 A를 잡는다. 그리고 첫 번째 카드인 스페이드 에이스를 앞면이 보이게 내려놓는다. 이때 12장 카드로 된 묶음 오른쪽에 내려놓는다. 그리고 두 번째 카드인 다이아몬드 에이스를 스페이드 에이스와 묶음 사이에 놓는다. 다음으로 왼손 집게손가락을 구부려 맨 뒤에 카드를 분리시킨다. 그리고 클럽 에이스를 (그 아래에 놓인 상관없는 카드 두 장을 함께) 묶음 위에 내려놓는다. 마지막으로 하트 에이스를 묶음 왼쪽에 내려놓는다. 이때 테이블 위에 놓인 카드는 **그림 8**과 같다. 이와 같은 과정을 통해서 상관없는 카드 두 장을 교묘하게 처리할 수 있다. 끝으로 한 장씩 놓인 에이스 세 장을 모아서 묶음 위에 놓는다.

H. 아드리안 스미스의
페네트레이티브 에이스
H. Adrian Smith's Penetrative Aces

에이스 네 장이 한번에 한 장씩 손수건이나 신문을 통과하는 효과를 내는 가장 단순하면서도 정교한 방법이다. 어거스트 로터베르크(August Roterberg)는 오래전 유명한 '해리 스토크 방법(Harry Stork Method)' 을 고안했다. 하지만 그 방법을 위해서는 더블 페이스 카드가 필요했다. 여기에서 설명할 아드리안 스미스의 방법에서는 평범한 카드 묶음의 에이스 네 장을 사용한다.

Tarbell course in Magic

★ 이펙트

신문지의 네 모서리에 각각 에이스 한 장씩 놓는다. 왼쪽 위에 있는 에이스를 접어서 작게 만든 신문지로 덮는다. 신문지 아래에 놓인 에이스가 신문지를 뚫고 위로 올라온다. 접은 신문지로 가리자 나머지 에이스 두 장은 한 장씩 차례대로 사라진다. 그리고 마지막에 다른 에이스와 함께 있는 것이 발견된다.

★ 준비물

1. 카드 한 벌
2. 신문지 한 장. 60cm×42.5cm 크기가 적당하다(**그림 1**).
3. 접은 신문지 두 장. 15cm×21.2cm의 크기로 접는다(**그림 1**).

시연

테이블이나 바닥에 신문지 한 장을 펼친다. 그리고 에이스 네 장을 빼낸 뒤, **그림 2**와 같이 잡는다. 검은색 에이스 두 장과 빨간색 에이스 두 장은 서로 반대 방향을 향하고 있다. 그리고 손을 뒤집어서 반대편을 보여준다(**그림 3**). 다시 **그림 2**와 같이 손을 돌린 후, 카드를 모아서 **그림 4**와 같이 잡는다. 이렇게 카드를 구부려서 잡으면 빨간색 에이스를 나중에 집을 수 있다.

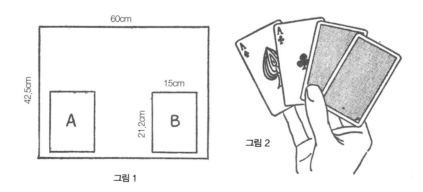

그림 1

그림 2

에이스 카드를 각각 신문지의 네 모서리에 놓는다(**그림 5**). 그럼 여전히 검은색 에이스는 앞면이 보이고, 빨간색 에이스는 뒷면이 보인다. 양손에 각각 접은 신문지를 잡고, 위에 있는 에이스 두 장 위로 가져간다(**그림 6**).

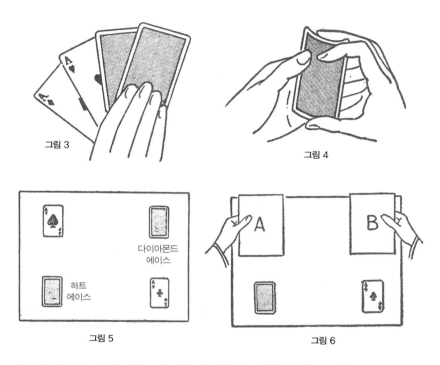

그림 3

그림 4

그림 5

그림 6

"이렇게 신문지로 어떤 에이스 두 장을 가리더라도, 항상 에이스 두 장은 보입니다."

그림 7과 같이 아래에 있는 에이스 두 장을 가린다. 이때 왼손 손가락으로 하트 에이스를 잡아서 접은 신문지 뒤에 숨긴다. 그리고 접은 신문지 B를 A 위로 가져와서 **그림 8**과 같이 포갠다. 그런 다음 하트 에이스를 숨긴 상태로 왼쪽 위에 놓인 스페이드 에이스 위에 신문지 A를 놓는다(**그림 9**). 관객은 마술사가 카드 두 장을 가리면 남은 두 장이 보인다는 사실을 보여주기 위해 신문지로 카드를 가렸다고 생각한다. 오른쪽 위에 놓인 다이아몬드 에이스를 집어서 관객에게 보여주지 않은 채 이렇게 말한다.

"하트 에이스입니다."

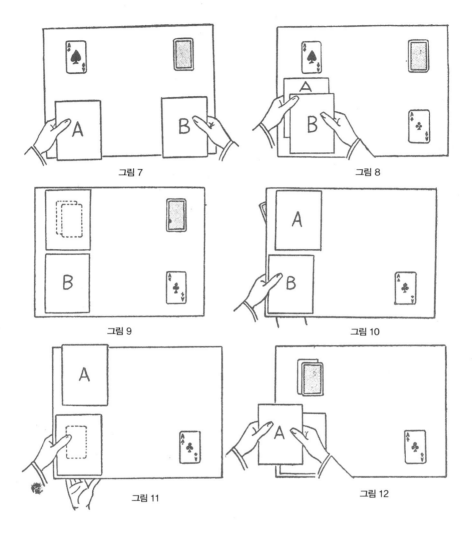

그림 7

그림 8

그림 9

그림 10

그림 11

그림 12

그리고 오른손으로 다이아몬드 에이스를 잡은 뒤, 오른손을 커다란 신문지 뒤로
가져가서 **그림 10**과 같이 카드의 모서리만 보이게 잡는다. 다시 신문지 뒤로 카드를
가져온 뒤, 신문지를 살짝 위로 움직여서 뒤에 있는 에이스가 신문지를 뚫고 위로 올
라오는 것처럼 보이게 한다. 왼손 엄지손가락으로 접은 신문지 B 위를 잡고, 나머지
손가락을 커다란 신문지 아래로 넣어 아래에 있는 카드를 잡는다(**그림 11**). 오른손을

커다란 신문지 위로 빼낸 후, 접은 신문지 B를 들어올린다. 그럼 카드가 두 장이기 때문에 관객은 아래에 있던 에이스가 신문지를 뚫고 위로 올라왔다고 생각한다. **그림 12**와 같이 A를 왼손으로 옮겨 잡으면서, 다이아몬드 에이스를 A 아래에 숨긴다 (**그림 13**). 그리고 왼쪽 위에 놓인 하트 에이스를 뒤집는다.

"하트 에이스입니다."

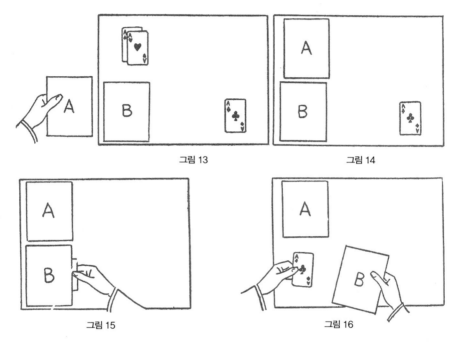

그림 13

그림 14

그림 15

그림 16

A를 왼쪽 위에 놓인 카드 두 장 위에 놓는다. 그러면서 A에 뒤에 숨긴 다이아몬드 에이스를 두 장의 카드 위에 놓는다(**그림 14**). 클럽 에이스를 집어서 B 아래에 넣는 다(**그림 15**). 그리고 보이지 않게 B 아래에 있는 다이아몬드 에이스를 왼손으로 잡아서 B로 가져가는 척한다.

"다이아몬드 에이스가 이동합니다."

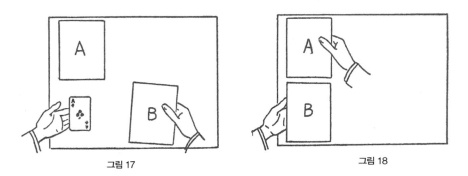

그림 17   그림 18

오른손으로 B를 잡아서 다이아몬드 에이스가 사라졌음을 보여준다. 그리고 **그림 16**의 상황에서 왼손으로 클럽 에이스를 잡아 집게손가락, 가운뎃손가락, 넷째 손가락, 새끼손가락 위에 올려놓는다(**그림 17**). 다시 B로 클럽 에이스를 가리고, A를 들어올린다(**그림 18**). 그럼 세 번째 에이스(다이아몬드)가 모습을 드러낸다. A를 왼손으로 옮겨 잡으면서 B 아래에 숨긴 클럽 에이스를 A 아래로 가져간다. 이때 오른손 손가락으로 B를 눌러서, B가 움직이지 못하게 한다(**그림 19**).

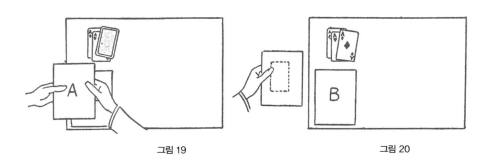

그림 19   그림 20

오른손으로 다이아몬드 에이스를 뒤집는다(**그림 20**).

"다이아몬드 에이스입니다."

A로 다시 에이스 세 장을 덮는다. 그럼 이때 클럽 에이스는 나머지 세 장 위에 놓인다(**그림 21**). B 아래에 있는 클럽 에이스를 A 아래로 옮기는 척한다.

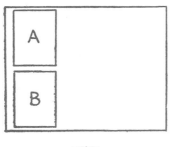

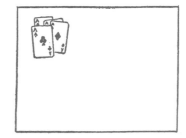

그림 21   그림 22

"클럽 에이스가 이동합니다."

B를 들어서 클럽 에이스가 사라졌음을 보여준다. A를 들고 클럽 에이스가 나머지 에이스와 함께 있음을 보여준다(**그림 22**).

"클럽 에이스입니다."

네 개의 에이스 미스터리
The Conjurer's Four-Ace Mystery

직접적이면서도 쉽게 할 수 있기 때문에 이 방법을 이용하는 마술사가 많다. 준비된 카드 세 장이 필요하지만 널리 통용되는 방법이기 때문에 전문 마술사도 이 방법을 이용한다. 그리고 많은 사람들이 이 방법이 가장 좋다고 말한다. 이 방법을 통해서 기적과 같은 일을 만들어낼 수 있기 때문이다.

★ 이펙트
네 장의 에이스를 테이블 위에 일렬로 내려놓는다. 그리고 각각의 에이스 위에 상관없는 카드 세 장씩 올려놓는다. 이때 에이스는 앞면이, 상관없는 카드는 뒷면이 보이고, 서로 약간 엇갈려 있기 때문에 에이스의 윗부분이 보인다. 관객에게 한 묶음을 선택하게 한다. 나머지 세 묶음을 뒤집어 보니, 에이스는 사라지고 상관없는 카드 네 장이 놓여 있다. 그리고 선택된 묶음에는 에이스 네 장이 있다.

★ 준비물
1. 카드 한 벌
2. 준비한 에이스 세 장. 하트, 클럽, 다이아몬드 에이스의 뒷면에 상관없는 카드 한 장씩 붙인다. 이때 카드의 뒷면에 고무 시멘트나 풀을 바르고, 반대쪽 카드의 뒷면에 붙인다. 이와 같은 더블 페이스 카드는 마술용품점에서도 판매된다.

준비
카드 한 벌을 들고, 그중에서 준비하지 않은 에이스 네 장을 빼낸다. 하트 에이스, 클럽 에이스, 다이아몬드를 각각 위에서 여섯 번째, 일곱 번째, 여덟 번째에 놓는다. 그리고 카드를 뒤집어 앞면이 보이게 한 뒤 스페이드 에이스를 놓고, 준비한 에이스 세 장을 카드의 앞부분 어딘가에 끼워둔다.

시연
"오래된 카드 미스터리 중 하나가 '네 개의 에이스 미스터리' 입니다. 이름에서부터 알 수 있다시피 에이스 네 장이 사용되겠죠?"

카드 반을 앞면이 보이게 부채꼴로 펼친다. 그리고 한번에 하나씩 에이스 네 장을 빼낸 뒤, 카드의 앞면이 보이게 테이블 위에 나란히 놓는다. 그럼 관객은 마술사가 에이스 네 장을 놓았다고 생각하지만, 실제로는 스페이드 에이스와 준비된 에이스 세 장이 테이블 위에 놓여 있다. 스페이드 에이스는 왼쪽에서 세 번째에 놓여야 한다.

"하나, 둘, 셋, 넷! 모두 네 개의 에이스가 있습니다."

그리고 남은 카드의 맨 위에서부터 상관없는 카드 세 장을 세어서, 자연스럽게 맨 아래에 있는 카드를 보여준다. 그리고 뒷면이 보이게 첫 번째 에이스 위에 내려놓는다. 이때 에이스를 완전히 가리지 말고, 에이스의 윗부분 2.5cm가 보이도록 살짝 엇갈려 놓는다(**그림 1**).

"그리고 이렇게 각각의 에이스 위에 상관없는 카드 세 장을 놓겠습니다."

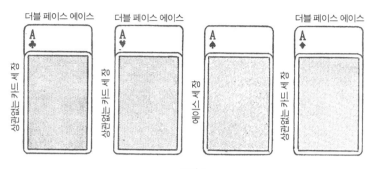

그림 1

또다시 카드 세 장을 세어서 나란히 한 뒤, 자연스럽게 맨 아래 카드를 보여주며 두 번째 에이스 위에 놓는다. 첫 번째와 마찬가지로 아래 놓인 카드의 윗부분이 보이게 놓는다. 이제 맨 위에 있는 카드는 에이스 세 장이다. 이번에는 자연스럽게 카드 네 장을 집어서 나란히 한 뒤, 맨 아래 카드를 자연스럽게 보여준다. 그리고 손에 있는 카드를 다시 나머지 카드 묶음 위에 내려놓고, 오른손으로 테이블 위에 있는 첫 번째와 두 번째 묶음을 밀어서 세 번째와 떼어놓는다. 그런 다음 카드 세 장을 세어서, 이번에는 맨 아래 카드를 보여주지 않고 스페이드 에이스 위에 내려놓는다. 다시 카드 세 장을 세어서, 자연스럽게 맨 아래 카드를 보여주며 네 번째 에이스 위에 내려놓는다. 이때 테이블에 놓인 카드는 **그림 1**과 같다.

"여러분이 직접 보시다시피, 각각의 묶음은 에이스 한 장과 상관없는 카드 세 장으로 이루어져 있습니다. 선생님, 이 중 한 묶음을 선택해 주시겠습니까?"

관객이 스페이드 에이스가 보이는 세 번째 묶음을 선택하게 만든다.

첫 번째 묶음을 집어서 네 장의 카드를 나란히 정리한다. 그리고 **그림 2**와 같이 카드의 뒷면이 보이게 왼손으로 잡아서, 카드를 한 장씩 내려놓을 준비를 한다. 엄지손가락으로 맨 위에 있는 카드를 살짝 밀어낸다(**그림 3**).

모던 멘탈 미스터리
Modern Mental Mysteries

멘탈 미스터리는 관객과 마술사 모두의 호기심을 자극한다. 물론 여기에서 말하는 멘탈 미스터리는 생각 읽기, 예언, 다양한 형태의 점과 같이 가짜 효과를 의미한다. 흔히 '마음 읽기' 라는 용어를 사용하지만, 실제로 마술사는 관객의 마음이 아니라 '생각' 을 읽는다.

이번 레슨에서는 몇 가지 새롭고 놀라운 마술이 소개될 것이다. 최신 도구를 이용하여 단순하면서도 세밀하여 관객을 쉽게 속일 수 있는 마술이다. 또한 오래된 마술 몇 가지도 함께 소개하고자 한다. 이 분야에 대해서 '모든 것을 알고 있는' 독자는 많지 않을 것이기 때문이다. 만약 여기에서 소개하는 새로운 마술을 돈으로 환산한다면 이 책 한권 값 이상일 것이다.

다이 버논의 불꽃 속의 메시지
Dai Vernon's Message in the Flames

고 테스 앤맨(Ted Anneman)은 영리한 방법을 이용하여 관객이 직접 글씨를 적은 종이를 몰래 확보했다. 그리고 모두가 보는 앞에서 종이를 찢고 거기에 불을 붙였다. 마술사들 사이에서 이것은 '센터 티어 스틸(The Center Tear Sreal)' 이라고 알려져 있다. 앞으로 소개될 마술은 다이 버논(Dai Vernon)이 위의 기본 원리를 이용하여 단순하면서도 세심하게 고안한 것이다. 자연스러우면서도 관객 몰래 관객이 쓴 내용을 확인하는 과정이 포함되어 있다. 원래 방법에 비해 눈에 띄게 발전한 방법이다.

★ 이펙트

메모지 묶음에서 마술사가 종이 한 장을 찢는다. 그리고 관객이 종이에 내용을 적은 후 종이를 어떻게 접어야 하는지 보여준다. 이때 관객이 종이에 명언, 이름, 색깔 등 무슨 내용을 적든 상관없다. 그런 다음 마술사가 접은 종이를 관객에게 건네받은 후, 종이를 갈기갈기 찢고 모두가 보는 앞에서 불을 붙인다. 마술사는 잠시 집중한 후, 종이에 무슨 내용이 적혀 있는지 알아낸다. 그리고 관객이 종이에 무슨 내용을 적었는지 말한다.

★ 준비물

1. 흰색 메모지 묶음. 한 변의 길이는 8.7cm가 적당하다.
2. 연필, 재떨이, 성냥

준비

맨 위에는 아무런 조작도 하지 않은 메모지 묶음을 준비한다. 두 번째 장 가운데에는 한 변이 0.9~1.2cm 되는 사각형 구멍이 뚫려 있다. 그리고 두 번째 장 뒷면에는 구멍 위에 스카치테이프가 붙어 있다(**그림 1, 그림 2**). 모든 준비물을 테이블 위에 놓는다.

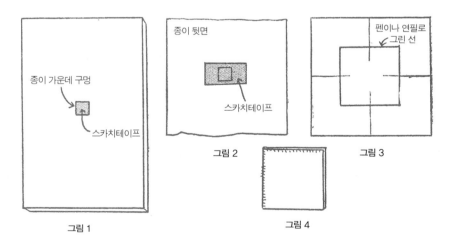

종이 가운데 구멍
스카치테이프
그림 1

종이 뒷면
스카치테이프
그림 2

펜이나 연필로
그린 선
그림 3

그림 4

시연

메모지 묶음을 집고, 아래와 같이 오프닝 멘트를 한다. 그리고 메모지 중앙에 연필로 한 변의 길이가 4.3cm인 사각형을 그린다(**그림 3**). 그리고 종이 가운데에 무언가 적는 척한다. 하지만 실제로는 아무것도 적지 않고, 단지 관객이 어떻게 해야 하는지 보여주기 위한 동작이다. 그리고 메모지 묶음에서 맨 위에 있는 메모지를 뜯어 반으로 접고, 다시 반으로 접는다. 이 과정은 관객이 어떻게 메모지를 접어야 하는지 보여주기 위함이다(**그림 4**). 나머지 메모지는 주머니에 넣는다. 그리고 접은 종이를 다시 펴서 관객에게 건네준다.

> "오래전, 매기는 불 속에서 메시지를 읽어냈다고 합니다. 불 속에서 메시지를 읽어냈기 때문에 이들을 불 숭배자라고 부르는 이들도 있었습니다. 불은 색깔, 크기, 모양을 통해 위대한 이야기를 전해주었습니다. 저와 함께 현대적인 방법으로 불이 들려주는 메시지를 읽어보지 않으시겠습니까? 제가 앞으로 연필과 종이를 드리겠습니다. 종이에는 마술 사각형이 그려져 있습니다. 그럼 그 안에 죽은 사람 이름을 적어주세요. 유명한 사람이어도 되고, 가까운 친척, 친구여도 상관없습니다. 제가 보지 못하도록 종이를 숨겨서 적어주세요."

숙녀에게 종이와 연필을 건넨 뒤, 종이에 적는 내용을 보지 않기 위해 한 발짝 뒤로 물러선다.

> "종이에 죽은 사람의 이름을 적은 후, 종이를 반으로 접고, 다시 반대방향으로 반 접어주세요. 이때 이름을 적은 면이 안으로 가야 합니다."

숙녀가 종이에 이름을 적은 후 지시대로 종이를 접고 나면 연필과 함께 종이를 건네받는다. 연필을 테이블 위에 내려놓는다.

> "종이에 이름을 적도록 한 것은, 더욱 그 이름을 집중적으로 생각하시게 하기 위해서입니다."

접은 종이를 **그림 5**와 같이 잡는다. X부분은 이름을 적은 사각형이 있는 부분이다. 그 부분이 왼쪽 위로 가게 잡는다. 물론 글씨를 적은 면은 안쪽이기 때문에 내용은 보이지 않는다. 종이를 반으로 찢고, 찢은 부분을 X부분과 그 아랫부분 위에 놓는다

(그림 6). 그리고 다시 반으로 찢고, 이번에도 찢은 부분을 X부분 위에 놓는다(**그림 7**). 왼손으로 찢은 종이를 잡고, 오른손으로 메모지 묶음을 집는다. 찢은 종잇조각을 메모지 묶음 위에 놓는다. 이때 X부분이 메모지 묶음 가운데의 스카치테이프 위로 가게 한다. 그리고 나머지 조각을 펼쳐 놓는다(**그림 8**).

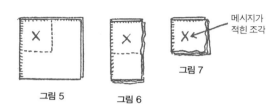

그림 5   그림 6

그림 7

"종이를 갈기갈기 찢었습니다."

메모지 묶음을 관객을 향해 살짝 기울여, 관객이 그 위에 놓인 종잇조각을 볼 수 있게 한다. 그리고 나서 메모지 묶음을 재떨이 위에 기울여 찢어진 조각을 쏟아낸다. 이때 관객은 한 조각이 메모지 묶음에 붙어 있는 것을 알지 못한다(**그림 9**).

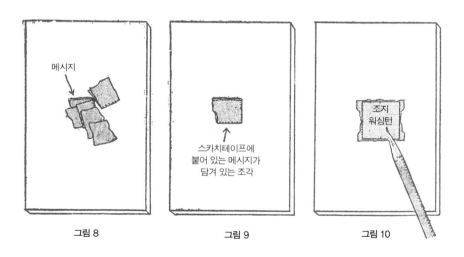

그림 8   그림 9   그림 10

"그리고 이제 불을 붙이겠습니다."

성냥을 이용해 찢어진 조각에 불을 붙인다. 종이가 타는 동안 연필을 집어 메모지 묶음 위에 머릿속에 떠오른 이름을 적는 척한다(**그림 10**). 이때 연필로 접힌 종이를 펴서 안에 적힌 내용을 읽는다. 관객이 '조지 워싱턴' 이라고 적었다고 하자. 다시 찢어진 종이를 접고, 무언가를 종이에 적는다.

"이건 아닌 것 같은데."

메모지 묶음에서 맨 위에 있는 메모지를 찢어 구겨서 테이블 위에 던지거나 주머니에 넣는다. 이때 메모지와 함께 찢어진 종잇조각을 없애 증거를 남기지 않게 된다. 아주 자연스럽게 증거를 없애게 된다. 다시 타는 종이를 쳐다보며 종이에 무언가 적는다.

"이번에는 확실하게 보이네요. 저세상에 계신 분의 이름을 적으셨죠? 아주 유명한 분이네요. 그분은 정말 이 나라를 위해 큰 공헌을 하셨네요. 건국의 아버지라고도 알려진 분이구요. 조지 워싱턴입니다! 맞나요? 맞다고 하십니다. 감사합니다!"

이렇게 이야기하는 동안 종이에 조지 W.나 비슷한 이름을 적는다.

"불 속에 나타난 메시지가 그랬거든요."

다이 버논의 멘탈 예언
Dai Vernon's Mental Prediction

'센터 티어 스틸(Center Tear Steal)' 의 또 다른 버전으로 이 마술 역시 다이 버논의 작품이다. 《타벨의 마술교실》로 공부하는 학생들을 위해 이 마술의 비법의 공개해주었다.

★ **이펙트**
마술사가 메모지 묶음을 들고, 관객이 보는 앞에서 몰래 예언을 적는다. 그리고 그 종이를 뜯어 접어서 주머니에 넣는다. 그리고 나서 앞으로 관객이 생각할 내용을 미리 예언으로 적었다고 설명한다. 빈 종이와 연필을 관객 한 사람에게 건네준다. 그리고 종이에 죽은 사람 이름 혹은 색깔, 숫자 등을 적게 한다. 다음으로 관객이 글씨가 있는 면이 안으로 가게 종이를 접는다.

종이를 찢어서 그 조각을 불로 태운다. 잠시 후 마술사가 주머니에서 예언을 적은 종이를 꺼내 모두에게 보여준 후 두 번째 관객에게 건넨다. 첫 번째 관객이 종이에 누구의 이름을 적었는지 이야기하면, 두 번째 관객은 마술사에게 건네받은 종이에 그 이름이 적혀 있는 것을 확인한다.

★ 준비물
'다이 버논의 불꽃 속의 메시지(Dai Vernon's Message in the Flames)'의 준비물과 동일

시연
메모지 묶음과 연필을 들고, 한쪽 모서리에 글씨를 적는다. 그리고 글씨를 적은 부분을 찢어서 반으로 접고, 다시 반대 방향으로 반 접은 후 주머니에 넣는다. 이때 찢은 조각이 '센터 티어' 사각형과 비슷해야 한다. 나중에 관객에게 보여주는 종이는 실제로 관객이 적은 '센터 티어' 종이이다. 하지만 관객은 마술사가 처음 예언을 적은 종이라고 생각한다. 즉, 예언이란 것은 존재하지 않고, 단지 관객이 적은 종이를 (멀리에 있는) 다른 관객에게 마술사가 직접 쓴 예언이라고 보여줄 뿐이다(**그림 1**, **그림 2**). 원한다면 미리 종이에 연필로 사각형을 그려 두 개의 종잇조각이 비슷한 크기가 되게끔 준비해도 된다. 손에 메모지 묶음을 들고 다음과 같이 말한다.

> "한때 저는 다른 사람이 앞으로 무슨 행동을 할 것인가, 혹은 앞으로 무슨 생각을 할 것인가에 대한 예언에 관심이 있었습니다. 저는 이 종이에 예언을 적어서 접은 후, 주머니에 넣겠습니다."

예언을 적은 모서리를 찢어서 접은 후 주머니에 넣고, 남은 부분은 뜯어서 구겨 옆으로 치워둔다.

Tarbell course in Magic

그림 1

그림 2

메모지 묶음 맨 위에 있는 온전한 종이 가운데에 사각형을 그린 후 뜯어서 접었다가 다시 펴서 관객에게 건네준다. 그럼 앞의 마술과 같이 관객이 거기에 무언가를 적는다. 관객이 접은 종이를 건네주면 '다이 버논의 불꽃 속의 메시지'의 **그림 5, 그림 6, 그림 7**과 같이 찢는다. 내용이 적혀 있는 가운데 부분은 잘 잡고, 나머지 부분은 재떨이에 넣는다. 메시지가 적힌 조각을 오른손으로 잡은 상태에서 코트 주머니에 손을 넣어 성냥을 꺼낸다. 이때 메시지가 적힌 조각은 주머니에 남겨둔다.

성냥에 불을 붙여 종잇조각을 태운다.

"이제 종이를 태워 마술적인 분위기를 만들어보겠습니다. 여러분이 꼭 기억해 두셔야 할 것은, 제가 예언을 적고 그 종이를 접어서 주머니에 넣어두었다는 사실입니다."

주머니에 손을 넣어 접힌 종이를 꺼낸다. 이 종이는 관객이 적은 종이의 '센터 티어' 조각이다. 처음에 예언을 적은 종이와 비슷한 크기여야만 한다. 그래야 관객이 처음에 만든 예언 종이라는 생각에 의심하지 않는다. 그리고 이때 접힌 모서리가 보이게 잡는다. 처음에 만든 예언 종이는 두 변이 직선이고, 관객이 적은 종이는 네 면이 모두 고르지 않기 때문에 이 사실을 관객이 눈치 채지 못하게 해야 한다.

"종이를 완전히 찢었습니다,"

종이에 숫자를 적은 관객과 멀리 떨어져 있는 관객에게 이 종잇조각을 건넨다. (직접 종이에 적은 관객이 볼 경우에는 자신의 글씨체를 알아챌 수 있기 때문이다.) 그리고 종이를 펴지 말고 잠시 잡고 있으라고 말하고, 첫 번째 관객에게 종이에 적은 내용을 말해달라고 부탁한다. 그리고 나서 종이를 들고 있는 관객이 종이를 펴서 그 내용이 바로 거기에 적혀 있음을 확인한다. 마술사는 종이가 펼쳐지기 전까지 그 안에 적힌 내용을 알지 못한다. 관객에게 종이를 건네받아 **그림 2**와 같이 잡은 후, 주변에 있는 다른 관객에게도 보여준다. **그림 2**와 같이 잡으면 아랫면이 보이지 않기 때문에 관객의 의심을 피할 수 있다.

두 번째 관객에게 종이를 건네기 전에 먼저 종이를 펴서 내용을 확인해도 된다. 하지만 그렇게 하면 효과는 떨어진다.

"여러분이 직접 보셨다시피, 저는 정확한 예언을 적었습니다. 5-9-8-4-3입니다. 저는 여러분의 모든 생각을 예언할 수 있습니다. 하지만 저더러 일기예보를 하라고는 하지 말아주십시오."

★ 주의

반대로 관객이 마술사의 마음을 읽을 수 있는지 보는 마술을 할 수도 있다. 먼저 종이에 숫자를 적은 후, 종이를 접어서 주머니에 넣는다. 관객에게 종이 한 장을 주고, 마술사가 집중하는 동안 관객의 머릿속에 떠오르는 숫자를 종이에 적으라고 한다. 그리고 종이를 접도록 한다. 접은 종이를 건네받아 찢은 후, 찢은 조각을 접시에 담는다. 이때 숫자가 적힌 조각을 잡은 채, 주머니에 손을 넣어 미리 적어둔 종이를 꺼내는 척하며 그 종이를 그대로 꺼낸다. 종이를 펴서 숫자를 읽어준다. 그리고 다른 관객에게 종이를 보여주어, 마술사가 관객의 마음에 숫자를 보냈음을 확인한다.

접시에 담긴 종잇조각은 태워도 되고 그냥 치워도 된다.

다이 버논의 잡지 테스트
Dai Vernon's Magazine Test

아주 간단하고, 직접적이고, 비밀장치나 준비가 필요 없는 마술이다. 이 마술은 학생이 배우는 마술 중 최고로 손꼽히는 마술이다.

★ 이펙트

관객에게 잡지를 빌려 모두에게 보여준다. 그리고 잡지를 지극히 평범한 방법으로 빠르게 넘긴다. 잡지를 덮은 상태에서 관객이 카드를 잡지 사이에 끼운다. 이때 카드의 반은 잡지 밖으로 보이게 한다. 카드가 있는 면을 마술사가 묘사하기 시작한다. 잡지를 펼치자 마술사의 설명이 모두 옳음이 밝혀진다.

★ 준비물

1. 잡지 여러 권. 가능하다면 8~10권 정도를 준비하는 것이 좋다. 이때 잡지는 「아메리카(America)」, 「리버티(Liberty)」와 같은 크기가 적당하다. 하지만 「콜리어스(Collier's)」나 「새터데이 이브닝 포스트(Saturday Evening Post)」를 이용해도 된다. 이때 잡지는 최소한 100페이지 이상이어야 한다.
2. 명함이나 포커 카드 한 장. 관객이 자신이 갖고 있는 명함이나 카드를 이용해도 된다.

시연

방법 1

이 마술에서 '준비'는 마술이 이루어지는 동안 그 과정의 일부로 이루어진다. 선택된 잡지를 빠르게 넘기는 동안 25페이지에서 30페이지 사이의 마주보는 두 페이지에 있는 그림, 문장, 광고를 기억하는 것이다. **그림 9**를 제외한 나머지 그림은 모두 마술사의 위치에서 바라본 모습이다.

관객 한 명을 불러 조수 역할을 부탁한다. 관객이 직접 잡지 한 권을 고르면 **그림 1**과 같이 잡는다. 그리고 다음과 같이 말한다.

> "어떤 잡지를 선택해도 상관없습니다. 그냥 다채로운 사진, 그림, 광고 따위가 있는 잡지면 됩니다."

그림 2와 같이 잡지를 펴서 왼손 엄지손가락으로 잡은 종이를 놓아가며 잡지를 빠르게 넘긴다. 이 과정을 두세 번 반복한다. 그러면서 몸을 앞으로 기울이며 잡지도 앞으로 기울여 관객에게 빠르게 넘어가는 잡지를 보여준다.

> "지극히 평범한 잡지네요."

이때 오른손 엄지손가락의 위치를 확인한다. 그리고 오른손 새끼손가락을 잡지 아래로 뻗어, 마음먹은 순간 곧바로 잡지 사이에 넣을 수 있도록 준비한다.

그림 1   그림 2   그림 3

30페이지쯤에서 큰 그림이나 쉽게 기억할 수 있는 내용이 나오면 곧바로 오른손 새끼손가락을 끼운다(**그림 3**). 그리고 계속해서 잡지를 넘겨 오른손 새끼손가락을 가린다(**그림 4**). **그림 4A**는 앞표지 위에 있는 엄지손가락, 뒤표지에 있는 집게손가락, 가운뎃손가락, 넷째 손가락, 그리고 가운데에 끼어 있는 새끼손가락의 위치를 보여준다. **그림 4A**는 아래에서 올려다본 모습이다. 이때 잡지 뒤표지가 객석을 향하게 한다.

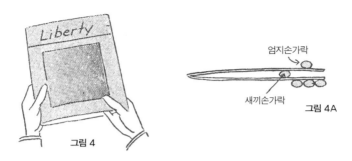

그림 4

엄지손가락

새끼손가락

그림 4A

잡지를 빨리 넘기는 도중에 새끼손가락을 낀 페이지를 기억한다. 앞으로 관객에게
설명하게 될 페이지다.

조수로 올라온 관객을 마술사의 오른편에 세운다. 그리고 그의 명함이나 미리 준
비해둔 포커 카드를 잡지 중간에 끼우도록 시킨다. 그리고 잡지를 **그림 5**와 같이 잡
는다. 잡지의 왼쪽 모서리가 마술사를 향하고, 왼손으로는 잡지의 제목 부분을 잡고,
오른손으로는 잡지 아랫부분을 잡는다. 이때 오른손 손가락의 위치는 **그림 5A**와 같
다. 하지만 관객은 잡지 사이에 새끼손가락이 끼어 있음을 전혀 알지 못한다. **그림 5**
는 조수가 잡지에 카드를 끼우는 동안 마술사가 잡지를 내려다본 모습이다. 이때 조
수를 향해 오른쪽으로 돌아서면, 오른손은 무대 뒤를 향하고, 왼손으로 가려 관객은
마술사의 오른손을 보지 못한다.

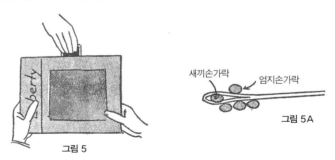

그림 5

새끼손가락

엄지손가락

그림 5A

조수가 카드를 끼워, 카드가 잡지 밖으로 반쯤 모습을 드러나게 한다. **그림 6**은 마술
사의 눈으로 내려다본 모습이다. **그림 6**에서 **그림 7**과 같이 손의 위치를 바꾼다. 왼손의
도움을 받아 오른손 집게손가락, 가운뎃손가락, 넷째 손가락을 이용해 새끼손가락 아
랫부분을 구부려 새끼손가락을 끼워 만든 공간을 넓힌다. 그리고 제목이 있는 부분을

잡고 있던 왼손을 아래로 가져와 오른손 새끼손가락으로 벌려놓은 부분에 엄지손가락을 넣는다. 그리고 나머지 네 개의 손가락으로 잡지 뒤표지를 잡는다. 동시에 **그림 6**의 위치에 있던 오른손을 **그림 7**의 위치로 가져와 카드를 감싼다. 앞표지에 있는 오른손 엄지손가락으로 잡지를 눌러 잡지를 **그림 7**과 같이 휘게 한다. 이때 오른손 새끼손가락은 여전히 잡지 사이에 끼어 있고, 카드는 새끼손가락보다 몇 장 앞이나 뒤에 위치한다. 오른손 집게손가락, 가운뎃손가락, 넷째 손가락은 여전히 뒤표지를 잡고 있다.

새끼손가락으로
인해 생긴 공간

그림 6

그림 7

이제 정말로 중요하면서도 쉬운 동작이다. 잡지를 평평하게 잡은 상태에서, 관객은 마술사가 잡지를 펴서 수직으로 세우는 모습을 본다. 분명 카드가 꽂힌 면이 나타난다. 카드는 관객이 꽂은 위치에 그대로 있다. 그리고 펼쳐진 면은 관객과 조수를 향하고 있다. 물론 마술사는 펼쳐진 잡지 뒤에 있기 때문에 안을 볼 수는 없다(**그림 8**). 이제 앞의 간단한 동작에 대한 자세히 설명하도록 하겠다.

그림 8

그림 9

그림 7과 같이 된 상태에서 왼손으로 잡지 아랫부분을 잡는다. 그림에서와 같이 잡

지를 휘게 만들고, 왼손으로 잡은 부분을 아래로 내려서 몸에서 멀어지도록 뻗는다. 그럼 손가락을 끼운 아랫부분이 수직으로 서서 **그림 8**과 같이 된다. 이때 오른손은 움직이지 않고 가만히 있다. 한번 해보면 오른손 새끼손가락과 카드 사이에 있는 페이지는 빠르고 부드럽게 넘겨지는 것을 확인할 수 있다. 그럼 카드는 원하는 곳에, 마술사가 기억하고 있는 페이지에 위치하게 된다. 이 마지막 동작은 하나의 자연스러운 동작으로 순식간에 이루어져야 한다. 그래서 잡지를 수직으로 펼쳐 기억하고 있는 면을 보여준다. **그림 9**는 객석에서 바라본 모습이다.

그리고 이제 그 페이지에 담긴 내용을 이야기한다. 그림, 광고, 헤드라인 등을 설명한다. 이 정도의 내용은 잡지를 빠르게 넘기면서도 순식간에 기억할 수 있는 내용이다. 그럼 조수가 그 내용을 확인한다. 마지막으로 잡지를 객석으로 넘겨 확인할 수 있는 시간을 준다. 대부분의 관객은 직접 그 페이지를 확인하고, 혹시 똑같은 페이지가 있는 것은 아닌지 확인하고 싶어할 것이다.

방법 2

집에서 미리 잡지 한 권을 준비하여 관객 몰래 쉽게 기억할 수 있는 부분을 찾는다. 30페이지쯤 기억해 두는 것이 좋다. 그리고 테이블 위에 선택된 잡지를 몰래 놓고 준비되었을 때 그 잡지를 집어 올리면 된다. 그래도 다소 '무식한 방법'이긴 하지만, 관객이 잡지를 마음껏 선택할 수 있게 하는 것이 좋다. 집에서 미리 잡지 서너 권을 선택해 두 페이지씩 기억해 둬도 된다. 그리고 관객이 그중 한 권을 선택하게 한다. 어떤 방법을 사용하건 다음과 같이 이야기하면 된다.

"최근에 초능력, 투시력, 보이지 않는 물체 알아맞히기 등이 큰 관심을 모았습니다. 보기에는 불가능한 것들이 이루어졌습니다. 사람들은 평범한 시력으로는 볼 수 없는 멀리 있는 물체를 알아맞히거나 그곳에서 일어나는 사건에 대해 이야기했습니다. 저는 잡지 몇 권을 갖고 초능력 시험을 해보았습니다. 그리고 마침내 주목할 만한 성과를 이루어냈습니다. 오늘 밤 최근 잡지 몇 권을 이용하겠습니다. 누구 한 분 저를 좀 도와주시겠습니까? 여기 무대 위로 올라와 주세요. 감사합니다. 제 오른쪽에 서주세요. 그럼 객석에 계신 분들이 저희 둘이 무엇을 하는지 모두 볼 수 있을 겁니다. 이제부터는 한눈파시면 안 됩니다!"

"100페이지가 넘은 그저 평범한 잡지입니다. 여기에는 수많은 이야기가 담겨 있고, 사진과 광고도 함께 실려 있습니다. 혹시 갖고 계신 명함이나 카드가 있나요? 아니면 여기에 있는 카드를 이용하셔도 상관없습니다. 잡지 중간 어딘가에 카드를 넣어주세요. 어디에 넣는지 제가 보지 못하도록 조심해서 넣으셔야 합니다. 본인도 보지 않고 넣으셔도 됩니다. 책 중간 어딘가에 끼워두세요."

"카드를 완전히 넣지는 마시고, 반쯤 밖으로 보이게 두셔야 합니다. 그래야 모두가 카드가 어디에 있는지 볼 수 있겠죠? 카드는 한 순간도 시야에서 사라지지 않아야 합니다. 저도 모르고, 선생님도 모르는 어딘가에 카드가 꽂혀 있습니다. 저는 잡지를 들고 선생님을 향해 팔을 뻗고 있으니, 어떤 페이지에 꽂혀 있는지 당연히 못 보겠죠? 그럼 이제 저는 카드가 꽂혀 있는 페이지에 무엇이 있는지 떠올려 보겠습니다. 다시 한 번 말씀드리지만 정말 무작위로 선택된 페이지입니다."

잡지를 덮은 상태에서 그 페이지에 적힌 내용을 이야기한 후, 잡지를 펼쳐 내용을 확인해도 된다. 이때 양손을 정확하게 움직이고, 시선은 객석이나 조수를 향해야 한다. 혹은 이 상태에서 잡지를 펼쳐 관객에게 보여주며 내용을 이야기해도 된다. 그럼 조수와 관객이 곧바로 그 내용을 확인할 것이다. 조수와 관객이 고개를 끄덕이면 다음 내용으로 넘어간다.

프랭크 켈리의 잡지와 그림 테스트
Frank Kelly's Magazine and Picture Test

프랭크 켈리의 마술쇼에서 큰 인기를 얻은 마술로서, 마술사는 관객이 선택한 카드의 모양과 잡지에 적혀 있는 문장을 맞힌다. 여기에서 사용되는 방법은 매우 단순하고, 직접적이며, 충분히 연습하면 어렵지 않게 관객의 의심을 피할 수 있다. 특히 심령술사에게 큰 환영을 받는 마술이다.

★ 이펙트

뒷면은 평범한 카드 모양이지만, 앞면에는 다양한 기하학적 모양과 숫자가 있는 20장의 카드를 펼친다. 다양한 모양과 숫자에 관객의 주의를 집중시킨다. 숫자는 왼쪽 위 모서리와 오른쪽 아래 모서리에 적혀 있다. 카드는 1, 2, 3, 4, 5, 6, 7, 8, 9, 0, 1, 2, 3, 4, 5, 6, 7, 8, 9, 0의 순서로 놓여 있다. 관객이 직접 이 카드를 섞도록 시킨다.

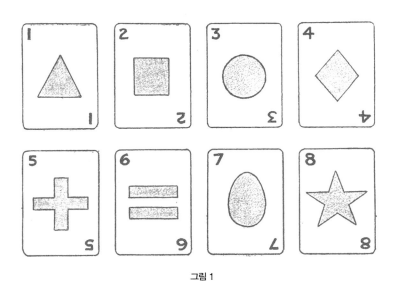

그림 1

마술사는 「리더스 다이제스트(Reader's Digest)」를 집어 양면을 보여준 후, 관객에게 카드 한 장을 선택하라고 말한다. 카드의 앞면이 보이지 않게 뒷면이 위를 향하게 잡은 상태로 잡지 위에 놓는다. 이 과정을 반복하여 잡지 위에 두 장의 카드를 더 놓는다. 이렇게 자유롭게 선택된 카드 세 장을 나란하게 정리하여 뒷면이 보이는 상태로 왼손으로 잡는다. 그리고 카드는 관객에게 건네준다. 각각의 카드에 적힌 숫자를 보고, 가장 큰 숫자의 카드를 오른쪽 코트 주머니에 넣게 시킨다. 그럼 남은 두 장의 카드에 적힌 숫자로 두 자리 숫자를 만들 수 있다. 관객에게 잡지를 주어, 그 숫자가 적힌 페이지를 펼친 후, 첫 번째 문장에 집중해 줄 것을 부탁한다. 마술사가 그 문장을 읽는다. 다음으로 주머니에 넣은 카드를 꺼내서 마술사에게는 보여주지 말고 혼자 카드를 보며 그림에 집중하도록 시킨다. 그러자 마술사가 칠판에 그 그림을 그린다.

★ 준비물

1. 10장으로 된 카드 두 세트. 10장의 카드에는 서로 다른 그림과 숫자가 적혀 있다. 그리고 카드는 1, 2, 3, 4, 5, 6, 7, 8, 9, 0의 순서로 정리되어 있다. **그림 1**에는 카드 여덟 장의 모습이 담겨 있다. 9와 0카드의 그림은 이를 토대로 만들 수 있을 것이다. 예를 들어 큰 원 안에 있는 작은 사각형, 가운데 십자가가 그려진 원을 그리면 된다. 마술용품점에서 구할 수 있을 것이다.
2. 1과 동일한 10장의 카드 한 세트. 대용품으로 이용할 것이다.
3. 「리더스 다이제스트(Reader's Digest)」나 이와 비슷한 크기의 잡지 한 권
4. 칠판과 분필

준비

여분으로 준비한 카드 한 세트에서 카드 세 장을 선택한다. 여기에서는 다이아몬드, 십자가, 별 모양이 그려진 카드를 선택했다고 하자. 그리고 각각의 카드에는 4, 5, 8이 적혀 있다. 관객이 주머니에 넣은 가장 큰 숫자의 카드는 8, 별 모양의 카드이다. 나머지 두 장의 카드는 4, 5이고, 이 둘을 합치면 45 혹은 54가 된다. 「리더스 다이제스트」를 펼쳐 45페이지와 54페이지의 첫 문장을 외운다. 한 문장을 모두 외우는 것이 어려운 경우에는 첫 단어만 외워도 된다.

그림 2

그림 3

앞면이 보이게 카드 세 장을 나란히 모아서 잡지 뒤표지 안쪽에 놓는다. 나중에 쉽게 꺼낼 수 있도록 카드를 바깥쪽 모서리 가까이에 놓는다(**그림 2**). 잡지를 닫아서 테이블 위에 놓는다. 그리고 잡지 위에는 20장의 카드와 칠판, 분필을 준비해둔다.

시연

테이블에 놓인 카드 20장을 펼쳐서 관객에게 다양한 모양을 보여준다.

"이번 마술에서는 20장의 카드를 사용할 겁니다. 카드에는 다양한 기하학적 무늬가 그려져 있습니다. 그리고 1, 2, 3 등의 숫자도 적혀 있고요. 선생님, 저 좀 도와주시겠습니까?"

관객 한 명을 무대 위로 부른다. 그리고 카드는 그에게 건네고, 잡지를 집어 **그림 3**과 같이 집는다. 벌어진 부분을 왼손 손아귀 사이에 넣는다. 그리고 자연스럽게 잡지의 앞뒤를 보여준다.

"지금 제가 들고 있는 「리더스 다이제스트」를 테이블로 사용하겠습니다. 우선 지금 들고 계시고 카드 묶음 중 한 장을 선택해주세요. 그리고 앞면이 보이지 않게 그대로 뒷면이 위로 향하게 책 위에 올려놓으세요. 아무에게도 카드 앞면을 보여주어서는 안 됩니다."

그러고 나서 같은 방법으로 또 다른 카드를 선택해서 먼저 놓은 카드 위에 놓게 시킨다. 세 번째 카드도 같은 방법으로 놓는다(**그림 3**). 그리고 카드를 나란히 정리해서 책의 제본된 모서리 가까이에 놓는다.

"원한다면 지금 이 세 장의 카드를 다른 카드로 바꾸셔도 됩니다. 분명 선생님께서 자유롭게 카드를 선택하실 수 있습니다."

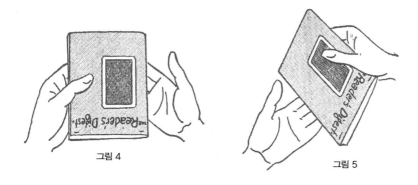

그림 4

그림 5

관객이 선택을 마치면 오른손을 평평하게 펴서, 제본된 모서리 아래에 놓는다(**그림 4**). 그리고 오른손 엄지손가락을 뻗어 카드를 누른다(**그림 5**). 이때 왼손 손가락으로 벌어진 모서리를 받친다. 이 상태에서 잡지를 기울이면 뒤표지 안쪽에 끼워둔 카드가 왼손 손바닥 쪽으로 떨어진다. 잡지를 완전히 뒤집어 뒤표지가 위로 오게 하면 안에 끼워둔 카드는 완전히 왼손 손바닥 안으로 들어온다(**그림 6**). 잡지의 뒤표지가 객석을 향한 상태로 오른팔은 안쪽으로 구부러지고, 왼손은 관객을 향해 뻗는다(**그림 7**). 이때 관객이 직접 선택한 카드 세 장은 보이지 않게 오른손으로 잡는다.

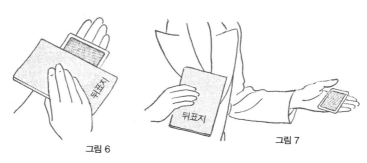

그림 6   그림 7

이 과정을 통해 관객이 선택한 카드 세 장은 미리 준비해둔 카드로 바뀐다. 제대로 하면, 관객은 단지 마술사가 잡지 위에 놓은 선택된 카드를 왼손으로 잡았다고 생각한다. 전혀 어색함 없이 자연스럽게 할 수 있을 때까지 연습해야만 한다.

왼손에 있는 카드는 여전히 뒷면이 위를 향하고 있다. 이 카드를 다시 카드를 선택한 관객에게 건넨다.

"선생님께서는 자유롭게 카드를 선택하셨습니다. 다시 카드를 받으세요. 저에게 카드를 보여주시지는 말고요. 나머지 카드는 다시 저에게 돌려주십시오. 앞면이 보이게 제 왼손 위에 올려주시면 됩니다."

그림 8

선택된 카드 세 장을 뒤에 숨기고 있는 상태에서 잡지를 나머지 카드 위에 놓는다. 그럼 숨기고 있던 카드는 나머지 카드 맨 위에 놓이게 된다(**그림 8**). 잡지를 왼손 위에 내려놓으며 오른손으로 관객이 들고 있는 카드를 가리킨다. 그리고 오른손을 자유롭게 이용하기 위해서 잡지를 왼손에 내려놓았다고 이야기한다.

"지금 선생님의 손에는 카드 세 장이 있습니다. 각각의 카드에는 서로 다른 그림과 숫자가 있습니다. 한번 카드를 보십시오. 단, 제게 보여주셔서는 안 됩니다. 가장 큰 숫자의 카드는 주머니에 넣어주십시오."

그럼 관객은 8과 별이 있는 카드를 코트 오른쪽 주머니에 넣는다.

"그럼 이제 손에는 카드 두 장이 남아있습니다. 각각의 카드에는 숫자가 적혀 있고요. 카드에 적힌 두 개의 숫자를 나란히 놓으면 하나의 두 자리 숫자가 만들어집니다. 예를 들어 2와 6이 적힌 카드를 갖고 계시다면 26이나 62가 되겠네요. 이 잡지를 받으세요."

오른손으로 왼손에 있는 잡지를 집어서 관객에게 건네준다. 카드 뒤에 숨겨두었던 카드는 나머지 카드와 함께 주머니에 넣는다.

"두 가지 두 자리 숫자 중 어느 것을 선택해도 상관없습니다. 그 숫자가 적힌 페이지를 펴십시오. 아직 저에게 보여주시면 안 됩니다."

관객이 잡지를 펴면 모든 준비가 끝난다. 이미 가능성이 있는 두 페이지의 첫 문장을 외워둔 상태이다. 관객이 갖고 있는 카드는 4, 5이기 때문에 45페이지나 54페이지를 폈을 것이다. 45페이지의 첫 문장은 '미국, 최악의 소요사태' 이고, 54페이지의 첫 문장은 '그들은 잠을 이루지 못했다' 라고 하자.

"그 페이지의 첫 번째 문장에 집중하십시오. 단어 하나씩 주의를 기울여 보십시오. 첫 번째 단어가 '미' 로 시작하지 않나요?"

그가 긍정의 표시를 하면 45페이지가 확실할 것이기에 계속 진행한다.

"미국이라는 단어가 보이네요. 맞습니까? 감사합니다. 미국, 최악의…… 소…… 요…… 사태. 맞나요? 그렇다고 하시네요. 감사합니다! 저에게 텔레파시를 아주 잘 보내주셨습니다."

만약 그가 '미' 로 시작하는 단어가 아니라고 하면 다시 이렇게 이야기한다.

"아니네요. '미' 가 아니라 '그' 자네요. 맞나요? 맞다고 하시네요. 첫 번째 단어는 '그들은' 이네요. 단어 하나씩 집중해서 마음에 새기십시오. 그들은…… 잠을…… 이루……지…… 못…… 했다. 맞나요? 그들은 잠을 이루지 못했다. 이 문장인가요? 그렇다고요? 감사합니다."

그에게서 잡지를 돌려받아 문장을 확인한다.

"이제 주머니에 갖고 계신 카드의 모양을 맞춰보겠습니다. 저는 아직 그 카드의 앞면을 보지 못했습니다."

칠판과 분필을 들고 선을 그리다가 지운다.

"그 모양에 집중하십시오. 아, 선이 이렇게 생겼군요."

오른쪽 사선을 그리고, 그 끝에서 연결되는 왼쪽 사선을 하나 그린다.

"삼각형 같이 생겼네요. 아니 다이아몬드인가? 아니, 별입니다!"

칠판에 별 모양을 마저 그린다. 그리고 그림을 관객에게 보여준다. 그러고 나서 관객의 카드를 칠판에 놓고 모양을 비교한다. 이 과정을 모두 제대로 수행하면, 관객의 마음을 사로잡는 멋진 마술을 해낼 수 있다.

★ 주의

잡지를 뒤집으며 카드를 바꾸는 방법은 봉투와 같이 납작한 물건을 바꿀 때 유용하다. 이 방법을 통해 '20장 카드 트릭' 에서 카드 10장을 7장으로, 7장을 10장으로 쉽게 바꿀 수 있다.

뉴먼의 '슈퍼-디비노' 봉인된 편지 테스트
Newmann's 'Super-Divino' Sealed Letter Test

심령 마술의 선구자인 C. A. 조지 뉴먼(C. A. George Newmann)이 그의 쇼에서 선보였던 마술이다. 50년 이상 마술쇼 투어를 하는 동안 큰 성공을 거두었다.

★ 이펙트

네 명의 관객에게 각각 빈 카드 한 장과 봉투 하나씩 준다. 그중 세 명의 관객이 카드에 네 자리 숫자를 쓴다. 네 번째 사람은 앞의 세 사람이 쓴 숫자를 더한 값을 카드에 적어서 봉투에 넣고, 봉투를 봉인하여 다섯 번째 사람에게 건넨다. 앞의 세 사람도 자신의 카드를 봉투에 넣고 봉인한다. 마술사는 카드와 봉투를 전혀 건드리지도 않는다.

처음에 숫자를 쓴 세 장의 카드를 모으지도 않고, 마술사는 그 세 숫자의 합을 말한다. 다섯 번째 사람이 봉투를 열고 카드에 적힌 합을 크게 읽는다. 그리고 옆에 있는 사람과 다른 관객도 확인할 수 있도록 카드를 돌린다. 하지만 진짜 클라이맥스는 이제부터이다. 처음에 숫자를 쓴 세 사람에게 마술사가 걸어간다. 그리고 처음으로 카드가 봉인된 봉투를 잡으며 그 안에 적힌 숫자를 말한다. 관객이 쓴 숫자와 일치한다. 관객이 원하는 순서대로 숫자를 이야기한다.

★ 준비물

1. 코인 봉투 네 장
2. 봉투에 쉽게 넣을 수 있는 크기의 카드 네 장
3. 5cm×7.5cm 크기의 메모장 하나. 앞표지와 뒤표지가 똑같이 생기고, 스프링으로 제본되어 있어야 한다(**그림 1**).
4. 연필 한 자루

5. 칠판과 분필

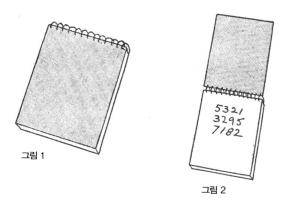

그림 1

그림 2

준비

네 자리 숫자 세 개를 나란히 적는다. 이때 서로 다른 세 사람이 적은 것처럼 하여 메모장의 맨 앞이나 뒤에서 두 번째 장에 적는다(**그림 2**). 그리고 그 합을 구한 뒤 기억한다.

시연

"마음 읽는 법을 배우는 학생들은 처음에는 다른 사람의 마음에 숫자를 전달하는 연습을 수차례 반복합니다. 그리고 서서히 숫자의 자릿수가 커집니다. 숫자는 시각화하기 쉽습니다. 그렇기에 지금 이 자리에서 제가 여러분과 직접 숫자를 이용해 시험해 볼 수도 있습니다. 먼저 카드와 봉투를 나눠드리겠습니다. 앞의 세 분은 카드에 연필로 각각 네 자리 숫자 하나씩 적어주세요. 2738이나 5267과 같은 네 자리 숫자 아무거나 적어주시면 됩니다. 적은 숫자를 저에게 보여주셔서는 안 됩니다. 제가 보지 못하게 카드를 봉투에 넣고 봉인해 주십시오."

세 명의 관객에게 카드와 봉투를 나눠주고, 다시 어떻게 해야 하는지 지시한다. 그들이 카드에 숫자를 적고, 봉투에 넣어 봉인한 후 다음과 같이 이야기한다.

"봉투는 잘 갖고 계십시오. 카드에 숫자를 적도록 한 것은 숫자에 더욱 깊이 집중하게 만들기 위함입니다."

메모장을 집어 가짜로 숫자를 적어놓은 면이 아래로 가게 한다. 그리고 위에 있는 표지를 열어 아무것도 적지 않은 빈 종이를 보여준다.

"여러분 세 분은 각각 네 자리 숫자를 생각하고 계십니다. 그 숫자를 기억하시고 여기 메모장에 적어주세요. 더하기 쉽도록 세로로 나란히 적어주시면 됩니다. 제가 숫자를 보지 못하게 잘 가리시는 것도 잊지 마십시오."

연필과 메모장을 첫 번째 사람에게 건넨다. 그리고 메모장의 윗부분에 자신이 생각한 숫자를 적게 한다. 다 적고 나서 두 번째 사람에게 메모장을 건네면, 두 번째 사람이 자신이 생각한 숫자를 첫 번째 사람이 쓴 숫자 바로 아래에 적는다. 그리고 세 번째 사람은 두 번째 사람이 적은 숫자 아래에 자신이 생각한 숫자를 적는다. 이 과정이 이루어지는 동안 마술사는 뒤돌아 있거나 몇 발짝 떨어져 있어서 마술사가 숫자를 봤을지도 모른다는 의심의 여지를 만들지 말아야 한다. 그리고 메모장을 돌려받기 전에는 반드시 메모장을 닫게 해야 한다. 세 번째 사람에게 메모장과 연필을 받아서 약간 멀리 앉아있는 네 번째 사람에게 준다.

"메모장을 열어 안에 적힌 숫자 세 개를 더해주세요. 저는 그 숫자에 대해서 전혀 알지 못합니다. 모두 더하셨으면 그 값을 기억하고 계십시오. 그리고 메모장은 다시 닫아서 저에게 주십시오."

네 번째 관객에게 메모장을 돌려받고, 그에게 빈 카드와 봉투를 준다.

"합한 값을 적어주세요. 그리고 카드를 봉투에 넣고 봉인해 주세요."

그가 지시를 따라 봉투를 봉인하면 그 봉투를 다섯 번째 사람에게 주라고 말한다. 이때 마술사가 봉투를 전혀 건드리지 않는다는 사실을 강조한다. 그리고 다시 메모장을 네 번째 관객에게 주며 덧셈이 제대로 이루어졌는지 다시 한 번 확인하라고 한다.

"아무래도 숫자가 모두 적혀 있는 종이를 찢어 없애는 것이 좋겠네요."

이 치밀한 대사를 통해 관객은 마술사가 이제까지, 그리고 앞으로도 숫자가 적힌 종이를 보지 못한다고 생각한다. 절대 무시할 수 없는 중요한 심리적인 요소이다.

유유히 무대 위로 올라가며 이제까지 과정을 간단하게 설명한다. 그리고 허리 높이로 든 상태에서 몰래 메모장을 뒤집는다. 그리고 무대 계단을 오르면서 오른손이나 왼손 엄지손가락으로 교묘하게 표지를 들어올린다. 그리고 빠르게 숫자 세 개를 순서대로 외운다. 연습하다보면 빠르고 정확하게 숫자를 기억할 수 있다. 그런 다음에 다시 표지를 덮고, 관객을 향해 돌아선다. 메모장을 들고 있는 반대 손으로 칠판을 잡고, 동시에 메모장은 테이블에 내려놓고 분필을 잡는다. 분필과 칠판을 잡은 상태로 무대 가운데로 온다.

네 번째 관객(덧셈을 한 관객)에게 일어서서 덧셈의 결과에 집중하라고 지시한다. 그리고 한두 개의 엉뚱한 숫자를 적어서 헷갈리는 척한다. 관객이 보내주는 신호가 떨려서 제대로 들을 수 없어서 '더 강한 신호를 받기 위해서' 한 걸음 가까이 간다고 이야기한다. 이번에는 제대로 된 답을 적는다. 그리고 다섯 번째 관객에게 봉투를 열어서 카드를 꺼내라고 지시한다.

"카드를 꺼내십시오. 그리고 답이 맞는지 확인해주십시오."

주변에 있는 다른 관객들과 함께 카드를 보며 답을 확인하게 한다.

"처음에 숫자를 쓴 세 분은 아직도 봉인된 봉투를 갖고 계십니다. 저는 분명 그 봉투는 건드리지도 않았고요."

세 번째 관객을 향해 걸어가, 그에게 봉투를 꺼내서 마술사의 이마에 놓으라고 지시한다. 천천히 그리고 무작위로 머릿속에 떠오르는 숫자를 말한다. 네 자리 숫자의 원래 순서가 아니라 섞어서 이야기하여 숫자가 무작위로 떠오른 것처럼 보이게 한다. 그리고 마지막으로 관객이 적은 네 자리 숫자에 그 숫자가 들어 있는지 확인한다.

두 번째 관객에게 건너가 봉투를 건네받는다. 그리고

"당신의 집중력을 테스트해보겠습니다."

어떤 두 숫자를 맞히기 원하는지 물어본다. 이때 "첫 번째와 세 번째 숫자요"라고

Tarbell course in Magic

대답했다고 하자. 그럼 그 숫자에 집중하라고 이야기한 뒤 그 숫자를 맞힌다. 그럼 관객은 마술사의 답이 옳다고 이야기할 것이다. 첫 번째 관객에게도 같은 질문을 하고, 이 과정을 반복한다. 마지막으로 인사를 하고, 관객에게 박수를 받는다.

세 개의 네 자리 숫자를 더한 네 번째 관객이 그 숫자를 모두 기억하는 경우는 거의 없다. 최소한 뉴먼의 쇼에서 이런 일이 일어난 적은 한번도 없다. 처음 세 명의 관객이 적은 숫자와 네 번째 관객이 합한 숫자를 확인하지 못하도록 잘 계획을 세워야만 한다. 다시 무대로 돌아올 때는 처음 세 명의 관객이 카드를 넣은 봉투 세 장을 모두 회수한다. 이렇게 진짜 관객이 적은 숫자를 제거하여 진위를 확인하는 것을 불가능하게 만들어야 한다.

브라운허트의 '불타는 생각'
Braunhut's 'Thoughts Afire'

하롤드 브라운허트(Harold Braunhut)가 선보인 훌륭한 봉투 마술로서 봉투 안에 봉인된 내용을 읽는 비법이다. 내용물을 바꾸거나 연필 자국, 거울에 비친 내용 훔쳐보기와 같은 방법과는 거리가 멀다. 관객은 자신이 적은 메시지에서 한시도 눈을 떼지 않는다. 그리고 그 밖에 의심스러운 행동은 전혀 보이지 않는다. 이 상태에서 마술사는 종이에 적힌 문장을 정확히 알고 있다. 심령 마술사들에게 이 마술의 비법은 매우 소중하기 때문에 이 비법을 누출해서는 안 된다.

★ 이펙트
관객이 질문 하나를 생각하여 엽서 뒷면에 적는다. 이때 아무에게도 보이지 않게 조심해서 적는다. 주소를 적는 면에 자신의 이름을 적고, 이름을 적은 면이 위를 향하게 한 상태로 엽서를 마술사에게 건넨다. 그럼 마술사는 가운데가 투명하게 셀로판지로 되어 있는 봉투에 엽서를 넣는다. 그럼 앞면에 적힌 이름이 셀로판지를 통해 보인다. 그리고 봉투 뚜껑에 침을 발라 봉투를 봉인한다. 봉인한 봉투의 앞뒤를 모두에게 보여준 후, 주저함 없이 관객에게 봉투를 돌려준다. 관객이 성냥에 불을 붙여 봉투를 태운다. 봉투가 불길에 휩싸이면 봉투를 재떨이에 내려놓고, 이름을 적어둔 엽서와 봉투가 모두 불 속에서 재가 되는 것을 바라본다. 마술사가 불길과 재를 쳐다보며 말하기 시작한다. 관객이 엽서에 적은 바로 그 질문에 대한 답을 말한다.

★ 준비물

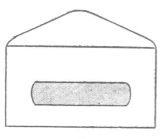

그림 1

1. 회사에서 고객에게 우편 발송용으로 자주 이용하는 봉투. 봉투 앞면에 구멍이 있고, 구멍에는 셀로판지가 붙어 있다(**그림 1**). 이런 봉투를 이용하면 편지에 적힌 이름과 주소가 구멍을 통해 보이기 때문에 봉투에 다시 주소를 적는 수고를 줄일 수 있다.

2. 2호 연필 한 자루
3. 미국 정부 엽서 하나
4. 마술용 왁스(마술용품점에서 구할 수 있다).
5. 성냥 한 갑
6. 재떨이나 접시 하나

준비

봉투 뒷면의 아래 날개를 양옆 날개에서 뜯어낸다(**그림 2**). 이 상태에서 아래 날개를 밖으로 당기면 날개가 열려 안에 있는 내용물이 보인다. 이것이 '불타는 생각'의 핵심 원리이다. 봉투 안의 엽서에 어떤 내용이 적혀 있다 하더라도 아래 날개를 열어 확인할 수 있다.

양옆 날개 모서리에 마술용 왁스를 붙여 아래 날개를 양옆 날개에 고정시킨다(**그림 3**). 그럼 그저 평범한 봉투처럼 보인다. 테이블에 재떨이나 접시를 준비해두고, 그 옆에 성냥, 연필, 봉투, 엽서를 나란히 놓아둔다.

Tarbell course in Magic

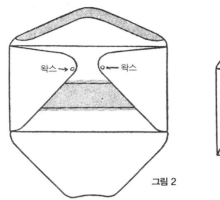

그림 2

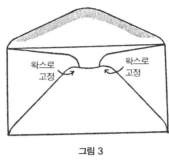

그림 3

시연

"오래전 조로아스터교의 승려들은 불 속에서 생각을 읽어냈다고 전해집니다. 그들은 불꽃이 앞으로의 일을 예언한다고 믿었습니다. 새해 전야에는 불꽃에서 새해에 있을 일을 읽었다고 합니다. 이제 여러분이 관심을 기울일 만한 무언가를 보여드리겠습니다."

연필과 엽서를 집어 관객에게 건네준다.

"질문 하나를 생각하셔서 엽서에 적어주세요. 중요한 질문이어야 합니다. 그리고 제가 보이지 않게 몰래 엽서 뒷면에 적어주세요. 직접 종이에 적으면서 질문에 더욱 집중할 수 있고, 그럼 더욱 큰 효과가 있을 수 있습니다."

관객이 질문을 적고나면 봉투를 집는다.

"제가 질문을 보지 못하도록 엽서를 뒤집어서 저에게 주십시오. 아, 그 전에 주소를 적는 면에 이름을 적어주세요. 그럼 제가 엽서를 봉투에 넣은 후에도, 봉투에 뚫린 구멍을 통해 엽서를 계속 확인할 수 있지 않겠습니까?"

질문이 적힌 면이 아래로 향한 상태로 엽서를 건네받는다.

"무슨 질문을 적으셨는지 보고 싶지 않습니다. 저는 단지 선생님의 생각에 관심이 있습니다."

주소를 적은 면이 위로 가게 엽서를 봉투에 넣는다. 그래서 주소를 적은 면에 적어둔 이름이 봉투의 구멍을 통해 보이게 한다(**그림 4**).

"저는 더욱 조심하고, 그리고 여러분이 더욱 만족하시도록 엽서를 봉투에 넣고, 그 봉투를 단단하게 봉인하겠습니다. 엽서에 이름을 적으시도록 한 것도 이런 이유에서였습니다. 계속해서 엽서에 집중해 주십시오."

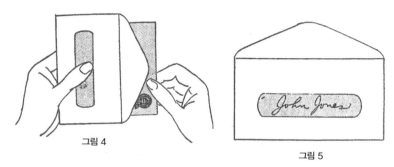

그림 4

그림 5

그림 5와 같이 보이는 봉투의 구멍에 관객의 이목이 집중되어 있는 동안, 관객 몰래 엄지손가락으로 아래 날개를 쉽게 옆 날개에서 떼어내어 안에 적힌 내용을 읽을 수 있다(**그림 6**). 필요한 경우에는 옆 날개를 살짝 들춰서 안에 적힌 내용을 확인해도 된다. 하지만 일반적으로 옆 날개를 들지 않더라도 안에 적힌 내용을 모두 확인할 수 있다. 관객이 엽서에 "제가 시험에 합격하여 치과의사가 될 수 있을까요?"라고 적었다고 하자.

아래 날개를 다시 왁스에 붙인다.

"이제 **봉투를 봉인**하겠습니다."

봉투를 입으로 가져가 봉투 뚜껑 가장자리에 침을 바른다(**그림 7**). 그리고 뚜껑을 닫아 봉투를 봉인한 뒤, 봉투의 양면을 관객에게 보여준다. 봉투는 지극히 평범해 보여서 아무런 의심도 사지 않는다. 정확하고 자연스러운 동작을 통해서 엽서를 봉투에 넣고 봉투를 봉인했다.

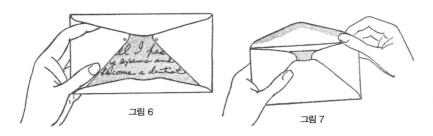

그림 6

그림 7

"제가 불을 붙이는 동안 봉투를 들어주시겠습니까?"

봉투의 앞면이 위로 향하게 하여 관객에게 건넨다. 성냥을 집어 점화하여 봉투에 불을 붙인다. 봉투가 타기 시작하여 불길에 휩싸일 때쯤에 재떨이에 넣는다.

"타고 있는 봉투 안으로 보이는 이름에서 눈을 떼지 마십시오. 그리고 엽서에 적은 질문에 집중하십시오. 잘하고 계십니다. 질문을 마음에 한 글자씩 새기십시오. 멀리에 무언가가 보이네요. 단상 위에 누군가가 있는 것 같습니다. 마치…… 아, 대학교 강당의 단상인 것 같 네요. 그리고 한 사람이 있어요. 선생님이네요. 가운을 걸치고 학사모를 쓰고 있어요. 무슨 학위 수여식 같은데요. 더욱 집중해 주십시오. 'ㅊ'이 보이네요. 그리고 'ㅇ'도 보이고요. 아, 치의예과 졸업식이에요. 선생님께서 꿈을 이루시는 순간이네요. 성실하고 공부를 게을 리 하지 않고, 단호하게 행동하여 얻은 결과입니다. 아무쪼록 행운을 빕니다."

앞에서 소개한 대답은 심령 마술사가 최고의 결과를 얻기 위해 자주 이용하는 전 형적인 대답이다. 질문 자체는 별로 중요하지 않다. 중요한 것은 어떻게 답을 이야기 하느냐이다. 이에 따라 마술사의 명성과 사람들의 생각이 달라진다.

브라운허트는 때로는 코트 안주머니에 준비한 봉투를 넣고, 테이블에는 준비하지 않은 봉투를 놓은 다음 마술을 시작하는 경우도 있었다. 관객이 엽서에 질문을 적게 하고, 이름을 적으라는 말은 하지 않는다. 그리고 봉투에 엽서를 넣도록 지시한다. 관객이 봉투에 엽서를 넣으면 관객에게서 봉투를 빼앗아 봉투를 찢는다. 질문이 적 힌 면이 아래로 향하게 하여 엽서를 꺼내서 위에 보이는 면에 이름을 적게 한다. 부 연설명을 통해 봉투의 구멍으로 이름을 볼 수 있음을 알려준다.

찢은 봉투는 버리고, 주머니에서 미리 준비해둔 봉투를 꺼낸다. 이때 관객은 이번에도 평범한 봉투를 사용한다고 생각하고 의심하지 않는다. 하지만 대부분의 경우 처음에 설명한 방법으로도 충분하다. 마술사가 어떤 것이든 제대로 다루면 관객의 의심을 살 여지는 전혀 없기 때문이다.

하롤드 브라운허트의 '애드-벤처'
Harold Brounhut's 'AD-Venture'

★ 이펙트

관객이 신문을 갖고 오면, 거기에서 구인광고 15~20개를 가위로 잘라낸다. 광고를 접시에 놓고, 관객이 직접 잘 섞도록 한다. 6명이나 그 이상의 관객이 나와 작은 봉투를 하나씩 받는다. 그리고 광고 하나를 선택하여 봉투에 넣고 봉인한다. 이때 관객은 자신은 물론 어느 누구에게도 광고의 내용을 보여주지 않는다. 광고를 넣은 봉투를 모아서 잘 섞은 후, 한 사람이 봉투 하나를 선택한다. 마술사는 관객에게 봉투를 건네줄 때를 제외하고는 봉투나 광고를 전혀 건드리지도 않았다.

칠판을 들고, 마술사는 자신이 초능력, 투시력으로 묘기를 보여주겠다고 말한다. 그는 칠판에 분필로 무언가를 갈겨쓰고, 관객이 보지 못하도록 뒤집어 놓는다. 봉투를 선택한 관객이 봉투를 갖고 앞으로 나온다. 가위로 봉투를 잘라서 연 뒤, 안에 있는 광고를 꺼낸다. 이때 마술사가 광고를 보지 못하게 조심해서 꺼낸다. 그리고 관객이 내용을 읽고 그 내용에 집중한다. 그러자 마술사가 그 핵심 내용을 이야기하고, 몇몇 단어를 인용하기도 한다. 그렇게 전체적인 내용을 이야기한다. 다음으로 관객이 광고에 있는 단어 수를 센다. 관객이 단어 수를 이야기하면 칠판을 뒤집어 칠판에 적힌 같은 숫자를 보여준다.

★ 준비물

1. 여섯 개나 그 이상의 끝을 봉인한 이중 봉투. 약 봉투, 돈 봉투 어떤 종류건 상관 없다. 이때 봉투는 불투명해야 한다. 그리고 윗날개는 마술사가 봉인하기 전에 는 열려 있다. 232페이지에 나온 '이중 봉투'의 **그림 3**을 참고하라.
2. 여섯 개의 봉투를 사용한다면 같은 신문 여섯 부를 준비한다. 모두 같은 날짜, 같은 내용이어야만 한다. 어떤 광고를 이용할지 선택한 뒤, 여섯 부에서 모두 같 은 부분을 잘라낸다.
3. 관객에게 신문을 빌리지 못한 경우를 대비하여 여분의 신문 한 부
4. 큰 칠판과 분필
5. 가위 하나

준비

준비물 2에서 준비한 광고 내용을 외우고 단어 수를 센다. 여기에서 단어 수가 27 이라고 하자. 똑같은 구인 광고를 봉투 여섯 개의 공간 B에 각각 하나씩 넣고 뚜껑끼 리 봉인한 뒤, 봉투를 테이블 위에 놓는다. 그리고 그 옆에 신문지, 가위, 칠판과 분필 을 준비해둔다.

시연

관객 중 신문이 있는 사람이 있는지 물어본다. 있다면 그 신문을 이용하고, 없다면 준비해둔 신문을 이용한다. 관객에게 가위를 주고 구인광고를 15~20개 정도 잘라서 접시에 담고 잘 섞어달라고 부탁한다.

여섯 명이나 그 이상의 관객을 무대로 불러 미리 준비해둔 봉투를 하나씩 나눠준 다. 그리고 광고를 하나씩 집어 보지 않은 상태로 봉투에 넣고 봉인하라고 말한다. 한 사람이 봉투를 모아 골고루 섞고, 모두가 볼 수 있도록 테이블 위에 놓는다. 관객 중 한 명이 봉투 하나를 선택한다.

"여러분이 직접 자유롭게 선택했습니다. 여러분 중 한 분이 신문에서 광고를 오렸고, 거기 에서 골라 봉투에 넣고, 그 봉투 중 하나를 선택했습니다. 여기 이 봉투 안에 무엇이 있는지 는 아무도 모릅니다."

칠판과 분필을 들어 광고의 단어 수를 적는다. 여기에서는 27이라고 적는다. 이때 칠판에 적는 내용을 관객이 보지 못하게 한다. 그리고 칠판을 테이블 위에 엎어놓는다.

가위를 들어 선택된 봉투 아랫부분을 0.3cm 정도 자른다. 그리고 봉투를 잡은 손을 뒤로 뻗어 관객에게 안에 있는 광고를 꺼내게 한다. 그럼 관객은 광고를 꺼내 손바닥에 숨긴다. 마술사는 봉투에 아무것도 없음을 보여준 뒤, 봉투를 주머니에 넣는다.

"이제 다음 단계로 넘어가겠습니다. 광고를 잘 보십시오. 집중하십시오. 소리 내지는 말고 속으로 집중해서 천천히 읽으십시오."

광고에 있는 내용을 이야기한다. 이때 단어 그대로 외워서 이야기하는 것이 아니라 요점만 이야기하고, 단어는 몇 개만 인용한다. 그래서 관객의 생각을 읽고 있다는 인상을 준다.

"맞습니까? 아, 맞는다고요. 감사합니다. 이제 광고에 적힌 단어 수를 세보시겠습니까? 집중해서 하나씩 잘 세어보십시오. 다 세셨나요? 그럼 단어 수를 알려주세요. 27이라네요!"

칠판을 집는다.

"저는 광고가 선택되기 전에 이미 칠판에 숫자를 적었습니다. 선택된 후에도 광고는 보지 못했습니다. 그리고 처음에 접시에는 다양한 광고가 많이 있었습니다. 선생님께서 선택된 광고의 단어 수를 확인하신 후 27이라고 하셨습니다."

칠판을 뒤집어 칠판에 적힌 27을 보여준다.

"보십시오. 저는 선생님께서 단어 수를 세기 시작하기도 전에 이미 칠판에 27이라고 적어 두었습니다."

이중 봉투
Double Envelopes

카드나 지폐, 접은 종이를 바꾸는 단순한 방법은 이중 봉투를 이용하는 것이다. 단순하기 때문에 매우 유용하다. 그리고 전혀 마술도구처럼 생기지 않고 매우 자연스럽게 보인다. 이런 이유로 심령 마술사들은 이중 봉투를 백분 활용한다.

다양한 용도에 맞추기 위해서 다양한 종류의 이중 봉투가 고안되었다. 다양한 종류의 봉투로 이중 봉투를 만들 수 있지만, 그중에서도 6.2cm×11cm 크기의 두꺼운 마닐라지로 된 돈 봉투가 가장 폭넓게 이용된다(**그림 1**).

일반 이중 봉투 Regular Double Envelope

이중 봉투의 가장 기본적인 형태로서, 쉽고 빠르게 제작할 수 있다. 먼저 봉투 두 개를 준비한다. 그중 봉투 하나의 앞면을 잘라낸다. 이때 날개는 자르지 않고 남겨둔다(**그림 2**). 나머지 봉투 안에 **그림 3**과 같이 넣는다. 그럼 봉투 안에는 두 개의 공간이 생긴다. 앞으로 보이는 공간은 공간 A, 뒤에 숨겨져 잘 보이지 않는 공간은 공간 B이다. 앞으로 바꿔서 만들어낼 물건을 공간 B에 넣고 날개끼리 서로 붙인다. 그럼 봉투는 아무런 문제가 없는 것처럼 보이고, 안을 들여다보아도 아무런 특이사항은 나타나지 않는다.

시연

하트 킹을 클럽 에이스로 바꿔야 한다고 하자. 그럼 클럽 에이스를 공간 B에 넣는다. 그리고 봉투 안에 아무것도 없음을 보여준 후, 공간 A에 하트 킹을 넣고 봉투를 봉인한다.

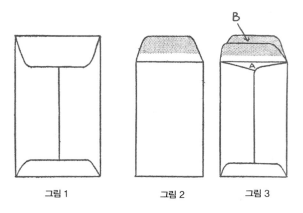

그림 1	그림 2	그림 3

봉투를 다시 열기 위해서 봉투 아랫부분을 0.3cm 잘라낸다. 그리고 봉투의 양쪽 모서리를 눌러 **그림 4**와 같이 봉투를 벌린다. 가운데 칸막이는 어느 쪽으로도 움직일 수 있다. 그렇기에 공간 A와 공간 B를 모두 관객에게 공개할 수 있다. 하지만 여기에서는 칸막이를 봉투 뒤쪽으로 밀어 공간 B를 공개한다. 그리고 에이스를 꺼내고, 봉투 안에 아무것도 없음을 보여준다.

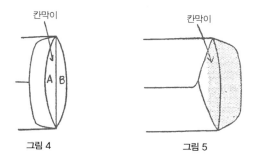

그림 4	그림 5

끝을 봉인한 이중 봉투 End-Sealed Double Envelope

기본적인 제작 방법은 일반 이중 봉투와 동일하다. 하지만 봉투 아랫부분을 잘랐을 때, 봉투 A는 봉인되고 봉투 B만 열리게 되어 있다.

준비

봉투의 아래 날개를 떼고 봉투를 벌린다. 붓을 이용해 아래 날개와 봉투 안쪽

0.6cm에 고무 시멘트를 바른다(**그림 5**). 그리고 **그림 6**과 같이 봉투를 평평하게 한 후 아래 날개를 원래대로 접는다(**그림 7**). 봉투를 눌러서 단단하게 붙인다. 만약 종이 1 을 종이 2로 바꾸려 한다면 종이 2를 공간 B에 넣고 윗날개를 서로 붙인다.

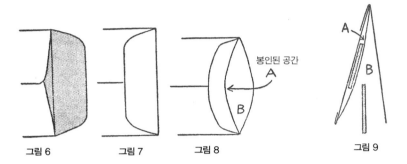

그림 6   그림 7   그림 8   그림 9

시연

접은 종이를 공간 A에 넣고 봉투를 봉인한다. 그리고 가위로 봉투 아랫부분을 0.3cm 잘라낸다. **그림 8**과 같이 봉투를 벌리면 공간 A는 봉인되어 있고, 공간 B만 열 린다. 미리 넣어둔 종이를 꺼내고, 공간 B에 아무것도 없음을 보여준다. **그림 9**는 봉 인된 공간 A와 열린 공간 B의 단면을 보여준다.

양쪽을 봉인한 이중 봉투 Two-Ends-Sealed Double Envelope

때로는 공간 A와 공간 B 중 하나를 상황에 따라 열어야 하는 경우가 있다. 그렇기 에 서로에게 방해가 되지 않도록 끝을 봉인해야 한다.

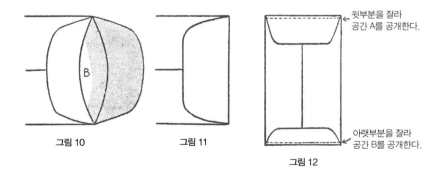

그림 10   그림 11   그림 12

준비

먼저 끝을 봉인한 이중 봉투를 만든다. 이 상태에서 아랫부분을 자르면 공간 B가 열린다. 이제 윗부분을 자를 경우 공간 B는 봉인되어 있고 공간 A만 열리도록 만들어야 한다.

칸막이의 날개를 봉투 뒷면으로 젖힌 후, 봉투를 벌려 날개와 봉투 앞면 안쪽에 고무 시멘트를 바른다(**그림 10**). 이 상태에서 봉투를 평평하게 하여 봉투 날개에 칸막이 날개를 붙인다(**그림 11**). 그리고 봉투를 눌러서 떨어지지 않게 한다.

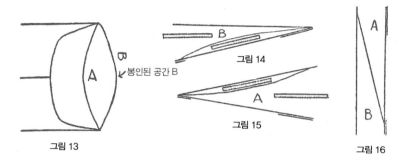

그림 13

봉인된 공간 B

그림 14

그림 15

그림 16

이렇게 해서 이중 봉투의 또 다른 버전이 탄생하게 된다(**그림 12**). 윗부분을 자르면 공간 A가 나타난다(**그림 13**). 그리고 아랫부분을 자르면 공간 B가 나타난다(**그림 8**). **그림 14, 그림 15, 그림 16**은 봉투의 단면을 보여준다. **그림 14**는 봉투 아랫부분을 자른 경우, **그림 15**는 윗부분을 자른 경우, **그림 16**은 양쪽을 모두 자른 경우이다. **그림 16**에서 가운데 대각선은 칸막이를 나타낸다.

오픈 에지 이중 봉투
Open-Edge Double Envelope

부주의하게 보이기 위해서 윗부분을 찢어놓은 일반 이중 봉투이다(**그림 1**). 한쪽 공간에 물체를 넣고, 반대쪽 공간에 미리 넣어둔 물체로 쉽게 바꿀 수 있다.

칸막이

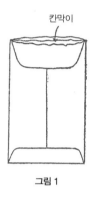

그림 1

빌릿 컬렉션 이중 봉투Billet Collection Double Envelope

마음을 읽는 마술에서 관객의 질문이 적힌 종이를 모으기 위해 이용된다. 이런 종류의 봉투는 단순하면서도 효과적으로 물건을 바꿀 수 있고, 동시에 관객이 종이에 적은 질문을 무대 뒤에서 직접 확인할 수도 있다. 물론 재떨이에 놓고 태울 종이는 아무것도 적혀 있지 않은 빈 종이이다.

준비

19cm×26cm 혹은 이보다 큰 마닐라 봉투 두 장을 준비한다(**그림 2**). 봉투 하나의 앞면을 자른다(**그림 3**). 뚜껑도 잘라내고, 윗부분을 살짝 V자로 잘라 나머지 봉투와 일치하게 만든다. 이렇게 잘라낸 종이를 **그림 4**와 같이 나머지 봉투 안에 넣어 칸막이로 만든다.

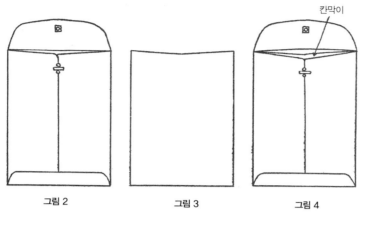

| 그림 2 | 그림 3 | 그림 4 |

칸막이

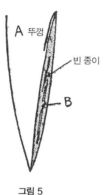

A 뚜껑

빈 종이

B

그림 5

아무것도 적지 않은 빈 종이를 공간 B에 넣는다. 그리고 뚜껑을 접어서 공간 B의 입구를 가린다. 접은 뚜껑은 공간 A에 끼운다(**그림 5**).

시연

관객이 무언가를 적은 종이를 모은다. 그리고 공간 B에 미리 넣어둔 종이와 비슷하게 접는다. 이렇게 접은 종이는 공간 A에 넣고 무대로 돌아온다. 공간 A에 끼워두었던 뚜껑을 열어 빈 종이를 어항에 쏟아낸다. 그리고 자연스럽게 봉투에 아무것도 없음을 보여준다. 봉투는 조수에게 주어 무대 밖으로 가져가게 한다. 그리고 어항에 쏟은 빈 종이에 불을 붙인다.

센트리 투 엔드 실드 이중 봉투Century Two-Ends-Sealed Double Envelope

양쪽을 봉인한 이중 봉투(Two-Ends-Sealed Double Envelope)와 비슷하지만, 한 가지 차이점이라면 공간의 반전이 있다는 것이다. 봉투의 윗부분을 잘랐을 때 234페이지의 **그림 16**과 같이 공간 A가 열리고 공간 B가 봉인되는 대신 공간 B가 열리고 공간 A가 봉인된다. 그리고 봉투의 아랫부분을 잘랐을 때는 공간 B가 열리고 공간 A가 봉인되는

Tarbell course in Magic

대신 공간 A가 열리고 공간 B가 봉인된다(**그림** 6).

때로는 이중 봉투의 앞면이 얇아서 빛이 통과되어 당혹스러운 경우도 있다. 이때 봉투 뒷면을 두 겹으로 만든다.

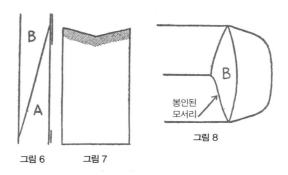

그림 6   그림 7   그림 8

봉인된
모서리

준비

봉투의 앞면을 잘라서, 윗부분을 살짝 V 모양으로 다듬어 봉투 뒷면의 모양과 일치하게 만든다(**그림** 7). 잘라놓은 종이의 위 모서리 1cm에 고무 시멘트를 바른다. 그리고 이 종이를 나머지 봉투 안에 넣고 V자 모양의 두 모서리를 붙인다(**그림** 8). 그럼 공간 A는 봉인되고, 공간 B는 열려 있다.

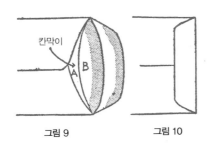

칸막이

그림 9   그림 10

바닥을 고정시킬 때는, 먼저 아래 날개를 연다. 봉투를 벌린 후, 칸막이 종이가 봉투 뒷면에 가게 한다(**그림** 9). 아래 날개와 날개 바로 아랫부분까지 시멘트를 바른다. 그리고 날개를 원래대로 접어서 **그림** 10과 같이 만든 후 눌러준다. 그럼 공간 B는 봉인되고 공간 A가 열려 있다.

이중 봉투를 이용한 멘탈 이펙트
Mental Effects with Double Envelopes

이중 봉투를 이용하여 할 수 있는 멘탈 미스터리는 다양하다. 마술사의 약간의 상상력이 더해지면 관객을 사로잡는 멋진 마술이 만들어진다. 괜찮은 마술 몇 가지를 소개하고자 한다.

관객에게 빌린 지폐의 일련번호 맞히기 Reading the Number on a Borrowed Dollar Bill

봉투의 비밀 공간에 미리 넣어둔 1달러 지폐의 일련번호를 기억한다. 그리고 관객에게 1달러 지폐를 빌린다. 마술사에게 지폐를 건네기 전에 관객이 일련번호를 숨기기 위해 지폐를 반에 반으로 접어 봉투에 넣고 봉인한다. 전에 한번도 보지 못한 지폐의 일련번호를 떠올리는 척하며 칠판에 분필로 숫자를 적는다. 실제로는 미리 봉투에 넣어둔 지폐의 일련번호를 적는다. 봉투의 아랫부분을 잘라서 안에 있는 지폐를 꺼내 일련번호를 확인하게 한다. 물론 그는 그 지폐가 자신의 것이라고 생각한다. 이때 새 지폐를 준비해서 숨겨두고, 관객에게도 새 지폐를 빌려야만 한다. 새 지폐가 아닌 낡은 지폐를 준비한 경우에는 그와 비슷하게 낡은 지폐를 관객에게 빌려야 한다.

관객에게 빌린 동전의 발행년도 맞히기 Reading Numbers on Borrowed Coins

위에서 설명한 것과 비슷한 마술이다. 관객이 5센트, 25센트, 50센트 동전을 각각 하나씩 이중 봉투에 넣고 봉인한다. 그럼 각각 동전의 발행년도를 말한다. 그리고 미리 숨겨두었던 동전을 관객에게 준다.

선택될 세 장의 카드 예언하기 To Predict Three Selected Cards

칠판에 카드 이름 세 가지를 적고, 관객이 보지 못하게 엎어둔다. 그리고 세 명의 관객에게 각각 카드 한 장씩 선택하게 한다. 이때 관객이 카드를 보게 해서는 안 된다. 카드의 뒷면이 보이게 이중 봉투 안에 넣고 봉투를 봉인한다. 마술사가 이미 예언을 한 뒤, 관객이 자유롭게 카드를 선택했음을 강조한다. 봉투를 열어 미리 숨겨둔 카드 세 장을 꺼낸다. 그리고 칠판에 적어둔 예언을 보여주고, 카드와 칠판의 내용을 확인하게 한다.

자유롭게 선택된 카드 세 장 맞히기To Read Three Freely Chosen Cards

이중 봉투 세 장을 이용하여 정교한 마술을 선보일 수 있다. 세 명의 관객에게 각각 한 장의 카드를 선택하게 한다. 그럼 관객은 카드의 앞면을 보지 않은 상태로 곧바로 봉투에 카드를 넣고 봉인한다. 네 번째 사람이 봉투를 섞는다. 그리고 또 다른 관객이 봉투 하나를 자유롭게 선택한다. 그가 어떤 카드를 선택하건 마술사는 그 카드를 맞힐 수 있다. 세 개의 봉투에는 모두 같은 카드가 숨겨져 있기 때문이다. '알지 못하는' 카드를 맞히는 마술은 관객을 사로잡는다.

자물쇠와 열쇠The Lock and Keys

일곱 개의 열쇠와 하나의 자물쇠를 보여준다. 관객 한 명을 무대로 부른다. 그리고 그에게 자물쇠와 열쇠를 건넨다. 자물쇠를 열 수 있는 열쇠는 일곱 개 중 하나뿐이다. 봉투 일곱 개에 열쇠를 하나씩 넣고 봉투를 봉인한다. 관객이 봉투를 섞으면 또 다른 관객을 불러 봉투 하나를 선택하게 한다. 그리고 관객의 직감을 시험해보겠다고 이야기한다.

"우리 안에는 우리 눈에 보이지 않는 것에 대해 이야기해주는 무언가가 있습니다."

어떤 봉투를 선택하건 비밀 공간에 숨겨둔 열쇠를 꺼내서 자물쇠를 열 수 있다.

뱅크 나이트Bank Night

봉인된 봉투 다섯 개를 보여준다. 그리고 관객 네 명을 무대로 부른다. 봉투 네 개에는 빈 종이가 들어 있고, 한 개에는 1달러 지폐가 들어 있다고 설명한다. 관객이 먼저 봉투를 선택하면 선택의 여지없이 남은 봉투를 잡는다. 하지만 거기에 1달러 지폐가 들어 있다. 이때는 '양쪽을 봉인한 이중 봉투(Two-Ends-Sealed Double Envelope)'를 이용하여 봉투에 지폐와 빈 종이를 모두 넣어둔다. 그럼 마술사 마음대로 봉투에서 지폐를 꺼낼 수도, 빈 종이를 꺼낼 수도 있다.

불가능한 예언
The Impossible Prediction

한 식당에서 회의론자가 심령마술사에게 그의 능력을 증명해 볼 것을 요구했다고 한다. 그러자 심령마술사는 테이블 위에 놓인 빈 잔 두 개를 자기 앞으로 가져갔다. 그리고 주머니에서 종이 한 장을 꺼내서 거기에 무언가 적어 접은 뒤 1번 잔 안에 넣었다. 그 다음부터 그 종이는 건드리지도 않았다.

다음으로 회의론자에게 여종업원 한 명을 불러달라고 했다. 그러자 회의론자가 지나가는 여종업원 불렀다. 마술사는 그녀에게 혹시 그를 본 적이 있는지, 그를 아는지 물었다. 물론 아니었다. 그들은 서로 전혀 모르는 사이였다. 마술사가 그녀에게 종이를 건네주며 멀리 가서 거기에 네 자리 숫자 하나를 쓰라고 말했다. 그리고 숫자를 쓴 종이를 두 번 접어서 2번 잔에 넣으라고 했다. 여기까지 이루어졌을 때, 회의론자가 직접 잔에 든 종이를 꺼내서 펼쳤다. 마술사가 미리 적어놓은 숫자는 여종업원이 쓴 숫자와 일치했다!

그러고는 심령마술사와 회의론자는 함께 식당을 나섰다. 회의론자는 마술사가 그 여종업원을 조수로 미리 매수해 둔 것은 아닌지 의심했다.

"흠, 저 식당에서는 잘 해내더군. 그런데 저기 바에서는 못할 것이라고 장담하네."

바에서도 같은 과정을 되풀이 했다. 대신 바에서는 여종업원이 아니라 남종업원이 참여했다. 이번에도 종업원은 마술사가 예언한 숫자와 똑같은 숫자를 적었다. 이 과정에서 어떻게 속임수라는 게 있을 수 있단 말인가! 모든 곳에 조수를 심어두는 것은 불가능한 일이 아닌가! 전혀 불가능한 일이다.

우리의 편집자인 랠프 리드(Ralph Read)를 포함한 심령마술 전문가 몇 명이 이 마술에 대해서 연구한 결과 아주 단순하고 실용적인 방법을 알아냈다. 지금 그 방법을 타벨의 학생들에게 소개하고자 한다. 아마 여러분의 명성에 큰 도움이 될 것이다.

★ 준비물

1. 빳빳한 흰색 종이 두 장. 불투명해야 하고, 한 변의 길이는 9.4cm가 적당하다.
2. 한 변이 8.7cm인 1번과 같은 종이 한 장. 여기에 **그림 1**과 같이 다음 메시지를 적는다. 쉽게 읽을 수 있도록 또박또박 적어야 한다.

이 종이를 몰래 읽으십시오.

1달러는 챙기시고,

빈 종이에 ……라고 적어주세요.

반드시 비밀을 지켜주세요.

감사합니다!

이 내용을 종이에 두 번 적어서, 어떻게 종이를 퍼더라도 내용이 눈에 띄게 만들어야 한다.

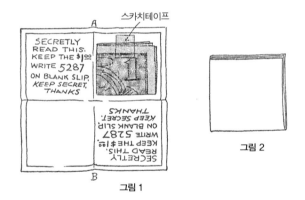

그림 1

그림 2

큰 종이 위에 작은 종이를 포개 놓고, 메시지를 적은 부분이 왼쪽 위와 오른쪽 아래로 가게 한다. 그리고 종이 두 장을 한번에 세로로 길게 접는다. 그림 **그림 1**에서와 같이 A와 B 사이에 선이 생긴다. 이때 작은 종이가 안으로 가게 접어야만 한다. 다음으로 아랫부분을 위로 접어 올려 원래 종이의 1/4 크기가 되도록 만든다(**그림 2**).

접었던 종이를 다시 편다. 그리고 1달러 지폐를 1/8 크기로 작게 접어서 오른쪽 위나 왼쪽 아래의 빈 공간에 스카치테이프로 붙인다. 마지막으로 종이를 다시 접는다.

이때 지폐나 작은 종이가 밖으로 삐져나오지 않고, 종이 한 장을 접은 것처럼 보여야만 한다. 이렇게 준비한 이중 종이와 평범한 종이 한 장을 접어서 주머니에 넣는다. 눈으로 봐서는 똑같아 보인다.

시연

나머지 과정은 뻔하다. 마술사가 일어나서 준비한 이중 종이를 종업원에게 건넨다. 그리고 종업원이 해야 할 일이 무엇인지 설명한다.

"이 종이를 갖고, 아무도 보지 못하는 곳으로 가세요. 그리고 종이를 펴서 거기에 네 자리 숫자 하나를 적으세요. 뭐, 2973, 6125와 같은 숫자를 적으시면 됩니다. 그리고 종이를 처음처럼 다시 접어서 이쪽으로 갖고 와서 직접 잔에 넣어주세요. 어느 누구도 그 내용을 보거나 종이를 건드려서는 안 됩니다. 아시겠죠? 감사합니다."

특히 1달러 지폐가 팁으로 주어지기 때문에 종업원이 지시를 따르지 않을 가능성은 거의 없다. 나중에 누구에게 이에 대한 이야기를 하는 것은 전혀 문제가 되지 않는다. 이렇게 사람을 자신의 편으로 만드는 것은 매우 중요하다. 그리고 결과가 성공적이기 때문에 그 방법은 중요하지 않다. 이런 점에서 어떤 방법을 사용하건 보이는 효과가 가장 중요하다고 말했던 아네맨(Annemann)의 생각에 적극 동의한다.

로열 텔레폰 테스트
The Royal Telephone Test

얼마 전 뉴욕 소년들이 다시 유행시켰던 것으로, 처음에 내가 속았던 것처럼 여러분도 속을 것이다. 아주 오래된 것으로 다양한 마술용품점에서 천차만별의 가격으로 판매되고 있다. 얼마나 오래되었는지 누가 처음 만들었는지조차 알 수 없다. 아이들이 이 방법으로 내가 속고 있을 때, 편집자 랠프 리드는 나도 모르는 사이에 U. F. '젠' 그랜트(U. F. 'Gen' Grant)의 방법을 사용하기 위한 계약을 맺고 있었다.

★ 이펙트

마술사가 관객 한 사람에게 카드 한 벌을 준다. 그리고 자유롭게 카드 한 장을 선택하게 한다. 다음으로 전화번호부를 펼쳐 아무 번호나 하나 선택하게 한다. 관객이 그 번호로 전화를 걸어서 텔레파시 테스트와 관련하여 여론조사 중이라고 이야기한다. 그리고 머릿속에 떠오르는 카드 하나를 말해달라고 부탁한다. 믿든 말든 전화를 받은 사람이 선택된 카드를 말한다.

★ 준비물

1. 카드 한 벌. 관객에게 빌려서 사용해도 된다.
2. 다이얼을 돌리는 전화기(다른 전화기를 사용해서는 안 된다)와 전화번호부
3. 보이지 않는 조수 한 명

준비

테스트할 장소에 다이얼 폰이 놓여 있는지 확인한다. 그리고 시험이 이루어지는 동안 전화를 받은 조수에게 그 전화번호를 알려준다. (시험이 이루어지는 동안 조수는 '전혀 낯선 사람'이다) 때가 되면 조수가 무대에 있는 전화로 전화를 건다. 그럼 누가 전화를 받건 조수는 "0000-0000(잘못된 번호 아무거나) 아닌가요?"라고 묻는다. 물론 전화를 받은 사람은 아니라고 대답하고 전화를 끊는다.

하지만 보이지 않는 조수는 전화를 끊지 않고 그대로 수화기를 들고, 회선을 열어둔다. '잘못된 전화'는 테스트를 시작해도 된다는 신호이다.

시연

조수가 보낸 신호를 받은 후, 곧바로 함께 있는 사람들에게 이야기한다.

"저는 요즘 멀리 떨어져 있는 사람에게 텔레파시 보내는 법에 대해 연구하고 있습니다. 그 사람은 이곳에서 무슨 일이 일어나고 있는지 전혀 알지 못합니다. 그리고 저는 그 사람을 본 적도 없고 알지고 못합니다. 다른 사람이 상대를 무작위로 지목해 주거든요. 지금 이 자리에서 곧바로 한 번 해보겠습니다. 저를 도와주실 분 계신가요? 없으신가요? 만약 제가

잘 해내면 큰 박수를 받을 거예요. 그리고 제가 못한다고 해도 손해 볼 건 없잖아요. 약간의 시간만 투자하시면 됩니다. 혹시 포커 카드 갖고 계신 분 있나요? 없으면 제 카드를 사용해도 됩니다. 자, 카드를 받으시고요. 골고루 섞은 후 앞면이 보이게 펼쳐주세요. 그리고 그중 한 장을 선택하고, 나머지는 테이블에 내려놓으세요."

관객이 하트 5를 선택했다고 하자.

"선생님께서 직접 선택하신 카드입니다. 이제 전화번호부를 펼쳐보세요. 아무데나 펼쳐서 번호 하나를 골라주세요."

관객이 전화번호부를 펼쳐 번호를 고르면 자연스럽게 수화기를 든다. 아직 조수가 전화를 끊지 않고 있기 때문에 회선이 열려 있는 상태이다. 조수는 전화기를 통해 무대에서 이루어지는 대화를 들을 수 있다.

"전화번호를 하나 선택하셨나요? 네, 좋습니다. 번호를 불러주세요. 5-6694, 존 도(John Doe)라는 분이네요. 전화번호 역시 선생님께서 직접 선택하셨습니다. 그리고 하트 5 역시 선생님의 선택이었고요."

그럼 조수는 수화기를 통해 카드 이름을 듣고, 관객은 다이얼을 돌린다.

"자, 이제 수화기를 받으시고 다이얼을 돌려주세요. 상대가 전화를 받으면 텔레파시에 관한 연구를 위해 조사하는 중이라고 이야기하고, 머리에 떠오르는 카드 이름을 하나 말해달라고 말씀하세요. 그쪽에서 카드 이름을 말하면 지금 손에 들고 계신 카드의 이름을 알려주세요."

관객이 다이얼을 돌린다. 만약 관객이 수화기를 들고 있다면 통화연결음 듣기를 기대할 것이다. 그렇기에 마술사가 수화기를 들고 통화연결음을 듣는 척한다. 그리고 번호를 하나 누르다가 관객에게 이야기한다.

"오, 선생님께서 직접 번호를 돌리시는 게 좋겠네요. 저는 첫 번째 숫자만 눌렀습니다."

멀리에 있는 조수가 전화를 받는 척하며 선택된 사람의 이름을 (여기에서는 존 도) 이야기한다. 아니면 "6694, 존 도입니다"라고 말한다. 그리고 카드 이름을 하나 말해달라는 부탁을 받으면 수화기를 통해 몰래 들은 카드, 하트 5라고 말한다.

카드를 이용하지 않고 도시의 이름, 숫자, 단어 등을 물어도 된다. 카드는 조작의 가능성이 있기 때문에 이런 질문이 더욱 효과적이다.

이때 주의해야 할 점이 있다. 무대의 전화로 조수에게 전화를 걸었다가 끊은 후, 다시 수화기를 드는 경우에는 조수와 연결되어 있지 않다. 이 경우에는 자동적으로 회선이 끊긴다. 전화를 건 쪽에서 끊지 않아야 회선이 열려 있다. 이 상태에서 전화를 받은 사람이 수화기를 내려놓았다가 다시 들으면 통화가 가능하다.

만약 갑자기 테스트를 해야 하는 상황이 돼서 조수가 전화를 걸어주길 기다릴 수도 없고, 조수가 집에 있는지 밖에 나갔는지도 알 수 없는 상황에는 다음과 같이 하면 된다. 먼저 조수의 집에 전화를 걸어 조수가 전화를 받으면 마치 아버지나 어머니, 혹은 다른 사람에게 이야기하는 척한다. 그리고 현재 어디에 있는지 이야기한다.

"여기가 지금… 존스 스트리트의 OOO 씨 집이거든요."

그럼 조수는 전화번호부에서 그 집의 전화번호를 찾을 수 있다. 잠시 후 조수가 그 집으로 전화를 걸면 잘못된 번호라고 말하며 끊는다.

그랜트는 회선을 열어두기 위해 전화기에 넣어 두는 작은 검은색 막대기를 구했다. 이 막대기를 사용하면 전화를 건 쪽에서도 잠시 전화를 끊은 것처럼 보이게 할 수 있다. 하지만 회선은 끊이지 않고 연결되어 있다. 전화를 건 사람이 수화기를 내려놓지 않을 때와 비슷한 상황이 된다. 하지만 앞에서 설명한 방법만큼 깔끔하지는 못하다. 그리고 그랜트가 이용한 검은색 막대기가 모든 종류의 전화기에 적용되는 것은 아니었다.

테스트 결과에 관객은 입을 다물지 못한다. 카드 이름을 정확히 전달하는 등 완벽한 준비를 위해서는 조수와 미리 맞춰봐야만 한다. 이 원리는 다양한 마술에 적용될 수 있다.

타벨의 '뱅크 나이트'
Tarbell's 'Bank Night'

오래전 영국 마술사들이 '뱅크 나이트'라는 재미있는 마술을 소개했다. 여러 개의 봉투를 나무 쟁반에 놓고, 관객들에게 봉투를 하나씩 선택하게 한다. 봉투 하나에는 5달러 지폐가 들어 있다고 말한다. 쟁반에 마지막으로 남은 봉투는 마술사를 위한 것으로, 그 안에는 지폐가 들어 있다. 이 마술은 특별히 제작한 쟁반으로 인해 가능하다. 이 쟁반을 이용하면 빈 봉투를 지폐가 든 봉투로 바꿀 수 있다. 그렇기에 관객이 마술사를 위해 어떤 봉투를 남기건, 마술사는 항상 지폐가 든 봉투를 열게 된다. 간단한 방법을 찾던 중 알게 된 이 마술은 큰 성공을 가져왔다.

★ 이펙트

다섯 개의 봉인된 봉투가 판자 위에 놓여 있다. 판자의 크기는 30cm × 23cm, 두께는 0.18cm이다. 네 명의 관객이 각각 봉투 하나씩 선택한다. 그리고 마술사가 다섯 개의 봉투 중 하나에는 5달러 지폐가 들어 있다고 설명한다. 관객은 자유롭게 봉투를 선택하고, 마술사를 위해 하나만 남겨둔다. 마술사는 봉투에 대해 전혀 선택의 여지가 없다. 하지만 관객의 봉투에서는 빈 종이가 나오고, 마술사의 봉투에서 지폐가 나온다.

준비물

1. 특별히 제작한 비밀 구멍이 있는 판자(**그림 1, 그림 2**). 판자의 크기는 30cm × 23cm, 두께는 0.18cm이다. 합판 세 장을 겹쳐서 만든 것으로, 가운데 합판의 두께는 0.6cm이다.

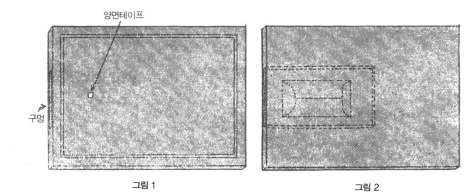

양면테이프

구멍

그림 1　　　　　　　　그림 2

가운데 한판에는 16.8cm×10cm의 구멍이 뚫려 있다(**그림 2**). 이 구멍은 지폐가 든 봉투를 숨겨두는 데 이용된다. 그리고 판자의 모서리에서 1.2cm 떨어진 지점에 빙 둘러 검정색 선을 그린다. 그리고 옆면도 모두 검은색으로 칠해서 관객이 구멍을 잘 보지 못하게 만든다.

2. 봉투 여섯 장. 10.6cm×6.2cm 크기가 적당하다.
3. 5달러 크기의 빈 종이 다섯 장. 봉투가 얇은 경우에는 회색이나 녹색 종이를 이용한다.
4. 5달러 지폐 한 장
5. 앞뒤에 모두 접착력이 있는 양면테이프 조금. 양면테이프가 없는 경우에는 일반 스카치테이프를 이용하여 끈끈한 면이 위로 오도록 판자에 붙여둔다.

준비

5달러 지폐를 반으로 접은 후 다시 반으로 접어서 6.5cm×3.7cm 크기로 만든다. 그리고 봉투에 접은 지폐를 넣고 봉인한 후, 지폐가 담긴 봉투를 판자 가운데 구멍에 넣는다(**그림 2**). 이때 봉투를 납작하게 눌러야 나중에 쉽게 봉투를 꺼낼 수 있다. 봉투가 잘 나오지 않는 경우에는 봉투에 지폐와 함께 동전을 넣어두면 동전의 무게 때문에 봉투가 쉽게 나온다.

빈 종이도 지폐와 같은 방법으로 접어서 봉투에 넣는다. 그리고 봉투를 봉인한 후 테이블에 차곡차곡 쌓아둔다.

판자의 구멍에서 4.3cm 떨어진 지점 가운데에 한 변이 0.6cm인 양면테이프를 붙인다(**그림 1**). 양면에 모두 접착력이 있기 때문에, 판자에 테이프를 고정시킨 상태에서 그 위에 무언가를 붙일 수 있다.

시연

"뱅크 나이트나 기프트 나이트와 같이 관객이 돈이나 냉장고, 예복 등을 얻을 수 있는 무언가가 없으면 마술쇼도 성공하기 어렵다고 하더라고요. 그래서 준비했습니다. 누가 5달러 지폐를 공짜로 가져갈까요? 네 분이 오셔서 봉투를 하나씩 선택해주세요. 다섯 개의 봉투 중 한곳에는 지폐가 들어 있습니다. 그럼 이제 네 분만 무대 위로 올라와주세요."

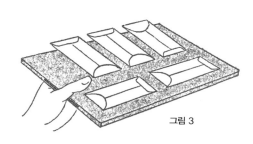

그림 3

관객 네 명이 무대 위로 올라온다. 만약 여자 관객이 있으면 여자 관객 네 명을 부르는 것이 좋다. 두 명은 오른쪽에, 두 명은 왼쪽에 세운다. 이때 마술사와 관객의 거리를 약간 유지해야 더 수월하게 진행할 수 있다. 왼손 엄지손가락으로 양면테이프를 가린 상태에서 판자를 집는다. 그리고 오른손으로 봉투를 집어 판자 위에 펼쳐놓는다(**그림 3**).

"숙녀 여러분, 방금 제가 판자 위에 봉투 다섯 개를 놓았습니다. 그중 하나에는 5달러 지폐가 들어 있습니다. 나머지에는 빈 종이가 들어 있고요. 이제 여러분에게 봉투 하나씩 선택할 수 있는 기회가 주어집니다. 저는 선택의 여지없이 마지막으로 남은 봉투를 갖겠습니다. 그럼 공평하겠죠? 좋습니다. 이제 봉투를 하나씩 선택해서 집으십시오."

한 명씩 차례대로 봉투를 집게 한다. 그럼 마지막으로 봉투 하나가 판자 위에 남는다.

"자, 여러분은 자유롭게 봉투를 선택하셨습니다. 그리고 저를 위해 한 개를 남겨두셨고요. 제가 처음에 말씀드렸다시피 저에게는 선택의 기회가 없습니다. 저는 여러분이 남겨주신

Tarbell course in Magic

봉투를 갖는 수밖에 없습니다. 이 봉투를 저에게 남겨주셨고요."

봉투를 집어서 오른손을 잡는다. 그리고 다시 판자 위에 놓는다. 이때 봉투를 양면테이프 위에 놓고 오른손 엄지손가락으로 봉투를 누른다. 봉투가 떨어지지 않도록 꽉 잡는다.

"다시 한 번 기회를 드리겠습니다. 혹시 봉투를 바꾸고 싶으신 분 계십니까? 원하시면 기꺼이 바꾸셔도 됩니다."

만약 봉투를 바꾸기 원하는 사람이 있으면 봉투를 바꿔준다. 판자 위에 놓인 봉투를 주고 그 사람이 갖고 있는 봉투를 받아서 다시 양면테이프 위에 놓고 엄지손가락으로 누른다.

"또 바꾸고 싶으신 분 계신가요? 저는 모두가 만족하셨으면 좋겠습니다."

또 바꾸길 원하는 사람이 있으면 전과 같은 방법으로 봉투를 바꾼다. 봉투를 바꿀 때마다 항상 봉투는 **그림 4**와 같이 놓는다.

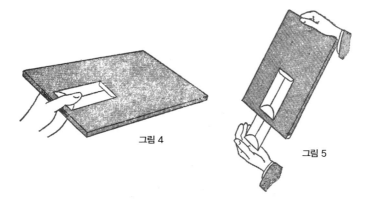

그림 4

그림 5

보통 봉투를 바꾸는 사람은 그리 많지 않다. 하지만 봉투를 바꿀 경우에 마지막으로 봉투를 양면테이프 위에 놓고 엄지손가락으로 누르는 것을 잊지 말아야 한다. 그러고 나서 오른손으로 판자의 구멍이 있는 반대쪽을 잡고 판자를 기울인다(**그림 5**). 이때 관객이 판자에 붙여둔 봉투를 보지 못하도록 충분히 판자를 기울여야 한다. 그럼 구멍에 숨겨둔 봉투가 왼손 위로 떨어진다(**그림 5**). 단순히 판자 위에 봉투를 놓고 판자를 기울이는 동작으로 매우 자연스럽게 봉투를 바꾼 것이다. 관객은 이런 일이 일어났는지 전혀 상상하지도 못한다.

봉투가 붙어 있는 면이 아래로 가게 판자를 테이블 위에 뒤집어 놓는다. 오른손으로 판자를 잡고 기울인 상태이기 때문에 자연스럽게 판자를 뒤집어 놓을 수 있다. 이때 판자에 붙여놓은 봉투를 관객에게 보이지 않도록 주의해야만 한다.

왼손에 있는 봉투로 관객의 이목을 집중시킨다.

"숙녀분들, 제게도 봉투 하나를 남겨주셔서 감사합니다. 그럼 이제 봉투를 열어볼까요?"

관객이 봉투를 뜯는 동안 같이 봉투를 뜯는다.

"그리고 이제 안에 들어 있는 것을 꺼내봅시다. 여러분 중 한 분이 지폐를 갖고 계셨으면 좋겠네요."

관객은 모두 봉투에서 종이를 꺼낸다. 그럼 이때 봉투에서 지폐를 꺼낸 후 펼쳐서 보여준다.

"저에게 지폐를 남겨주시다니, 너무 감사드립니다."

이 상태에서 관객을 객석으로 돌려보내며 마무리지어도 된다. 하지만 이 상태에서 더욱 좋은 인상을 남겨주기 위한 과정을 진행해도 된다.

메탈 카드 체인지 케이스는 카드를 사라지게 하거나 나타나게 할 때 또는 바꿀 때 자주 이용되며, 마술용품점에서 구할 수 있다. 케이스의 바닥에 1달러 지폐 다섯 장을 넣어둔다. 그리고 위 칸에는 담배 네 개비를 넣어둔다.

"여러분 모두 훌륭하게 해내셨습니다. 그리고 저에게 5달러 지폐를 남겨주실 정도로 관대하시네요. 그렇기에 저도 관대해질 수 있을 것 같네요."

카드 케이스를 집어서 안에 있는 담배를 테이블에 쏟는다. 그리고 5달러 지폐를 접어서 위 칸에 넣는다. 뚜껑을 닫는다.

"5달러 지폐를 다섯 조각으로 찢는 것보다는……."

케이스를 열어서 1달러 지폐 다섯 장을 꺼낸다.

"마술로 5달러 지폐 한 장을 1달러 지폐 다섯 장으로 바꾸는 게 좋겠죠? 그럼 이제 1달러 지폐 한 장씩 받으세요. 여기요, 여기요."

네 명에게 각각 지폐 한 장씩 건네준다. 그리고 마지막 한 장을 들고 이렇게 말한다.

"물론 저도 한 장 가져야겠죠?"

타벨의 슬롯 보드Tarbell Slot Board

이 판자는 매우 유용한 도구이다. '뱅크 나이트' 뿐만 아니라 편지를 바꾸는 마술이나 원래 세워둔 카드에 한 장을 더하는 경우에도 이용할 수 있다. 흔히 회사에서 고객 발송용으로 사용하는 8.5cm×16.2cm 크기의 봉투도 쉽게 다른 봉투로 바꿀 수 있다. 봉투에 동전을 넣어서 사용해도 된다. 이 밖에도 타벨의 슬롯 보드로 할 수 있는 마술은 무궁무진하다.

사이킥 넘버 7
The Psychic Number 7

루이스 탄넨(Louis Tannen)은 일곱 장의 카드를 갖고, 멀리 있는 사람의 생각을 읽어내는 미스터리를 가능하게 했다. 그 방법 또한 단순하기 때문에 누구나 할 수 있다. 특히 아직도 너무 널리 알려진 오래된 방법을 사용하고 있는 사람에게 꼭 필요한 방법이다.

★ 이펙트

멀리 있는 조수의 초능력을 보여주기 위해 마술사가 관객에게 카드를 빌린다. 그리고 관객 한 명이 조수에게 전화를 걸고, 조수는 관객에게 카드를 섞으라고 말한다. 다음으로 카드 일곱 장을 선택한 뒤, 나머지는 치워두라고 지시한다. 그리고 일곱 장의 카드 중 한 장을 선택하여 옆에 둔 후, 나머지 여섯 장의 카드 이름을 알려달라고 한다. 관객이 여섯 장의 이름을 모두 말하고 나자마자 조수는 관객이 선택한 카드가 무엇인지 말한다.

★ 준비물

카드 한 벌 외에는 특별히 필요한 준비물이 없다. 하지만 반드시 단순한 암호를 기억해야만 한다. 기억력에 자신이 없다면, 조수는 종이와 연필을 준비해 두면 좋다.

준비

관객인 Mr. S가 조수(사람들에게 영매라고 소개한다)에게 전화를 걸면, 마술사는 더 이상 관객에게 아무 말도 하지 않는다. 이때부터는 전화상으로 조수가 Mr. S에게 모든 지시를 내린다. 혹은 전화를 이용하지 않고, 조수가 옆방에서 직접 목소리로 지시를 내려도 된다. Mr. S가 영매의 지시를 따르는 동안 마술사는 조용히 보기만 한다. 마술사는 여섯 장의 카드를 들고 Mr. S에게 하나씩 보여주는 역할을 한다. 상황에 따라 천천히, 혹은 빠르게 카드를 보여주어 암호를 전달한다. Mr. S는 자신도 모르는 사이에 암호를 전달하는 역할을 하게 된다. 마술사는 선택된 카드가 무엇인지 알고 있는 상태에서 아무 말도 하지 않고 그 내용을 전달한다.

빠르고 느린 것에 다음과 같은 의미를 부여한다.

빠름 - 점(.)   느림 - 대시(-)

처음 네 장의 카드를 말하는 속도는 카드에 적힌 숫자를 의미한다. 첫 번째부터 네 번째 카드에 각각 하나의 숫자를 부여하고, 그 숫자의 합을 통해 의미를 파악한다. 이때 이용되는 숫자는 1, 2, 4, 6이다. 빨리 읽은 카드에 해당하는 숫자만 더한다. 예를 들어, 종이에 1, 2, 4, 6을 나란히 적어놓은 후, 카드를 읽는 속도에 따라서 숫자 아래에 점이나 대시를 그린다. 점과 대시를 통해서 그 카드가 빠르게 읽혔는지, 느리게 읽혔는지 알 수 있다. 만약 **그림 1**과 같은 결과가 나왔다고 하자. 빠르게 읽은 숫자를 더하면, 점이 찍힌 숫자는 1, 2, 6이기 때문에 그 합은 9가 된다. 즉, 카드에 적힌 숫자가 9임을 나타낸다.

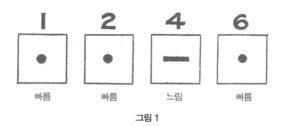

그림 1

이제 남은 두 장의 카드를 이용하여 카드의 모양을 알려줘야 한다. **그림 2**와 같이 클럽은 점/점, 다이아몬드는 대시/대시, 하트는 대시/점, 스페이드는 점/대시라고 암호를 정한다. 그럼 마지막 두 카드를 읽는 속도에 따라 카드의 무늬를 알 수 있다. 예를 들어 다이아몬드 카드라면 다섯 번째 카드와 여섯 번째 카드 모두 느리게 읽어야 한다. 그럼 대시 두 개가 나오기 때문에 다이아몬드를 의미한다. 킹 스페이드라면 다음과 같은 암호를 만들어야 한다. 점/점/점/점(합은 13), 점/대시(스페이드), 즉 처음 네 장의 카드는 빠르게, 그리고 다섯 번째 카드도 빠르게, 여섯 번째 카드는 느리게 읽어야 한다.

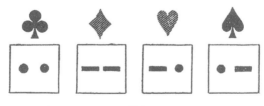

그림 2

시연

만약 관객의 카드를 빌리지 않고 마술사의 카드를 이용한다면, 선택된 한 장의 카드에 표시를 남겨도 된다. 관객의 카드를 사용하는 경우에는 선택된 카드를 다른 관객에게 맡긴 뒤, 영매에게 전화를 걸게 하거나, 영매를 옆방에 들어가게 한다. 그럼 이제 영매가 Mr. S에게 지시를 하기 시작한다. 먼저 카드를 섞은 후, 카드의 뒷면이 보이게 펼쳐놓고 일곱 장을 선택하게 한다. 나머지 카드는 치워두고 카드 일곱 장만 갖고 골고루 섞는다. 그중 한 장을 뽑아서 테이블 위에 놓게 한다. (선택된 카드에 표시를 할 수 있는 경우에는, 다른 관객에게 보여주지 말고 테이블에 뒤집어놓는 것이 좋다.) Mr. S는 남은 여섯 장의 카드를 골고루 섞어서 카드의 뒷면이 보이게 마술사에게 준다.

다시 영매는 Mr. S에게 지시에 잘 따라 줄 것을 부탁한다. 이때 마술사는 선택된 카드가 무엇인지 알고 있다. 여기에서는 하트 5라고 하자. 마술사는 카드 여섯 장을 손에 들고, 하나씩 Mr. S에게 보여줄 준비를 한다. 그리고 영매가 Mr. S에게 카드의 이름을 불러달라는 말을 끝내기 전에 미리 첫 번째 카드를 Mr. S에게 보여준다. 그럼 첫 번째 카드는 빠름, (1)을 더해야 함을 의미한다. 영매는 종이에 표시(여기에서는 점)한 뒤 다음 카드의 이름을 말해달라고 부탁한다. 두 번째 카드는 느림을 의미해야 하기 때문에 마술사는 천천히 카드를 집어서 보여준다. 아니면 Mr. S에게 보여주기 전에 먼저 살짝 들춰서 보며 시간을 끈다. 이렇게 두 번째 카드는 느리게, 다시 세 번째 카드는 빠르게, 네 번째 카드는 느리게 보여준다. 그럼 1과 4만 유효한 숫자이기 때문에 이 둘을 더하면 5가 된다.

다섯 번째 카드는 느리게 보여주고, 여섯 번째 카드는 빠르게 보여주어 대시/점의 암호를 만든다. 이는 하트를 의미한다. 그럼 이제 영매는 하트 5라는 사실을 알게 된다.

"빨간색이 보이네요. 하트인가? 아, 하트 맞네요. 하트가 하나, 둘, 셋, 넷, 다섯 개가 있네요. 선택하신 카드는 하트 5입니다!"

★ 주의

마술사와 영매는 암호를 완전히 익힐 때까지 둘이서 연습해야만 한다. 그리고 빠르고 느린 신호를 정확하게 하기 위해서는 여러 번 맞춰봐야만 한다. 만약 영매가 암호를 제대로 기억할 자신이 없다면, 암호를 간단하게 표로 만들어서 봐도 된다. 영매가 직접 무대 위에서 전화를 받는 것이 아니기 때문에 아무도 이 사실을 알지 못한다.

Tarbell course in Magic

마술사는 카드를 빠르게, 그리고 천천히 보여주는 동작에서 실력발휘를 해야 한다. 자연스러우면서도 무심한 듯 카드를 보여주어야 관객의 의심을 피할 수 있다. 엉뚱한 곳을 보거나 카드를 슬쩍 들춰보며 시간을 끌어도 되고, 연필을 떨어뜨리거나 손수건을 꺼내서 땀을 닦으며 시간을 끌어도 된다. 빨리 보여줘야 하는 경우에는 영매의 말이 떨어지기 무섭게 카드를 Mr. S의 눈앞에 갖다대면 된다.

그리고 마지막으로 당부하고 싶은 것은, 영매는 반드시 관객이 카드의 이름을 말해 준 후 2~3초 기다리다가 다음 카드의 이름을 물어야만 한다. 그래야 카드와 카드의 구분이 명확해지고, 더욱 효과적으로 마술을 진행할 수 있다.

선샤인의 '스톱 카드' 미스터리
Sunshine's 'Stop Card' Mystery

저명한 심령마술사인 마틴 선샤인(Martin Sunshine)은 오래전 마술사들이 이용하던 이펙트를 연구한 끝에, 쉽고 깔끔하면서도 효과적인 방법을 알아냈다. 단순한 카드 속임수가 아닌 그 이상의 것을 보여줄 수 있다. 또한 관객의 직감이 얼마나 강력한지 보여주기 위해 이용할 수도 있다.

★ 이펙트

모자 두 개를 보여준 후, 마술사의 오른쪽에 있는 작은 테이블에 모자 하나를 내려 놓는다. 이때 모자의 입구가 위를 향하게 한다. 남은 모자는 같은 방법으로 왼쪽 테이블에 놓는다. 다음으로 카드 한 벌을 보여준 후, 관객 세 명에게 각각 한 장씩 선택하게 한다. 그럼 관객은 카드를 선택하여 기억한 뒤, 다시 다른 카드 사이에 놓는다. 다시 모은 카드를 골고루 섞으며 무대 위로 올라가 왼쪽 모자에 넣는다. 그리고 마술사는 직감의 힘에 대해 이야기하며 방금 관객이 선택한 카드 세 장을 갖고 직감 테스트를 해보겠다고 한다. 왼쪽 모자에서 카드 한 장을 꺼내어 카드 뒷면이 객석을 향하게 든다. 그리고 관객이 "멈춰!"를 외칠 때까지 왼쪽 모자에 있는 카드를 한 장씩 오른쪽 모자로 옮긴다. 관객이 "멈춰!"를 외치면 마술사는 손에 있는 카드를 뒤집는다. 그 카드는 다름 아닌 선택된 카드이다. 남은 두 명의 관객과도 이 과정을 반복한다. 역시 두 번 모두 선택된 카드가 나타난다.

준비물

1. 평범한 카드 한 벌
2. 세 가지 모양의 카드가 있는 포스 카드 한 벌. 세 가지 모양의 카드가 각각 17장 씩 들어 있다. 예를 들어 **그림 1**과 같이 스페이드 킹 17장, 클럽 8 17장, 하트 5 17 장이 들어 있다.
3. 모자 두 개
4. 작은 테이블이나 의자 두 개

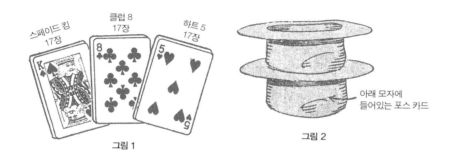

스페이드 킹
17장

클럽 8
17장

하트 5
17장

그림 1

아래 모자에
들어있는 포스 카드

그림 2

준비

모자 하나에 포스 카드를 넣고, 그 위에 나머지 모자를 올려놓는다(**그림 2**). 그리고 평범한 카드 한 벌을 준비하여 포스 카드와 같은 모양의 카드 세 장을 맨 위에 놓는다. 이렇게 준비한 카드는 테이블 위에 놓거나 주머니에 넣는다. 작은 테이블은 서로 1m 정도의 거리를 유지해야 한다. 원한다면 테이블 대신 의자를 준비해서 의자에 모자를 올려놓아도 된다.

시연

"여자의 직감은 다른 사람들은 보지 못하고 듣지 못하는 것들을 알려줍니다. 그녀가 그것을 어떻게 알게 되었는지 물어보면 분명 단순히 그녀가 그것을 알고 있다는 사실 외에는 어떻게 알게 되었는지 대답하지 못합니다. 이번에는 직감과 관련한 마술을 보여드리고자 합니다."

모자 두 개를 한번에 들어서, 위에 있는 모자를 오른쪽 테이블에 놓는다. 이때 자연스럽게 모자 안에 아무것도 없음을 보여준 뒤, 모자의 입구가 위를 향하게 놓는다. 그리고 아래에 있는 모자는 관객이 안에 있는 카드를 보지 못하게 조심해서 왼쪽 테이블에 놓는다. 만약 객석이 무대보다 높이 있어서 관객이 모자 안을 볼 수 있다면, 모자의 땀 밴드부분을 편다. 반드시 관객이 모자 안을 볼 수 있어서는 안 된다. 다음으로 평범한 카드 한 벌을 집고 객석으로 간다.

첫 번째 여자 관객이 하트 5를, 두 번째 남자 관객에게는 클럽 8, 세 번째 여자 관객에게는 스페이드 킹을 선택하게 만든다. (상황이 여의치 않을 경우에는 남자 관객 세 명 혹은 여자 관객 세 명과 함께 진행해도 된다. 단, 이런 경우에는 멘트를 살짝 수정해야 한다.) 관객이 선택한 카드를 기억한 뒤 원래대로 다시 놓게 한다. 그럼 또 다른 관객이 카드를 골고루 섞는다. 카드를 돌려받은 후 무대 위로 돌아와 두 개의 테이블 사이에 선다.

포스 카드 한 벌　　평범한 카드 한 벌

그림 3

"여러분께서 직접 카드 세 장을 자유롭게 선택하셨습니다. 그리고 기억한 뒤 다른 카드와 함께 섞었습니다. 그럼 이제 선택된 카드가 어디쯤 있는지는 아무도 모릅니다. 이제 이 카드를 왼쪽 모자 안에 넣겠습니다."

손에 있는 카드를 왼쪽 모자 안 포스 카드 옆에 놓는다(**그림 3**).

"이제 직감에 대한 실험을 해보겠습니다. 이제 저는 이렇게 모자에서 카드를 한 장씩 꺼내겠습니다."

왼쪽 모자에 손을 넣어 평범한 카드 묶음에서 카드를 한 장씩 꺼낸다. 이때 꺼내는 카드는 선택된 카드가 아니어야만 한다. 그리고 카드의 뒷면이 객석을 향하게 한 상태로 모자와 모자 사이에서 잠시 멈춘다(**그림 4**).

"이렇게 카드를 잠시 제 앞에 들고 있겠습니다. 그러고는 오른쪽 모자에 넣겠습니다. 그럼 제가 들고 있는 카드가 선택된 카드인지 직감을 이용해 느껴보셔야 합니다."

그림 4

아무 관객에게 이렇게 말한다.

"이 카드가 선택된 카드일까요? 아닐까요? 만약 그렇다고 생각하시면 '예', 아니라고 생각하시면 '아니오' 라고 대답해 주세요."

만약 관객이 '아니오' 라고 대답하면 카드를 뒤집어 전혀 상관없는 카드임을 보여준 뒤 오른쪽 모자에 넣는다.

"맞습니다. 이건 선택된 카드가 아니네요. 선생님의 직감이 제대로 작동하고 있네요."

만약 관객이 '예' 라고 대답하면 카드를 뒤집어서 선택된 카드가 아님을 보여준 뒤 오른쪽 모자에 넣는다.

"직감이 제대로 활동하도록 하지 않으시네요. 단순히 찍고 계시네요. 그럼 이제 직접 카드를 선택하신 분의 직감에 따르겠습니다. 각자 선택하신 카드에 집중해 주십시오."

하트 5를 선택한 여자 관객에게 이렇게 말한다.

"사모님, 제가 왼쪽 모자에 손을 넣어 카드를 한 장씩 꺼내서 오른쪽 모자로 가는 중 잠시 멈추겠습니다. 만약 그 카드가 사모님께서 선택하신 카드라는 생각이 드시면 '멈춰'를 외쳐주세요. 만약 선택하신 카드가 아니라는 생각이 드시면 아무 말씀도 하지 마십시오. 그럼 그냥 오른쪽 모자에 카드를 넣겠습니다. 어떻게 해야 하는지 아시겠죠? 좋습니다. 첫 번째 카드를 꺼내겠습니다."

왼쪽 모자에 손을 넣어 포스 카드 묶음에서 하트 5를 집는다. 그리고 카드 뒷면이 객석을 향하게 한 상태로 꺼낸다. 오른쪽 모자로 가는 중에 잠시 멈춘다. 이때 관객이 '멈춰'를 외치면 카드를 뒤집어 그녀의 직감이 옳다는 것을 보여주면 된다.

"맞습니다, 사모님. 직감이 제대로 작동하고 있네요. '여자의 직감은 틀리지 않다' 라고 제가 말했었죠?"

만약 '멈춰'를 외치지 않으면 계속 카드를 움직여 오른쪽 모자에 넣는다. 관객이 '멈춰'를 외칠 때까지 포스 카드의 하트 5를 계속 꺼내어 도중에 멈췄다가 오른쪽 모자에 넣는다. 그러다 관객이 '멈춰'를 외치면 카드를 뒤집어 그녀가 옳음을 보여준다.

신비함을 더하기 위한 방법이 있다. 두세 번 정도는 카드 두 장을 한 번에 꺼내서 한 장인 것처럼 보여준다. 이때 포스 카드 묶음에서 꺼낸 카드 뒤에 평범한 카드 묶음에서 꺼낸 카드 한 장을 넣는다. 그럼 관객이 아무런 반응이 없을 때 상관없는 카드를 보여줄 수 있다.

"이건 선생님께서 선택하신 카드가 아니네요. 그렇죠?"

아주 미묘한 차이지만 이로 인해 관객의 놀라움은 배가 된다.

"이제 남자의 직감을 확인해 보겠습니다. 오늘 직감이 어떤 거 같으세요? 선생님. 아주 좋다고 생각하시나요?"

이번에는 포스 카드에서 클럽 8을 한 장씩 꺼내며 앞의 과정을 반복한다. 그리고 관객이 자신이 선택한 카드라고 생각하여 '멈춰'를 외치기를 기다린다. 처음 한 번이나 두 번은 선택된 카드와 상관없는 카드 두 장을 한번에 꺼낸다. 그리고 상관없는 카드를 보여준다. 그 후에 관객이 '멈춰'를 외치면 이렇게 묻는다.

"지금 제가 들고 있는 카드 말인가요? 아니면 방금 제가 오른쪽 모자에 넣은 카드 말인가요? 그것도 아니면 다음으로 제가 꺼낼 카드인가요? 오, 지금 들고 있는 카드 말이군요. 좋습니다."

카드를 뒤집어 보여준다.

"맞습니다. 직감이라는 게 여자에게만 있는 것은 아닌가 보네요."

마지막으로 스페이드 킹을 선택한 여자 관객에게 '멈춰'를 외쳐달라고 부탁한다. 그리고 그녀가 '멈춰'를 외칠 때까지 포스 카드의 스페이드 킹을 오른쪽 모자로 옮긴다. '멈춰'를 외치는 순간 카드를 뒤집어 스페이드 킹을 보여준다.

"사모님, 이 카드가 맞나요? 좋습니다. 킹이라, 알겠습니다. 여자는 한 번 찍은 남자는 절대 놓치는 법이 없네요."

오른쪽 모자 안에 있는 카드를 나란히 정리한 후 꺼낸다. 이때 상관없는 카드가 맨 앞에 오게 한다. 이렇게 정리한 카드는 왼쪽 모자로 가져가 포스 카드 위에 놓는다. 다음으로 포스 카드 옆에 있던 평범한 카드를 집어 테이블 위에 놓는다. 그리고 오른쪽 모자를 왼쪽 모자 위에 올려 안에 있는 포스 카드를 가린다.

★ 주의
또 다른 방법은 '스벵갈리(Svengali)' 카드라는 기발한 포스 카드를 이용하는 것이다. 이 카드 묶음에서 둘 중 하나는 포스 카드이다. 카드의 뒷면이 보이게 잡은 상태에서 카드를 섞으면 한 사람이 그 사이에 손가락을 넣는다. 그렇게 포스 카드를 선택하게 만든다. 다음으로 카드의 순서가 바뀌지 않도록 앞뒤로 섞은 뒤 오른쪽에 있는 모자에 넣는다. 관객이 '멈춰'를 외칠 때까지 카드를 한 장씩 꺼내서 반대쪽 모자에 넣는다. 원하는 경우에는, 두 가지 모양이 있는 스벵갈리 카드를 이용해도 된다. 위에 반에는 한 종류의 선택된 카드가 있고, 아래 반에는 다른 종류의 선택된 카드가 들어 있다. 이 방법을 이용하면 평범한 카드 없이 스벵갈리 카드 한 벌만 갖고 진행할 수 있다.

가짜 교감
Synthetic Sympathy

저명한 작가이자 발명가인 테드 앤맨(Ted Annemann) 덕분에 이 마술을 소개할 수 있게 됐다. 그는 단순하면서도 관객의 호기심을 극대화시키는 이펙트를 우리에게 소개시켜주었다. 1934년경, '내가 하는 대로 해봐(You Do As I Do)'가 한창 유행할 당시 그는 아주 단순한 버전을 소개했다. 특히 멘탈 미스터리에 매우 적합하다. 내용은 그가 전해준 그대로이고, 거기에 명확한 이해를 위해 그림만 첨가했다.

★ 이펙트

카드 두 벌을 빌린다. 하나는 뒷면이 파란색, 나머지 하나는 뒷면이 빨간색이다. 그리고 정신적인 힘을 이용하여 마술사가 이미 뽑은 카드와 똑같은 카드를 관객이 선택하게 만든다. 간단히 말해서, 마술사는 관객이 어떤 카드를 선택할지 이미 알고 있는 것처럼 보인다.

★ 준비물

뒷면이 빨간색인 카드 한 벌과 파란색인 카드 한 벌. 가능하면 관객에게 빌리는 것이 좋다.

시연

카드 한 벌을 관객에게 건네 골고루 섞게 한다. 잘 섞은 카드를 받으며 동시에 나머지 카드를 건네준다. 받은 카드는 오른손으로 잡는다. 이때 엄지손가락으로 한쪽 모서리를, 나머지 손가락으로는 반대쪽 모서리를 잡고 카드의 앞면이 손바닥을 향하게 한다(**그림 1**). 그리고 두 번째 카드를 뒷면이 손바닥을 향하게 하여 왼손으로 받는다. 다음으로 몸을 오른쪽으로 살짝 돌리고, 오른쪽 카드 묶음을 왼쪽 카드 묶음 위로 가져가서 바깥쪽으로 기울인다(**그림 2**). 이때 왼손 손가락을 이용해 오른손 맨 아래에 있는 카드를 왼손에 있는 카드 위로 가져간다(**그림 3**). (제1권 **레슨** 10에 있는 '슬립 체인지 (Slip Change)' 와 비슷한 방법이다.)

왼손에 있는 카드를 뒤집어 앞면이 손바닥을 향하게 하며, 어느 쪽 묶음을 사용할 지 관객에게 묻는다.

그림 1   그림 2

관객이 어떤 묶음을 선택하건 오른손에 있는 묶음을 펼친다. 우선 카드의 뒷면이 보이게 테이블에 내려놓은 후 오른쪽에서 왼쪽으로 카드를 펼친다(**그림 4**). (지금 펼치 는 카드의 뒷면이 빨간색이라고 하자.)

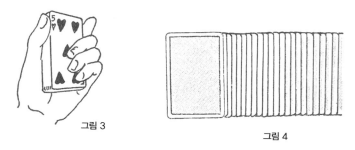

그림 3   그림 4

왼손에 있는 (파란색) 묶음은 앞면이 마술사를 향하게 뒤집은 후, '카드를 찾기 위 해' 전체 카드를 훑어본다. 빨간색 카드에서 넘어온 카드와 동일한 카드를 찾기 위해 파란색 카드를 본다. 파란색 카드를 왼쪽에서 오른쪽으로 살짝 부채모양으로 펼친 후, 똑같은 카드를 발견하면 왼손과 오른손 엄지손가락을 이용하여 맨 위에 있는 빨 간색 카드를 똑같이 생긴 카드 위로 민다. 이때 관객이 보이지 않게 주의한다(**그림 5**).

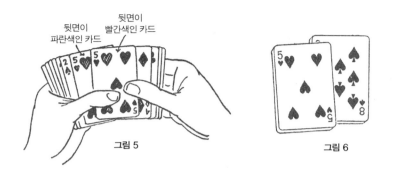

뒷면이
파란색인 카드

뒷면이
빨간색인 카드

그림 5

그림 6

이제 오른손으로 똑같이 생긴 카드 두 장 사이에 있는 카드를 잡아서 카드를 반으로 가른다. 그럼 빨간색 카드는 똑같이 생긴 파란색 카드와 함께 아래 묶음의 맨 뒤에 위치한다. 다음으로 위 묶음을 아래 묶음 뒤에 놓는다(**그림 6**). 객석에서는 마치 마술사가 원하는 카드를 찾은 후 카드를 반으로 잘라 앞부분을 뒤로 보낸 것처럼 보인다.

앞면이 마술사를 향해 있는 카드는 똑같이 생긴 빨간색과 파란색 카드이다. 오른손 엄지손가락으로 이 카드 두 장을 한 번에 2.5cm 정도 밀어 올린다. 이때 카드 두 장이 마치 한 장처럼 보이도록 해야 한다(**그림 7**). 그리고 왼손으로 이 카드 두 장을 뒤집은 후, 앞면이 손바닥을 향하게 오른손으로 잡는다. 나머지 카드는 앞면이 보이게 테이블에 내려놓는다. 오른손에 있는 카드는 항상 관객에게 뒷면을 보여주고, 마치 한 장처럼 다뤄야만 한다. 그리고 왼손으로 옮겨 잡으며, 엄지손가락으로 안쪽 모서리, 나머지 손가락으로는 바깥 모서리를 잡는다. 왼손 집게손가락으로는 바깥쪽 위 모서리를 잡는다(**그림 8**).

그림 7

그림 8

관객 한 명을 무대로 불러, 뒷면이 빨간색인 카드의 뒷면이 보이게 바닥이나 테이블에 펼쳐 놓은 후 그중 한 장을 선택하라고 지시한다. 관객이 선택한 카드를 집어 관객에게 보여주지 않고 앞으로 가져와 왼손에 있는 파란색 카드 뒷면 위에 놓는다. 이때 카드를 완전히 겹치지 말고, 파란색 카드가 빨간색 카드 위로 1.5cm 정도 보이게 한다. 반드시 빨간색 카드와 파란색 카드 모두 한시도 시야에서 사라지게 해서는 안 된다(**그림 9**). 물론 또 다른 빨간색 카드는 파란색 카드 뒤에 숨어 있다.

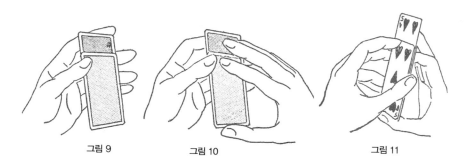

| 그림 9 | 그림 10 | 그림 11 |

왼손 집게손가락으로 똑같이 생긴 카드 두 장의 앞면 위쪽을 누른다. 그리고 오른손 가운뎃손가락으로 파란색 카드와 빨간색 카드의 경계부분을 누른다. 그럼 두 장이 동시에 위로 밀린다. 똑같이 생긴 카드 중 마술사를 향해 있던 빨간색 카드가 상대적으로 아래로 내려오게 되는데, 오른손 엄지손가락으로 내려오는 카드를 받쳐서 빨간색 카드 두 장을 나란히 정리한다(**그림 10**). 오른손 집게손가락은 관객에게 보이는 파란색 카드의 뒷면에 놓여 있고, 가운뎃손가락은 빨간색 카드 뒷면에 놓여 있다.

관객에게 어떤 카드가 본인이 선택한 카드인지 물어보며, 파란색 카드를 위로 당기면 빨간색 카드 두 장은 완전히 포개진다. 관객은 마술사가 전에 선택한 파란색 카드와 관객이 선택한 빨간색 카드를 함께 들고 있다가 나눴다고 생각한다. 항상 관객이 카드의 앞면을 보지 못하도록 주의해야 한다(**그림 11**).

관객이 빨간색 카드를 선택하기 전에 마술사가 파란색 카드를 선택했다는 사실을 다시 한 번 강조한다. 그리고 **그림 12**에서와 같이 왼손으로 잡고 있는 파란색 카드를 테이블에 내려놓으며 앞면을 공개한다.

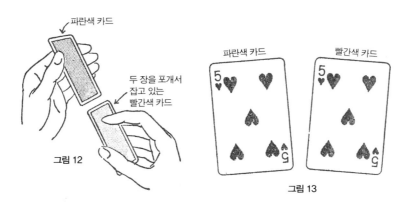

파란색 카드

두 장을 포개서 잡고 있는 빨간색 카드

그림 12

파란색 카드

빨간색 카드

그림 13

　이제 손에는 완전히 포개서 잡고 있는 빨간색 카드 두 장뿐이다. 마치 한 장인 것처럼 뒤집어 카드의 앞면을 보여준다. 그럼 방금 공개한 파란색과 같은 모양이 나타난다(**그림 13**).

　겹쳐서 들고 있는 빨간색 카드를 앞면이 아래로 가게 오른손으로 잡은 후, 펼쳐놓은 카드를 긁어모을 준비를 한다. 그런 다음 오른쪽에서 왼쪽으로 카드를 긁어모은 후, 카드를 집어서 나란히 정리하여 앞면이 보이도록 뒤집는다. 이때 빨간색 카드 묶음과 파란색 카드 묶음 맨 위에 놓인 카드의 앞면이 일치한다. 마지막으로 카드에 속임수가 전혀 없음을 확인하기 위해 관객에게 카드를 건넨다.

심령사진
Spirit Photograph

오랫동안 심령사진을 얻고, 영적인 세계를 경험하기 위해 노력한 사람들이 있다. 보이는 세상에서 보이지 않는 사진은 큰 흥미를 불러일으킨다. 그렇기에 영매는 상상력이 풍부한 관객 앞에서 아무것도 없는 사진에서 다른 사진이나 다른 그림이 나타나게 하고자 했다. 그리고 마술사들은 갑자기 재미있는 사진이 나타나게 하는 방법을 알아냈다. 그중에는 정교한 도구가 필요한 방법도 있다.

여기에서는 아무것도 없는 인화지에 사진이 나타나게 하는 간단한 방법을 소개하고자 한다. 사진을 이용해도 되지만 편의상 포커 카드를 이용하기로 하자.

★ 이펙트

아무것도 없는 인화지를 관객에게 보여준 후 빈 봉투에 넣고 봉인한다. 관객이 커트를 통해 카드 한 장을 선택한다. 그럼 커트로 갈라진 틈에 있는 선택된 카드 위에 봉투를 놓는다. 잠시 후, 봉투를 찢어서 인화지를 꺼낸다. 그 위에는 관객이 선택한 카드가 사진으로 나타나 있다.

★ 준비물

1. 마닐라지로 만든 이중 봉투. 제1권의 **레슨 9**(237쪽)에 소개되어 있고, 이번 레슨의 앞부분에서도 언급한 바 있다.

그림 1

2. 포커 카드를 찍은 사진 한 장. 여기에서는 다이아몬드 5라고 하자. 이때 사진은 봉투에 쉽게 넣었다 뺄 수 있는 크기여야만 한다. 만약 카메라가 있어서 카드 몇 장을 사진으로 찍어두면, 한 가지 카드만 사용하지 않고 다양한 카드를 이용할 수 있다(**그림 1**). 마술용품

Tarbell course in Magic

점에도 카드 사진이 있다.

3. 아무것도 없는 빈 인화지 한 장. 2에서 준비한 사진과 같은 크기, 같은 종류여야만 한다.

4. 카드 한 벌

준비

다이아몬드 5 사진을 이중 봉투의 뒤쪽 비밀 공간에 넣는다. 그리고 이중 봉투의 뚜껑 두 개를 서로 붙인다. 빈 인화지는 봉투의 앞 칸에 넣는다. 카드는 맨 위에 다이아몬드 5가 오게 하여 테이블 위에 놓는다.

시연

방법 1

봉투를 보여준 후, 안에 있는 인화지를 꺼낸다.

"오랫동안 사람들은 심령사진이나 영적인 현상에 큰 관심을 보여왔습니다. 그리고 설명하기 어려운 결과가 나온 실험도 있었습니다. 예를 들어, 정말 혼란스러운 실험이 있었습니다. 지금 제가 직접 보여드리겠습니다. 우선 아무것도 없는 빈 인화지를 사용하겠습니다."

빈 인화지를 보여준 후, 관객에게 준다.

"그리고 봉투가 있습니다."

봉투를 열어서 안에 아무것도 없음을 보여준다.

"이제 인화지를 봉투에 넣고 봉투를 봉인해 주시겠습니까?"

관객이 봉투에 인화지를 넣고 봉인한다. 오른손으로 봉투를 들고, 왼손으로 테이블에 놓인 카드를 집는다. 이때 엄지손가락으로 맨 위에 놓인 카드의 뒷면을 잡는다 (**그림 2**).

"나중에 더욱 정확하게 하기 위해서 봉투에 표기해두는 게 좋겠네요. 선생님 이니셜 좀 알려주세요. F. E. H. 감사합니다."

왼손에 있는 카드 맨 위에 봉투를 놓는다. 봉투가 카드 묶음을 가린 순간 맨 위에 있는 카드 한 장을 오른쪽으로 2.5cm 밀어 내어 오른손으로 카드를 잡는다. 이제 왼손 집게손가락과 가운뎃손가락으로 봉투 바로 아래 있는 카드를 누르고, 오른손은 카드에서 떼어 낸다. 왼손 엄지손가락을 봉투 위로 올려 봉투와 카드를 함께 잡는다 (**그림 3**).

그림 2 그림 3 그림 4

주머니에서 연필을 꺼내 멀리에서도 볼 수 있게 관객의 이니셜을 크게 봉투에 적는다. 다시 오른손으로 봉투를 옮겨 잡으며, 바로 아래 있는 다이아몬드 5를 함께 잡는다(**그림 4**).

"그리고 이제 이 카드를 골고루 섞어주세요."

관객이 카드를 모두 섞으면, 마술사의 왼손에 카드를 놓으라고 말한다. 이때 카드 뒷면이 위로 보이게 한다.

"다음으로 원하는 만큼의 카드를 집으십시오. 다시 말해, 원하는 부분을 커트해 주세요. 그리고 제가 그 사이에 봉투를 넣는 동안만 카드를 들고 계시면 됩니다."

관객이 카드 몇 장을 집으면, 왼손에 남아있는 카드 위에 봉투를 놓는다. 이때 봉투 뒤에 숨겨놓은 카드가 왼손에 있는 카드 위로 가게 한다. 다시 봉투를 집는다. 그럼 왼손에 있는 카드 중 맨 위에 있는 카드는 다름 아닌 다이아몬드 5이다.

"잠시 봉투를 놓기 전에 제 손에 있는 카드 중 맨 위에 있는 카드를 꺼내보겠습니다. 자, 보십시오. 원하시면 다른 분들도 함께 보십시오. 다시 카드를 원래 자리에 놓고, 그 위에 봉투를 놓겠습니다. 봉투 위에 나머지 카드도 놓아주십시오."

그림 5

관객에게 다이아몬드 5를 보여준 후, 다시 왼손에 카드를 놓고, 그 위에 봉투를 놓는다. 봉투 위에는 남은 카드를 올려놓는다(**그림 5**).

"선생님께서 선택하신 카드에 집중하십시오! 하나-둘-셋-넷-다섯! 감사합니다. 이 정도면 충분할 것 같네요."

위에 있는 카드를 들고 사이에 있는 봉투를 빼낸다.

"선택하신 카드가 어떤 카드였죠? 다이아몬드 5인가요?"

봉투 아래에 있는 다이아몬드 5를 집어 보여준다.

"다이아몬드 5, 맞습니다."

다이아몬드 5를 다시 왼손에 있는 카드 위에 놓고, 이제 카드는 테이블에 내려놓는다.

"이제까지 이 실험을 하면서 모든 것을 공평하게 하기 위해서 노력했습니다. 먼저, 빈 인화지를 여러분께 보여드렸고, 이 봉투에 넣었습니다. 다음으로 카드를 골고루 섞은 후, 중간을 갈랐고, 그때 가른 부분에 놓여 있던 카드는 다이아몬드 5였습니다. 제가 5를 세는 동안 선생님께서는 선택하신 카드에 집중하셨습니다. 이제까지 모든 과정이 제대로 이루어졌다면, 선택하신 카드가 심령사진으로 나타날 겁니다."

봉투를 찢어서 비밀 공간을 연다. 봉투를 벌려 안을 관객에게 보여준 후 사진을 꺼낸다. 다시 봉투 안을 관객에게 보여준 뒤, 봉투는 멀리 던져둔다. 다이아몬드 5가 찍힌 사진을 보여준다.

"다이아몬드 5입니다. 이 실험에서 이렇게 좋은 사진을 건지기는 어려운데요. 오늘 영혼의 기분이 자주 좋았나 봅니다."

방법 2

벨록스(Velox)와 같은 작은 크기의 인화지를 사용하는 경우이다. 필름에 인화지를 노출시킨 후 인화만 하면 되는 상태이다.

아무런 조작도 하지 않은 봉투에 준비한 종이를 넣고 봉인한다. 때가 이르면 봉투를 열어 종이를 꺼내서 작은 재떨이나 그릇에 넣는다. 잠시 후, 인화지에 사진이 나타난다. 단, 마술을 시작하기 전에 인화지를 너무 밝은 곳에 오래 두어서는 안 된다. 검은 봉투나 코트 안주머니에 넣어두는 것이 좋다.

엑스레이 카드
The X-Ray Cards

★ 이펙트

카드 케이스에서 카드 한 벌을 꺼내서 부채모양으로 펼친다. 다음으로 카드를 정확하게 반으로 갈라, 관객의 선택에 따라 반을 관객에게 준다. 그럼 이제 마술사와 관객 모두 카드 반 묶음씩 들고 있다. 마술사가 카드를 든 채로 뒷짐지고 서 있으면, 관객은 자신이 갖고 있는 카드 중 한 장을 선택해서 마술사의 카드 사이에 끼운다. 마술사가 관객을 향해 돌아서서 들고 있는 카드를 이마 앞으로 가져온다. 그리고 관객이 그의 카드 사이에 넣은 카드가 무엇인지 말한다. 마술사는 항상 카드를 나란히 정리하여 들고 있고, 부채모양으로 펼치지 않는다.

★ 준비물

1. 카드 한 벌

준비

카드에서 하트 킹, 하트 퀸, 다이아몬드 잭을 빼낸다. 남은 카드를 골고루 섞은 후 24장을 센다. 그리고 이 24장의 카드는 특별하게 준비한다. 카드 한 장을 판자 위에 올려놓고, 날카로운 칼로 한쪽 모서리에 있는 숫자와 모양을 자른다(**그림 1**).

나머지 23장도 같은 방법으로 자른다. 이때 가능하면 카드를 포갰을 때 구멍이 일치해야 한다. 그리고 구멍 낸 하트 퀸을 제일 앞에, 구멍 낸 다이아몬드 잭을 제일 뒤에 놓는다.

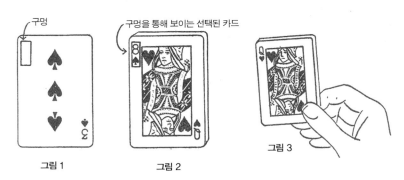

구멍

구멍을 통해 보이는 선택된 카드

그림 1   그림 2   그림 3

다른 카드를 이 사이에 넣으면 쉽게 알 수 있다. 구멍을 통해 카드의 모서리에 있는 숫자와 무늬를 볼 수 있기 때문이다(**그림 2**). 카드를 들고 있는 동안은 엄지손가락으로 구멍을 가릴 수 있다(**그림 3**).

하트 퀸 앞에 하트 킹을 놓는다. 이렇게 준비한 카드를 나머지 카드 위에 놓는다. 그럼 어느 지점을 갈라야 정확히 반이 되는지 알 수 있다. 카드를 다루는 동안, 절대 구멍이 보이지 않게 주의해야 한다. 카드를 케이스에 넣는다. 원하는 경우에는, 마술용품점에서 엑스레이 팩을 구입해도 된다.

시연

상자에서 카드를 꺼낸다.

"생각을 전달하는 신기한 마술을 보여드리겠습니다. 이 카드만 있으면 됩니다."

카드를 부채모양으로 펼쳐서 앞면을 관객에게 보여준다.

"카드 52장에 조커까지 있습니다. 이것을 반으로 나누겠습니다."

카드를 부채모양으로 펼쳐서 하트 킹을 찾는다. 그리고 그 위에 있는 카드를 빼낸다. 준비된 카드는 왼손으로, 나머지 카드는 오른손으로 잡고 가까이 있는 관객에게 묻는다.

"이 중 하나를 선택해주시겠습니까?"

관객이 선택할 수 있도록 양팔을 뻗는다. 이때 오른팔을 좀 더 길게 뻗어 관객과 가깝게 한다. 만약 그가 오른쪽 카드를 선택하면 이렇게 말한다.

"감사합니다. 그럼 이 카드를 잡아주시겠습니까?"

그리고 선택된 묶음을 관객에게 건넨다.
관객이 왼쪽 묶음을 선택한 경우에는 이렇게 말한다.

"감사합니다. 그럼 제가 이 선택된 카드를 이용하겠습니다. 그리고 나머지 카드를 이쪽 신사분에게 드리겠습니다."

그림 4

준비되지 않은 카드를 가까이에 있는 관객에게 건넨다. 관객이 어떤 쪽을 선택하건, 마술사는 준비된 묶음을 사용한다. 이제 다음 과정으로 넘어가면 된다.

"선생님, 이제 들고 계신 카드 중에서 한 장을 선택해주세요. 어떤 카드인지 확인하십시오. 저에게는 보여주시면 안 됩니다. 제가 카드 들고 있는 손을 뒤로 뻗으면, 그 사이 아무데나 선택하신 카드를 끼워주세요."

이렇게 말하면서 맨 위에 있는 하트 킹을 다이아몬드 잭 앞으로 넘긴다. 그리고 엄지손가락으로 카드 위로 보이는 구멍을 가린다. 카드 잡은 손을 뒤로 뻗은 후, 카드를 오른쪽으로 살짝 펼친다(**그림 4**). 이 상태에서 관객이 선택한 카드를 사이에 넣게 한다.

"제 손에 있는 카드를 나란히 모아주세요."

관객이 손에 있는 카드를 가지런히 모으면 관객을 향해 돌아선다. 이제는 오른손 집게손가락과 가운뎃손가락으로 카드 앞쪽에 보이는 구멍을 가린다. 카드의 앞면이 마술사를 향하게 한 상태에서 카드를 바꿔 잡는다. 구멍을 가리고 있는 집게손가락을 떼고, 엄지손가락으로 구멍을 가린다. 그래서 관객이 맨 앞에 있는 하트 퀸의 앞면을 볼 수 있게 한다(**그림 3**).

카드를 선택한 관객에게 이렇게 말하면서 카드를 수평으로 잡는다.

"선생님, 이제 선택하신 카드를 집중해서 생각해주세요."

말을 하는 동안 카드를 이마 높이로 들고 엄지손가락을 들어 구멍 사이로 보이는 카드의 숫자와 모양을 확인한다. 여기서 선택된 카드는 스페이드 8이라고 하자.

"지금 선택하신 카드를 생각하고 계신가요? 집중해주십시오! 검은색 카드네요. 스페이드…… 흠…… (잠시 주저한다) …… 스페이드 8이네요. 맞습니까?"

색깔, 모양, 숫자를 말할 때는 곧바로 얘기하지 않고 잠시 주저한다. 그리고 이 마술에서는 쇼맨십이 중요하다. 카드의 앞면이 보이게 오른손으로 카드를 잡고 살짝 펼친 후 스페이드 8을 빼낸다.

이제 다른 관객에게 다가간다.

"사모님, 사모님도 함께 이 실험을 해보시겠어요? 제가 뒤로 돌아있는 동안, 갖고 계신 카드 중 선택하셔서 제 손에 있는 카드 사이에 넣어주세요. 넣기 전에 카드를 확인하고 반드시 기억해 두십시오."

그럼 관객은 갖고 있는 카드 한 장을 선택해서 마술사 손에 있는 카드 사이에 넣는다. 그리고 전과 같은 과정을 반복한다. 관객에게 선택한 카드에 집중할 수 있도록 하고, 손에 있는 카드를 이마 높이로 들어올린다. 그리고 구멍을 통해 선택된 카드의 숫자와 무늬를 확인한 뒤, 다시 엄지손가락으로 구멍을 가린다. 이번에 선택된 카드는 하트 에이스라고 하자.

"이번에는…… (주저하다가) 빨간색 카드네요. 밸런타인데이가 생각나는데요. 하트 에이스입니다!"

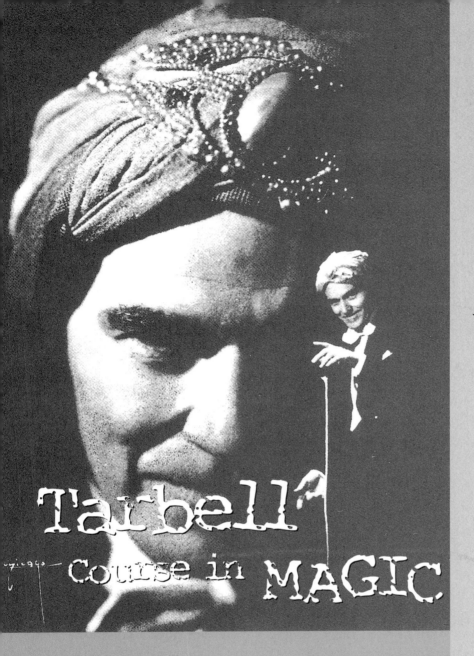

Tarbell
Course in MAGIC

Tarbell course in MAGIC

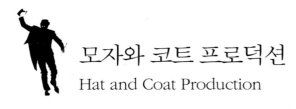

모자와 코트 프로덕션
Hat and Coat Production

정말로 이상하게 마술사는 모자 안이나 코트 아래에서 무언가를 만들어낸다. 특이하면서도 매력적인 마술이다. 서스톤(Thurston)과 데반트(Devant)는 중절모에서 수많은 계란을 만들어냄으로써 관객이 배꼽 빠지도록 웃게 만들었다. 켈라(Kellar)는 신사의 코트 아래에서 꿈틀거리는 토끼를 꺼냈고, 뿐만 아니라 엄청나게 긴 손수건을 만들어냈다.

이렇게 모자와 코트에서 무언가를 만들어낼 때는 크게 두 가지 방법을 이용한다.

1. 밖에 물건 숨겨두기 : 먼저 물체 안에 아무것도 없음을 보여주며 시작한다. 그리고 미스디렉션을 통해 관객이 다른 곳에 집중하고 있는 동안 준비해둔 물건을 모자나 코트 안에 넣는다. 이런 방법은 예를 들어 관객에게 모자를 빌려서 사용하는 경우에 유용하다. 물론 모자 안은 비어 있다. 그렇기에 관객 몰래 앞으로 만들어 낼 물건을 넣어야만 한다. 모자나 코트 안에 물건을 넣기 전에 숨겨둘 곳은 많이 있다. 그리고 자연스러운 동작으로 관객의 의심을 사지 않고, 물건을 모자 안에 넣을 수도 있다.

2. 안에 물건 숨겨두기 : 이 방법을 이용하면 이펙트를 한 번 끝냄과 동시에 또 다른 이펙트가 시작된다. 끝나는 이펙트는 세밀하게 위장된 것으로써, 새로운 이펙트를 완성하기 위한 과정이다. 예를 들어 보자 안에 아무것도 없음을 보여준다. 하지만 실제로 모자 안에는 앞으로 만들어낼 무언가가 채워져 있다.

두 가지 방법 모두 마술에서 없어서는 안 될 기술이다. 이 둘을 적절하게 사용할 수 있어야만 진짜 현명한 마술사이다.

제3권의 **레슨 44**에서 짐 셔먼(Jim Sherman)이 빌린 모자에서 토끼를 만들어낼 때 이용한 비법과 기술을 소개한 바 있다. 이는 밖에 물건을 숨겨둔 예이다. 이번 레슨에서는 먼저 '마스터 모자(Master Hat)'를 사용하는 방법에 대해서 살펴보고자 한다. 이는 안에 물건을 숨겨두는 방법으로 모자에서 물건을 만들어낼 때 겪게 되는 어려움 중 많은 부분을 보완해준다.

'마스터 모자'
The 'Master Hat'

영국의 브루넬 화이트(Brunel White)가 만들어낸 이 모자 덕분에, 더욱 쉽게 모자에서 사물을 만들어내는 마술을 할 수 있게 되었다. 모자 안에 아무것도 없음을 보여준 후 곧바로 사물을 만들어낸다. 마술사가 서 있는 무대에는 아무것도 없는 것처럼 보인다. 모자 안에는 처음부터 많은 것들이 들어 있지만, 어느 때 모자를 뒤집어 보여주건 모자 안에는 아무것도 없는 것처럼 보이기에 훌륭한 마술을 할 수 있다.

★ 마스터 모자 제작
마스터 모자를 만들기 위해서는 검은색 중절모 두 개가 필요하다. 큰 중절모에 작은 중절모가 꼭 맞게 들어가야만 한다. 모자를 고를 때, 큰 중절모의 땀 밴드를 위로 뒤집은 상태에서 작은 모자를 안에 넣어봐야 한다. 이때 작은 모자가 큰 모자 안으로 반쯤 들어가면 적당하다. 모자를 사기 전에 반드시 크기를 확인해 보는 것이 좋다.

그리고 집에 돌아와서 작은 모자의 챙, 밴드, 땀 밴드를 모두 잘라낸다(**그림 1**). 그리고 큰 모자의 땀 밴드를 위로 세운 후, 잘라낸 작은 모자를 넣어서 잘 맞나 확인한다(**그림 2**). 그리고 땀 밴드를 원래대로 접으면 된다. 땀 밴드가 우는 경우에는 한 쪽을 살짝 자르면 된다. 이 과정을 제대로 수행하면 1m 정도의 거리에서는 모자 안이 빈 것처럼 보인다. 어느 누구도 모자에 대해서 의심하지 않는다.

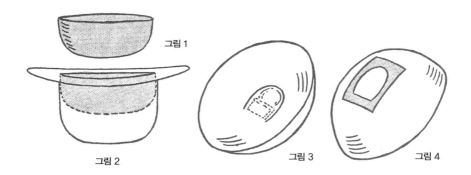

그림 1

그림 2

그림 3

그림 4

　다시 땀 밴드를 들어 안에 넣은 모자를 꺼낸다. 그리고 꺼낸 모자의 춤을 판자 위에 놓은 후, 아주 날카로운 칼로 뚜껑을 만든다(**그림 3**). 이때 뚜껑의 모양은 계란 윗부분을 1/3 잘라내고 남은 것처럼 생겼다. 이때 경첩 역할을 할 수 있도록, 한쪽 모서리는 자르지 않고 남겨둔다. 뚜껑을 만들 때 모자의 상표 둘레를 자른다. 이렇게 만든 뚜껑은 쉽게 위로 올렸다 내렸다 할 수 있다.

　뚜껑이 너무 아래로 깊숙이 들어가지 못하도록 펠트 천 조각을 댄다. 펠트 천에는 뚜껑보다 0.4cm 정도 작은 구멍을 뚫은 후 뚜껑 바로 뒤(모자의 볼록한 쪽)에 붙인다(**그림 4**).

　그림 5는 펠트 천을 고정시킨 후 모자 안쪽에서 바라본 모습이다. 펠트가 문턱 역할을 하여 뚜껑을 밀면 제대로 닫히게 된다. 이때 구멍은 손가락을 넣어 작은 모자와 큰 모자 사이에 숨겨둔 물체를 꺼낼 수 있는 크기여야만 한다.

　그리고 뚜껑에 간단한 잠금장치를 달아두는 게 좋다(**그림 6**, **그림 7**, **그림 8**). 모자 상표의 디자인 때문에, 간단한 잠금장치는 관객의 눈에 전혀 띄지 않는다. **그림 7**은 잠금장치가 잠겨 있는 상태이다. **그림 8**은 잠금장치가 열려 있는 모습이다. 잠금장치의 아랫부분은 나뭇잎 모양의 금속으로 되어 있으며, 길이는 1.2cm, 가장 넓은 부분의 폭은 0.6cm이다.

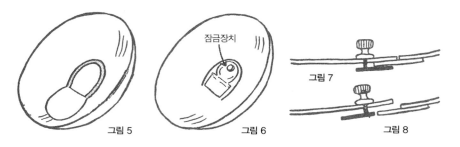

그림 5 그림 6 그림 7 그림 8

이렇게 준비한 작은 모자를 큰 모자 안에 다시 넣고 큰 모자의 땀 밴드를 원래대로 접는다(**그림 9, 그림** 10). 이때 작은 모자의 모서리와 큰 모자를 고정시키는 놋쇠 잠금장치를 이용하는 것이 좋다. 이 장치는 땀 밴드 아래에 위치하기 때문에 관객은 절대 알지 못한다. 장치에 달린 두 개의 갈퀴를 작은 모자 모서리 위로 접은 뒤 땀 밴드를 접는다. 문구점 등에서 구할 수 있다. 물건을 숨기기 위해서 작은 모자를 **빼야** 하는 경우에는 장치를 풀 수 있다.

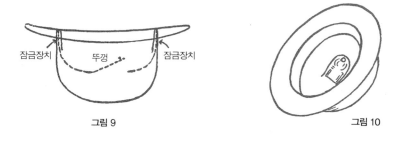

잠금장치 뚜껑 잠금장치

그림 9 그림 10

마스터 모자는 물건을 만들어낼 때뿐만 아니라 손수건과 같은 작은 물체를 사라지게 할 때, 사물을 다른 것으로 바꿀 때에도 유용하다.

★ 주의

모자 안에 숨겨둔 물체를 가리기 위한 또 다른 방법이 있는데, 이는 영국에서 유래된 것이다. 우선 모자 안에 넉넉하게 들어가는 얇은 금속 프레임을 준비한다. 모자 입구에서 3.2cm 안쪽에 프레임을 걸친다. 프레임에는 벨벳 두 조각이 고정되어 있다. 양쪽의 벨벳 조각은 프레임 가운데에서 약간 겹쳐 있다. 벨벳 사이로 손을 넣어 안에 숨겨둔 물체를 꺼내면 된다.

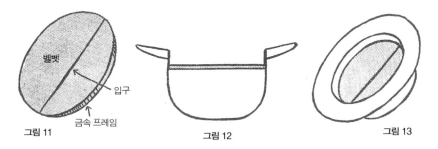

그림 11   그림 12   그림 13

그림 11은 프레임에 벨벳 조각을 고정시킨 모습으로, 손을 넣으면 벨벳이 벌어져 가운데 입구가 생긴다. **그림 12**와 **그림 13**은 모자에 프레임을 고정시킨 모습이다. 프레임은 벨벳보다 안쪽에 있기 때문에 관객은 보지 못한다.

재미있게 계란 만들어내기
Comedy Egg Production

미국에서는 서스톤(Thurston)이, 영국에서는 데반트(Devant)가 자주 선보이던 마술이다. 몇 해 전, 서스톤이 모자에서 수많은 계란을 꺼내어 소년의 팔에 쌓아놓는 것을 본 적이 있다. 이때 객석은 웃음바다가 되었다. 이 마술은 서스톤과 데반트가 좋아하고 애용하던 마술이다. 그들이 어떻게 아이들을 다뤘는지를 배울 수 있는 마술이기도 하다.

쉽게 할 수 있는 방법을 소개하고자 한다. 이 방법을 이용하면 주위에 아이들과 관객이 빙 둘러있는 상황에서도 마술을 선보일 수 있다.

★ 이펙트

마술사가 작은 소녀와 소년을 무대 위로 데려간다. 그리고 모자 안에 아무것도 없음을 보여준다. 그런데 갑자기 모자에서 진짜 계란이 발견된다. 그럼 그 계란을 소년에게 들고 있게 한다. 마술사는 한번에 하나씩 모자에서 계란을 만들어낸다. 어느새 수많은 계란이 소년의 팔에 쌓이게 된다. 마침내 계란이 너무 많아서, 소년 혼자서는 더 이상 들고 있기 어려운 상황이 된다. 결국 계란이 넘쳐서 바닥에 떨어지고, 그 모습에 객석은 웃음바다가 된다. 마지막으로 소년 팔에 남아 있는 계란을 다시 모자에 담는다. 그리고 소년과 소녀는 제자리로 돌아간다.

★ 준비물
1. 마스터 모자 하나. 앞에서 설명한 바 있다.
2. 계란 12~18개. 마스터 모자의 안에 무리하지 않는 범위 내에서 가능한 많이 넣는 것이 좋다.
3. 종이나 유포 한 장. 크기는 1m×2m가 적당하며, 계란을 던질 때 바닥에 깔아놓는 용도이다.

준비

그림 1

마스터 모자의 비밀 공간을 **그림 1**과 같이 가능한 많은 계란으로 채운다. 모자 안쪽 뚜껑의 잠금장치를 잠근 후, 모자를 테이블 위에 놓는다. 그리고 계란 하나는 오른쪽 코트 주머니에 넣어둔다. 코트가 없는 경우에는 오른손을 자연스럽게 내렸을 때 계란을 잡을 수 있는 주머니에 넣어둔다. 계란을 던질 곳, 즉 소년 조수가 서 있을 장소에 유포를 깐다.

시연
객석으로 내려가며 오른쪽 코트 주머니에 있는 계란을 손바닥에 숨긴다. 그리고 한 관객의 구레나룻, 턱이나 귀에서 계란을 만들어낸다.

"저에게 신선한 계란을 좀 빌려주시겠습니까? 아, 여기 신사분께서 제 부탁을 미리 알아차리시고 벌써 준비해 두셨네요."

객석에 있는 여자 아이 한 명을 선택하여 그 아이에게 계란을 준다.

"이 계란을 자세히 살펴보렴. 계란이 좋은지 어떤지 잘 보렴. 오, 저쪽에 계신 분께서 계란이 안 보인다고 하시는구나. 그럼 계란을 높이 들어서 보여드릴까?"

소녀는 팔이 귀에 닿도록 계란을 번쩍 들어올린다.

"오, 아직도 제대로 안 보이시나보네. 그럼 같이 무대로 올라가자꾸나."

소녀와 함께 무대 위로 올라간다. 그리고 소녀의 이름을 묻고 악수한 뒤, 관객에게 소녀를 소개한다. 여기에서는 소녀의 이름을 루스라고 하자.

"루스, 관객에게 인사드리렴. 여러분 루스를 소개합니다! 그런데 루스, 나를 돕는 동안 함께 하고 싶은 남자 아이가 객석에 있다고? 어떤 아이인지 알려주렴."

소녀가 소년을 지목하면 이렇게 말한다.

"그럼 우리 같이 내려가서 그 아이에게 계란을 줄까?"

루스와 함께 객석에 내려가 소년에게 계란을 준다. 그리고 나서 소년을 일으켜 세워 통로 쪽으로 나오게 한 뒤 무대 위로 함께 올라간다. 소녀는 왼쪽에, 소년은 오른쪽에 세운다. 소년이 서 있는 곳에는 유포가 바닥에 깔려 있다.

"이제, 루스, 내 왼쪽에 와서 서렴. 그리고 너는 계란 오른쪽에 있으렴. 계란은 그대로 갖고 있으렴."

소년에게 이야기하며 소년이 계란을 잡고 있는 손의 손목을 잡아 소년을 가까이 당긴다. 이와 동시에 소년의 손에 있는 계란을 손가락으로 밀어 바닥에 떨어뜨린다. 관객은 마술사가 계란을 미는 동작을 보지 못한다. 소년이 계란을 떨어뜨린 것처럼 보이게 해야만 한다. 관객은 웃고, 소년은 난처해 할 것이다. 소년을 보고, 바닥에 떨어진 계란을 쳐다보고 다시 소년을 본다. 그리고 관객을 보고, 소녀를 보고, 다시 소년을 본다.

"오, 걱정하지 않아도 된단다. 신사분께서 계란 하나를 더 나아주실 거란다."

소년에게 이름을 물어보고 악수를 청한다. 소년의 이름은 버트라고 하자.

"좋아, 버트, 만나게 돼서 정말 반갑단다. 그런데 루스, 혹시 전에 버트를 만난 적이 있니?"

소녀를 마술사 앞으로 오게 한 뒤 소년과 소녀가 서로 악수하게 한다.

"루스, 이쪽은 너의 오랜 친구, 버트란다. 버트, 이쪽은 너의 좋은 친구, 루스란다. 이제 우리는 서로 다 알게 됐으니 함께 즐거운 시간을 보낼 수 있을 것 같구나."

그림 2

그림 3

테이블 앞으로 가서 계란이 담겨 있는 마스터 모자를 집는다. 왼손으로 모자를 잡고, **그림 2**와 같이 소년과 소녀 사이에 선다.

"버트, 이런 모자 써본 적 있니? 한때 이런 갈색 중절모자가 유행했었단다. 그런데 이 모자를 만들기 위해 필요한 갈색 양을 더 이상 찾지 못해서 요즘은 검은색 중절모자가 유행하게 됐단다. 오늘밤 공연이 시작되기 전에 아주 신기한 일이 있었단다. 내가 무대 뒤 테이블에 모자를 올려두었거든. 잠시 후 모자가 있는 곳에 가보니 무슨 일이 있었는지 아니? 닭 한 마리가 모자를 둥지로 사용하고 있는 거야."

관객에게 모자 안에 아무것도 없음을 보여준다(**그림 3**).

"버트, 모자가 정말 훌륭한 둥지가 될지도 모른다는 생각이 들더구나. 모자 안에 계란이나 병아리라도 있지 않을까 생각했단다. 그런데 닭이 곧바로 도망가 버리더구나. 그리고 모자 안을 보니 닭털 말고는 아무것도 없더구나."

루스에게 모자 안을 잠시 보여준다.

"루스, 내가 아까 모자 안에 있는 닭털을 제대로 치웠는지 확인해 주지 않으련?"

여기에서 재미있는 심리가 나타난다. 관객에게 직접 말하지 않고도 모자 안에 아무것도 없음을 확신시켜줄 수 있다. 루스가 가까이에서 직접 모자를 보기 때문에 관객은 직접 보지 않고서도 모자에 아무것도 없다고 확신한다.

이쯤에서 심리적인 트릭에 대해 이야기하고자 한다. 급한 경우 마술사에게 없어서는 안 되는 기술이다. 중·고등학교 시절 나뿐만 아니라 모든 관객을 놀라게 한 심리적인 트릭을 본 적이 있다. 관객이 자신이 원하는 대로 생각하게 만드는 능력이야말로 진정한 마술사라는 증거라고 생각했다. 마술사는 계란이 들어 있는 모자를 집었다. 그리고 관객에게 모자 안을 보여주지 않았다. 하지만 모자 안이 비어 있다고 관객을 확신시키기 위해서 작은 소녀에게 모자 안을 보라고 말했다. 마술사의 말은 마치 소녀가 직접 모자 안을 들여다보고 안에 아무것도 없음을 확인한 것처럼 들린다. 관객은 소녀가 직접 모자 안을 들여다보는 모습을 상상한다. 그렇기에 마술사가 모자에서 계란을 꺼내면, 마치 계란이 갑자기 생겨났다고 믿는다.

"버트, 마술을 이용하여 이 모자가 닭처럼 알을 낳게 하면 재미있을 것 같지 않니? 물론 루스, 너는 모자 아래나 내 손에 입김을 불어줘야 한단다. 그래야 따뜻해서 무언가 나올 수 있단다."

소녀가 마술사의 손에 입김을 불게 한다. 그럼 손을 모자 안에 넣어 뚜껑을 열어 계란 하나를 꺼낸다. 모자에서 손을 빼낸 후 관객에게 계란을 보여준다. 이 과정이 이루어지는 동안 모자를 높이 들어, 옆에 있는 아이들이 모자 안을 보지 못하게 해야 한다.

"계란이 나왔습니다. 제가 보기에는 좋은 계란 같네요. 버트, 한 번 보렴. 그리고 네 생각을 말해주렴."

버트에게 계란을 건네며, 냄새를 맡아보라고 속삭인다. 그럼 객석은 웃음바다가 된다.

"좋았어, 버트, 계란은 잘 들고 있으렴. 루스, 다시 입김을 불어주렴."

소녀가 다시 손에 입김을 불면 손을 모자 안에 넣는다.

"버트, 계란 공장이 제대로 돌아가고 있는 것 같구나. 그럼 이제 진짜 닭은 필요 없겠는 걸."

두 번째 계란을 소년에게 준다. 그리고 계속해서 계란을 꺼내서 소년에게 준다. 소년이 더 이상 손으로 계란을 들 수 없을 정도가 되면, 소년의 팔을 구부려 팔에 계란을 올려준다. 계란 만들어내는 방법을 다양하게 하기 위해서, 루스가 모자 아랫부분에 입김을 불게 만든다. 다섯 번째나 여섯 번째 계란을 만들어낸 후, 뚜껑을 닫고 모자 안에 아무것도 없음을 보여준다.

소년의 팔에 계란이 쌓이면 소년에게 계란을 건넬 때 팔을 왼쪽으로 뻗는다. 그럼 소년이 계란을 잡기 위해 팔을 뻗으며 들고 있는 계란을 떨어뜨리게 된다. 마치 모자에 모든 정신이 쏠려 있어서 소년의 행동에는 신경 쓰지 못하는 척하며 이 과정을 반복한다.

그림 4

그럼 관객은 소년이 계란을 떨어뜨리지 않을까 불안해한다. 그러다 계란이 떨어지면 웃음을 터뜨린다. 계란 4~5개를 떨어뜨려 깨뜨린다(**그림 4**).

모자 안에 있는 계란을 모두 꺼내고 나면, 소년의 팔에 있는 계란을 다시 모자 안에 넣는다. 계란을 모자에 다시 담을 때 소년의 팔에 있는 계란 한두 개를 더 떨어뜨린다. 그런 다음 버트와 악수하며 이렇게 말한다.

"버트, 아주 훌륭하게 해냈구나. 이보다 더 좋은 인큐베이터는 없을 것 같구나. 그럼 잘 가거라. 다음에 또 언제 와서 나를 도와주렴."

소년이 객석으로 내려간다.

"오, 잠시만, 버트. 루스도 함께 가렴. 루스를 자리까지 데려다주는 게 어떻겠니?"

루스와 악수하며 말한다.

"루스, 잘 가거라. 계란을 만들어줘서 고맙단다. 정말 훌륭하게 입김을 불어주었단다."

소년이 소녀를 자리까지 데려다준다.

★ 주의

4~5개의 계란을 더 만들어내고 싶다면 모자 안의 뚜껑 위쪽에 계란을 더 올려놓으면 된다. 단, 이 경우에는 위에 있는 계란을 먼저 만들어낸 후 모자 안을 보여줘야만 한다.

'마스터 모자' 프로덕션 루틴
'Master Hat' Production Routine

손수건

리본 묶음   그림 1

마스터 모자 안에 넣어둔 작은 모자를 꺼낸 뒤 안에 리본 묶음을 넣는다. 작은 모자를 다시 고정시키고 뚜껑을 열어 손수건과 리본을 넣는다. 이 공간에 넣을 수 있는 손수건은 생각보다 훨씬 많다. 그리고 뚜껑을 닫는다(**그림 1**).

손수건을 만들어내는 방법은 매우 간단하다. 모자 안에 손을 넣고 뚜껑을 연 뒤 손수건을 꺼내기만 하면 된다(**그림 2**). 손수건을 만들어낸 후 모자 안에 아무것도 없음을 보여준다. 그리고 다시 손을 넣어 리본 묶음의 가운데부터 꺼내기 시작한다.

그림 2 그림 3

리본 끝을 지팡이에 고정시킨 뒤, 오른손으로 지팡이를 잡고 원을 그리면, 리본 묶음이 서서히 풀리며 모습을 드러낸다(**그림 3**). 토끼나 기니피스를 만들어낸 후 손수건과 리본을 만들어내도 된다.

토끼 만들어내기
Rabbit Productions

토끼는 그 자체만으로 마술에서 중요한 자리를 차지하고 있다. 관객 중 아이들이 있는 경우에는 더욱이 토끼는 즐거움을 가져다준다. 아이들은 특히 살아있는 것을 좋아한다. 그리고 어른들 역시 키 큰 소년, 소녀이기 때문에 토끼가 나타나면 즐거워한다.

토끼를 다루는 것은 별로 어렵지 않다. 토끼를 모자에서, 관객의 코트 아래에서, 손수건 다발 사이에서, 리본 뭉치에서 만들어낼 수 있는 간단한 방법을 소개하고자 한다. 쉬우면서도 자연스럽고, 매우 효과적이다.

먼저 고려할 점은 어떻게 토끼를 숨기냐이다. 관객의 의심을 받지 않게 숨겨야 하고, 또한 필요할 때 쉽게 꺼낼 수 있어야 한다.

제3권에서 쉽게 열 수 있는 특별한 가방 안에 토끼를 숨기는 방법에 대해 이미 소개한 바 있다. 그때 가방은 테이블 뒤에 박아놓은 머리가 없는 못에 걸어두었다. 이와 같이 토끼를 만들어내는 방법의 기본 원리를 이해하면 아무 문제없이 토끼를 숨기고, 필요할 때 꺼낼 수 있다. 큰 토끼를 이용할 때에는, 제3권에서 소개한 방법을 이용해야만 한다. 그리고 굳이 큰 토끼가 아니더라도 무대에 모든 준비물이 갖추어진 상태라면 제3권에서 소개한 방법이 편리하다.

하지만 관객에게 둘러싸여 있거나, 무대에서 내려와 마술을 해야 하는 경우에는, 토끼를 마술사의 몸에 숨겨야만 한다. 이때는 작은 토끼나 기니피그를 이용하여, 숨겼을 때 옷이 불룩해지지 않도록 해야 한다. 이제는 토끼를 어떻게 숨겨야 하는지에 대해서 살펴보고자 한다.

토끼 주머니
Rabbit Pockets

토끼를 숨기기에 가장 좋은 곳은 코트 아래나 몸에서 들어간 부분이다. 엉덩이 위의 허리는 쏙 들어갔기 때문에 토끼가 들어갈 만한 공간이 있다. 토끼를 더 안전하게 숨기고, 마술을 더 편하게 하기 위해서 특별한 주머니를 사용한다. 이 주머니는 코트 안쪽이나 코트와 조끼 사이에, 아니면 조끼에 고정시키면 된다(**그림 1**).

그림 1

레온(Leon)은 몸에 수많은 사물을 숨겼다가 만들어내는 마술로 널리 알려졌다. 그는 코트보다는 조끼에 사물을 숨기는 것을 좋아했다. 한 번은 그가 직접 나를 찾아와 사물을 숨길 때에는 코트보다는 옷에 숨길 것을 학생들에게 당부해 달라고 이야기했다. 지금은 은퇴했지만 레온은 보드빌 쇼에서 가장 똑똑한 마술사로 손꼽혔다. 물이 담긴 여섯 개의 잔에서부터 크리스마스트리에 이르기까지 그의 코트 아래에서 나오지 않는 것이 없었다. 단순히 토끼를 만들어내는 것은 레온에게는 일도 아니었다. 그에게는 적어도 토끼 여섯 마리를 만들어내는 일이 익숙했다.

세르바이스 르로이(Servais LeRoy)는 '토끼가 담긴 부셸 바구니 만들어내기' 의 대가였다. 그리고 야외무대에서는 비둘기를 만들어내기도 했다. 켈라(Kellar)는 항상 르로이에 대해 이렇게 칭찬하고 했다.

> "그는 사람을 5cm 공간에도 넣을 수 있어. 모자 안에서 사람을 만들어냈다면 나는 믿지 않을 거네. 하지만 그런 일이 일어났다는 말이 들린다면, 분명 르로이가 한 일일 걸세."

데이비드 데반트(David Devant)는 마술 역사에 길이 남을 훌륭한 마술사이다. 그는 관객의 모피 의류나 가방에서 살아있는 토끼를 만들어냈다. 그의 아름다운 솜씨는 거의 예술에 가까웠다.

래빗 코트 포켓Rabbit Coat Pocket

커다란 코트 안주머니다. 훌륭한 재단사에게 부탁하면 만들어 줄 것이다. 단추 쪽에 입구가 있으며 약간 뒤로 기울여져 있어서 토끼를 안전하게 담을 수 있다. 주머니에 토끼나 손수건을 넣은 후, 혹은 그 전에 주머니를 코트 안쪽에 고정시키면 된다 (**그림 2**).

배트 윙 포켓Bat Wing Pocket

개인적으로 좋아하는 주머니이다. 코트와 조끼 사이에 있으며 똑딱 단추로 고정되어 있다. 그렇기 때문에 쉽게 달았다 뗄 수 있다.

그림 3은 배트 윙 포켓의 모습이다. 검은색 천으로 쉽게 만들 수 있다. 헝겊을 반으로 접은 후 아랫면을 꿰맨다. 그리고 주머니 앞의 벌어진 부분의 아래쪽에 작은 헝겊 조각을 대어 1/3을 막는다. 주머니의 위와 앞쪽에 똑딱 단추를 단다. 그리고 주머니를 고정시킬 위치를 확인한 뒤, 코트와 조끼에도 똑딱 단추의 반대쪽을 단다. 그럼

주머니에 토끼를 쉽게 넣었다 꺼냈다 할 수 있다(**그림 4**).

어떤 경우에는 배트 윙 포켓의 앞쪽에 작은 헝겊조각을 대지 않는 경우도 있다. 이런 경우에는 쉽게 열 수 있도록, 헝겊조각을 대야 할 부분에 똑딱 단추 한두 개를 달아둔다. 배트 윙 포켓을 이용하면 코트와 조끼 사이로 물체를 던져 쉽게 숨길 수 있다.

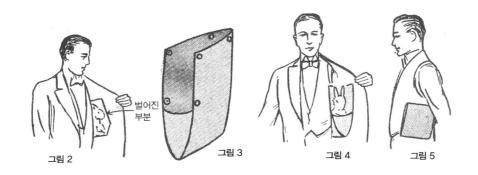

벌어진
부분

그림 2   그림 3   그림 4   그림 5

래빗 베스트 포켓Rabbit Vest Pocket

래빗 베스트 포켓은 조끼 바깥쪽에 고정시킨다. 주머니의 벌어진 부분은 앞을 향하도록 단추나 똑딱 단추로 고정시킨다(**그림 5**).

이제까지 세 가지 주머니에 대해서 배웠다. 이제는 각자 실험을 통해 토끼를 숨길 때 자신에게 가장 잘 맞는 주머니를 이용하면 된다. 주머니가 너무 높거나 낮게 위치하는 경우가 있기 때문에 직접 실험을 통해 결정해야만 한다.

토끼를 다룰 때 알아둘 점
Suggestions for Handling Rabbits

토끼를 잡을 때에는 절대 귀를 잡아서는 안 된다. 마치 누군가가 당신의 귀를 잡고 들어 올릴 때처럼 토끼에게도 고통스러운 일이다. 그렇기에 잠시 한 손으로 토끼를 잡아야 하는 경우에는 목 뒷부분을 잡고, 곧바로 반대쪽 손으로 토끼의 무게를 받쳐 줘야만 한다.

토끼와 같이 작은 동물은 주로 어두울 때에는 움직임이 없다. 하지만 밝은 곳에 나오면 움직임이 강해진다. 그렇기에 주머니를 가능한 어둡게 해야만 한다. 이와 동시에 동물이 숨쉴 수 있도록 제작해야만 한다. 너무 두꺼운 천을 이용해서는 안 되고, 주머니에 작은 구멍을 여러 개 뚫어서 공기가 통하도록 만들어줘야 한다. 보통 주머니의 벌어진 부분만으로도 충분한 공기가 들어간다. 그리고 토끼가 스스로 벌어진 부분으로 코를 내민다. 이런 경우에는 관객이 토끼를 보지 못하도록 주의해야 만 한다.

만약 동물을 작은 상자에 오랫동안 담아서 운반했다면, 자유롭게 움직일 수 있도록 충분한 시간을 준 후, 마술쇼에 이용해야만 한다. 그리고 쇼가 시작되기 전에 배설하도록 하는 것이 좋다.

기대치 않은 토끼의 등장
An Unexpected Rabbit Production

미스디렉션을 통해 관객이 A를 기대하게 한 뒤 B를 만들어내는 마술이다. 그렇기에 관객은 더욱 놀란다.

★ 이펙트

관객에게 모자를 빌리거나, 미리 준비해둔 모자를 집어서 안에 아무것도 없음을 보여준다. 그리고 모자를 카드 테이블과 같이 평범한 테이블에 올려놓으며 모자를 사라지게 만들겠다고 이야기한다. 큰 천을 집어 모자를 잠시 가린다. 하지만 천을 치웠을 때 모자는 그대로 있다. 마술사는 당황한 것처럼 보인다. 그리고 모자 안을 들여다본 후 모자 안에서 토끼를 꺼낸다.

★ 준비물

1. 모자 하나. 빌려서 사용해도 된다.
2. 모자 안에 쏙 들어가는 작은 토끼 한 마리
3. 두꺼운 천(관객이 천 뒤에서 일어나는 일에 대해 전혀 알지 못해야 한다). 크기는 75~90cm로 마술사의 팔 길이에 따라 달라진다. 동양적인 무늬가 있는 천을 이용하면 더욱 효과적이다.
4. 테이블보를 씌우지 않은 테이블 하나. 카드 테이블을 이용해도 된다.
5. 래빗 포켓 하나. 왼쪽 코트 아래쪽에 고정시켜둔다.

준비

3번 천의 한쪽 모서리에 핀을 꽂은 후 끝을 구부려 갈고리 모양으로 만든다(**그림 1, 그림 2**). 코트 안쪽에 고정시킨 주머니에 토끼를 넣어둔다.

시연

관객에게 모자를 빌리거나 준비해둔 모자를 집는다. 모자 안에 아무것도 없음을 보여준 뒤 테이블 위에 모자를 내려놓는다. 핀을 꽂아놓은 부분을 오른손으로 잡고, 바로 옆모서리를 왼손으로 잡아서 손수건을 들어올린다. 이때 핀이 뒤로 가게 한다 (**그림 3**).

"동양의 마술사들은 모자나 터번을 벗어서 내려놓고, 잠시 천으로 그것을 가려 사라지게 만듭니다. 이런 방법이 있으면 물품 보관소가 넓을 필요가 없을 것이라는 생각이 들더라고요. 물품 보관소에 가서 모자를 내려놓으면, 소녀가 잠시 마법 천으로 모자를 가려서 사라지게 만듭니다. 괜찮으시다면, 선생님 모자로 직접 보여드리겠습니다. 이 천이 마법 천 역할을 할 겁니다."

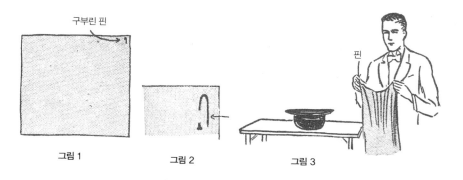

구부린 핀

핀

그림 1   그림 2   그림 3

천을 양손으로 집어서 자유롭게 앞뒤를 보여준다. 오른손으로 핀이 있는 부분을 잡고, 왼손으로는 그 옆모서리를 잡는다. 왼팔을 쭉 뻗어 천이 왼팔 아래에서 팽팽해지도록 만든다. 그런 다음 왼쪽 어깨에 핀을 고정시키고, 오른손은 그대로 천을 잡고 있다(**그림 4**).

Tarbell course in Magic

어깨에 걸려 있는 핀

그림 4

그림 5

"잠시 천으로 모자를 가리겠습니다."

왼팔을 테이블 앞쪽으로 돌려서 모자를 가린다. **그림 5**는 객석에서 바라본 마술사와 천의 모습이다. 거의 객석을 등지고 서 있다.

이제 오른손을 천에서 떼어 관객 몰래 자유롭게 움직일 수 있다. 관객은 물론 천에 달린 핀이 어깨에 걸려 있다는 사실은 전혀 생각하지 못한다. 이때 천과 코트 사이에 공간이 벌어져서 관객이 천 뒤에서 일어나는 일을 봐서는 안 된다. 실험을 통해서 핀을 꽂을 정확한 위치를 파악해야 한다.

오른손을 코트 안에 고정시켜둔 주머니에 넣어 토끼를 잡는다. 이때 토끼의 귀가 아닌 목덜미를 잡아야만 한다. 천천히 토끼를 꺼내서 모자 안에 넣는다. 이때 오른팔꿈치가 관객에게 보이지 않도록 움직임을 작게 해야만 한다(**그림 6**). 오른손으로 다시 천을 잡고 핀을 뺀다. 그리고 왼팔을 움직여 **그림 4**와 같이 한다. 오른손과 왼손으로 잡고 있는 모서리를 모은다(**그림 3**). 마지막으로 천을 왼팔에 걸친다.

핀

그림 6

그림 7

모자를 처다본다.

"제가 제대로 보고 있는 게 맞나요? 모자가 그대로 있네요. 흠, 부인할 수 없겠네요. 마술이 나타나지 않은 것 같습니다."

모자 안으로 손을 뻗어 토끼의 목덜미를 잡고 꺼낸다(**그림 7**).

"오, 여기에 누군가 앉아 있네요."

모자에서 빠르게 토끼 만들어내기
Rapid Production of Rabbit From Hat

준비
코트 왼쪽 아래에 래빗 포켓을 고정시키고 그 안에 작은 토끼를 넣는다.

시연
모자 안에 아무것도 없음을 보여준 후, 모자의 벌어진 부분을 코트 단추 앞으로 가져간다. 모자로 가린 상태에서, 오른손을 주머니에 넣어 토끼의 목덜미를 잡고 꺼내서 모자 뒤로 가져간다.

그림 1

그림 2

토끼를 위로 들어올려 **그림 1**과 같이 되게 한다. 그리고 모자의 벌어진 부분이 위를 향하도록 모자를 뒤집는다. 그럼 토끼가 모자 안으로 들어간다. 이 상태에서 계속해서 토끼를 위로 당긴다(**그림 2**).

그럼 마치 빈 모자에서 토끼를 꺼내는 것처럼 보인다. 실제로 토끼는 모자 뒤에서 나왔고, 토끼의 뒷다리만 잠시 모자에 들어갔다 나왔을 뿐이다. 제대로 하여 동작이 매끄럽게 연결될 경우에는 매우 효과적이다.

기발한 방법으로 모자에서
토끼 만들어내기
Novel Production of Rabbit From Hat

이 마술에서는 토끼를 검은색 가방에 넣어, 테이블 뒤에 고정시켜둔 머리 없는 못에 걸어둔다. 못이 살짝 기울어져 있어서 가방은 떨어지지 않는다(**그림 1**).

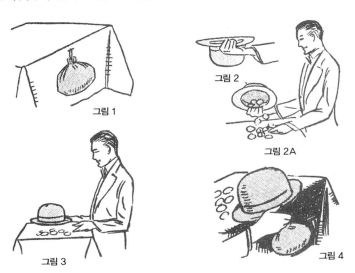

그림 1

그림 2

그림 2A

그림 3

그림 4

왼손으로 모자를 잡은 상태에서 동전 몇 개를 이용하여 '미저스 드림(Miser's Dream)'을 한다. 테이블 옆에 서서, 손을 테이블 뒤쪽으로 뻗은 채 모자에 있는 동전을 테이블에 쏟을 준비를 한다. 모자를 왼손으로 잡고 있다가 오른손으로 바꿔 잡는다. 이때 왼손으로 잡고 있던 챙 부분을 그대로 오른손으로 잡는다. 오른손 엄지손가락으로 챙 아래를 받치고, 나머지 손가락으로 챙을 감싼다(**그림 2**).

모자를 뒤집어 **그림 2A**와 같이 한다. 모자의 벌어진 부분이 객석을 향하게 하여, 관객이 직접 동전을 눈으로 확인하게 한다. 남은 마지막 동전까지 모두 쏟아내며, 모자의 벌어진 부분이 테이블에 닿게 그대로 내려놓는다(**그림 3**).

왼손을 모자 앞으로 뻗어 테이블에 있는 동전을 집는다. 이와 동시에 오른손 손가락으로 테이블에 걸어둔 주머니의 고리를 잡는다. 이때 오른손 엄지손가락과 집게손가락은 여전히 모자를 잡고 있다(**그림 4**).

모자의 뒷부분을 들어 올려서 토끼가 있는 주머니를 모자 안으로 넣는다. 주머니가 모자 안으로 완전히 들어가기 전에는 모자 챙의 앞부분이 테이블에서 완전히 떨어져서는 안 된다. 그런 다음, 토끼가 있는 주머니가 보이지 않도록 조심해서 모자의 벌어진 부분이 위로 가게 완전히 뒤집는다. 마지막으로 주머니를 열어 토끼를 꺼낸다.

모자에서 토끼를 만들어내는 쉬운 방법
Easy Method For Rabbit From Hat Production

의자 뒤에 머리 없는 못을 박아 놓은 뒤, 거기에 토끼를 넣은 검은색 가방을 관객 몰래 걸어두면 아주 쉽게 토끼를 만들어낼 수 있다. 토끼를 모자 안에 넣기 위해서는 미스디렉션이 필요하다(**그림 1**).

먼저 이스터 계란(고무, 나무, 셀룰로이드 계란이어도 상관없고, 단 밝은 색으로 준비한다)과 같은 물체를 관객 몰래 모자 안에 넣는다. 시작 전에 조끼에 넣어 두었다가 관객 몰래 손에 숨겨서 모자 안에 넣으면 된다. 모자를 의자 위에서 뒤집어 계란을 만들어낸다.

혹은 모자 안에 손수건을 넣은 뒤, 모자를 뒤집어 손수건을 만들어내도 된다.

그림 1　　　　　　　　　　　　그림 2　　　　　　　　　　　그림 3

　왼손으로 의자에 쏟은 물체를 집으면서, 오른손에 있는 모자를 의자 등받이에 올린다. 이때 모자의 벌어진 부분이 아래로 가게 한다(**그림 2**). 오른손 손가락으로 토끼가 들어 있는 주머니를 잡아 못에서 **빼낸** 뒤 모자 안으로 넣는다. 모자를 객석을 향해 기울이며 들어올리면 쉽게 주머니를 모자 안에 넣을 수 있다(**그림 3**).

　의자에 놓인 물체를 집어서 보여준 후 다시 의자에 내려놓는다. 그리고 모자 안을 들여다보며 '무언가'를 발견한다. 주머니를 열어 안에 있는 토끼를 꺼낸다.

제너럴 모자 프로덕션
General Hat Production

　이번 레슨에서 설명한 모자에서 물체를 만들어내는 원리는 다양한 물체에 적용시킬 수 있다. 일반적인 모자를 사용하는 경우에는 작게 뭉칠 수 있는 물체를 이용하는 것이 좋다. 모자 안이 좁기 때문에 작게 접거나 뭉친 뒤, 꺼낼 때 부풀리면 된다. 하지만 단단한 물체라고 전혀 사용하지 못하는 것은 아니다.

　단단한 물체의 경우에는 속이 빈 것이 좋다. 그 안에 다른 물체를 또 숨길 수 있기 때문이다. 예를 들어, 알람시계의 뒤를 열어 거기에 손수건을 넣을 수 있다. 그리고 손수건을 넣은 알람시계를 모자 안에 넣어둔 뒤, 거기에서 손수건을 꺼내고, 다음으로 알람시계를 꺼낸다.

혹은 옥수수나 복숭아 통조림을 이용해도 재미있는 효과를 낼 수 있다. 통조림 캔의 아래를 잘라서 내용물을 비운다. 그리고 깨끗하게 씻은 후 잘 말린다. 그런 다음 한쪽 모서리에 작은 고리를 달아서 의자나 테이블에 걸 수 있게 만든다. 그 안에 아기 옷이나 손수건 등을 넣는다. 먼저 손수건이나 아기 옷을 만들어낸 후 통조림 캔을 꺼낸다. 이때 캔의 아랫부분이 뚫린 것을 관객이 보지 못하도록 주의해야 한다.

손수건과 토끼
Silks and the Rabbit

이 방법에서는 모자에서 손수건을 만들어 놓은 후, 손수건을 의자 등받이에 걸쳐 놓는다. 잠시 후, 다시 손수건을 집어 모자 안에 넣는다.

토끼가
담긴 주머니

그림 1

이 경우에는 손수건과 주머니의 색깔을 똑같이 맞추는 것이 좋다. 의자에서 손수건을 집을 때 의자 뒤에 걸어둔 주머니를 함께 잡아서 모자 안에 넣는다(**그림 1**).

주머니를 모자 안에 넣은 후, 손수건으로 주머니를 가린다.

"모자 안에 손수건 말고 또 무언가가 있는 것 같습니다. 분명 이 모자 안에서 손수건이 나왔는데 다시 들어가지가 않네요. 아무래도 모자 안을 확인해봐야 할 것 같습니다."

손수건을 꺼내 옆으로 치워둔 후, 주머니를 열어 토끼를 꺼낸다.

종이 리본에서 토끼 만들어내기
Rabbit Production From Paper Ribbon

마스터 모자에서 손수건이나 종이 리본을 만들어낸 후, 마무리로 하면 매우 효과적인 마술이다. 먼저 모자의 비밀 공간에 손수건이나 리본 묶음을 숨겨둔다. 손수건을 먼저 만들어낸 후 리본을 꺼낸다. 지팡이를 돌려서 리본을 천천히 꺼낸 후 바닥에 리본을 쌓아놓는다. 왼손으로 바닥에 있는 리본을 집어서 몸 앞으로 들어올린다. 이때 리본으로 오른손을 완전히 가린다(**그림 1**).

오른손을 왼쪽 코트 아래에 있는 토끼 주머니에 넣어 토끼를 꺼내고 리본 뭉치 사이로 오른손을 뻗어 관객에게 토끼를 보여준다.

그림 1

그림 2

그리고 나서 리본은 바닥에 떨어뜨린다(**그림 2**).

관객의 코트에서 토끼 만들어내기
Rabbit Production From Gentleman's Coat

마술사가 관객의 코트 안쪽에 손을 넣어 살아있는 토끼를 만들어내는 마술은 결코 질리지 않는다. 특히 아이들은 즐거움에 소리를 치곤 한다.

숙련된 마술사들이 즐겨하는 정교한 마술이지만, 각각의 동작을 자세히 연구하고 상황판단을 제대로 하면 전혀 어렵지 않을 것이다. 동작을 제대로 숙지한 뒤 연습하면 주저함 없이 능숙하게 멋진 효과를 낼 수 있을 것이다.

객석이나 무대에 있는 관객의 코트 안에 토끼를 몰래 넣는다. 토끼가 아닌 다른 사물을 이용해도 된다. 여기에서 중요한 것은 동작을 단순화 시키고, 가능한 관객이 동작을 보지 못하게 가리는 것이다. 마술사의 미스디렉션이 이 마술의 관건이다.

켈라(Kellar)는 먼저 빨간색 손수건을 갑자기 손에서 사라지게 한 뒤, 관객의 코트에서 토끼를 만들어내는 마술을 시작했다. 손수건을 사라지게 한 뒤, 객석의 통로로 내려가서 왼쪽에 앉아있는 관객 한 명을 선택한다. 그 관객을 일으켜 세운 후, 코트의 칼라 안쪽으로 손을 뻗는다. 그리고 빨간색 손수건을 당겨서 꺼낸다. 거기에는 또 다른 손수건이 연결되어 함께 나온다. 다음으로 코트 안쪽에 손을 넣어 토끼를 만들어낸다. 처음에는 토끼가 아닌 작은 물체를 갖고 시작했다. 그러다 관객이 모두 손수건으로 시선집중하고 있는 동안 토끼를 관객의 코트 안에 넣게 되었다.

서스톤(Thurston)은 미스디렉션의 대가였다. 그는 신사 한 명을 선택한 뒤, 그 뒷좌석에 있는 소녀에게 의자 위에 올라가서 서라고 했다. 그러고는 신사의 머리를 당기도록 시켰다. 그럼 모든 관객의 시선은 소녀를 향한다. 이때 토끼를 신사의 코트에 몰래 숨겼다.

처음에는 스타킹이나 아기 옷과 같은 물체를 만들어낸 후, 다음으로 토끼를 만들어내는 마술사들도 있다. 혹은 관객에게 곧바로 걸어간 뒤, 그의 코트에서 토끼를 꺼내는 경우도 있다. 하지만 관객의 코트 안에 토끼를 천천히 넣는 것이 안전하고 재미를 더해준다.

준비

왼쪽 코트 안쪽에 토끼 주머니를 달고, 거기에 작은 토끼 한 마리를 넣는다. 빨간색 손수건을 제일 위에 묶고, 그 뒤에 손수건 몇 개를 연결한 뒤, 돌돌 말아서 작은 공처럼 만든다. 그리고 조끼의 왼쪽 아래에 숨겨둔다. 제3권 **레슨 42**(424페이지)의 베스팅 (Vesting)에 자세한 원리가 소개되어 있다.

시연

소녀 관객의 도움을 받아서 하는 손수건 마술을 마친 다음에 방금 사용한 손수건을 사라지게 해야 한다. 우선 손수건을 건네받아 주머니에 넣는 척한다. 이때 관객이 손수건을 보고 여전히 손수건이 마술사의 손에 있음을 확인하게 한다. 그리고 나서 정말로 손수건을 사라지게 한다.

소녀와 함께 객석으로 내려가 통로를 걷다가 왼쪽에 있는 신사 옆에 선다.

"죄송하네요, 선생님. 아무래도 선생님께서 손수건을 깔고 앉아계신 것 같습니다."

이렇게 하면 신사를 쉽게 일으켜 세울 수 있다.

"분명히 손수건을 숨기고 계신 것 같은데……. 루스, 네가 직접 찾아보렴."

신사를 통로 쪽으로 한 걸음 나오게 한 뒤, 그가 앉아 있던 의자 위에 루스를 올려준다.

"어쩌면 손수건이 선생님의 코트 안으로 걸어 들어갔을지도 모릅니다. 루스, 선생님의 코트 안쪽으로 손을 넣어서 손수건을 찾아보렴."

소녀가 목 뒤로 손을 넣으면, 왼손으로 코트의 왼쪽 깃을 잡고 그를 정면으로 바라본다. 마치 소녀가 손수건 찾는 것을 도와주려는 척 그에게 바짝 다가간다.

그림 1은 마술사의 오른쪽에서 바라본 모습이다. 왼쪽 팔을 어깨 높이로 든다. **그림 2**는 왼쪽에서 바라본 모습이다. 오른손을 조끼 아래에 넣어 손수건 뭉치를 꺼낸다. 이때 마술사의 코트가 마술사의 동작을 가려주기 때문에 왼쪽에서는 아무것도 보이지 않는다. 그리고 오른쪽에 있는 관객들은 신사의 코트 때문에 아무것도 보지

못한다(**그림 3**).

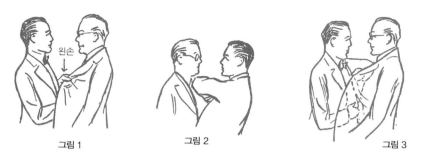

그림 1   그림 2   그림 3

관객의 코트 아래로 오른손을 넣은 뒤 신사의 등 뒤로 손을 뻗는다. 이때 오른손에는 손수건이 쥐어져 있다. 아무리 사람들에게 둘러싸여 있더라도 들킬 염려 없이 신사의 몸에 손수건을 숨길 수 있다. 이때 주저함 없이 빠르게 움직여야 한다(**그림 4**). 오른손으로 손수건의 끝을 위로 밀어 올려 루스가 손수건을 잡을 수 있게 한다. 아니면 직접 왼손을 신사의 목 뒤로 뻗어 손수건을 꺼낸다(**그림 5**).

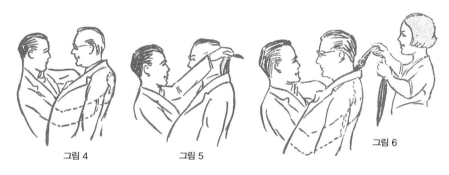

그림 4   그림 5   그림 6

루스가 신사의 코트 칼라 위로 손수건을 당겨서 꺼낸다. 처음에 사라진 손수건뿐만 아니라 다른 손수건도 함께 나온다(**그림 6**).

"계속해서 당기렴, 루스. 더 당겨 보렴."

소녀가 손수건을 당기는 동안 마술사는 손수건 당기는 것을 도와주는 척 다시 신사에게 바짝 다가간다. 살짝 신사의 왼편으로 최대한 가까이 다가간다. 그리고 전과 같이 왼손으로 신사의 코트 왼쪽 깃을 잡는다(**그림 7**).

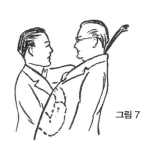

그림 7

그림 8

그림 9

오른손으로 토끼의 목덜미를 잡고 주머니에서 꺼낸다. 이 동작은 마술사의 코트와 신사의 코트로 가려지기 때문에 관객은 보지 못한다. 토끼를 잡은 손을 신사의 등 뒤로 뻗는다(**그림 8**). 손수건이 빠져 나오는 동안 토끼를 목 바로 아랫부분으로 올린다. 그럼 코트가 불룩해진다(**그림 9**).

"루스, 이것 보렴. 무언가 빠뜨린 것 같구나."

루스가 토끼의 목덜미를 잡고 꺼내게 한다. 아니면 직접 왼손으로 토끼를 꺼낸다 (**그림 10**, **그림 11**, **그림 12**).

그림 10

그림 11

그림 12

★ 주의

앞에서 설명한 관객의 몸에 물체를 숨기는 방법을 이용하면, 마술사의 코트가 왼쪽에 있는 관객의 시야를 가려주고, 신사의 코트가 오른쪽에 있는 관객의 시야를 가려준다. 그리고 마술사의 코트와 들고 있는 왼팔 때문에 함께 마술을 하고 있는 신사는 마술사의 움직임을 제대로 보지 못한다.

소녀의 도움 없이 직접 왼팔을 뻗어서 손수건을 꺼낸 뒤 무언가 빠뜨린 척하며 토끼를 숨겨도 된다. 토끼 대신에 몸집이 작은 기니피그를 이용해도 좋다.

신사의 코트에서 나타난 닭
A Chicken Produced From Gentleman's Coat

무대에서 닭, 토끼, 오리, 강아지 등을 만들어낼 수 있는 마술이다.

준비

닭(혹은 다른 동물)을 주머니에 넣은 뒤 의자 등받이 앞쪽에 박아놓은 못에 걸어둔다. 의자는 뒷면 객석을 향하게 놓는다.

그림 1   그림 2   그림 3

시연

신사 한 명을 무대로 불러 의자를 등지고 서게 한다. 왼손으로 의자에 걸려 있는 주머니를 들어올린다(**그림 1**). 미스디렉션을 위해 신사에게 어떤 물체를 주거나 카드를 세도록 시킨다. 함께 카드를 세거나, 혹은 신사가 물체를 제대로 잡도록 도와주는 척 움직인다. 신사를 객석을 향해 한 걸음 움직이게 하며, 주머니를 그의 등 뒤로 바짝 가져간다(**그림 2**).

왼쪽 주머니에 무엇이 있는지 확인하게 하여, 신사가 왼쪽 바지주머니에 손을 넣게 한다. 이때 주머니를 살짝 아래로 내려 왼손 엄지손가락을 코트 아래로 넣어 코트를 살짝 들춘다(**그림** 3). 오른손을 코트의 오른쪽 아래로 넣은 뒤 왼손에 있는 주머니를 오른손으로 옮겨 잡는다. 그리고 주머니를 신사의 등 뒤로 밀어 넣는다(**그림** 4).

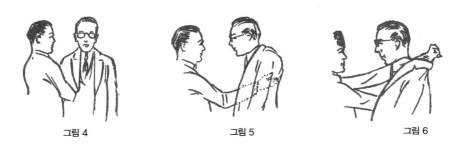

그림 4   그림 5   그림 6

신사를 돌려서 관객이 신사의 불쑥 튀어나온 등을 볼 수 있게 한다. 이때 오른손은 신사의 등 뒤로 손을 뻗어 주머니를 받치고 있다(**그림** 5). 신사의 목 뒤로 왼손을 넣는다. 그리고 주머니를 열어 닭의 머리가 코트 밖으로 나오게 한다(**그림** 6).

왼손으로 닭을 잡은 상태에서 오른손으로 닭을 담았던 주머니를 빼내 마술사의 코트 안쪽에 숨긴다. 관객이 동작을 보지 못하도록, 신사에게 객석으로 내려가도록 한다. 그리고 신사가 무대를 내려갈 때 닭을 완전히 꺼낸다.

신사의 뒷주머니에서
우유병이나 술병 만들어내기
Production of Bottle of Milk or Liquor
From Gentleman's Hip Pocket

젖꼭지가 달린 우유병이나 평범한 뚜껑이 달린 우유병, 혹은 술이 담긴 병을 신사의 코트에서 만들어낼 수 있다. 그럼 객석은 항상 웃음바다가 된다. 금주령이 있던 시기, 차가 담긴 위스키 병은 매우 효과적이었다. 그리고 우유병 역시 관객을 웃게 만든다. 무대뿐만 아니라 연회장에서 효과적인 마술이다. 또한 클럽이나 응접실에서도 할 수 있다. 관객의 몸에 병을 숨기는 방법을 설명하고자 한다. 이 방법을 이용하면 관객의 바지 뒷주머니에서 병이 만들어진 것처럼 보인다.

준비
우유병을 왼쪽 바지 뒷주머니에 넣는다.

시연
관객을 일으켜 세운 후, 뒤에 아무도 없는 위치로 데려간다. 관객의 오른쪽에서 선 뒤, 오른손으로 신사의 코트를 벌린다(**그림 1**). 신사의 코트로 가려진 상태에서, 왼손으로 뒷주머니에 넣어둔 우유병을 꺼낸다(**그림 2**). 그리고 우유병을 신사의 코트 아래로 밀어 넣는다(**그림 3**).

오른손을 코트 아래에 넣은 상태에서 신사의 오른쪽 엉덩이 쪽으로 뻗어서 왼손에 있는 우유병을 옮겨 잡는다. 왼손으로 신사의 오른쪽 코트 깃을 잡고 오른손으로 병을 앞으로 당긴다(**그림 4**).

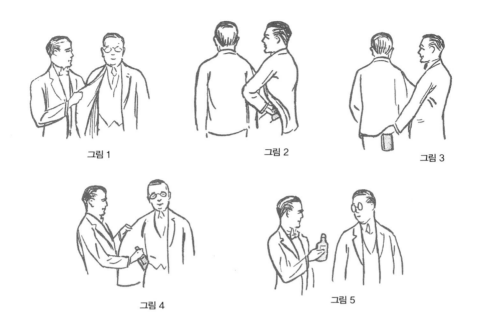

그림 1

그림 2

그림 3

그림 4

그림 5

병을 완전히 꺼낸 후, 신사와 관객에게 보여준다. 그럼 마치 신사의 뒷주머니에 손을 뻗어 우유병을 꺼낸 것처럼 보인다(**그림 5**).

토끼를 사탕 상자로 바꾸기
Changing Rabbit to Box of Candy

토끼를 만들어내는 마술을 하면, 아이들이 토끼를 갖고 싶다고 조르는 경우가 있다. 이런 상황에 대처하기 위한 적절한 방법이다.

★ 이펙트
토끼를 만들어낸 후 마술사가 소녀 한 명을 무대로 불러 토끼를 가져가라고 한다.

소녀에게 토끼를 준 후, 다시 소녀를 불러 토끼를 그대로 바깥에 데려가면 감기에 걸릴지 모르니 종이로 싸가지고 가는 게 좋겠다고 이야기한다. 그리고 토끼를 종이에 싼 뒤 소녀에게 다시 준다. 종이 안에서 토끼가 꿈틀거리다가 갑자기 조용해진다. 마술사가 가까이 귀를 대보더니 토끼의 심장이 멈춘 것이 분명하다고 말한다. 그리고 종이를 풀어보자 거기에는 토끼가 아닌 사탕 상자가 들어 있다. 토끼 대신 사탕 상자를 소녀에게 준다.

★ 준비물

1. 사탕 500g 정도
2. 작은 토끼나 기니피그 한 마리
3. 한 변이 60cm 정도인 종이 한 장
4. 특별한 체인지 테이블. 일반적으로 B. W. 체인지 테이블로 알려져 있다. 물체를 쉽게 없애고 만들어낼 수 있도록 테이블 윗부분이 설계되어 있기 때문에 물체를 바꾸는 데 유용하다.

준비

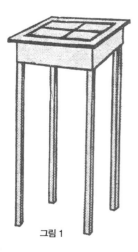

그림 1

B. W. 체인지 테이블의 제작방법은 다음과 같다. 우선 **그림 1**은 B. W. 체인지 테이블의 간략한 스케치이다. 전체적으로 검은색으로 칠한 뒤, 빨간색이나 금색으로 장식하는 것이 좋다. 그리고 테이블의 윗부분에는 반드시 체인지 트랩(changing trap)을 설치해야만 한다. 여기에 나온 설명과 그림을 자세히 살펴보면, 어렵지 않게 체인지 테이블을 만들 수 있을 것이다. **그림 2**는 테이블 윗부분의 단면도로서 날개를 연 상태이다. **그림 3**은 위에서 바라본 모습으로 날개를 열어 가운데에 두었다.

그림 2　　　　　　　　　그림 3　　　　　　　　　그림 4

　테이블 윗부분에 놓을 다섯 면으로 된 상자를 만든 후, 상자의 위에 가운데가 뚫린 윗면을 올린다. 그리고 경첩을 이용해 윗면의 중앙에 날개를 고정시킨다. 날개의 크기는 뚫린 부분의 1/2이어야만 한다. 윗면 구멍의 한쪽 모서리 안쪽에 헝겊을 고정시킨다. 그런 다음 날개를 반대쪽 모서리 쪽으로 닫은 후, 헝겊을 팽팽하게 하여 구멍과 날개를 덮는다. 그럼 헝겊은 테이블보처럼 보인다. 이 상태에서 날개를 반대방향으로 덮으면 헝겊은 상자 안쪽 공간으로 들어간다. 이번에는 조금 전과는 반대 모서리에 헝겊을 고정시키고, 팽팽하게 당겨 구멍과 날개를 덮는다.

　그럼 이제 테이블은 다음과 같이 되어 있다. 구멍의 가운데에 날개가 고정이 되어 있다. 날개의 양옆에는 헝겊이 늘어져 있고, 헝겊의 끝은 구멍의 모서리에 고정되어 있다. 날개 양쪽에 있는 헝겊을 각각 A와 B라고 하자(**그림 4**).

　날개를 A쪽으로 닫으면, 헝겊 A는 날개 아래로 들어가 보이지 않고, 헝겊 B가 팽팽하게 테이블의 윗면을 덮게 된다. 그리고 날개를 B쪽으로 닫으면, 헝겊 B가 날개 아래로 들어가고, 헝겊 A가 테이블보가 된다. **그림 5**와 **그림 6**은 각각의 상황에서 테이블 윗부분의 단면을 보여주고 있다.

그림 5　　　　　　　　　　　　　　그림 6

　A쪽과 B쪽을 똑같이 장식해서 마치 테이블의 윗면 모퉁이에 선을 그린 것처럼 만든다(**그림 1**). 테이블의 윗면 모서리 쪽에 걸쇠를 달아서, 날개 아래에 토끼를 넣었을 때 토끼가 뚜껑을 밀어내지 못하도록 잠근다(**그림 7**).

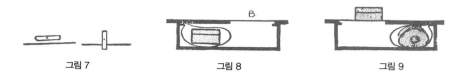

그림 7   그림 8   그림 9

그림 8과 **그림 9**는 체인지 테이블이 어떻게 이용되는지를 보여준다. 사탕 상자를 공간 A에 넣고 날개를 A쪽으로 닫은 후, 토끼를 B 위에 올려놓으면 토끼의 무게 때문에 헝겊이 아래로 내려가고 자연히 날개가 열리게 된다. 그럼 이때 마술사가 날개를 B쪽에 고정시켜 토끼를 숨기고, 사탕 상자를 테이블 위로 꺼내면 된다.

이렇게 만든 테이블의 윗부분에 다리를 연결한다. 테이블을 완성한 후에 날개를 A쪽으로 닫고 그 위에 사탕 상자를 놓는다.

시연

토끼를 만들어낸 후에, 혹시 토끼를 갖고 싶어하는 아이가 있는지 확인한다. 그럼 곧바로 여기저기에서 '저요!' 라는 소리가 들린다. 작은 소녀 한 명을 지목해서 무대 위로 올라오게 한다. 그리고 이름을 물어본다. (소녀가 메리라고 대답했다고 하자.)

"자, 메리. 토끼가 갖고 싶다고? 물론 이건 마술 토끼란다. 그렇기 때문에 아주 주의를 기울여서 다뤄야 한단다. 토끼에게 뭘 먹일 거니? 토끼는 당근이랑 녹색 채소를 좋아한단다. 호밀 빵도 좋아하고. 너도 이런 음식 좋아하지? 그렇지? 이런 음식들이 토끼와 아이들을 건강하게 해준단다. 토끼 이름은 뭐라고 지을 거니? 나는 이 토끼를 구레나룻이라고 부른단다. 왜 이런 이름이 생겼는지 말해줄까? 어느 날 양동이에 물을 담아 지하실로 내려가는 계단에 놓아두었단다. 그런데 토끼가 급하게 뛰어가다가 물을 보지 못하고 거기에 빠져서 홀딱 젖었단다. 토끼는 정말 아이들과 같단다. 물을 싫어하지. 그래서 양동이에서 토끼를 꺼냈더니 물이 뚝뚝 떨어지더구나. 그날부터 나는 이 토끼를 구레나룻이라고 부른단다."

이름에 대한 설명이 전혀 이치에 맞지 않기 때문에 관객은 웃을 것이다. 소녀에게 토끼를 주며 말한다.

"이제 토끼를 아주 잘 돌봐주렴. 좋은 베개를 줘야만 잘 잘 수 있단다."

그리고 소녀가 다시 객석으로 내려가도록 계단으로 안내한다.

"아, 잠깐만. 깜빡할 뻔했다. 토끼를 집으로 가져갈 준비를 안 했지? 그럼 토끼가 발 시리지 않도록 종이로 싸는 것이 좋을 것 같구나."

다시 소녀를 테이블 오른쪽으로 데려온다. 그리고 종이를 집어 테이블 위에 펼친다. 이때 반드시 테이블 위와 종이 안에는 아무것도 없다는 사실을 관객에게 보여줘야만 한다.

"이제 메리야, 조금 더 가까이 와서 토끼 싸는 것을 도와주렴."

왼손으로 종이의 윗부분을 잡고, 오른손으로 토끼를 잡는다.

"테이블 바로 앞으로 오렴."

종이의 윗부분을 잡아 들고, 아래에 토끼를 놓는다. 이때 종이로 테이블 윗부분을 확실히 가려서 소녀가 체인지 테이블을 보지 못하게 한다. 토끼를 헝겊 B 위에 놓는다. 그럼 토끼의 무게 때문에 날개가 열리게 된다. 날개의 모서리를 잡고, 토끼가 있는 공간 B 위로 닫는다. 그럼 자동으로 공간 B가 밖으로 노출되며 사탕 상자가 테이블 위로 나오게 된다. 걸쇠를 이용해 날개를 고정시킨다(**그림 10**).

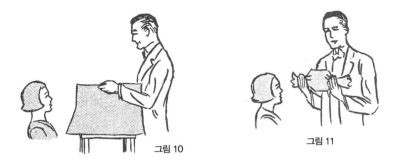

그림 10

그림 11

사탕 상자를 종이 가운데 아래로 가져간 뒤 종이로 상자를 포장한다. 이 과정을 빠르게 진행하여야만 진짜로 토끼를 포장한 것처럼 보인다. 토끼를 넣고 상자를 꺼내는 과정에서 잠시라도 주춤하면 관객의 의심을 사게 된다. 포장한 꾸러미를 들어 올린다. 안에 들어 있는 내용물이 보이지 않게 헐렁하게 포장해야만 한다. 그리고 양끝을 비틀어 사탕모양으로 만든다. 양끝을 잡은 상태에서 소녀에게 선물을 주는 척 팔을 뻗는다. 이때 손을 움직여 마치 종이 안에서 토끼가 꿈틀거리는 것처럼 보이게 한다(**그림 11**).

그런 다음 꾸러미를 소녀의 양팔 위에 놓는다. 종이의 오른쪽 모서리를 눌러서 꾸러미가 튀어 오르게 한다. 그런 다음 왼쪽 모서리를 누르고, 다시 오른쪽 모서리를 누른다. 그럼 마치 토끼가 종이에서 나오기 위해 발버둥치는 것처럼 보인다(**그림 12**). 그러다 꾸러미가 얌전하게 있도록 건드리지 않는다.

"메리, 뭔가 이상하지 않니? 토끼가 갑자기 조용해졌어."

꾸러미에 귀를 갖다댄다.

"내 생각에는 토끼의 심장이 멈췄거나 숨을 쉬지 않는 것 같구나. 한번 확인해 보는 게 좋겠는 걸?"

포장을 풀어 안에 있는 사탕 상자를 보여준다.

그림 12   그림 13

"왜 토끼가 사라졌을까? 사탕 상자로 바뀌었구나. 흠, (사탕 회사명) 초콜릿 상자네. 마술 토끼 이름이 구레나룻이라는 사실을 다른 사람에게 이야기하기는 어렵게 됐구나. 방금까지는 여기에 있더니 눈 깜짝할 사이에 사라져 버렸네."

타벨의 신기한 폭죽
Tarbell's Mysterious Firecrackers

어린이가 조수 역할을 하며 도와주는 경우에 하기 위한 마술이다. 하지만 어른이 조수 역할을 맡는 경우에도 할 수 있다. 폭죽은 전통 중국 마술의 소품이지만, 여기에서는 약간 다르게 이용된다. 이 마술을 통해 관객의 좋은 반응을 얻을 수 있다.

★ **이펙트**

커다란 폭죽 세 개를 보여준다. 각각 빨간색, 노란색, 녹색이다. 다음으로 관객에게 모자를 빌리고, 어린 아이 한 명을 무대로 불러 조수 역할을 맡긴다. 그리고 마술사는 자신이 색깔을 기억하는 것이 어려울 것 같으니 아이보고 기억하라고 말한다. 이렇게 말함으로써 관객은 폭죽의 색깔에 주의를 기울이게 된다. 마술사가 폭죽의 색깔을 말하며 하나씩 모자 안에 넣는다. 그런 다음 빨간색 폭죽을 꺼내어 관객에게 보여준 후 종이로 폭죽을 싼다. 그리고 아이에게 들고 있게 한다. 그럼 이제 모자 안에는 노란색과 녹색 폭죽이 남아있다. 마술사가 아이에게 노란색과 녹색 중 하나를 선택하게 한다. 아이가 노란색을 선택했다고 하자. 아이가 들고 있는 폭죽의 포장을 풀어보니 노란색 폭죽이 나타난다. 그리고 모자 안에서 빨간색 폭죽이 나온다.

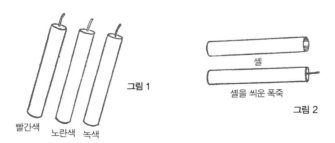

그림 1

빨간색 노란색 녹색

셸

셸을 씌운 폭죽

그림 2

★ 준비물

1. 모형 폭죽 세 개. 빨간색, 노란색, 녹색으로 준비하는 것이 좋다. 모형 폭죽은 나무로 되어 있으며, 한 가지 색이나 혹은 여러 가지 색으로 칠해 있다. 길이 10cm, 지름 2.2cm가 적당하다(**그림 1**). 끝에 코드 조각을 붙여서 퓨즈처럼 보이게 한다.

2. 빨간색 모형 폭죽에 씌울 수 있는 빨간색 셀룰로이드 셀 하나. 모형 폭죽을 쉽게 넣었다 뺄 수 있는 크기여야 한다. 셀룰로이드 셀을 씌운 빨간색 폭죽과 그렇지 않은 폭죽이 똑같아 보여야만 한다. 빨간색 폭죽이 아닌 다른 폭죽을 넣더라도 빨간색 폭죽처럼 보여야 한다(**그림 2**).

3. 22cm×28cm 크기의 종이 한 장

4. 고무밴드 하나

5. 모자 하나. 관객에게 빌려도 되고 미리 준비해둔 것을 이용해도 된다.

준비

테이블 위에 종이를 펼쳐둔다. 그리고 빨간색 모형 폭죽에 셀을 씌워서 녹색 폭죽과 노란색 폭죽을 함께 놓아둔다. 그리고 테이블 위에 모자를 놓는다. 관객에게 모자를 빌려서 이용하는 경우에는 관객에게 모자를 빌린 후 테이블 위에 놓는다.

시연

폭죽 세 개를 집는다.

"아이 한 명이 무대로 올라와서 저를 도와주면 좋겠는데요. 함께 7월 4일을 기념해볼까 합니다."

객석으로 내려가 소년에게 녹색 폭죽을 주고, 소녀에게 노란색 폭죽을 준다. 그런 다음 아이들이 폭죽을 높이 들게 하고 통로로 데리고 나온 뒤, 마지막으로는 무대로 함께 올라간다. 아이들의 이름을 물어본 뒤 서로 인사하게 한다. 여기에서 소녀는 루스, 소년은 벤이라고 하자.

"루스, 우리는 지금 폭죽 하나씩 들고 있지? 아니면 대형 폭죽이라고 부를까? 대형 폭죽이 뭔지 아니? 폭죽은 폭죽인데 큰 폭죽이란다. 중국에서 태어나서 계속 커지고 있단다. 아마 언젠가는 엄청나게 커질지도 모르겠구나. 폭죽 터뜨리는 것 좋아하니? 벤, 너는 어떤 색깔 좋아하니? 아주 애국심에 불타는 것처럼 보이는구나. 색깔에 대해 잘 알고 있니? 각각 폭죽을 잡은 손을 등 뒤로 뻗어보렴. 나도 그렇게 할 거란다. 벤, 이제 우리가 각각 갖고 있는 폭죽의 색깔을 말해보렴. 네 폭죽은 무슨 색이지? 녹색, 그렇지. 루스가 갖고 있는 건? 노란색이고. 내가 갖고 있는 건? 빨간색. 벤, 정말 잘하는 구나. 이제 너희들이 들고 있는 폭죽을 내게 주렴. 그럼 이번에는 루스가 색깔을 제대로 기억하고 있는지 확인해 보자꾸나. 이 빈 모자를 이용하면 좋을 것 같구나."

테이블 뒤로 걸어간다. 왼손으로 폭죽 세 개를 잡고, 오른손으로 모자를 집는다. 모자 안에 아무것도 없음을 보여준 후 벤에게 모자를 건넨다.

"벤, 모자를 받으렴. 그리고 모자를 높이 들면 된단다."

벤이 자신의 눈높이로 모자를 들어올리게 한다. 그럼 무대에 있는 아이들뿐만 아니라 관객 모두 모자 안을 볼 수 없다(**그림 3**).

"루스, 내가 천천히 한번에 하나씩 폭죽을 모자 안에 넣을 테니, 그 색깔을 말해보렴."

그림 3

오른손으로 빨간색 폭죽을 잡고 모자에 넣으며 말한다.

"빨간색."

이때 오른손으로 폭죽의 윗부분을 가린다. 폭죽이 완전히 모자 안으로 들어가면 폭죽에서 셸을 빼내어 모자 안에 떨어뜨린다. 이때 셸을 완전히 빼내기 위해서 폭죽을 다시 위로 들어올린다. 오른손은 그대로 모자 안에 넣고 셸을 잡는다. 그리고 왼손에 있는 노란색 폭죽으로 관객의 시선을 집중시킨다.

"다음은 노란색 폭죽입니다."

손을 모자 안에 넣으며, 노란색 폭죽을 셀 안에 넣는다. 노란색 폭죽이 셀 안에 제대로 들어가면 빨간색 폭죽과 셀을 씌운 노란색 폭죽을 나란히 모자 안에 뉘어놓는다(**그림 4**).

"그리고 마지막으로 녹색 폭죽입니다."

녹색 폭죽을 모자 안에 넣는다.

그림 4

그림 5

"루스, 세 가지 색깔을 모두 기억하고 있니? 이제 폭죽 하나를 꺼낼 거란다."

빨간색 셀을 씌운 노란색 폭죽을 꺼낸다. 그럼 마치 빨간색 폭죽을 꺼내는 것처럼 보인다.

"내가 이렇게 빨간색 폭죽을 꺼내면 모자 안에는 어떤 색깔 폭죽이 남지? 그렇지. 노란색과 녹색 폭죽이 남는단다. 이제 이 빨간색 폭죽을 종이로 포장할 거란다."

종이 위에 폭죽을 놓고 종이를 돌돌 만다. 그리고 마지막으로 고무밴드로 묶는다(**그림 5**). 그런 다음 루스에게 종이로 포장한 폭죽을 건네며 수평으로 잘 들고 있으라고 말한다.

"폭죽은 안전하게 잘 있지? 폭죽이 종이에서 빠져 바닥으로 떨어지지 않도록 꽉 잡고 있으렴. 루스, 모자 안에는 노란색과 녹색 폭죽이 남아있다고 했지? 둘 중 한 가지 색깔을 선택하렴. 직접 자유롭게 선택하렴. 무엇을 선택할 거니?"

이때 루스가 노란색을 선택했다고 하자.

"노란색. 루스, 분명 네가 직접 자유롭게 선택한 거 맞지? 그럼 이제 벤에게 녹색 폭죽을 줄 거란다. 벤은 녹색 폭죽을 요술 지팡이로 사용할 거고. 벤, 혹시 마술로 사람들을 놀라게 한 적 있니? 음, 지금 한 번 그렇게 해보렴. 내가 말하면 이 지팡이를 살짝 휘두르렴."

벤은 왼손으로 모자를 잡은 상태에서, 오른손으로 녹색 폭죽을 받는다.

"자, 그럼 지금 벤이 녹색 폭죽을, 루스가 빨간색 폭죽을, 그리고 모자 안에 노란색 폭죽이 있는 것 같구나. 벤, 지금이야. 지팡이를 흔들어 보렴. 루스, 네가 노란색을 선택한 거 맞지? 요정들이 네가 노란색을 선택했다는 이야기를 듣고, 종이 안에 있던 빨간색 폭죽은 가져가고, 대신 노란색 폭죽을 넣어두었을 거야. 벤이 지팡이를 휘두르는 순간 일어났단다."

그림 6

이렇게 말하면서 루스의 손에 있는 종이를 받는다. 종이와 셸을 한번에 잡고 기울여 안에 있는 노란색 폭죽이 아래로 미끄러져 나오게 한다(**그림 6**).

종이에서 나온 노란색 폭죽을 루스에게 주고, 종이 튜브는 (안에 셸이 있는 상태로) 옆으로 치워둔다. 그럼 관객은 종이 튜브 안에 셸이 있다는 사실을 전혀 눈치 채지 못한다. 튜브를 옆으로 치우기 전에 루스에게 튜브 안쪽을 아주 잠깐 보여줘도 된다. 빠르게 튜브를 움직이면 루스는 셸을 보지 못한다.

"이제 모자 안을 봅시다."

소년이 들고 있는 모자를 오른손으로 건네받은 후, 모자를 기울여 관객에게 모자의 안을 보여준다. 동시에 오른손으로 안에 있는 빨간색 폭죽을 꺼낸다.

"빨간색 폭죽이 모자 안에 들어와 있네요."

아이들이 들고 있는 폭죽을 돌려받은 후, 아이들에게 감사의 인사를 한다.

루스가 노란색과 녹색을 선택해야 하는 상황에서 녹색을 선택했다고 하자. 이런 경우에는 모자 안에 있는 녹색 폭죽을 꺼내서 벤에게 건네준다. 그리고 다음과 같이 진행한다.

"루스, 기억하렴. 네가 직접 녹색을 선택했단다. 그래서 녹색 지팡이를 벤에게 주고, 요술 지팡이로 이용하게 할 거란다. 벤은 아주 훌륭한 마술사란다. 루스, 혹시 아일랜드 출신이니? 녹색을 선택한 것을 보니 그럴지도 모른다는 생각이 드는구나. 이제 벤은 녹색 폭죽을 들고 있고, 루스 너는 무슨 색깔을 들고 있니? 빨간색? 벤, 이제 지팡이를 흔들어 보렴."

루스가 들고 있는 종이 튜브를 건네받은 후 노란색 폭죽을 꺼낸다. 그리고 종이 튜브를 옆으로 던지면서 이렇게 말한다.

"봤지? 벤이 우리에게 마술을 부렸단다. 루스, 그리고 네 손에 있는 폭죽은 빨간색이 아니라 노란색이란다. 내 생각에 빨간색 폭죽은 모자 안에 있을 것 같은데……."

모자에서 빨간색 폭죽을 꺼내고, 모자 안에는 더 이상 아무것도 없음을 보여준다. 만약 빌린 모자라면 모자를 주인에게 돌려주고, 아이들을 제자리로 돌려보내며 마무리한다.

콜라의 풍선과 손수건
Kolar' s Balloon and Silks

콜라(Kolar)가 즐겨하던 마술 중 하나이다. 순식간에 끝나면서도 관객을 놀라게 할 수 있다. 엄밀히 말해서 동양 마술은 아니지만 동양 마술 프로그램에 잘 어울리는 마술이다.

★ 이펙트

마술사가 장난감 고무풍선을 분다. 그리고 숙녀 조수에게 주며 왼손으로 들고 있게 한다. 숙녀의 오른손에는 지팡이가 들려 있다. 그런 다음 마술사는 형형색색의 손수건 몇 장을 보여준 후 손수건을 가방에 넣는다. 갑자기 가방을 뒤집어 보자 안에 있던 손수건이 모두 사라졌다. 마술사가 지팡이로 풍선을 건드리자 풍선은 사라지고 그 자리에 손수건이 남아있다.

★ 준비물

1. 장난감 고무풍선 하나. 손수건 몇 장을 안에 넣을 수 있는 크기여야 한다. 문구점에서 저렴한 가격에 살 수 있다(풍선 속의 내용물이 보이지 않는 불투명한 풍선이면 더욱 좋다 - 감수자).

그림 1

↳ 바늘

2. 한쪽 끝에 뾰족한 바늘이 달린 마술사 지팡이. **그림 1**은 준비된 풍선과 지팡이의 모습이다.
3. 다양한 색깔의 손수건 4~6장. 한 변의 길이가 33cm인 손수건이 적당하다. 그리고 이와 똑같이 생긴 손수건 4~6장.
4. 체인지 백. 제1권 **레슨 17**(494쪽)에 자세히 나와 있다.

준비

풍선 안에 손수건을 밀어 넣는다. 조심해서 잘 넣으면 안에 아무것도 들어 있지 않은 것처럼 보인다. 준비된 풍선을 테이블에 놓고, 풍선 안에 넣은 손수건과 똑같이 생긴 손수건을 옆에 함께 둔다. 그리고 체인지 백과 지팡이도 테이블 위에 놓는다.

시연

풍선을 집어서 분 뒤 조수에게 건넨다. 이때 조수가 왼손으로 풍선을 잡게 한다(**그림 2**). 바람이 빠지지 않도록 풍선을 꼭 잡아야만 한다. 그리고 조수에게 지팡이를 건네 오른손으로 지팡이를 잡게 한다. 풍선에 넣은 손수건과 똑같이 생긴 손수건을 자유롭게 보여준 후 오른쪽 팔뚝에 걸쳐둔다. 체인지 백을 집어 뒤집어서 안을 보여준 뒤 다시 원래대로 뒤집는다. 안에 손수건을 넣고 체인지 백을 뒤집어 손수건이 사라졌음을 보여준다.

조수가 들고 있는 지팡이를 돌려받아, 바늘을 달아둔 지팡이 끝으로 풍선을 가리킨다. 그럼 풍선이 터지면서 손수건이 나타난다. 객석에서 보면 마치 손수건이 사라지고 그 자리에서 손수건이 나타난 것처럼 보인다. 지팡이 끝에 있는 바늘 때문에 풍선이 터진다(**그림 3**).

그림 2

그림 3

콜라는 이 마술을 다양하게 응용했다. 그중 하나는 풍선 안에 손수건을 여러 장 넣은 후 풍선을 불고, 자신의 조수에게 들고 있게 한다. 그리고 풍선을 찔러 손수건이 바닥에 비처럼 쏟아지게 한다. 또 다른 방법은 마술사가 풍선을 높이 들고 있으면, 조수가 무대 옆에서 관객 몰래 공기총을 쏴서 풍선을 터뜨린다. 그럼 풍선이 사라짐과 동시에 손수건이 나타난다.

콜라는 준비해둔 풍선을 관객 앞에서 볼 때 쇼맨십을 이용했다. 풍선 3~4개를 쟁반이나 테이블 위에 놓아두었다. 그중 하나에는 풍선을 넣어두고, 나머지 풍선은 긁어서 흠집을 내 놓았다. 처음에 흠집 있는 풍선을 불어 터뜨린다. 그럼 관객은 풍선이 우연한 사고로 터졌다고 생각한다. 그런 다음 손수건을 넣어둔 풍선을 집어서 분다. 나머지는 앞에서 설명한 대로 진행한다.

칭-어-링 중국 랜턴 만들어내기
Ching-A-Ling Chinese Lantern Production

이번 마술에는 정말 놀라운 원리가 숨겨져 있고, 수많은 마술사들의 사랑을 받고 있다. '없어지지 않는 잽 박스(Inexhaustible Jap Box)'를 응용하여 만든 것이다. 직접 해본 결과 매우 효과적이고, 하나의 마술에 다양한 효과를 더하는 데에도 매우 유용하다. 스토웰 (Stowell)은 그의 보드빌 쇼 중 '동양의 신비(Oriental Oddities)'에서 이 마술을 멋지게 선보였다.

★ 이펙트

납작하게 접혀 있는 네모난 중국 랜턴을 편 뒤 안에 아무것도 없음을 관객에게 보여준다. 그리고 테이블보가 씌워져 있지 않은 얇은 테이블 위에 놓는다. 마술사가 랜턴에 손을 넣고 한번에 하나씩 중국 랜턴을 꺼내어 모두 네 개의 랜턴을 만들어낸다. 이렇게 만들어낸 랜턴은 조수가 들고 있는 기둥에 걸어둔다. 그런 다음 형형색색의 손수건 여러 장을 만들어내어 조수의 어깨에 걸어둔다. 손수건을 집자, 갑자기 손수건은 나비모양이 있는 커다란 손수건이나 미국 국기로 변한다.

★ 준비물

1. 특별하게 만든 네모난 중국 랜턴 한 개
2. 1보다 작은 크기의 동그란 중국 랜턴 네 개
3. 다양한 색깔의 손수건 6~12장. 한 변의 길이가 90cm 정도인 손수건이 적당하다.
4. 커다란 네모난 손수건 한 장. 무지개 색이나 커다란 나무가 그려져 있어야 한다. 크기는 1.8~2.7m가 적당하다. 원하는 경우에는 커다란 국기를 사용해도 된다.
5. 작고 윗면이 얇은 테이블 하나. 혹은 평범한 카드 테이블을 이용해도 된다.
6. 길이 1.2m의 기둥이나 대나무 하나. 랜턴을 걸어둘 때 이용할 것이다.

★ 제작

네모난 중국 랜턴

네 개의 옆면과 하나의 윗면으로 이루어져 있다. 예전에 랜턴을 만들어낼 때 이용했던 것과 비슷하면서도 더욱 정교하게 제작되었다. 여기에서는 랜턴의 옆면 자체에 사물을 숨기게 된다(**그림 1**).

옆면은 한 변이 30cm인 정사각형이고, 두께는 2cm이다(**그림 2**). 옆면을 만들 때는 폭 2.5cm의 네모난 틀을 이용한다(**그림 3**).

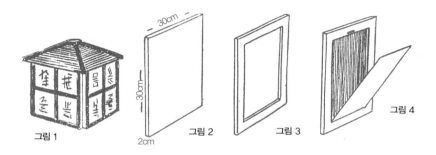

그림 1 그림 2 그림 3 그림 4

그런 다음 네모난 틀의 한쪽 면에 얇은 양철 판을 고정시킨다. 반대 면에도 비슷한 양철 판을 고정시킨 후 문처럼 뚜껑을 만든다. 뚜껑의 크기는 네모난 틀의 가운데에 뚫린 구멍보다 약간 커서, 뚜껑을 닫았을 때 뚜껑이 너무 깊이 들어가지 못하게 해야 한다. 뚜껑은 아래쪽에 경첩을 이용하여 고정시키고 위쪽에는 걸쇠를 달아둔다(**그림 4, 그림 5**).

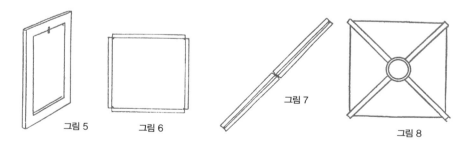

그림 5 그림 6 그림 7 그림 8

옆면의 안쪽은 검은색으로, 바깥은 중국풍의 화려한 색으로 칠한다. 그럼 가까이에서 보더라도 아무런 조작도 없는 평범한 판자처럼 보인다. 이렇게 준비한 네 개의 옆면을 경첩으로 연결한다. 이때 검은색으로 칠한 면이 안으로 들어가게 하고, 경첩 역시 안쪽에 고정시킨다. **그림 6**은 위에서 바라본 모습이다. 그럼 쉽게 납작하게 만들 수 있다(**그림 7**).

얇은 나무를 이용해 **그림 8**, **그림 9**와 같이 윗면을 만든다. 윗면은 반드시 서로 연결한 네 개의 옆면 위에 꼭 맞아야 한다(**그림 1**).

작은 랜턴

네모난 랜턴 안쪽에 숨겨두었다가, 갑자기 만들어낼 때 사용할 랜턴이다. 그렇기 때문에 납작하게 접을 수 있어야 한다.

작은 랜턴을 만들기 위해서는 먼저 동그란 나무나 양철, 두꺼운 도화지 네 개를 준비해야 한다. 이때 지름은 12.5~15cm가 적당하다. 테두리 2.5cm만 남겨두고 가운데를 자른다. 그리고 두꺼운 도화지 두 장의 테두리에 작은 구멍을 뚫는다. 그리고 그 중 한 장에는 손잡이를 달기 위한 조금 더 큰 구멍 두 개를 뚫는다(**그림 10**).

실을 이용하여 종이 테두리에 뚫은 구멍에 손수건을 꿰맨다. 그리고 손수건의 반대 면에는 나머지 구멍 뚫은 종이를 꿰맨다. 마무리 작업으로 구멍을 뚫지 않은 두꺼운 종이를 위와 아래에 붙인다. 윗면에 뚫어 놓은 큰 구멍에 끈을 넣은 뒤, 안쪽에 매듭을 묶어 고정시킨다(**그림 11**).

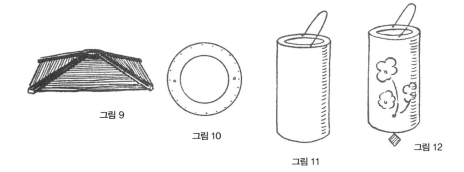

그림 9

그림 10

그림 11

그림 12

꽃무늬 손수건이나 화려한 그림이 있는 손수건으로 만들어도 좋다. 다양한 모양과 색깔로 4~6개의 작은 랜턴을 준비한다. 랜턴의 바닥은 술이나 다양한 모양으로 꾸민다(**그림 12**).

손수건

한 변이 90cm인 손수건으로 가능한 다양한 색으로 준비한다. 그리고 각각의 손수건 위쪽 양 모서리에 흰색 단추와 검은색 단추를 달아서, 만들어낼 때 제대로 꺼낼 수 있게 한다(**그림 13**).

나비 손수건

화려한 마무리를 위해서 한 변이 1.8~2.7m인 손수건을 준비한다. 한 변이 90cm인 손수건을 연결하여 만들면 된다. 그런 다음 커다란 손수건을 벽에 고정시켜 놓은 뒤 화려한 나비를 크게 그리면 된다.

준비

필요한 도구를 모두 제작한 다음에는, 다음과 같이 준비한다.

네모난 랜턴 옆면 중 한쪽의 뚜껑을 열어 가능한 많은 동그란 랜턴과 손수건을 넣는다. 그런 다음 뚜껑을 다시 덮고 걸쇠로 잠근다. 옆면 안에 두께 1.2cm의 리본 끈을 숨겨두어도 된다.

보통 나무 손수건은 네모난 랜턴 안에 숨겨두지 않고 조수에게 숨겨 놓는다. 남자 조수인 경우에는 손수건을 잘 접은 후 클립이나 핀을 이용하여 코트 안쪽이나 등 뒤에 고정시켜둔다. 여자 조수인 경우에는 등 뒤에 클립으로 고정시켜 놓아도 되고, 아니면 중국 코트의 등에 그림으로 꾸며진 주머니를 만들고 거기에 숨겨 놓아도 된다(**그림 14**). 혹은 의자 등받이 뒤에 숨겨도 된다.

흰색 단추 　　　검은색 단추

그림 13

등 뒤에
달아놓은 주머니

그림 14

그림 15

시연

랜턴에 뚜껑을 덮은 상태로 테이블 위에 세워둔다. 뚜껑을 열어 안에 아무것도 없음을 보여준다. 그리고 뚜껑은 한쪽에 치워두거나 조수의 머리 위에 올려놓는다(**그림 15**).

랜턴을 들어 관객에게 안쪽을 보여준 뒤, 납작하게 만들어 테이블 위에 내려놓아서 관객이 랜턴 안에 아무것도 없다고 믿게 만든다(**그림 7**). 다시 랜턴을 집어 펼쳐서 관객에게 보여준다. 그리고 그대로 테이블 위에 똑바로 세워놓는다.

랜턴 안쪽에 손을 넣어 작은 랜턴이 들어 있는 옆면의 뚜껑을 연다. 걸쇠를 풀어 뚜껑을 잡아서 테이블 위에 조용히 내려놓는다. 작은 랜턴의 손잡이를 잡고 꺼내면 랜턴은 자연스럽게 펼쳐진다(**그림 16**).

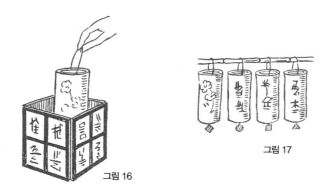

그림 16

그림 17

이렇게 꺼낸 작은 랜턴은 조수가 들고 있는 대나무에 걸어둔다. 아니면 무대 위에 걸어서 무대를 꾸민다. 계속해서 랜턴을 모두 꺼낸다(**그림 17**).

조수가 대나무를 들고 있다면 쉽게 랜턴을 걸어둔 대나무를 들고 객석으로 내려갔다 올 수 있다. 혹은 무대에 빨랫줄처럼 줄을 걸어 놓고 거기에 랜턴을 걸어도 된다. 이 경우에는 랜턴의 손잡이에 클립이나 고리를 달아놓거나 줄에 랜턴을 걸 수 있는 고리를 달아놓아야 한다.

작은 랜턴을 모두 꺼낸 뒤 뚜껑을 닫는다. 그리고 손수건이 들어 있는 옆면의 뚜껑을 열고 손수건을 한 장씩 꺼낸다. 꺼낸 손수건을 펼쳐서 관객에게 보여준 뒤 조수의 어깨에 걸쳐둔다(**그림 18**).

그림 18

그림 19

마지막 손수건까지 펼쳐서 보여준 뒤 조수의 어깨에 걸고 나면, 손수건을 모두 모은다. 이렇게 모은 손수건으로 가린 상태에서 커다란 나비 손수건이나 국기를 잡는다. 조수가 나비 손수건의 한쪽 모서리에 달린 단추를 잡고, 마술사가 반대편 모서리의 단추를 잡는다. 그리고 빠르게 양쪽으로 당겨 손수건을 펼친다. 커다란 손수건을 펼침과 동시에 나머지 손수건은 바닥에 떨어뜨린다. 그럼 아주 멋진 마무리가 된다(**그림 19**).

힌두 망고 나무 키우기
The Hindu Mango Tree Growth

마술사들이 망고 나무를 놀라운 속도로 성장시킨 이야기가 동양에서 전해지고 있다. 이에 대한 자세한 이야기는 말하는 사람에 따라 천차만별이다. 직접 보지도 못하고 이에 대한 이야기를 읽거나 들은 사람들이 마치 모든 것을 알고 있는 것처럼 이야기했기 때문이다. 모든 사람이 보는 앞에서 마술사가 흙 속에 씨앗을 심자 잠시 후 나무가 튀어나왔다. 마술 중에 마술이 아닐 수 없다.

사람들이 특별히 인도 마술에 대한 경외심을 갖고 있고, 또한 망고 나무 마술에 대해 과장해서 글을 썼기 때문에, 오늘날 망고 나무 마술을 제대로 하기 위해서는 절대 대충해서는 안 된다. 여기에서 그 방법을 소개하고자 한다. 이 방법을 이용하면 관객의 좋은 반응을 얻을 수 있다. 동양의 마술이 자신의 눈앞에서 펼쳐진다는 사실이 엄청난 일이라고 생각하게 만든다.

힌두 마술은 서양의 마술과는 다르다. 이는 마술이 이루어지는 환경이 전혀 다르기 때문이다. 힌두 사람들은 지붕이 없는 극장에서 바닥에 앉아서 마술을 한다. 그렇기 때문에 그 환경에 맞는 마술 방법을 이용하게 된다. 하지만 우리는 방이나 클럽, 극장과 같은 공간에서 마술을 하기 때문에 힌두 사람들은 할 수 없던 효과를 낼 수 있다.

먼저 힌두 망고 나무 키우기에 대해서 이야기하고자 한다. 이는 주로 인도의 거리에서 행해지던 마술이다. 그런 다음 현대의 환경에서 힌두 망고 나무 키우기를 하는 방법에 대해 설명하고자 한다.

★ 이펙트

흙이나 모래가 담겨 있는 화분에 씨앗을 심는다. 그리고 헝겊을 보여준 후 흙이 담겨 있는 화분을 덮는다. 잠시 후 헝겊을 벗기자 흙 위로 자란 싹이 보인다. 다시 헝겊으로 화분을 가렸다가 헝겊을 벗기자 망고 나무는 45cm 정도로 자라 있고 거기에는 열매도 맺혀 있다.

★ 준비물

1. 흙이 가득 담긴 깡통이나 화분 하나. 흙 대신 모래를 이용해도 된다(**그림 1**).
2. 한 변의 길이가 1.5cm인 헝겊. 속이 비치지 않도록 두꺼워야만 한다.
3. 플랜트 커버링(plant covering) 하나
4. 길이 45cm의 나무. 진짜 나무에서 잘라 이용하면 된다. 그리고 거기에 레몬, 라임, 금귤, 자두 등을 달아둔다(**그림 2**).
5. 나뭇잎이 달린 작은 싹 하나
6. 커다란 씨앗 하나
7. 미스디렉션을 위해 이용할 작은 헝겊 조각 여러 개

그림 1   그림 2   그림 3

준비

　나무를 쉽게 다루기 위해서 플랜트 커버로 싸서 최대한 부피를 작게 만들고, 동시에 나무를 쉽게 꺼낼 수 있도록 해야 한다. 플랜트 커버를 만들기 위해서는 먼저 검은색 헝겊이나 화분을 가릴 때 이용하는 헝겊과 같은 헝겊을 준비한다. 그리고 가로보다 세로가 길게 자른 후, 왼쪽과 오른쪽 모서리에 고리를 단다(**그림 3**).

　그런 다음 나무 둘레에 헝겊을 두른 후 헝겊을 조여서 양쪽에 달아놓은 고리가 겹쳐지게 하고, 거기에 못을 꽂는다. **그림 4**와 같이 못의 머리에 실을 연결한다. 그럼 실을 위로 당기면 못이 함께 위로 당겨지게 되기 때문에 고리에서 못이 빠지고, 이와 동시에 나무를 쌓아둔 헝겊이 벗겨진다(**그림 5**). 헝겊의 위쪽에는 길이 7.5cm의 리본 끈을 달아둔다(**그림 6**).

Tarbell course in Magic

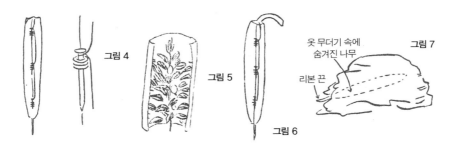

그림 4

그림 5

그림 6

옷 무더기 속에
숨겨진 나무

그림 7

리본 끈

왼쪽에 옷 무더기를 만들어둔다. 마술사의 외투와 터번 두어 개를 함께 쌓아 놓으면 된다. 헝겊으로 쌓은 나무를 보이지 않게 옷 무더기 속에 숨겨두고, 플랜트 커버 위쪽에 달아 놓은 리본 끈만 밖으로 살짝 보이게 한다. 리본 끈은 잡기 쉬운 위치에 있어야 하고, 또한 관객이 관심을 갖지 않는 곳에 두어야 한다. 리본 끈은 진행을 쉽게 할 뿐 그 이상의 역할은 없다. 그리고 옷 무더기 위에는 화분을 가릴 때 이용할 커다란 헝겊을 놓아둔다(**그림 7**).

관객은 마술사가 앞으로 이용할 도구를 옆에 쌓아두었다고 생각한다. 그리고 마지막으로 마술사의 오른쪽 주머니에 커다란 씨앗과 식물의 싹을 넣어둔다. 싹은 마술사가 허리에 차고 있는 장식대에 넣어두어도 된다.

시연

힌두인은 바닥에 앉아서 그 앞에 화분을 놓아둔다. 그리고 왼쪽에 옷을 쌓아 두고, 그 안에는 나무를 숨겨둔다. 그리고 나머지 도구와 플래절렛(앞에 네 개, 뒤에 네 개의 구멍이 있는 통소 - 옮긴이)이라는 악기를 오른쪽에 놓아둔다(**그림 8**).

흙이 담긴 화분을 집어 사람들에게 자유롭게 보여준다. 화분을 뒤집어 흙을 쏟았다가 다시 담기도 한다. 혹은 빈 화분과 흙이 담긴 상자를 준비해두었다가, 모두가 보는 앞에서 화분에 흙을 담는다. 화분에 담은 흙을 다진 후 주머니에서 씨앗을 꺼낸다. 관객에게 씨앗을 보여주고 화분에 심는다. 가까운 곳에 물병이 있으면 화분에 물을 약간 준다.

그런 다음 왼쪽에 쌓여 있는 옷 무더기에서 한 변의 길이가 1.5m인 헝겊을 집는다. 그리고 헝겊으로 흙이 담긴 화분을 덮는다. 이때 왼손으로 헝겊의 가운데를 잡아서 텐트처럼 만든다(**그림 9**). 잠시 후 헝겊을 들어올려서 무릎 위에 내려놓는다. 관객이 흙이 담긴 화분에 집중하고 있는 동안 주머니에 손을 넣어 식물의 싹을 꺼낸다. 이때 무릎에 놓인 헝겊 때문에 관객은 마술사가 주머니에서 싹을 꺼내는 것을 보지 못한다.

"아무 일도 일어나지 않았습니다. 씨앗의 품질이 별로인가 봅니다. 물을 좀 더 줄까요?"

물병을 집어 화분에 물을 준다.

"그럼 다시 한 번 해보겠습니다."

그리고 다시 왼손으로 헝겊의 가운데를 잡고 화분을 가린다. 헝겊으로 가린 상태에서 오른손을 헝겊 아래로 넣어 주머니에서 꺼낸 싹을 화분에 심는다(**그림 10**). 이때 헝겊을 놓고 플래절렛을 집어서 동양적인 음악을 연주한다(**그림 11**). 다시 화분 위에 있는 헝겊의 가운데를 집은 후, 옆에 있는 옷 무더기 위로 헝겊을 던진다. 이와 동시에 화분에 심어둔 싹에 관객의 이목을 집중시킨다(**그림 12**).

"보십시오. 식물이 이제는 좀 잘 자라네요."

곧바로 왼손을 헝겊으로 뻗어서 헝겊 가운데를 잡는다. 이때 플랜트 커버 끝에 달린 리본 끈을 함께 잡는다(**그림 13**). 이 상태에서 헝겊을 들어 올리면 플랜트 커버와 그 안에 있는 나무가 함께 따라온다. 전에 헝겊을 던져두었다가 집을 때와 마찬가지로 빠르게 움직여야 한다(**그림 14**). 다시 헝겊을 화분 위로 가져가 헝겊의 끝이 바닥에 닿게 한다. 그리고 오른손을 헝겊 아래에 넣어 플랜트 커버 안에 있는 나무의 끝부분을 아래로 당겨 화분에 심는다(**그림 15**).

곧바로 플랜트 커버의 못에 연결해둔 실을 당겨 플랜트 커버를 벗긴다. 이때 플랜트 커버는 여전히 왼손에 들려 있다(**그림 15**).

"지금쯤 나무는 7.5cm, 혹은 10cm 정도 자랐을 겁니다."

이렇게 말하면서 오른손으로 나뭇가지를 정리한다. 그런 다음 갑자기 헝겊을 벗겨 옆으로 던져둔다. 이때 플랜트 커버는 헝겊 안에 숨겨져 함께 옆으로 던져진다. 관객은 이제 많이 자란 나무를 보게 된다. 마술사는 과일 하나를 따서 관객에게 맛보게 한다(**그림 16**).

그림 14
헝겊 아래에 있는 나무

그림 15

그림 16

★ 주의

앞에서 설명한 방법은 인도에서 주로 이용되는 방법이다. 단순하면서도 관객을 혼란스럽게 만든다. 단순한 방법에 반드시 쇼맨십이 가미되어야만 한다. 헝겊과 플랜트 커버를 다룰 때는 주의를 기울이지 않는 척하여 관객의 의심을 피해야 한다. 그리고 항상 화분을 쳐다봐서 관객의 시선을 화분으로 집중시켜야 한다. 옷 무더기는 오른쪽이건 왼쪽이건 편한 쪽에 두면 된다. 그리고 원한다면 식물의 싹도 주머니 대신 옷 무더기 안에 숨겨놓아도 된다.

이 방법은 야외나 지붕이 없는 곳에서 할 수 있도록 고안되었다. 하지만 힌두인이 사용했던 소품을 이용하여 힌두 스타일로 무대에서 할 수도 있다. 무대에서 하게 되면 야외에서 할 때보다는 훨씬 빠르게 진행되어야만 한다.

타벨의 힌두 식물 키우기
Tarbell's Hindu Plant Growth

힌두 식물 키우기를 위해 내가 직접 고안한 방법이다. 이 방법을 이용하면 관객이 바로 앞에 있는 곳이든 어디에서든 할 수 있다. 만약 동양 마술을 한다면 꼭 해야만 하는 마술이다. 여기에서는 특별하게 만든 동양 나무(Oriental plant)가 필요하다. 한 번 만들어 두면 여러 번 이용할 수 있다는 장점이 있다. 잠깐만 시간을 들여 만들면 진정한 마술을 선보일 수 있게 된다.

★ 이펙트

마술사가 흙이 담긴 깡통이나 캔을 관객에게 보여준 후 거기에 씨앗을 심는다. 그런 다음 헝겊을 하나 들어 앞뒤를 보여주고 헝겊으로 잠시 깡통을 가린다. 헝겊을 떨어뜨리자 깡통이 모습을 드러낸다. 하지만 아무 일 없이 깡통은 그대로다. 다시 헝겊을 집어 깡통을 가렸다가 치우자, 이번에는 흙 위로 싹이 나 있다. 잠시 후, 헝겊으로 다시 깡통을 가렸다 치워보니 이번에는 키가 45cm나 되는 나무가 나타난다. 헝겊으로 나무를 가렸다가 치워보니 나무에 열매가 맺혀 있다. 열매를 따서 관객에게 건네 맛보게 한다.

★ 준비물

1. 특별하게 제작한 동양 나무 하나. 철사를 이용해 뼈대를 만든 후 뼈대에 녹색 깃털을 붙인다(**그림 1**). 깃털로 꽃다발을 만드는 사람에게 부탁해도 되고, 마술용

품점에서 구입할 수도 있다. 깃털을 이용해 만든 나무는 접으면 부피를 확 줄일 수 있으면서도 폈을 때에는 풍성해진다. **그림 2**와 같이 작은 검은색 주머니에 넣어둔다.

2. 길이 7.5~10cm의 식물 싹 하나. 녹색 깃털로 만들면 된다(**그림 3**).

3. 화분이나 깡통 하나와 흙이 담긴 상자

4. 작은 레몬이나 라임, 금귤, 자두 2~3개

5. 한 변의 길이가 90cm 정도 되는 헝겊. 동양적인 무늬가 있는 두꺼운 헝겊이어야 한다.

6. 큰 씨앗 하나. 호박씨나 아몬드 낟알을 이용해도 된다.

7. 윗부분이 얇은 테이블 하나. 카드 테이블을 이용해도 된다.

8. 플랜트 커버로 이용할 위아래가 뚫린 작은 검은색 주머니 하나

그림 1   검은색 주머니   나무를 안에 넣어둔 주머니   그림 2   그림 3   철사로 만든 고리   그림 4

준비

나무의 줄기는 단단한 철사로 되어 있기 때문에 열매를 걸어 두어도 휘지 않는다. 그리고 나무의 아랫부분은 쉽게 흙에 꽂을 수 있게 되어 있다. 보관할 때는 종종 증기를 쐬어 주어서 깃털이 죽지 않게 한다. 물을 끓일 때 주전자 입구 위로 나무를 들고 있으면 된다. 그리고 나무를 이용하기 전에는 흔들어서 깃털을 부풀린다.

또한 나무에 과일을 쉽게 매달 수 있도록 과일의 윗부분에 철사로 된 고리를 끼워둔다(**그림 4**). 나무를 검은색 주머니 안에 넣는다. 이때 나무의 아랫부분부터 넣어야 한다. 그런 다음 옷핀을 이용해 주머니의 윗부분을 코트의 왼쪽 안에 고정시킨다(**그림 5**). 코트가 불룩해지지 않아야 제대로 주머니를 고정시킨 것이다(**그림 6**). 그리고 주머니를 단 상태로 움직여도 전혀 불편하지 않아야 한다. 그럼 객석을 돌아다녀도

관객은 주머니에 대해 전혀 눈치 채지 못한다. 그러다가 갑자기 커다란 나무가 나타나면 관객은 놀라움을 금치 못한다.

그림 5   그림 6   그림 7

작은 싹은 고리를 달아둔 과일 2~3개와 함께 코트의 오른쪽 주머니에 넣어둔다. 그리고 헝겊의 한쪽 모퉁이에는 구부린 핀을 달아둔다. 먼저 헝겊에 핀을 꽂은 후, 핀의 끝부분을 구부려 갈고리 모양으로 만든다(**그림 7**).

시연

테이블 위에 깡통을 놓아두고, 그 옆에는 흙이 담긴 상자를 둔다. 헝겊 역시 옆에 함께 둔다.

"여러분이 보시기에 가장 놀라운 마술은 힌두 마법사가 하던, 땅에 씨앗을 심은 후 곧바로 나무가 되어 열매를 맺게 하는 마술일 겁니다. 이 마술에 대해서는 여러 가지 이야기가 있었습니다. 저는 수년간 이 마술을 연구한 끝에 그 비법을 알아냈습니다. 오늘밤 여러분에게 그 이야기를 들려드리고자 합니다. 인도에서처럼 바닥에 앉는 것이 불편하기 때문에, 여기 테이블 위에 놓인 물건을 이용하여 설명하겠습니다. 먼저 여기에 있는 깡통을 이용하겠습니다."

테이블 위에 놓인 깡통을 집어 안에 아무것도 없음을 보여준다.

"여기 작은 상자에는 깡통을 가득 채울 만큼의 흙이 들어 있습니다. 흙을 깡통에 쏟겠습니다."

상자에 있는 흙을 깡통으로 쏟는다.

Tarbell course in Magic

"그리고 헝겊과 씨앗이 있습니다. 이 씨앗은 동양에서 직접 공수해온 겁니다. 이 씨앗을 심겠습니다."

씨앗을 관객에게 보여준 후 깡통에 심는다. 원하는 경우에는 씨앗을 심는 척만 하고 씨앗을 숨겨도 된다.

"씨앗이 자라서 싹이 트고 성장하려면 시간이 걸리는 것이 정상입니다. 하지만 힌두인은 자연의 이치를 거스르는 방법을 알아냈습니다. 그들은 따뜻하게 하는 것이 중요하다고 말했습니다. 그래서 씨앗을 심은 후 헝겊을 덮어줬습니다. 우리도 채소나 식물을 심은 후 짚으로 덮어주지 않습니까?"

핀을 꽂은 부분이 오른손에 오도록 헝겊을 집는다. 헝겊을 펴서 관객에게 보여준 후 왼팔을 쭉 뻗어, 오른손이 왼쪽 어깨에 오게 한다(**그림 8**). 이 상태에서 오른쪽으로 돌아서서 헝겊으로 깡통을 가린다. **그림 9**는 객석에서 바라본 모습이다. 이 상태로 5초 정도 있은 후 양손을 모아 왼손으로 헝겊의 양쪽 모서리를 함께 잡는다. 깡통을 쳐다보고 집어서 아무것도 일어나지 않았음을 보여준다(**그림 10**).

그림 8   그림 9   그림 10

"아무래도 싹이 트기에는 시간이 부족했나 봅니다."

깡통을 다시 테이블 위에 내려놓고 **그림 8**과 같이 헝겊을 든다. 그런 다음 오른쪽으로 돌아서서 **그림 9**와 같이 깡통을 가린다. 이번에는 마술사의 몸과 헝겊 사이에 틈이 벌어져서는 안 된다. 오른손으로 핀을 왼쪽 어깨에 고정시키고 나면 오른손은 자유롭게 움직일 수 있다. 헝겊이 움직이지 않고 그대로 있기 때문에 관객은 마술사가 계속해서 양손으로 헝겊을 잡고 있다고 생각한다.

오른손을 주머니에 넣어 싹을 꺼낸다. 그리고 싹을 깡통에 심어 마치 흙에서 싹이 난 것처럼 보이게 한다. 오른손으로 왼쪽 어깨에 걸어 두었던 헝겊의 모퉁이를 잡는다. 그리고 잠시 고개를 숙여 헝겊의 앞면을 쳐다본고, 오른손을 살짝 위로 올려서 여전히 오른손으로 헝겊을 잡고 있음을 보여준다. 이는 마술사가 헝겊을 들고 있는 상태에서는 아무것도 할 수 없다고 믿게 만들기 위한 행동이다. 마지막으로 왼쪽으로 돌아서서 양손을 모아 왼손으로 헝겊의 양쪽 모서리를 함께 잡는다(**그림 10**). 관객의 이목을 깡통으로 집중시킨다. 깡통을 들고 거기에서 자란 싹을 관객에게 보여준다. 그리고 다시 깡통을 테이블 위에 내려놓는다.

"무언가 일어나기 시작했습니다. 최소한 잎사귀 몇 개는 보이기 시작했네요."

다시 헝겊으로 깡통을 가리고 오른쪽 모서리에 있는 핀을 왼쪽 어깨에 고정시킨다. 헝겊으로 가린 상태에서 깡통에 심어 두었던 싹을 뽑아서 주머니에 넣는다. 그리고 코트의 왼쪽 아래에 손을 넣어 나무줄기의 아랫부분을 잡고 아래로 당긴다(**그림 11**). 그리고 줄기를 깡통에 꽂고 가지를 정돈하여, 마치 깡통에서 나무가 자란 것처럼 보이게 만든다(**그림 12**). 이 동작은 매우 간단하다. 이때 필요 이상으로 코트를 움직여서는 안 된다. 그리고 동시에 관객에게 계속 말을 해야만 한다.

"힌두 마술사는 자신이 원하는 동안 이 마술을 할 수 있었다고 합니다. 15분 동안, 30분 동안 나무가 자라게 했다는군요. 그리고 플래절렛 연주도 했답니다. 음악이 식물의 성장을 촉진시킨다고 말하는 사람도 있습니다."

그림 11

주머니에서
나무를
꺼낸다.

그림 12

오른손을 왼쪽 어깨로 가져와 꽂아 놓았던 핀을 뺀다. 그리고 헝겊을 잡은 오른손을 살짝 위로 올려, 관객이 오른손에 헝겊이 들려 있음을 눈으로 확인하게 한다. 왼쪽으로 돌아서며 헝겊을 한 손으로 모아 잡는다. 그럼 관객 앞에 **그림 13**과 같은 화분이 모습을 드러낸다.

"보십시오. 나무가 아주 잘 자랐습니다."

다시 헝겊으로 나무를 가린다. 그리고 오른손을 주머니에 넣어 과일을 꺼내고, 과일을 나무줄기에 단다. 그런 다음 왼쪽으로 돌아서며 나무에 달린 과일을 관객에게 보여준다(**그림 14**).

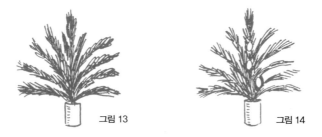

그림 13   그림 14

"오, 훨씬 좋네요. 이제 열매까지 열렸습니다. 놀랍게 자란 식물의 과일 맛은 어떤지 궁금하시지요? 직접 맛보시게 해드리겠습니다."

열매를 따면서 관객 몰래 잽싸게 철사로 된 고리를 제거한다. 그리고 과일을 반으로 잘라서 관객 몇 명에게 준다.

"진정한 동양의 맛을 느끼실 수 있을 겁니다."

재미있게 꽃 키우기
Comedy Flower Growth

관객을 웃기기 위해 고안된 마술로서 다른 마술에 웃음을 더해주기 위해 이용해도 된다.

★ 이펙트

화분에서 자란 작은 식물을 보여준다. 마술사가 물뿌리개로 물을 주자 식물이 갑자기 30cm로 자란다. 다른 마술을 하면서 때때로 화분에 물을 주면 그때마다 식물이 자라서 그 키가 수미터에 이르게 된다.

★ 준비물

1. 가짜 꽃과 잎사귀 한 다발. 지름 30cm가 적당하다. 다발의 아래에는 아주 부드러운 녹색 실이 연결되어 있다. 이때 실의 길이는 3.6~5.4m이고, 이보다 더 길어도 상관없다. 30~60cm 간격으로 실에 가짜 잎사귀 한두 개를 달아놓는다. 가짜 잎사귀는 티슈나 헝겊으로 만들면 된다.
2. 화분 하나
3. 물뿌리개 하나

준비

식물 맨 위에 검은색 실을 연결한다. 실은 무대 천장에 달아 놓은 장치를 통해 무대 뒤로 연결되어 있다. 실 끝을 무대 뒤에 있는 못에 묶어서, 조수가 실을 당길 수 있게 만든다. 꽃다발을 화분에 꽂아둔다. 그리고 꽃다발 아래 연결시킨 잎사귀가 달린 실은 잘 감아서 화분 안에 넣어둔다. 꽃다발에 연결된 실은 천장으로 연결되어 있다(그림 1).

두리는 비스듬하게 잘라서 두 개를 연결했을 때 **그림 7**과 같이 꼭 맞게 한다. 그리고 상자를 중국풍으로 꾸민다.

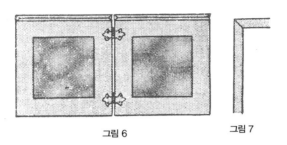

그림 6 그림 7

상자 덮개의 크기는 18.7cm×20cm 혹은 20cm×20cm가 적당하다(**그림 8**). 그래서 상자 위에 덮개를 놓았을 때, 덮개가 상자 밖으로 살짝 삐져나와야 한다 (**그림 9**).

5. 셸에 약간은 헐렁하면서도 꼭 맞는 크기의 오렌지 하나

시연

상자를 집어서 관객에게 상자 안을 보여준 뒤, 다시 테이블에 내려놓는다. 셸을 씌운 주사위를 집어, 주사위가 단단함을 보여주기 위해 테이블을 두드린다(**그림 10**). 셸을 씌운 주사위의 모든 면을 빠르게 보여준 뒤 상자 안에 넣으며 셸과 주사위를 분리시킨다(**그림 11**). 주사위는 상자 안에 남겨두고 셸만 밖으로 꺼낸다. 이때 관객이 셸의 뚫린 부분을 보지 못하도록 주의해야 한다. 마치 주사위를 다시 꺼낸 것처럼 셸을 보여준 뒤, 뚫린 부분이 위로 가게 상자 안에 넣는다(**그림 12**).

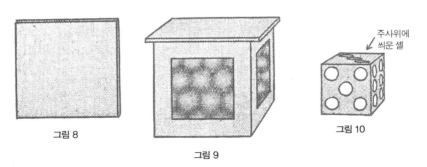

그림 8

그림 9

주사위에
씌운 셸

그림 10

상자 위에 덮개를 씌운 후, 오렌지를 집어 관객에게 자유롭게 보여준다. 공중으로 던졌다가 잡아도 된다. 그리고 덮개의 중앙에 오렌지를 올려놓는다. 갑자기 실수한 것을 깨달은 척 연기한다.

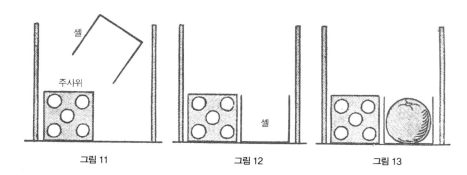

| 그림 11 | 그림 12 | 그림 13 |

오렌지를 들고 덮개를 치운다. 오렌지를 상자 안의 셸 안에 넣는다(**그림 13**). 그리고 곧바로 오렌지를 넣은 셸을 들어올린다. 이때 관객이 셸의 뚫린 부분을 보지 못하도록 주의해야 한다. 마치 단단한 주사위인 것처럼 관객에게 셸을 보여준다.

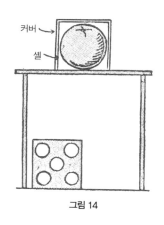

그림 14

상자 위에 다시 덮개를 씌운 후, 그 가운데에 셸을 놓는다. 이때 셸의 벌어진 부분이 아래로 가게 한다. 그리고 커버 안에 아무것도 없음을 보여준 후 셸에 커버를 씌운다(**그림 14**). 커버의 양옆을 눌러서 커버와 셸을 동시에 잡아서 들어올려 안쪽을 관객에게 빠르게 보여준다. 그런 다음 테이블 한쪽에 내려놓는다. 덮개 위에 놓인 오렌지가 모습을 드러낸다. 신기하게 주사위가 오렌지로 바뀌어 있다 (**그림 15**).

덮개를 들어 옆으로 치워둔 후 상자를 들어 올린다. 그럼 테이블 위에 놓인 빨간색 주사위가 나타난다(**그림 16**). 상자 안에 아무것도 없음을 보여준 뒤, 주사위를 집어 테이블에 두드려본다. 혹은 쇼맨십을 보이며 주사위를 공중으로 던졌다가 잡아도 된다.

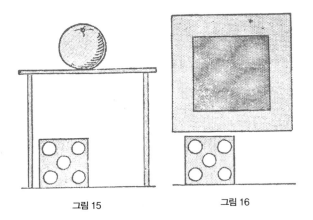

그림 15   그림 16

★ 주의

레몬이나 고무공으로 오렌지를 대신해도 된다. 더 작은 주사위와 셸, 커버를 사용하는 경우에는 상자 대신 모자를 이용해도 된다. 그리고 접시를 덮개로 이용하면 된다.

칭크-어-칭크
Chink-A-Chink

원래는 핸드 슬레이트를 이용하여 하는 마술이다. 마술사가 네 개의 추를 사용하는 것처럼 보이지만 실제로는 다섯 개를 사용한다. 다섯 번째 추를 몰래 잡아서 손바닥에 숨긴다. 고 맥스 말리니(Max Malini)는 각설탕으로 칭크-어-칭크를 선보였다. 한 마술용품 판매상이 셸로 다섯 번째 추를 대신하는 방법을 고안해냈다. 다른 추에 셸을 씌울 수 있고, 혹은 셸을 테이블 위에 놓으면 관객은 추 하나가 생겼다고 생각한다.

★ 이펙트

마술사가 추 네 개를 30cm 간격으로 놓아 사각형을 만든다. 잠시 한 손으로 추를 하나 가린 후 떨어진 곳에 다른 손을 놓는다. 신기하게도 추가 이쪽 손에서 저쪽 손으로 이동해갔다. 이렇게 하여 모든 추의 위치를 옮긴다.

★ 준비물
1. 칭크-어-칭크 세트. **그림 1**과 같이 생긴 추 네 개와 어느 추에건 씌울 수 있는 셸 하나가 들어 있다(**그림 2**).

시연
테이블 위에 네 개의 추를 놓아 사각형을 만든다. 추는 서로 30cm 정도 떨어져 있다. 오른쪽 아래에 놓인 4번 추에 셸을 씌워둔다(**그림 3**).

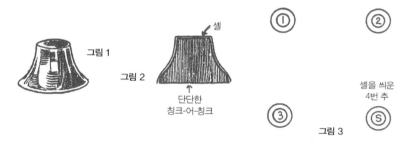

3번 추 위에 왼손을 올려놓고, 4번 추에 씌워 놓은 셸 위에 오른손을 올려놓는다. 손가락을 붙여 오목하게 만들고, 엄지손가락을 구부려 추에 갖다댄다. 이 상태에서 엄지손가락과 넷째 손가락 사이에 쉽게 추를 끼울 수 있다(**그림 4**).

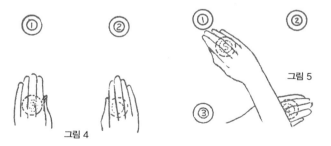

3번 추와 4번 추를 덮은 상태에서 이렇게 말한다.

"칭크-어 칭크!"

3, 4번 추에서 손을 떼어, 이번에는 왼손으로 1번 추, 오른손으로 2번 추를 덮는다.

"칭크-어-칭크!"

1, 2번 추에서 손을 떼어, 다시 3, 4번 추를 덮는다.

"칭크-어-칭크!"

4번 추에 씌워 둔 셸을 오른손에 몰래 숨긴다. 관객이 손에 숨긴 셸을 보지 못하게 조심해서 손을 들어올려 테이블 위에 놓인 네 개의 추를 보여준다. 빈 왼손으로 3번 추를 덮고, (셸을 숨기고 있는) 오른손은 1번 추 아래에 놓는다(**그림 5**). 오른손 손가락 끝이 1번 추에 닿게 한다.

"칭크-어-칭크!"

셸을 테이블 위에 놓은 채 오른손을 들어 올린다. 그리고 4번 추를 손에 숨긴 상태로 왼손을 들어 올린다. 그럼 4번 추가 1번 추 아래로 옮겨 간 것처럼 보인다(**그림 6**). **그림 7**은 객석에서 바라본 마술사와 추의 모습이다. 마술사가 양손을 높이 들어 추의 바뀐 위치를 보여준다.

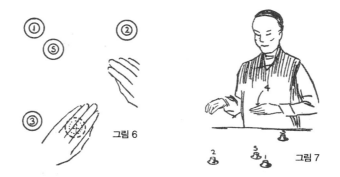

그림 6

그림 7

오른손으로 3번 추를 가리고, 왼손을 2번 아래에 놓는다(**그림 8**). 원한다면 왼손으로 2번 추를 가려도 된다.

"칭크-어-칭크!"

윈손에 있던 4번 추는 테이블에 내려놓고, 오른손으로 3번 추를 숨긴 상태로 양손을 들어 올린다. 그럼 3번 추가 2번 추 아래로 이동한 것처럼 보인다. 이때 추의 위치는 **그림 9**와 같다.

"칭크-어-칭크!"

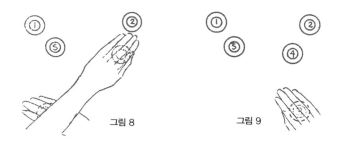

그림 8   그림 9

오른손을 맨 처음 3번 추가 놓여 있던 위치에 놓고, 그 위로 윈팔을 뻗어 윈손으로 2번 추를 가린다. 오른손에 있던 3번 추를 테이블에 내려놓고, 윈손으로 2번 추를 숨긴다. 그리고 양손을 들어 2번 추가 3번 위치로 옮겨 갔음을 보여준다. 윈손을 4번 위치에 놓고, 오른손으로 1번 추 아래에 있는 셀을 잡는다.

"칭크-어-칭크!"

오른손에 셀을 숨긴 뒤 양손을 들어 추가 이동했음을 보여준다. 그럼 이제 네 개의 추는 처음처럼 네모나게 놓여 있다. 그리고 셀은 오른손에 숨겨 있다. 셀을 없애기 위해 오른손으로 4번 추를 덮으며, 추에 셀을 씌운다. 그리고 윈손으로 1번 추를 가린다(**그림 10**).

"노 칭크-어-칭크!"

그림 10

그림 11

양손을 들어 추가 그대로 있음을 보여준다. 마지막으로 추와 셸을 모두 집어서 주머니에 넣는다. 혹은 관객에게 직접 추를 확인할 수 있는 기회를 주려거든 추를 **그림 11**과 같이 일렬로 놓으면서 오른손에 셸을 숨긴다. 그리고 주머니에 손을 넣어 셸을 제거한다.

중국 보물 상자
The Chinese Treasure Chest

오랫동안 전해져 내려온 '쓰러진 상자(The Tip-Over Box)' 에서 이용된 원리를 토대로 고안한 새로운 마술이다. '쓰러진 상자' 는 물건을 사라지게 하거나 만들 때 이용된다. 이와 비슷한 '힌두 바구니(Hindu Basket)' 가 있는데, 이는 소년과 소녀와 같이 큰 사물을 없애거나 만들어낼 때 이용된다.

★ 이펙트

보물 상자처럼 꾸민 나무 상자의 모든 면을 관객에게 보여준 뒤 테이블에 놓는다. 상자의 뚜껑이 객석을 향하도록 상자를 쓰러뜨린다. 그리고 상자를 열어 안에 아무 것도 없음을 보여준다. 뚜껑을 닫고 상자를 똑바로 세운다. 다시 뚜껑을 열어보니 안에서 목걸이, 손수건, 랜턴, 돈다발과 같이 다양한 물건이 나온다. 혹은 비둘기, 토끼와 같이 살아있는 것이 나오기도 한다.

★ 준비물

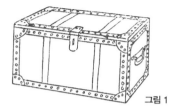

그림 1

1. 만들어낼 사물
2. 보물 상자. 만드는 데 전문적인 기술이 필요하기 때문에 마술용품점에서 구입해서 이용하는 것이 좋다.

그림 1은 상자의 외관을 보여준다. 진짜 보물 상자처럼 리벳과 자물쇠를 그린다. **그림 2**는 상자를 앞으로 쓰러뜨리고 뚜껑을 열었을 때 앞에서 본 모습이다.

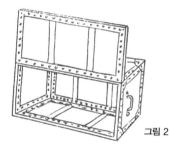

그림 2

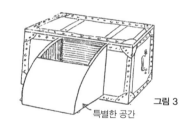

그림 3

특별한 공간

사물을 숨길 특별한 공간을 만들어서 보물 상자에 끼워야 한다. **그림 3**은 상자를 뒤로 쓰러뜨렸을 때 뒤에서 바라본 모습이다. 이때 특별한 공간은 상자 뒤에 위치한다. 상자를 앞으로 쓰러뜨리면 특별한 공간이 열리면서 특별한 공간은 그대로 테이블 위에 놓여 있다. **그림 4**는 특별한 공간의 모습이다. 특별한 공간이 상자 안으로 들어갈 때 너무 깊숙이 들어가지 못하도록 특별한 공간 양끝에 얇은 금속이 달려 있다.

그림 5는 특별한 공간이 상자 안에 있을 때의 단면이다. 특별한 공간이 상자의 아랫면과 앞면의 일부가 된다. 공간의 꺾인 모서리는 상자의 앞면 아래쪽에 경첩으로 연결되어 있다. 그래서 상자를 뒤로 쓰러뜨리면 특별한 공간이 자동으로 상자 뒤에 위치하게 된다(**그림 3, 그림 6**). 마지막에 상자 안에서 나오는 사물은 실제로는 특별

한 공간 안에 있던 것이다. 뚜껑을 닫은 후, 원래대로 상자를 세우면 특별한 공간은 상자 안으로 들어간다(**그림 5, 그림 7**).

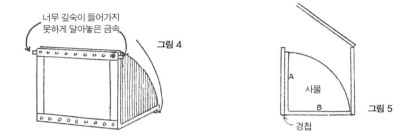

너무 깊숙이 들어가지 못하게 달아놓은 금속

그림 4

A
사물
B
경첩

그림 5

준비

시작하기 전에 만들어낼 사물을 특별한 공간에 넣어둔다. 살아있는 동물을 이용하는 경우에는 특별한 공간의 입구에 덮개를 씌워둔다. 그리고 통풍을 위해 작은 구멍을 뚫어 놓는다.

시연

보물 상자를 들고 나와서 상자를 돌려가며 모든 면을 관객에게 보여준다. 그리고 테이블보가 씌워져 있지 않은 테이블 위에 똑바로 세워둔다. 상자를 뒤로 쓰러뜨려, 상자의 뚜껑이 객석을 향하게 한다. 뚜껑을 열어 상자 안을 보여준다(**그림 2**). 다시 뚜껑을 닫고 상자를 원래대로 세운다. 그리고 뚜껑을 열고 상자 안에 손을 넣어 무언가를 만들어낸다. 만들어내는 도중에 상자를 다시 뒤로 쓰러뜨려 안에 아무것도 없음을 관객에게 보여준다. 그리고 다시 상자를 세워서 계속해서 만들어낸다.

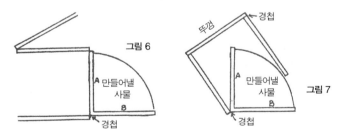

그림 6

A
만들어낼
사물
B
경첩

뚜껑
경첩
A
만들어낼
사물
B
경첩

그림 7

보물 상자를 통해 별난 해적 이야기를 들려준다.

"혹시 쿵호(Quong Ho)에 대해서 들어보셨나요? 쿵호는 정말 이상한 해적이었습니다. 쿵호는 어느 날 중국에서 땅에 보물 상자를 묻다가 잡혔습니다. 다시 보물 상자를 파내어 보물 상자와 함께 쿵호를 황제 앞으로 데려갔습니다. '해적이라……. 보물 상자를 묻고 있었다고? 상자를 열어 보거라. 어떤 귀한 보물을 숨기려 했는지 직접 확인해 봐야겠구나.' 그래서 보물 상자를 열었는데, 그 안에는 아무것도 없었습니다."

상자를 뒤로 쓰러뜨린 후 뚜껑을 열어 안에 아무것도 없음을 보여준다.

" '지금 나를 희롱하는 건가?' 황제가 소리쳤습니다. '빈 상자를 묻는 해적이라니! 안에 보물이 하나도 없지 않은가?' "

뚜껑을 닫고 다시 상자를 똑바로 세운다.

" '황제 폐하, 폐하를 희롱하다니요.' 쿵호가 말했습니다. '상자 안에는 정말 진귀한 보물이 들어 있습니다. 보이지 않는 보물이지요. 우리 삶에서 가장 중요한 것들은 보이지 않습니다. 우리가 숨쉬는 공기가 눈에 보이나요? 우리 마음속에 있는 사랑이 보이나요? 황제 폐하의 생각도 눈에 보이지 않습니다. 만약 우리가 딱 10분이라도 숨쉬지 못한다면, 금이나 진주, 어떤 보석이 있더라도 의미가 있을까요? 공기가 금보다 더 귀하지 않습니까? 그래서 저는 보물 상자에 공기를 담아서 묻고 있었습니다. 보이지 않는 보물이 가장 중요한 보물임을 기억하기 위해서 말이죠.' "

" '가거라. 그리고 보이지 않는 보물이 담긴 상자를 묻어라. 네 말이 옳구나. 우리에게 가장 값진 보물은 눈에 보이지 않는구나. 그리고 언젠가 금에 대한 욕심이 생기면, 너의 보물 상자를 생각할 것이다.' "

상자의 뚜껑을 연다.

"쿵호는 정말 이상한 해적이었습니다. 진주가 가득 담긴 보물 상자를 묻는 해적과는 전혀 달랐습니다."

상자에서 가짜 진주 목걸이를 꺼낸다.

"진주가 아닌 다른 진귀한 보물을 묻는 해적과도 다릅니다."

모조 다이아몬드나 다른 진귀한 보석이 달린 옷을 꺼낸다.

"금화 주머니를 묻는 해적과도 다릅니다."

가짜 금화 주머니는 안에 스프링을 넣고 만들면 된다. 접히는 배추, 당근, 소시지를 만드는 원리와 똑같다. 혹은 가짜 돈다발이나 금화 등 해적과 관련된 물건을 이용해도 된다. 마지막으로 해적 깃발을 만들어내면 좋다.

"해적 깃발을 묻는 해적과도 다릅니다."

중국 '플래시' 비둘기 프레임
The Chinese 'Flash' Pigeon Frame

★ 이펙트

위쪽은 프레임으로 되어 있으며, 전체적으로는 이젤과 같이 생긴 구조물에 관객의 이목을 집중시킨다. 그리고 가운데에 종이를 붙여 둔 가벼운 프레임 두 개를 관객에게 보여준다. 그중 하나를 이젤 뒤쪽에 세워두고, 하나는 앞쪽에 세워둔다. 마술사가 종이에 손을 집어넣어 흰색 비둘기를 만들어낸다. 그런 다음 종이를 완전히 찢으면 비둘기 몇 마리가 밖으로 나온다. 종이를 완전히 찢어 내어 이젤이 처음과 똑같음을 보여준다.

★ 준비물

1. 중국 이젤. 비둘기 몇 마리를 숨길 수 있도록 특별하게 제작한다.

2. 가운데에 종이를 붙인 가벼운 프레임 두 개

3. 비둘기 몇 마리(주의 : 비둘기가 아닌 다른 사물을 만들어내도 된다. 예를 들어 커다란 손수건을 이용

　해도 된다).

중국 비둘기 이젤

　아래에 있는 그림을 잘 살펴보면 이젤의 제작 방법을 알 수 있다. **그림 1**은 꾸미기 전의 이젤 모습이다. 간편하게 휴대하기 위해서, 이젤은 크게 두 부분으로 구성되어 있다. 프레임으로 된 윗부분과 다리로 된 아랫부분을 은못으로 연결한다(**그림 2**). 그리고 양쪽 다리를 연결하는 막대기 역시 은못으로 연결하면 더욱 편하게 휴대할 수 있다.

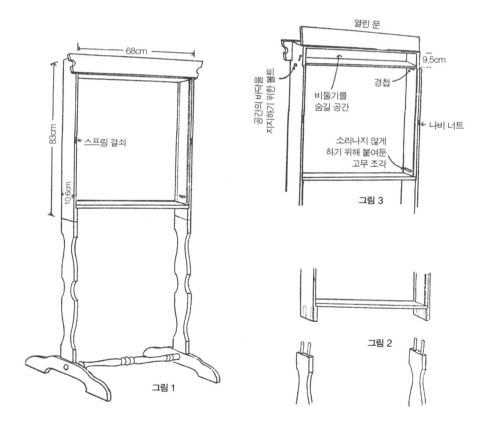

그림 1

그림 2

그림 3

그림 3은 윗부분을 뒤에서 본 모습이다. 윗부분에 장식으로 달아놓은 판자는 단순한 장식이 아니라 비둘기를 숨길 공간을 가리기 위한 것임을 알 수 있다. 또한 공간의 바닥 왼쪽은 경첩으로 연결되어 있고, 오른쪽에는 볼트가 있어서 바닥이 아래로 빠지지 않게 지지한다(**그림 4, 그림 5**). 볼트를 빼면 바닥은 아래로 기울어 왼쪽 옆면에 붙게 된다. 이때 소리가 나지 않게 하기 위해서는 바닥의 아랫면 오른쪽에 고무를 붙여둔다(**그림 3**).

그림 6은 비둘기를 공간에 넣고 뒤에 있는 문을 닫았을 때의 모습이다. **그림 7**은 바닥을 열었을 때의 모습이다.

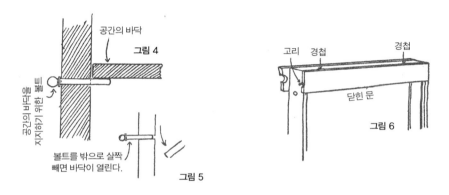

그림 4 / 그림 5 / 그림 6

가운데에 종이를 붙인 프레임은 이젤의 윗부분에 꼭 맞아야 한다. 두 개의 프레임은 나무를 이용하여 **그림 8**과 같이 만든다. 그리고 두꺼운 흰 색 종이를 붙여 **그림 9**와 같이 만든다. 원하는 경우에는 흰색이 아닌 색깔 종이를 이용해도 된다.

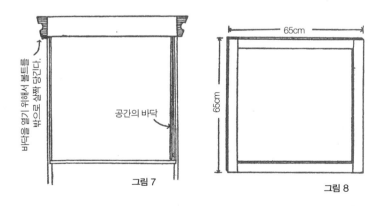

그림 7 / 그림 8

종이를 씌운 프레임을 이젤 양쪽에 있는 스프링 걸쇠에 고정시킨다. 혹은 종이 양쪽에 구멍을 뚫어 이젤 양쪽에 달아 놓은 나비 너트에 고정시켜도 된다. 나비 너트를 살짝 돌리면 프레임을 이젤에 고정시킬 수 있다. 그런 다음 마지막으로 이젤을 중국풍으로 꾸민다(**그림 10**).

종이를 씌운 프레임　　　　그림 9

그림 10

준비

이젤 윗부분의 비밀 공간 안에 비둘기를 넣는다. 그리고 이젤의 앞뒤에 종이 프레임을 고정시킨다. 스프링 걸쇠를 이용하기 때문에 쉽게 프레임을 걸었다 뺄 수 있다.

시연

이젤의 앞면이 객석을 향하게 하여 이젤을 들고 무대로 나온다. 이젤 앞쪽에 걸어둔 프레임을 떼어 앞뒤를 보여준다. 그런 다음 뒤에 있는 프레임을 떼어 앞뒤를 보여준다. 이젤 뒤로 가서 관객이 이젤을 통해 마술사를 볼 수 있게 한다. 이 과정을 통해 관객이 단순한 이젤이라고 생각하게 한다.

먼저 뒤 프레임을 고정시킨 후 앞 프레임을 고정시킨다(**그림 11**).

그림 11

그림 12

옆에 있는 볼트를 당겨 비밀 공간의 바닥을 연다. 그림 위에 갇혀 있던 비둘기가 앞뒤 프레임 사이로 나온다. 종이 가운데를 찢어 비둘기를 날려 보낸다(**그림 12**). 먼저 손을 넣어 비둘기 한 마리를 꺼낸 뒤 종이를 완전히 찢어 비둘기를 날려 보내는 마술사도 있다. 마지막으로 종이를 완전히 뜯어낸 후 처음과 마찬가지로 단순한 이젤임을 보여준다.

중국 다리에서 빠져나온 테이프
Chinese Tape Release From Leg

★ 이펙트
헝겊으로 된 테이프로 종아리와 허벅지를 감는다. 이때 마술사는 의자에 앉아 있다. 마술사가 일어서자 갑자기 테이프가 풀린다.

★ 준비물
1. 헝겊 테이프 하나. 카펫을 묶을 때 이용하는 것과 같이 두께 3cm, 길이 2.7m의 테이프가 적당하다. 시험을 통해 자신에게 가장 잘 맞는 테이프의 두께와 길이를 알 수 있다.

시연

테이프를 관객에게 보여준 뒤 의자에 앉는다. 테이프의 가운데를 오른쪽 종아리 위에 갖다댄다. 이때 테이프는 바지 밑단보다 살짝 위에 있다. 테이프를 다리에 감는 과정을 쉽게 설명하기 위해서 테이프 왼쪽을 A, 오른쪽을 B라고 하겠다. 다리에 감는 동안 A와 B를 기억해 두면 쉽게 이해할 수 있다.

그림 1

먼저 B로 오른쪽에서 왼쪽으로 다리를 한 바퀴 감는다. 그런 다음 A로 오른쪽에서 왼쪽으로 한 바퀴 감는다. 그럼 다리 뒤쪽에서 A와 B가 겹치게 된다(**그림 1**). 그리고 B를 위로 당겨 무릎의 오른쪽을 감싸며 허벅지를 지나 허벅지 왼쪽에 오게 한다(**그림 2**). 다음으로 A를 당겨 무릎의 왼쪽을 지나 허벅지 위로 오게 한다. 그럼 허벅지에서 A와 B가 다시 한 번 겹친다(**그림 2**).

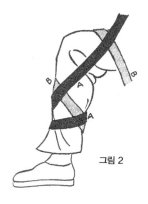

그림 2

B를 아래로 당겨 허벅지 뒷면을 지난 후, 다시 위로 당겨 허벅지 위로 오게 한다. 그리고 A를 왼쪽 아래로 당겨 허벅지 뒷면을 지난 후, 다시 위로 당겨 허벅지 위로 오게 한다. 바우 매듭(bow knot)으로 양끝을 묶는다(**그림 3**).

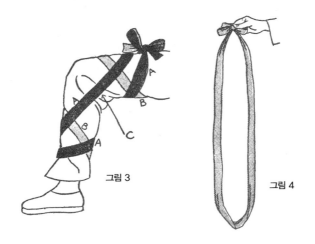

그림 3

그림 4

관객이 보기에는 마술사가 테이프를 다리에 꽁꽁 감은 것처럼 보인다. 하지만 왼손으로 무릎 왼쪽을 지나는 A, 즉 C라고 표시된 부분을 잡고 오른손으로 매듭을 잡으면, 일어섬과 동시에 테이프가 풀린다(**그림 4**). 일어서면서 왼손으로 C를 위로 올리고, 오른손으로 매듭을 위로 그리고 앞으로 당기면 된다. 이 과정이 조화롭게 이루어지면 테이프는 곧바로 풀어진다. 놀라운 마술이 아닐 수 없다.

심플렉스 코트에서 빠져나온 테이프
Simplex Coat and Tape Release

얼마 전 옷걸이와 코트를 테이프로 묶었다가 푸는 방법을 알아냈다. 동양의 마술을 할 때 함께 하면 매우 효과적이다. 단순하면서도 직접적이기 때문에 추천할 만하다.

★ 이펙트

길이가 3.2m 정도 되는 테이프 두 개를 옷걸이에 걸어 둔 후, 옷걸이를 가운데에 두고 양끝을 묶는다. 마술사가 코트를 벗어 테이프의 한쪽 끝 두 가닥을 오른쪽 소매에, 반대쪽 두 가닥을 왼쪽 소매에 넣는다. 그리고 코트를 옷걸이에 건다. 그런 다음 관객이 같은 테이프의 양쪽 끝을 싱글 매듭으로 묶어서 양쪽 소매를 모은다. 남은 테이프의 양쪽 가닥은 각각 왼쪽에 있는 관객과 오른쪽에 있는 관객이 잡는다. 마술사의 명령에 코트와 옷걸이가 테이프에서 자유로워진다. 그리고 테이프는 양쪽 관객의 손에 들려 있다.

★ 준비물

1. 흰색 테이프 두 개. 흰색이 아닌 다른 색을 이용해도 된다. 길이 3.2m, 폭 2.5~3.1cm가 적당하다.
2. 옷걸이 하나. 일(一)자로 생긴 나무 막대기에 철사로 고리가 달린 옷걸이로 준비한다.
3. 코트 한 벌. 입고 있는 코트를 이용해도 되고, 관객에게 코트를 빌려도 된다. 원한다면 중국 전통 의상을 이용해도 된다.

시연

자신의 조수가 없는 경우에 객석에서 관객 두 명을 무대 위로 불러 조수의 역할을 맡긴다. 한 명은 왼쪽에, 다른 한 명을 오른쪽에 서게 한다. 그리고 오른쪽 관객에게 옷걸이를 건네고, 양손으로 옷걸이의 양끝을 잡게 한다.

"여러분 모두 옷걸이가 뭔지는 잘 알고 계실 거라 생각합니다. 옷걸이에는 코트를 걸 수도 있고, 이렇게 테이프를 걸어 놓을 수도 있습니다."

두 개의 테이프 중간을 옷걸이 왼쪽에 걸어둔다. 테이프 두 개를 포개지 말고 2.5cm 간격을 두고 나란히 걸어둔다(**그림 1**). 테이프 A의 양쪽 가닥을 왼손으로 잡고, 테이프 B의 양쪽 가닥을 오른손으로 잡는다. 그리고 이 둘을 싱글 매듭으로 묶는다(**그림 2**). 그럼 A가 오른쪽에, B가 왼쪽에 위치한다.

"중국 마술이기 때문에 두 개의 테이프를 옷걸이에 묶었습니다."

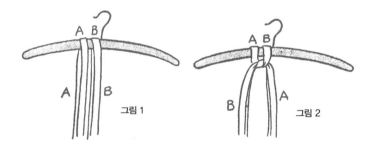

입고 있던 코트를 벗거나 관객의 코트를 빌린다.

"옷걸이에 코트가 걸려 있지 않다면 무슨 소용이 있겠습니까?"

오른쪽에 있는 관객에게 맡겼던 옷걸이를 건네받고, B의 두 가닥을 코트의 오른쪽 소매에 넣게 한다. 그리고 왼쪽에 있는 관객에게는 A의 두 가닥을 왼쪽 소매에 넣게 한다. 그런 다음 옷걸이에 코트를 건다(**그림 3**). 오른손으로 코트의 고리를 잡는다.

"옷걸이에 코트를 걸었고, 테이프는 코트의 양쪽 소매를 지나 밖으로 나왔습니다."

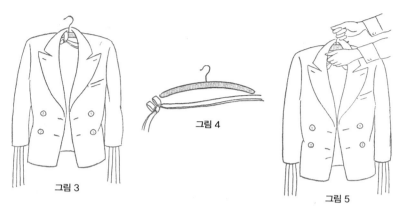

그림 3

그림 4

그림 5

옷걸이를 돌려 코트의 등이 객석을 향하게 한다. 그리고 왼쪽에 있는 관객에게 말한다.

"왼쪽 소매로 나온 테이프 중 한 가닥과 오른쪽 소매로 나온 테이프 한 가닥을 싱글 매듭으로 묶어 주세요."

관객이 매듭을 묶는 동안 왼손으로 옷걸이에 묶어둔 매듭을 잡고 관객 몰래 옷걸이에서 빼낸다(**그림 4**). 그리고 손에 매듭을 잡은 상태로 옷걸이 가운데를 잡는다(**그림 5**). 그럼 마치 옷걸이에 걸어둔 코트의 매무새를 다듬는 것처럼 보이지만 실제로는 옷걸이에서 매듭을 빼냈다. 왼쪽에 있는 관객이 매듭을 묶으면 **그림 6**과 같이 된다. 그리고 양쪽 관객에게 테이프 두 가닥씩 맡긴다. 이때 관객은 양손에 각각 테이프 한 가닥씩 잡아야 한다.

"그럼 여러분 가까이에 있는 테이프를 잡으세요. 양손에 한 가닥씩 잡으시면 됩니다. 중국 철학자는 이렇게 말했습니다. '모든 것은 매우 간단하다. 테이프 두 개를 옷걸이에 걸고, 옷걸이에 코트를 건다. 그리고 테이프를 양쪽 소매에 넣는다. 그런 다음 각각의 소매 밖으로 나온 테이프 두 가닥 중 하나씩 잡아서 매듭을 만든다. 양쪽에 있는 조수가 테이프의 끝을 잡는다.' 어떤 사람은 중국인들은 자신의 코트를 지키기 위해서 이렇게 걸어둔다고 말합니다."

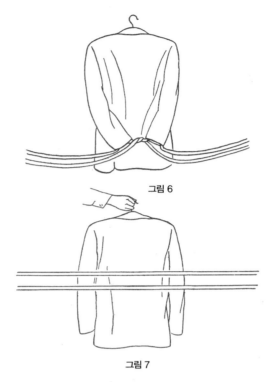

그림 6

그림 7

양쪽 관객에게 이렇게 말한다.

"이제 테이프를 꽉 잡고 당겨주세요. 세게 당기셔야 합니다."

관객이 테이프의 양끝을 당기는 순간, 코트를 잡고 뒤로 한 걸음 물러선다. 그럼 테이프가 코트에서 완전히 빠져나온다. **그림 7**은 객석에서 바라본 모습이다.

"여러분 모두가 보시는 가운데 테이프와 코트가 완전히 분리되었습니다."

코트를 뒤집어 코트의 앞면이 객석을 향하게 한다. 코트를 옷걸이에서 빼낸 뒤 옷걸이를 코트 주머니에 넣는다. 그리고 테이프는 옆으로 치워둔다.

"이것이 바로 중국 마술입니다."

일본 멀티플 테이프 타이
Japanese Multiple Tape Tie

동양 마술 중 소녀 두 명과 함께 하는 타이 마술은 화려하다. 소규모 일루전(illusion)이라고 도 할 수 있다.

★ 이펙트

마술사가 여자 조수의 허리에 테이프 두 개를 감는다. 그리고 그 앞에 있는 또 다른 여자 조수의 허리에도 같은 방법으로 테이프를 감는다. 테이프의 양끝을 각각 조수 와 마술사가 잡는다. 마술사의 명령에 여자 조수의 허리에 감아두었던 테이프가 풀 리고, 테이프는 마술사와 조수의 손에 들려 있다.

★ 준비물

1. 테이프 두 개. 길이 4.2m, 폭 2.5~3.1cm가 적당하다. 몇 번의 연습을 통해서 자신 에게 가장 잘 맞는 길이를 찾을 수 있을 것이다. 어떤 색의 테이프를 이용해도 상관없지만, 흰색을 이용하면 아름다운 효과를 낼 수 있다.

준비

테이프 두 개의 가운데를 살짝 꿰맨다. 실 두 가닥으로 고리를 만들어 이용해도 된 다. 이때 테이프와 같은 색의 실을 이용해야 한다(**그림 1**). 테이프 두 개를 겹쳐서 접 은 뒤 테이블 위에 둔다.

시연

여자 조수 두 명이 테이프의 양끝을 잡고 테이프를 팽팽하게 만들면 테이프 뒤에 가서 선다(**그림 2**).

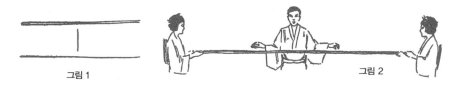

그림 1   그림 2

    오른손을 두 개의 테이프 사이에 넣는다. 이때 테이프 가운데에 있는 실 오른쪽에 넣어야 한다. 그리고 오른손을 옆으로 움직여 실 바로 옆으로 가져온다(**그림 3**). 그리고 엄지손가락을 실 왼쪽에 넣는다(**그림 4**). 그런 다음 여자 조수들이 테이프를 놓으면, 테이프를 들고 무대 중앙으로 돌아간다. 오른손으로 테이프의 중앙을 잡은 상태에서 각각의 테이프를 서로 반대 방향으로 쉽게 접을 수 있다. 그림 A와 B가, 그리고 C와 D가 같은 방향에 위치하게 된다(**그림 5**).

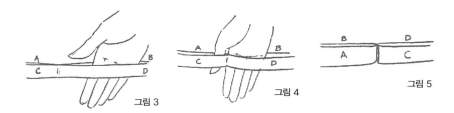

그림 3   그림 4   그림 5

    엄지손가락으로 연결된 부분을 가린다(**그림 6**). 이 상태에서 테이프를 여자 조수의 허리에 감는다. 이때 여자 조수는 객석을 바라보고 서 있으며, 연결된 부분은 뒤에, 테이프의 끝은 앞으로 오게 한다. **그림 7**은 뒤에서 바라본 모습이다. 그런 다음 앞쪽에 싱글 매듭을 만든다(**그림 8**).

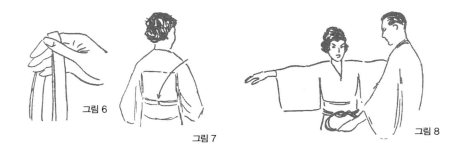

그림 6

그림 7   그림 8

그 앞에 또 다른 여자 조수를 세운다. 그리고 다시 테이프로 조수의 허리를 감은 후 앞에 싱글 매듭을 만든다. 이번에는 테이프의 두 가닥을 모두 이용하지 않고 한 가닥으로 매듭을 만든다(**그림 9**). 또 다른 조수를 불러 테이프의 왼쪽 두 가닥을 잡게 하고, 마술사는 오른쪽 두 가닥을 잡는다. 양손에 각각 한 가닥씩 잡아야 한다.

갑자기 "알라이!"라고 외치거나, 다른 주문을 외운다. 뒤에 있는 여자 조수를 밀어서 테이프 두 개를 연결하고 있는 실을 끊는다. 이와 동시에 조수와 함께 테이프를 당긴다. 그럼 조수의 허리에 감아두었던 테이프가 풀리면서 그들 앞에 테이프가 나란히 모습을 드러낸다(**그림 10**). 테이프의 간격을 벌려서 보여준다. **그림 10A**는 여자 조수의 허리에 테이프를 감아두었을 때 테이프의 모습이다. **그림 11**은 여자 조수 세 명의 허리에 테이프를 감았을 때의 모습이다. 이 경우에는 첫 번째 조수 앞에 매듭을 만들지 말고, 그냥 테이프를 엇갈린 후 두 번째 조수의 허리에 테이프를 감는다.

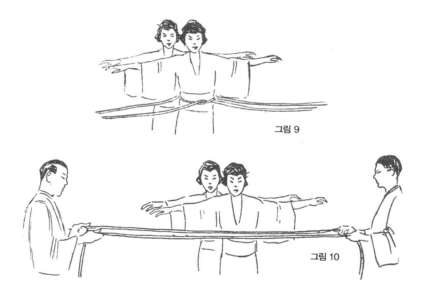

그림 9

그림 10

원한다면 더 많은 사람의 허리에 테이프를 감아도 된다. 항상 끝에서 두 번째 조수의 앞에 테이프 두 가닥을 모두 이용해 매듭을 만들고, 마지막 조수 앞에 테이프 한 가닥으로 매듭을 만들면 된다. 그리고 첫 번째 조수를 뒤로 밀어 실을 끊어야만 쉽게 테이프를 풀 수 있다.

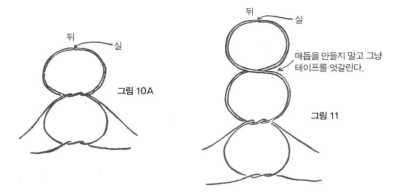

뒤 ─ 실

그림 10A

뒤 ─ 실

매듭을 만들지 말고 그냥
테이프를 엇갈린다.

그림 11

원하는 경우에는 여자 조수가 아닌 남자 조수와 함께해도 된다. 혹은 관객의 허리
에 테이프를 감아도 된다.

칭링푸의 마스터 테이프 미스터리
Ching Ling Foo's Master Tape Mystery

1904년 예전 시카고 오페라 하우스에서 칭링푸(Ching Ling Foo)가 테이프를 잘랐다가 다시
연결시키는 것을 본 기억이 난다. 그 마술이 너무 인상 깊어서 오랫동안 머릿속에서 떠나
지 않았다. 그리고 몇 년이 지나서야 그 방법을 알아냈다. 그 비법이 공개되지 않도록 잘
지켰으며, 특별한 경우에만 그 마술을 선보였다. 내가 그 마술을 하는 것을 본 마술사들
은 모두 격찬을 아끼지 않았다. 하지만 그들은 모두 이 마술에 대해서 전혀 몰랐고, 칭링
푸가 이 마술을 하는 것을 본 기억이 없다고 했다.

칭링푸의 딸, 치 토이(Chee Toy)는 1933년 그녀의 남편인 마술사 판유젠(Paun Eu Gen)과 함
께 시카고 월드 페어(Chicago World's Fair)에 참석하기 위해 시카고에 왔다. 무대 뒤에서 그
녀를 만났을 때, 그녀는 내게 이런 질문을 했다.

"타벨 선생님, 1904년 시카고 오페라 하우스에서 있던 저희 아버지의 공연을 보셨다고
요? 그때 하셨던 테이프를 잘랐다가 다시 연결시키는 마술 기억하시나요? 그때 두 명의

조수가 테이프의 양끝을 잡고 있는 상황에서, 아버지께서 테이프 가운데를 잘라서 두 조각이 된 테이프를 보여주셨죠. 그런 다음 테이프를 루즈 매듭(loose knot)으로 묶은 후 매듭에 부채질을 하자 테이프가 다시 연결되었죠?"

"응, 기억한단다. 그리고 몇 년 동안 혼란스러웠단다." 내가 대답했다.

"저도 그랬어요. 중국으로 돌아가면 남편이 그 마술을 해야 해요. 선생님도 아시다시피 저희 아버지는 마술 비법을 어머니께도 거의 숨기셨어요. 그리고 저는 여자이기 때문에 그 비법을 전수받을 기회조차 얻지 못했죠. 제가 아들이었다면 지금쯤 그 마술을 하고 있었을지도 모르겠네요. 몇몇 중국 마술사를 찾아가 그 마술에 대해서 물어봤어요. 그 마술을 본 기억은 나지만, 비법에 대해서는 전혀 모른다고 하더라고요. 선생님, 선생님은 해박한 마술 지식을 갖고 계시잖아요. 그리고 아버지를 가까이에서 보셨고요. 선생님께서는 그 마술의 비법을 알고 계실 거라고 생각해요. 저와 제 남편에게 알려주세요."

"음, 여자의 직감은 틀리는 법이 없는 것 같구나. 아버지께서 어떻게 하셨는지 알고 있단다. 네게 가르쳐주마."

그리고 칭링푸가 생전에 공개하지 않은 비법을 치토이와 판유젠에게 알려주었다.

모든 훌륭한 마술이 그렇다시피, 이 마술의 비법은 매우 단순하다. 너무 단순해서 유능한 마술사들이 간과했을 뿐이다. 단순하기 때문에 관객의 의심을 받지 않고 깔끔하게 해낼 수 있는 것이다. 타벨 학생들도 칭링푸와 내가 그랬던 것처럼 이 비법을 잘 간직해주길 바란다. 완벽하게 하기 전에는 절대 무대에 올려서는 안 된다.

★ 이펙트

3cm 길이의 흰색이나 색깔 테이프를 보여준 후 두 명의 조수에게 양끝을 맡긴다. 마술사가 가위로 테이프 가운데를 자른다. 그리고 잘린 부분을 벌려 관객에게 보여준 뒤 다시 한곳으로 모은다. 그리고 루즈 매듭을 만든 후 부채를 펴서 매듭에 부채질을 한다. 매듭을 풀자 테이프는 다시 연결되어 있고 여전히 양끝은 조수의 손에 들려 있다. 이때 사용된 테이프는 하나이다.

★ 준비물

1. 날카로운 가위 하나와 고무 시멘트
2. 중국 부채 하나
3. 길이 3m, 폭 2.5~3.1cm의 헝겊 테이프 하나. 어느 색깔이건 상관없다. 카펫 묶을 때 이용하는 테이프를 사용해도 된다.

준비

진짜로 테이프를 잘라서 보여준 후 다시 연결시킨다. 비법은 다름 아닌 흰색 고무 시멘트에 있다. 고무 시멘트는 미술용품점에서 구할 수 있다. 고무 시멘트는 투명하기 때문에 가장 적합하다.

테이프의 중앙에 고무 시멘트를 1.8~2.5cm 정도 바른다. 이때 솔을 이용하거나 혹은 손가락으로 빈틈없이 꼼꼼하게 발라야 한다(**그림 1**). 시멘트가 완전히 마르면 끈끈해진다. 만약 접착력이 너무 약한 것 같으면 그 위에 고무 시멘트를 덧바르면 된다.

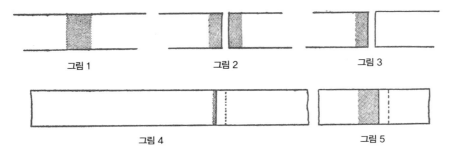

그림 1   그림 2   그림 3

그림 4   그림 5

그럼 마술을 위한 모든 준비는 끝났다. 두 명의 조수가 테이프를 들고 있으면 테이프 중앙의 준비해둔 부분을 잡고 가위로 자른다(**그림 2**). 그리고 양손으로 각각 양끝을 잡고 테이프를 벌려서 관객에게 보여준다. 그런 다음 양끝을 모아서 잡으며 끈끈한 부분이 서로 마주보게 한다(**그림 3**). 그리고 양끝을 누르면 끈끈한 부분이 서로 붙는다(**그림 4**). 양쪽에서 조수가 당겨도 떨어지지 않도록 꼭 붙여야 한다. 가까운 거리에서도 연결된 부분은 잘 보이지 않는다. 그렇기 때문에 관객은 테이프가 다시 하나로 연결되었다고 생각한다.

또 다른 쇼에서 이용하려거든, 전에 고무 시멘트를 발라놓은 양옆으로 고무 시멘트를 조금 더 바른다. **그림 5**는 옆에 시멘트를 덧발라놓은 모습이다.

시연

두 명의 조수에게 테이프의 양끝을 잡게 한다. 그리고 칭링푸는 테이프 중앙 바로 뒤에 선다(**그림 6**).

그림 6

왼손으로 테이프 중앙을 잡아 고리를 만든다. 이때 고무 시멘트를 바른 부분이 **그림 7**과 같이 위로 오게 한다. 그런 다음 고무 시멘트 바른 부분의 가운데를 자르고, 가위는 조수에게 건네거나 옆에 내려놓는다. 양손에 각각 자른 부분을 잡고 손을 벌려 테이프가 정말로 잘렸음을 보여준다(**그림 8**).

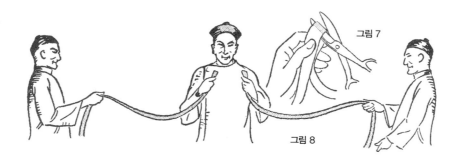

그림 7

그림 8

자른 부분을 모은 뒤 왼손으로 가린 상태에서 고무 시멘트 바른 부분을 서로 마주보게 놓고 누른다(**그림 9**). 그런 다음 루즈 매듭을 만든다(**그림 10, 그림 11**). 잠시 뒤로 한걸음 물러서 관객에게 매듭을 보여준다.

칭링푸는 부채를 펼쳐서 매듭에 부채질을 했다. 그런 다음 매듭을 풀어 연결된 부분을 왼손으로 잡고, 오른손으로는 계속 부채질을 했다. 그리고 왼손을 놓자 테이프는 다시 하나가 된 것처럼 보인다(**그림 12**). 테이프를 옆으로 던진 뒤 관객에게 인사를 한다.

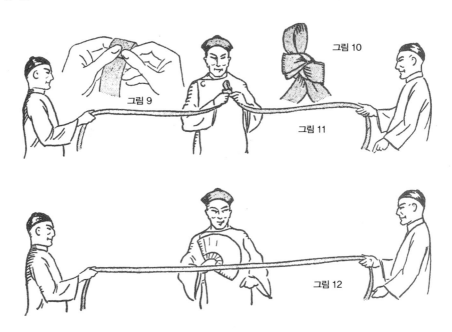

그림 9

그림 10

그림 11

그림 12

★ 응용

몇 년 전, 마술계의 유명인사인 콜라(Kolar)가 내 스튜디오를 찾아왔다. 그리고 나는 그에게 칭링푸의 마스터 테이프 미스터리를 설명해주고 있었다.

"콜라, 어느 날 테이프를 자르다 문득 알게 되었는데, 테이프를 다시 연결시킬 때 다른 방법을 이용할 수 있을 것 같아."

다음은 내가 그에게 보여준 방법이다.

그림 13

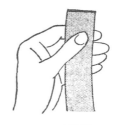

그림 14

그림 15

먼저 테이프 중앙, 즉 준비해둔 부분을 반으로 자른다(**그림 13**). 그리고 자른 부분을 나란히 포개면 자연히 두 가닥이 나란히 포개진다(**그림 14**). 두 가닥을 포갠 상태에서 가위로 끝부분을 살짝 자른다. 이때 테이프를 반듯하게 잘라야만 한다(**그림 15**).

테이프의 한쪽 가닥을 잡고 나머지 가닥은 놓는다(**그림 16**). 두 가닥은 고무 시멘트로 연결되어 있기 때문에 마치 테이프가 다시 하나가 된 것처럼 보인다. 연결된 부분을 눌러서 납작하게 만들면 가까이에서 보더라도 온전한 테이프처럼 보인다. 연결된 부분이 살짝 튀어나오는 것이 걱정된다면, 주름이 많이 있는 테이프를 이용하면 된다. 그림 가까이에서도 주름과 연결 부분을 구분하기 어렵다(**그림 17**).

콜라는 헝겊 테이프 대신 종이를 이용하는 방법을 알아냈다고 말했다. 그리고 시장에 출시할까 생각중이라고 했다. 그의 방법은 아주 훌륭했다.

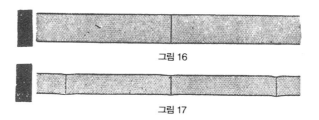

그림 16

그림 17

그는 종이에 고무 시멘트를 충분히 바르면, 여러 번 종이를 잘랐다가 연결시킬 수 있다고 말했다. 뿐만 아니라 다양한 각도에서 자를 수 있고, 어떤 각도에서는 건드리지 않고도 종이를 연결시킬 수 있다고 했다. 그는 '마술 가위(Magic Shears)' 라는 이름으로 이 방법을 시장에 내놓았다. 콜라는 빨간색 종이나 화려한 색깔의 종이를 이용하여 무대에서 멋진 모습을 보여주었다.

보드빌 투어를 위해 미국에 온 프락손(Frakson)에게 신문지를 이용해 이 마술을 보여주었다. 그러자 그는 유럽으로 돌아가 이 마술을 선보였다. 나중에 윌 드 시브(Will De Sieve)가 이 마술을 보고 마술용품을 개발했다. '클리포(Clippo)' 라는 이름이 붙은 이 제품은 이제까지 수천 개가 판매되었다.

콜라가 나에게 '마술 가위' 를 보여줄 당시만 해도 그는 그의 아이디어가 이렇게 큰 상품이 될 줄은 상상도 못했다. '클리포' 를 제작할 때 종이테이프 반쪽에 고무 시멘트를 바르고, 그 위에 화장용 분이나 아연 스테아린산염을 살짝 뿌린다. 그럼 종이가 저절로 접히는 경우에는 붙지 않는다. 하지만 손으로 눌러서 붙였을 때에는 양쪽에서 테이프를 당기더라도 떨어지지 않는다.

칭링푸의 로열 테이프 미스터리
Ching Ling Foo's Royal Tape Mystery

자른 테이프를 다시 연결시킨 후 객석에 테이프를 던져 마스터 테이프 미스터리의 관객을 더욱 혼란스럽게 만들기 위해서 칭링푸는 다른 방법을 이용했다. 그는 최고의 쇼맨십을 보이며, 두 가지 방법을 번갈아가며 이용했다.

★ 이펙트

두 명의 조수가 3m 길이의 테이프를 들고 있다. 마술사가 테이프 뒤에 서서 가위로 테이프 가운데를 자른다. 그리고 자른 부분의 양끝을 계속해서 자른다. 자른 부분에 부채질을 하자 테이프는 다시 하나가 되어 있다. 마지막으로 객석에 테이프를 던져 관객이 직접 테이프를 확인하게 한다.

★ 준비물

1. 길이 3m, 폭 2.5~3.1cm의 헝겊 테이프 하나
2. 1과 똑같은 헝겊 테이프 25cm
3. 2번을 반으로 접어 숨길 수 있는 크기의 중국 부채 하나
4. 가위 하나

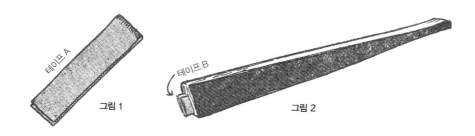

그림 1

그림 2

준비

25cm 길이의 테이프를 반으로 접는다(**그림 1**). 이 테이프를 테이프 B라고 하고, 긴 테이프를 테이프 A라고 하자.

그림 3

반으로 접은 테이프 B를 부채 사이에 끼운다. 이때 테이프의 양끝이 부채 밖으로 살짝 나오게 한다(**그림 2**). 만약 부채가 아주 커서 테이프 B를 접지 않고도 숨길 수 있다면 그렇게 한다. 부채 대신에 속이 빈 금속 튜브나 지팡이를 이용해도 된다(**그림 3**). 테이프 B를 숨겨둔 부채와 테이프 A를 조수에게 맡겨 놓거나, 테이블 위에 놓아 둔다. 가위는 꺼내기 쉽게 주머니에 넣어둔다.

시연

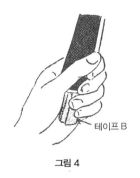

테이프 B

그림 4

삐져나온 테이프 B가 손바닥으로 오도록 왼손으로 부채를 잡는다. 그럼 오른손으로 테이프를 당겨 쉽게 꺼낼 수 있다(**그림 4**). 왼손 넷째 손가락과 새끼 손가락으로 테이프를 누른다.

테이프 A의 한쪽 끝을 조수에게 건네고, 반대쪽 끝은 또 다른 조수에게 건넨다. 그럼 조수는 테이프가 어느 정도 팽팽해지도록 만든다. 테이프 뒤로 가서 선다(**그림 5**). 테이프의 가운데 아래에 부채를 가져간 뒤 부채로 테이프 가운데를 들어 올린다(**그림 6**, **그림 7**). 테이프의 정가운데임을 보여주기 위한 동작처럼 보인다.

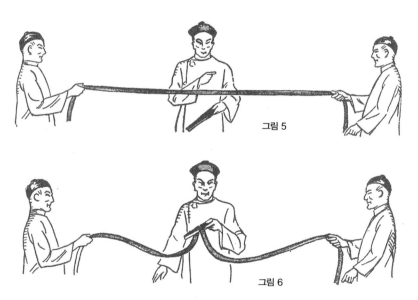

그림 5

그림 6

부채를 기울여서 테이프 A가 왼손으로 들어오게 한다(**그림 8**). 그리고 부채를 오른쪽 뒤로 기울이며 오른손으로 부채를 잡는다. 이와 동시에 왼손으로 부채 사이에 끼워두었던 테이프 B를 빼낸다(**그림 9**). 왼손 손가락으로 테이프를 움직여 테이프 A의 접힌 부분과 테이프 B의 양끝이 겹쳐지게 한다(**그림 10**). 그런 다음 오른손으로 B의 접힌 부분을 잡아 고리를 보여준다(**그림 11**).

주머니에 있는 가위를 꺼내 고리를 자른다(**그림 12**). 자른 부분을 포개어 잡은 뒤 계속해서 조금씩 잘라낸다. 테이프 B가 완전히 없어질 때까지 자른다. 다시 주머니에 가위를 넣고 부채를 집어서 펼친다. 그리고 테이프를 잡고 있는 왼손에 부채질을 한 뒤 왼손을 펴서 테이프가 다시 하나가 되었음을 보여준다.

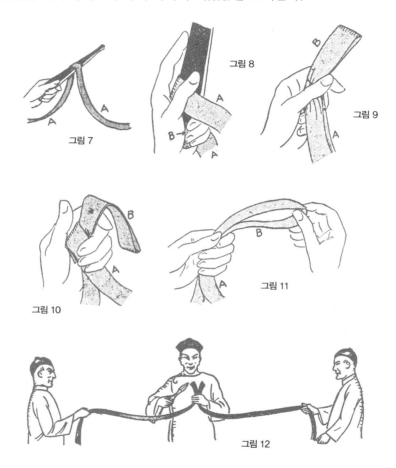

양쪽에 있는 조수가 테이프를 당긴다(**그림 5**). 마지막으로 테이프를 객석에 던지거나, 다음 쇼에 이용하기 위해 옆으로 치워둔다. 테이프 A는 전혀 잘리지 않았기 때문에 테이프 B만 다시 준비하면 된다.

중국의 불타는 테이프
The Chinese Burning Tape

동양 마술사들, 특히 중국 마술사들은 테이프 두 개를 이용하는 마술을 즐겨한다. 오키토 (Okito, 테오 밤베르크(Theo. Bamberg))는 유럽에서 이 마술로 큰 성공을 거두었다.

★ 이펙트

몇 미터 길이의 테이프 두 개를 관객에게 보여준다. 마술사가 테이프 두 개의 가운데 부분을 잡는다. 이때 양손의 간격이 30~60cm가 되도록 벌린다. 조수가 성냥으로 테이프에 불을 붙인다. 그럼 테이프가 타들어 가며 양쪽으로 갈라진다. 그럼 양손을 더 벌려서 테이프가 완전히 두 조각으로 갈라졌음을 관객에게 보여준다. 불을 끄고 불에 잘라진 부분을 겹친다. 테이프의 양끝은 두 명의 조수의 손에 들려 있다. 마술사가 테이프에 부채질을 하자 테이프는 다시 하나가 되었다.

★ 준비물

1. 길이 2.7m, 너비 2.5cm의 헝겊 테이프 두 개
2. 1과 똑같이 생긴 테이프 67.5cm
3. 성냥 한 갑
4. 중국이나 일본 부채 하나
5. 가위 하나

준비

긴 테이프 두 개를 각각 반으로 접는다. 이때 가운데에 약간 주름이 생기게 한다. 그런 다음 짧은 테이프를 반으로 접고, 양끝에 반으로 접은 긴 테이프를 꿰맨다. 쉽게 끊을 수 있도록 실로 한 번만 꿰맨다(**그림 1**). 꿰매지 않고 핀을 꽂아두었다가 나

중에 빠르게 빼내도 된다. 왼쪽에 있는 긴 테이프의 두 가닥을 A와 B, 오른쪽에 있는 긴 테이프의 두 가닥을 E와 F, 가운데에 있는 짧은 테이프의 두 가닥을 C와 D라고 하겠다. 이렇게 준비한 테이프는 접어서 테이블 위에 놓아둔다. 그리고 성냥갑과 부채를 잡기 쉬운 곳에 둔다.

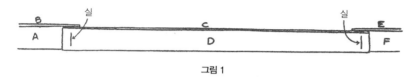

그림 1

시연

준비한 테이프를 들고 무대 중앙으로 나온다. 그리고 테이프를 펼치고, 테이프의 연결 부분을 양손 손아귀로 잡아서 관객이 보지 못하게 한다. 그림 **그림 1A**와 같이 평범한 테이프 두 개를 포개놓은 것처럼 보인다. 이제 양손을 쥐어 테이프를 꽉 잡는다(**그림 2**). 이 상태에서 조수가 테이프의 중앙에 불을 붙인다. 테이프가 타들어가며 두 조각으로 갈라지면 양손을 완전히 벌려서 테이프가 둘로 나뉘었음을 보여준다(**그림 3**). 테이프를 모아 한 손으로 잡은 후 테이프가 손 바로 위까지 타들어 가기를 기다린다(**그림 4**).

그림 2

그림 1A

그림 3

기다리는 동안 조수 두 명이 나와 테이프의 끝을 잡는다. 한 사람은 B와 E를, 다른 한 사람은 A와 F를 잡는다. **그림 1**을 참고하여 테이프를 정확하게 잡는다. 조수가 테이프를 정확히 잡을 수 있도록, 미리 테이프의 끝에 표시를 해둬도 좋다. 이때 각각의 조수는 반드시 오른쪽 테이프에서 한 가닥, 왼쪽 테이프에서 한 가닥을 잡아야 한다.

그림 4

조수가 테이프의 끝을 잡고 간격을 벌리면 오른손으로 가위나 부채를 잡는다. 그리고 테이프를 부채 사이에 넣어 불을 끈다(**그림 5**). 부채를 위로 들어 올리면서 오른손으로 남아 있는 짧은 테이프 조각을 빼낸다. 손가락 끝으로 남은 조각을 잡고 실을 끊은 후 손바닥에 숨겨야 한다. 혹은 가위로 짧은 조각을 잘라내도 된다. 핀을 이용한 경우에는 먼저 관객 몰래 핀을 빼낸 후 가위로 짧은 조각을 잘라내면 된다.

그림 5

다음으로 오른손으로 부채를 펼쳐서 테이프를 잡고 있는 왼손에 부채질을 한다. 이때 조수가 테이프를 당겨 팽팽하게 만든다. 부채의 끝을 왼손에 쳐서 부채를 접은 후 왼손으로 테이프를 몇 번 쓸어내린다. 그럼 테이프를 '복원' 시키는 것처럼 보이지만 실제로는 남아있는 실 조각을 제거하기 위한 동작이다.

그림 6

마지막으로 천천히 왼손을 벌려 테이프에서 떼어낸 후 손의 앞뒤를 보여준다. 조수가 양손을 벌려 테이프를 **그림 6**과 같이 잡는다. 테이프는 완전히 복원된 것처럼 보인다.

힌두 터번 미스터리
Hindu Turban Mystery

인도에서는 터번을 잘랐다가 다시 하나로 연결시키는 마술이 유명하다. 그 방법도 다양하며, 그중 어떤 방법은 제2권 레슨 31에서 설명한 '마술사 커트와 다시 붙은 로프(The Magician's Cut and Restored Rope)'와 유사하다. 인도 마술사들이 즐겨하는 단순하면서도 직접적인 방법을 설명하고자 한다. 이집트 미스터리나 중국 미스터리에서 이용해도 된다. 인도인들은 주로 자신의 머리에 하던 터번을 벗어서 사용한다.

★ 이펙트

마술사가 올이 성긴 얇은 무명천이나 이와 비슷한 긴 천을 보여준다. 천의 길이는 약 3~3.6m이고, 두 명의 조수가 양끝을 잡는다. 마술사가 터번을 건네받은 후 조수에게 터번의 가운데를 가위로 자르게 한다. 잘린 부분을 묶어서 매듭을 만든 후, 남은 끝부분을 매듭 안으로 넣어 정리한다. 곧 터번은 다시 하나가 되었고, 두 명의 조수가 터번을 팽팽하게 잡고 관객에게 보여준다.

★ 준비물

1. 올이 성긴 얇은 무명천, 혹은 비슷한 종류의 값이 싼 천. 어떤 색을 준비해도 상관 없고, 길이는 3~3.6m가 적당하다. 폭은 45cm 정도가 되어야 쉽게 다룰 수 있다.
2. 가위 하나

시연

접어놓은 터번과 가위를 들고 무대 중앙으로 나온다. 관객 두 명을 무대로 불러 객원조수로 임명한다. 한 명은 왼쪽, 나머지 한 명은 오른쪽에 세운다.

"저와 같이 인도의 거리에 가봅시다. 인도 터번을 이용한 마술을 보여드리겠습니다. 이 기다란 천은 원래 터번이었습니다. 인도 마술사처럼 터번을 펼쳐보겠습니다."

터번의 양끝을 각각 왼쪽과 오른쪽에 있는 사람에게 준다. 그리고 뒤로 물러서게 하여 두 사람의 간격을 벌린다. 세 번째 관객을 무대 위로 불러 가위를 건네준다(**그림 1**).

"터번은 제 왼쪽에 계신 분과 오른쪽에 계신 분의 거리, 즉 제 오른쪽에 계신 분과 왼쪽에 계신 분 사이의 거리를 재는 줄자 역할을 합니다."

이렇게 말하며 양쪽에 있는 사람을 번갈아가며 쳐다본다.

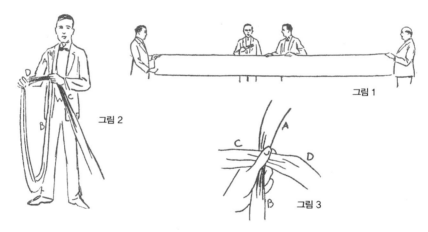

그림 2

그림 1

그림 3

양쪽에 있는 사람을 가운데로 오게 하여 터번을 모은다. 그런 다음 오른쪽에 있는 사람에게는 터번을 놓으라고 말한다. 그럼 오른쪽 끝을 집어서 위로 들어올린다. 이때 오른쪽 끝이 터번 가운데 앞을 지나서 위로 17.5cm 정도 삐져나오게 하고 왼손으로 터번이 겹쳐지는 부분을 잡는다. **그림 2**는 객석에서 바라본 모습, **그림 3**은 마술사의 눈으로 바라본 모습이다. 오른손으로 고리를 쓸어내리며 관객에게 보여준다.

"이것이 바로 힌두 서클, 혹은 힌두 고리라는 것입니다. 인도 마술사들은 여기에 앉아서 뮤제트(작은 목관 악기의 일종 - 옮긴이)나 다른 악기를 연주하여 마술의 힘을 불어넣기도 하고, 사람들을 끌어 모으기도 했습니다. 그리고 힌두 고리를 핑계 삼아 터번의 정중앙을 찾았습니다."

그림 3에서 터번 중앙 앞을 지나 위로 올린 끝은 C이다. 그리고 B는 C의 바로 아랫부분이고, D는 AB의 오른쪽이다.

오른손으로 잡고 있던 D를 놓아, 왼손 가운뎃손가락과 넷째 손가락 사이에 끼운다(그림 4). 그리고 왼손 집게손가락과 가운뎃손가락은 D 위에, 넷째 손가락과 새끼손가락은 D와 B 사이에 넣는다(그림 5). 이때 B를 오른쪽 위로 당겨 D를 감는다(그림 6). 그럼 A와 B가 터번 중앙의 C와 D와 엇갈려 맞물리게 된다(그림 7).

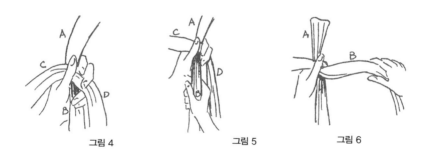

그림 4   그림 5   그림 6

이 과정을 빠르게 하면 관객은 아무것도 눈치 채지 못한다. 관객은 마술사가 터번의 한쪽 끝을 터번 가운데 쪽으로 가져왔다고만 생각한다.

가위를 들고 있는 세 번째 조수에게 돌아서서 B를 자르게 한다. 이때 고리에서 17.5cm 떨어진 지점을 자른다.

"터번을 반으로 잘라주세요."

잘린 B 끝은 바닥에 떨어뜨리고, 남은 AB는 그림 8과 같이 잡는다. 관객은 터번이 정말로 반으로 잘렸고, A와 B가 잘린 양끝이라고 생각한다. 오른손으로 AB와 CD의 연결부분을 잡는다. 이때 CD가 왼쪽으로 가게 하여 싱글 매듭을 만든다(그림 9).

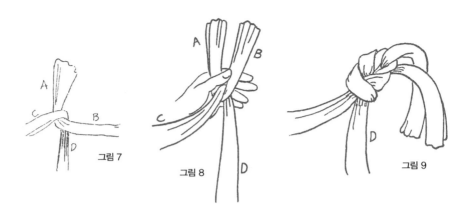

그림 7

그림 8

그림 9

그리고 터번의 오른쪽 끝인 D를 오른쪽에 있는 조수에게 건넨다. 그런 다음 옆에 있는 조수에게 가위를 건네받아 AB의 남은 부분을 조금씩 여러 번 잘라서 완전히 없앤다(**그림 10**). 고리에 걸려 있는 마지막 짧은 조각은 가위로 빼내면 된다.

"남아있는 부분을 잘 정리하여 매듭을 깔끔하게 만들었습니다."

다시 세 번째 조수에게 가위를 돌려준다.

그림 10

"끝을 아무리 잘라도 끝이 사라지지는 않습니다. 하지만 힌두 마술에서는 어떤지 볼까요?"

매듭을 풀어 고리 부분을 왼손으로 잡는다. 그리고 오른손으로 왼손을 가린다.

"아바 다바 다바 다바! 터번아, 연결되어라! 하나가 되어라!"

터번을 놓은 후 양쪽에 있는 조수가 터번을 팽팽하게 당기게 한다. 그럼 관객이 직접 터번이 하나가 되었음을 보게 된다.

"이것이 바로 인도 마술입니다!"

중국 '체팔로' 매듭
Chinese 'Chefalo' Knot

제2권의 레슨 31에는 부드러운 흰색 로프를 이용한 체팔로 매듭이 소개되어 있다. 중국 프로그램에서 할 만한 체팔로 매듭의 또 다른 버전을 오래된 중국 마술 책에서 발견했다. 아주 효과적이며, 로프 대신에 헝겊 테이프를 이용한다.

★ 이펙트

길이 2.7~3m 되는 헝겊 테이프를 보여준 뒤 한쪽 끝은 왼쪽 조수에게 잡도록 한다. 반대쪽 끝을 테이프 가운데에 묶어서 싱글 매듭을 만든다. 그럼 테이프에는 길이가 약 22.5cm의 고리가 생긴다. 또 다른 싱글 매듭을 만들어 첫 번째 고리 위에 비슷한 크기의 두 번째 고리를 만든다. 트리플 매듭(triple knot)을 만들기 위해서 테이프의 오른쪽 끝을 아래에 있는 고리로 통과시켜 아래로 가져온 후 다시 위로 당겨서 위에 있는 고리를 통과시킨다. 그런 다음 손에 있는 고리를 놓고, 테이프의 오른쪽 끝을 잡는다. 그럼 고리는 마술사와 조수 사이에 위치한다. 마술사의 명령에 공중에서 트리플 매듭이 풀어지고 테이프가 일직선이 된다.

시연

두께 3.1cm의 긴 테이프 하나가 필요하다. 관객에게 테이프를 보여준 후, 왼쪽에 있는 조수에게 한쪽 끝을 맡긴다(**그림 1**). 그리고 테이프 왼쪽 끝에서 1m 정도 떨어진 지점을 양손으로 잡는다(**그림 1**).

Tarbell course in Magic

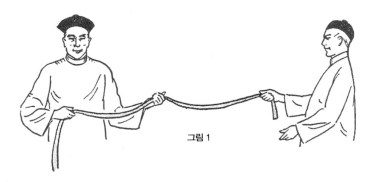

그림 1

오른손으로 잡고 있는 부분을 왼손에 있는 테이프 앞(객석 방향)으로 가져온다(**그림 2**). 테이프가 교차하는 부분을 양손으로 꼭 잡고, 오른손으로 싱글 매듭을 만든다(**그림 3**). 그럼 길이 22.5cm의 고리가 생긴다. 고리의 왼쪽을 A, 오른쪽을 B라고 하자.

"싱글 매듭을 만들었습니다."

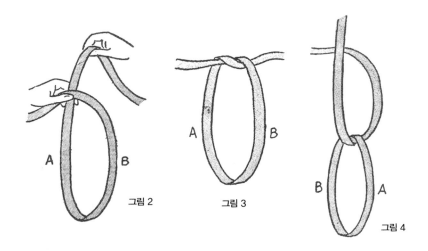

그림 2   그림 3   그림 4

테이프의 오른쪽 끝을 시계방향으로 왼쪽으로 가져온다. 즉, 테이프의 끝을 몸쪽을 향해 당겼다가 밖으로 가져간다. 그럼 오른손에 있는 테이프가 왼손에 있는 테이프보다 몸쪽에 오게 된다(**그림 4**). 이 과정에서 아래쪽 고리가 뒤집힌다. 즉, B가 오른쪽에, A가 왼쪽으로 가게 된다. 아래 매듭에서 22.5cm 위로 올라가 또 다른 싱글 매듭을 만든다(**그림 5**). 그리고 진짜 스퀘어 매듭을 만든다.

　　"더블 매듭입니다."

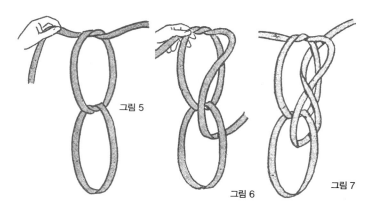

그림 5

그림 6

그림 7

　　왼손으로 위쪽 고리를 잡고 오른손으로 테이프의 오른쪽 끝을 아래 고리에 통과시킨다. 이때 뒤에서 앞으로(마술사쪽에서 객석 방향으로) 넣는다(**그림 6**). 그리고 위쪽 고리를 통과시키는데 이번에는 앞에서 뒤로 통과시킨다(**그림 7**, **그림 8**).

　　"중국의 트리플 매듭입니다."

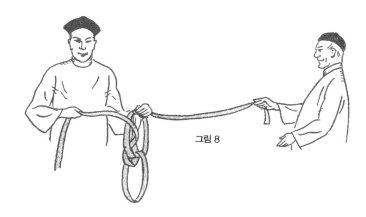

그림 8

　　오른손으로 테이프의 오른쪽 끝을 잡고 오른쪽으로 걸어간다. 이때 왼손에 잡고 있던 체팔로 매듭을 놓으면, 매듭이 테이프 중간에 매달리게 된다. 오른손을 오른쪽으로 당겨 공중에서 매듭을 풀고 조수와 함께 테이프를 팽팽하게 당긴다(**그림 9**).

그림 9

테이프를 팽팽하게 하여 매듭을 없애는 과정에서, 종종 작은 매듭 하나가 남는 경우가 있다. 그럼 관객의 주의를 작은 매듭에 집중시킨 후 공중에서 매듭을 없애면 된다. 이때 쇼맨십을 이용하면 더욱 좋다.

테이프의 중국 링
Chinese Ring on the Tape

제3권 레슨 36에서 로프 가운데에 링을 끼우는 마술을 설명한 바 있다. 이때 로프의 끝을 이용하지 않고, 로프의 가운데 위에 링을 놓아서 링을 로프에 끼웠다. 이때 과정은 손수건으로 가린 상태에서 이루어졌다.

여기에서는 내가 종종 이용하는 중국 방법을 소개하고자 한다. 손수건 없이 더 큰 링을 기발한 방법으로 깔끔하게 테이프에 끼울 수 있다.

★ 이펙트

두께 3.1cm, 길이 2.7~3m의 테이프를 보여준다. 그리고 지름 7.5cm, 두께 1.8cm의 나무 링을 보여준다. 링의 가운데에는 지름 2.8cm의 구멍이 뚫려 있다. 관객이 직접 링을 확인한 뒤 테이프의 가운데 부분을 당겨 링에 넣은 후 매듭을 만든다. 그리고 테이프의 한쪽 끝을 왼쪽에 있는 조수에게 맡기고, 오른쪽은 마술사가 잡는다. 어느 순간, 링은 테이프 가운데에 걸려 있다. 매듭을 푼 후 테이프를 기울여 링을 빼낸다. 분명 테이프의 끝을 통하지 않고 링이 테이프 가운데로 들어간 것이다. 마술사가 테이프 가운데 부분을 링에 넣어 매듭을 묶는 동안 테이프의 양끝은 마술사와는 멀리 떨어져 있었다.

★ 준비물
1. 길이 3m, 두께 3.1cm의 헝겊 테이프. 흰색이나 다른 색을 이용해도 된다.
2. 밝은 색의 나무 링. 지름 7.5cm, 두께 1.8cm, 가운데 구멍은 지름 2.8cm가 적당하다. 혹은 더 큰 링을 사용해도 된다.

준비
테이프의 한쪽 끝에서 1m 떨어진 지점에 주름을 만들어 놓는다. 테이프를 접어서 손톱으로 문지르거나 다리미로 다리면 쉽게 주름을 만들 수 있다. 주름이 있는 쪽 1m를 A, 반대쪽을 B라고 부르기로 하자.

시연
조수를 왼쪽에 세운다. 중국 스타일로 선보이는 경우 도입부분을 제외하고는 팬터마임으로 진행한다.

"미국인들은 구슬이나 링을 꿸 때 실 끝에 구슬을 넣습니다. 하지만 중국에서는 다른 방법을 이용합니다. 구슬을 실의 끝이 아닌 가운데에 놓습니다. 제가 직접 보여드리겠습니다."

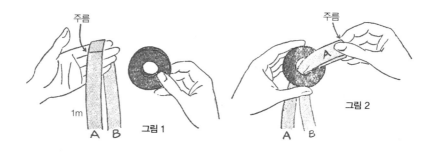

그림 1

그림 2

주름이 왼손 집게손가락 안쪽에 오게 하여 왼손으로 테이프를 잡는다(**그림 1**). 그럼 짧은 부분인 A가 몸쪽으로 오며 손바닥을 지나 아래로 늘어져 있다. 오른손으로

타벨의 힌두 로프 미스터리
Tarbell Hindu Rope Mysteries

예전에 오키토(테오 밤베르크)가 유럽에서 마술쇼를 할 때, 그에게 이 로프 미스터리를 보여준 적이 있다. 그는 나에게 이런 편지를 썼다.

"타벨, 만약 다른 마술은 하나도 개발하지 않았더라도, 이것 하나만으로도 아마 자네는 유명해졌을 거네. 다른 마술사들이 이 방법을 이용하는 대가로 수천 달러를 받는 건 어떤가? 그래도 나는 그 비법을 알 수만 있다면 기꺼이 수천 달러를 지불할 걸세."

하워드 서스톤(Howard Thurston)이 밀워키(Milwaukee)에 왔을 때 그의 호텔 방에서 이 마술을 보여준 적이 있다. 그때 그는 넋을 잃고 쳐다보았다. 그리고 그날 밤, 그의 마술쇼 도중 잠시 멈추더니 나를 무대로 불러 이 기발한 마술을 자신의 관객에게 보여 달라고 부탁했다. 서스톤은 자신이 최근 50년간 봐온 로프 마술 중 가장 정교한 방법이라고 말했다. 후디니(Houdini)도 이 마술에 관심을 갖고, 그의 쇼 도중에 이 마술을 보여주었다. 데이비드 밤베르크(David Bamberg, 푸만추(Fu Manchu))도 라틴아메리카에서 적어도 20년 동안 이 마술을 선보였다.

이 로프 미스터리가 세상의 빛을 본 지 27년이 지났을 때에도, 여전히 그 인기는 식을 줄 몰랐고 사람들을 감쪽같이 속였다. 이로써 로프 마술의 새로운 시대가 열렸고, 수십 가지의 로프 미스터리가 시장에 나왔다. 마술계에서 로프는 중요한 자리를 차지하게 되었고, 지금도 그 자리를 지키고 있다.

포착하기 어려운 원리를 이용했기 때문에, 이 로프 미스터리의 독특한 효과는 배가된다. 그 방법을 가르쳐 준 후 내가 이 마술을 하는 것을 보면 아마 내가 정확한 방법을 가르쳐 주었는지 의심하게 될 것이다. 서스톤, 단테, 후디니와 같은 저명한 마술사들에게 직접 이 방법을 알려주었다. 하지만 그들은 내가 이 마술을 하는 것을 본 뒤, 내가 하는 방법과 똑같은 방법을 가르쳐 주었는지 물었다. 여러 번 자세히 설명하고 반복한 뒤에야 그들은 자신이 정확한 비법을 전수받았음을 확신할 수 있었다.

위대한 로프 미스터리의 발전The Evolution of a Great Rope Mystery

제1차 세계대전이 일어난 후, 프랑스 파리에서 인도 마술사와 인도 철학자들을 알게 되었다. 그들은 로프를 타고 올라간 소년이 공중에서 사라지는 전설적인 마술을 대신할 새롭고 기발한 로프 미스터리를 만들기 위해 골몰하고 있었다. 미국 마술과는 달리, 동양 마술은 신비하고 종교적인 배경을 갖고 있다는 사실을 알게 되었다. 그래서 로프가 어떤 의미를 갖고 있는지에 대해 생각하게 되었다.

"로프의 한쪽 끝은 출생, 반대쪽 끝은 죽음을 의미하고, 그 사이의 줄은 우리가 살아가는 인생이다. 양끝을 묶어서 삶의 순환을 보여줄 수 있고, 그 매듭은 우리가 살아가며 만나는 문제, 고난을 의미한다."

출생과 죽음의 끝을 어떻게 없앨 수 있을까? 인생의 고난을 없애고 평탄한 삶으로 만들 수 있을까?

이런 생각을 하던 중, 해리 후디니(Harry Houdini)가 시도했던 로프 마술이 떠올랐다. 그는 여러 개의 로프를 이용하여 의자에 자신의 손, 다리, 몸을 묶었다. 하지만 잠시 관객의 시야를 벗어난 사이, 의자와 로프로부터 자유로워졌다. 분명 불가능한 것처럼 보였다. 이때 각각의 로프 한 가닥은 실제로는 똑딱 단추로 연결된 두 가닥이었다(**그림 1**). 보통 갈색 로프의 끝에 갈색으로 칠한 똑딱 단추를 갈색 실로 꿰맨다. 한 가닥에는 볼록 나온 부분을, 다른 가닥에는 오목하게 들어간 부분을 단다(**그림 2**).

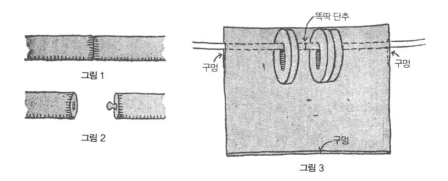

그림 1

그림 2

그림 3

사일런트 모라(Silent Mora)는 1.5m 길이의 흰색 빨랫줄을 이용했다. 그리고 빨랫줄 가운데를 자르고, 잘린 양끝에 흰색 실로 똑딱 단추를 달았다. 그럼 관객은 가까이에서 보더라도 이 사실을 보지 못하고 평범한 로프라고 생각한다. 그리고 모라는 로프에 다양한 색의 나무 링 세 개를 꿰었다. 그 위에 헝겊 주머니를 꿰어 링을 덮었다(그림 3). 그런 다음 주머니로 가린 상태에서 똑딱 단추를 열어 링을 함께 빼낸다. 그리고 다시 똑딱 단추를 닫는다. 이때 30cm×30cm 크기의 예쁜 꽃무늬 주머니를 이용하는 것이 좋다. 모라의 손에서 이 마술은 정말 아름다운 효과를 냈다.

처음에 나는 1.8m 길이의 부드러운 흰색 빨랫줄을 이용했다. 빨랫줄을 반으로 자르고, 자른 부분에 똑딱 단추를 달았다. 그럼 관객은 평범한 로프라고 생각한다. 조수에게 로프의 한쪽 끝을 맡기고, 또 다른 조수에게 반대쪽 끝을 맡겼다. 똑딱 단추가 열리지 않을 정도로 팽팽하게 당긴다. 그런 다음 식칼을 꺼내서 보여주며, 식칼에 대해 이러쿵저러쿵 설명한다. 그리고 식칼이 얼마나 날카로운지 보여주겠다며 식칼을 던져서 한번에 로프를 자를 수 있다고 말한다. 똑딱 단추가 있는 부분에 칼을 던진다. 이때 칼의 무딘 면이 로프에 닿아야 한다. 그럼 똑딱 단추가 열리면서 로프는 두 조각이 된다. 칼은 옆에 치워두고 잘린 부분을 한손으로 잡은 다음 손으로 가린 상태에서 똑딱 단추를 다시 끼운다. 그리고 마법의 주문을 외운 뒤 손을 떼어 로프가 다시 하나가 되었음을 보여준다. 마무리로 로프를 자연스럽게 트렁크에 던진다.

유명한 중국 마술사인 롱택샘(Long Tack Sam)은 이 방법을 좋아했고, 이를 다듬어서 두 명의 중국인 조수와 함께 무대에서 선보인 바 있다. 조수가 로프를 팽팽하게 잡고 있으면 중국 칼을 보여주며 종이를 잘라서 칼이 날카롭다는 사실을 보여준다. 그리고 로프에서 몇 걸음 떨어진 곳에서 칼을 던져 로프를 반으로 자른다. 이것만으로도 관객의 반응은 뜨겁다. 칼을 던져서 로프를 자르는 것만으로도 충분히 신기하다. 물론 롱택샘은 똑딱 단추 있는 부분으로 칼을 던져 로프를 반으로 가른 것이다. 그런 다음 부채로 가린 상태에서 로프를 다시 연결시켰다. 마지막으로 화려한 동작으로 로프를 무대 뒤로 던졌다. 그의 놀라운 쇼맨십이 가미된 이 마술은 세상을 떠들썩하게 만들었다.

때로는 조수 없이 똑딱 단추가 달린 로프를 다양하게 이용하기도 한다. 가위로 로프를 자르는 척하며 똑딱 단추를 푼다. 그런 다음 로프를 하나로 연결시키는 척하며 똑딱 단추를 닫는다.

아무리 멋지게 로프를 잘랐다가 다시 연결시킨다 하더라도 이것은 전혀 새로운 방법은 아니었다. 그저 오래된 이론을 약간 새롭게 다뤘을 뿐이다. 마치 리본을 잘랐다가 다시 연결시키는 마술을 위해 고안한 섬 팁(Thumb tip)을 불붙은 담배를 없애는 데 이용한 것과 같다.

타벨의 힌두 로프 미스터리의 탄생The Tarbell Hindu Rope Mystery is Born
로프 가운데에 달아 놓은 똑딱 단추의 원리에 대해서 생각하는 중에 이런 궁금증이 생겼다.

"관객이 직접 가위로 로프의 가운데를 자를 수 있는 방법은 없을까? 관객이 직접 로프의 잘린 부분을 확인하여 정말로 로프가 반으로 잘렸음을 확인하면 좋을 텐데…….. 그리고 곧바로 로프가 하나로 연결되면 놀랍지 않을까?"

갑자기 그 방법이 번뜩 떠올랐다.

"짧은 로프 하나를 연결하면 되는구나!"

그래서 긴 로프의 중간에 7.5cm 길이의 작은 로프를 끼웠다. 이를 위해서는 똑딱 단추가 두 개 필요했다(**그림 4**).
로프를 관객에게 보여준 후 왼손으로 왼쪽 똑딱 단추를, 오른손으로는 오른쪽 똑딱 단추를 잡는다. 그리고 그 중간을 관객에게 자르게 한다(**그림 5**). 잘린 부분에 사람들의 이목을 집중시킨다.

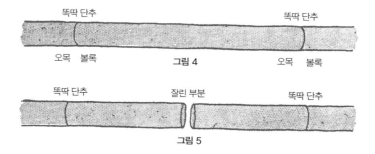

똑딱 단추　　　　　　　　　　　　똑딱 단추

오목　볼록　　　　　그림 4　　　　오목　볼록

똑딱 단추　　　　잘린 부분　　　　똑딱 단추

그림 5

그런 다음 잘린 부분을 모으고, 오른손 엄지손가락과 집게손가락, 가운뎃손가락으로 짧은 조각을 빼낸다(**그림 6**). 마술 반지를 꺼내기 위해 주머니에 손을 넣으며 짧은 조각을 숨긴다. 부채를 집으며 상자나 손수건 뒤에 숨겨도 된다. 마지막으로 긴 로프에 달려 있는 똑딱 단추를 연결하여 하나로 만들면 되는 것이다(**그림 7**).

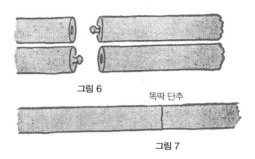

그림 6

똑딱 단추

그림 7

 이 원리를 이용하면 관객이 직접 로프를 반으로 자르고 잘린 면을 직접 확인할 수 있다. 그러면서도 순식간에 로프를 하나로 연결할 수 있다. 타벨의 로프 미스터리의 기본이 되는 대단한 원리로, 이 원리를 토대로 다양한 방법이 만들어졌다. 그중에는 '타벨의 힌두 로프 미스터리(The Tarbell Hindu Rope Mystery)'라고 불리는 놀라운 마술도 있다. 이 마술에서는 로프를 자르고 연결시키는 과정이 두 번 반복된다. 그리고 마지막에 관객이 직접 로프를 확인할 수 있는 기회가 주어진다. 기적이 아닐 수 없다.
 긴 로프 사이에 연결하는 작은 로프의 길이가 25cm인 경우도 있다. 그럼 로프를 두 번 자를 수 있고, 자른 조각을 객석에 던져 관객이 직접 확인하게 할 수 있다. 그럼 어느 누구도 로프가 정말로 잘렸다는 사실에 대해 부인할 수 없다. 마술사의 쇼맨십이 가미되면 더욱 확실하다.

타벨의 로프 기믹The Tarbell Rope Gimmick
 유명한 전기와 기계 기술자이자 '조세피의 놀라운 창작(Marvelous Creation of Joseffy)'으로 마술계를 떠들썩하게 했던 조세피(Joseffy)가 어느 날 내게 이런 말을 했다.

 "타벨, 자네는 정말 위대한 로프 미스터리를 하면서, 왜 그렇게 원시적인 똑딱 단추에 의존하는가? 똑딱 단추를 꿰매려면 시간도 오래 걸리지 않는가? 로프 끝에 돌려서 끼울 수 있는 기믹(gimmick) 같은 것을 고안해보는 건 어떤가?"

그렇구나! 안될 거야 없지! 그래서 나는 놋쇠로 된 기믹을 만들었다. 기믹은 두 부분으로 되어 있는데, 로프의 끝에 살짝 돌려가며 끼우면 된다. 그리고 로프의 양끝에 고정한 뒤 기믹을 이용하여 로프를 하나로 연결할 수 있다. 주로 흰색, 혹은 로프와 같은 색으로 칠한다. 마술용품점에서 구입할 때에는 기믹의 모양, 크기 등을 확인해야만 한다. 기믹을 로프 색과 잘 맞추기만 하면 관객이 아무리 가까이에서 보더라도 평범한 로프라고 생각한다.

그림 8

그림 9

그림 8과 **그림 9**는 타벨의 로프 기믹의 모습이다. **그림 8**은 기믹이 서로 연결되었을 때의 모습, **그림 9**는 분리되었을 때의 모습이다. 각각의 크기는 1.2cm이고, 바깥지름은 0.6cm이다. 이 점을 잘 기억해둬야만 한다. 안쪽은 나사처럼 빗살무늬로 홈이 만들어져 있기 때문에 로프의 끝에 돌려서 끼울 수 있다. 마술용품점에서 타벨의 부드러운 흰색 로프를 구입하여 이용하면 좋다. 기믹에 딱 맞는 사이즈로 되어 있으며 왁스칠이 되어 있지 않다.

기믹의 외부는 울퉁불퉁하게 되어 있어서 진짜 로프처럼 보인다. 그리고 흰색이나 로프 색의 래커나 유성페인트로 칠한다. 그런 다음 플래카드에 이용되는 수채물감으로 칠하면 빨리 마르고, 탁한 색이 나온다. 로프 색을 만들 때는 흰색 페인트에 황토색과 검은색 페인트를 약간 섞는다. 옆에 로프를 두고 색을 비교해가며 만들면 된다.

로프에 기믹 고정하기 |To Place Rope Gimmick on the Rope

기믹의 반쪽으로 로프의 한쪽 끝에 연결하기 위해서는, 먼저 날카로운 가위로 로프의 가운데를 깔끔하게 자른다. 그리고 로프가 벌어지지 않도록 잘린 부분을 왼손으로 꼭 잡고, 오른손으로는 기믹 반쪽을 잡는다. 로프의 잘린 부분에 흰색 실을 감아 기믹이 쉽게 들어 갈 수 있도록 돕는 마술사도 있다(**그림 10**). **그림 11**은 로프의 양끝에 모두 기믹을 연결한 모습이다. **그림 12**는 로프에 연결한 기믹을 서로 끼워둔 모습이다.

다음으로는 로프 색깔의 플래카드용 페인트로 기믹을 칠한다. 이때 낙타털이나 검은담비 털로 만든 4호 붓을 이용하면 좋다. 새로운 로프를 이용할 때마다 수채물감으로 기믹을 칠해야 한다. 그리고 기믹과 연결되는 부분의 로프도 칠하면 로프와 기믹은 더욱 하나처럼 보인다. 색을 흐리게 할 때는 물을 이용해야만 한다.

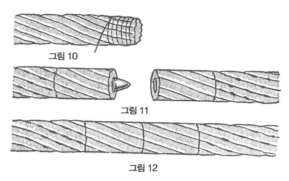

그림 10

그림 11

그림 12

로프 기믹은 놋쇠로 되어 있기 때문에 반드시 래커, 유성페인트로 바탕색을 먼저 칠해야만 한다. 그래야만 로프 색의 페인트를 칠했을 때 색깔이 제대로 나고 페인트가 뭉치지 않으며 빨리 마른다.

타벨의 힌두 로프 미스터리
Tarbell Hindu Rope Mystery

방법 A

먼저 고리 모양을 이용한 유명한 방법을 소개하고자 한다. 로프를 자르고 다시 연결시키는 과정을 두 번 보여준 뒤 마지막으로 관객에게 직접 로프를 확인할 수 있는 기회를 준다. '타벨의 힌두 로프 미스터리(Tarbell Hindu Rope Mystery)'로 알려져 있다. 이를 토대로 나중에 '봄베이(Bombay)', '캘커타(Calcutta)', '델리(Delhi)'와 같은 버전이 탄생했다.

★ 이펙트

2.7m 길이의 부드러운 흰색 빨랫줄의 양끝을 묶어서 동그랗게 만든다. 이를 '신비한 힌두 서클(Mystic Hindu Circle)'이라고 한다. 관객 중 한 사람을 무대로 부른 후 가위를 준다. 그리고 매듭의 반대편 로프를 자르게 한다. 잘린 부분을 벌려서 로프가 정말로 두 조각이 됐음을 보여준다. 더욱 확실하게 하기 위해서 잘린 양끝을 한 번씩 더 자른다. 그런 다음 잘린 끝을 모아서 한 손으로 잡은 뒤 마술 반지를 갖다댄다. 왼손에 로프를 감은 뒤 로프를 공중으로 던진다. 다시 잡아서 로프를 펼쳐보니 로프는 잘린 부분이 연결되어 '신비한 힌두 서클'이 되어 있다. 그리고 관객에게 다시 로프의 중간을 자르게 한다. 잘린 양끝을 한 번씩 더 잘라서 정말로 로프를 잘랐음을 확신시킨다. 그리고 잘린 끝을 모아서 매듭을 만든 후 로프를 공중에 던진다. 떨어지는 로프를 잡은 뒤 관객에게 매듭 하나를 선택하게 한다. 그리고 매듭 하나를 자르고 로프의 양끝을 모아서 잡고 마술 반지를 갖다댄다. 그러자 로프는 다시 연결되어 하나의 원을 이룬다. 남은 매듭을 풀어서 로프를 객석에 던진다. 그럼 관객은 하나로 연결된 로프를 직접 확인하게 된다.

★ 준비물

1. 2.3m 길이의 타벨 흰색 로프
2. 25cm 길이의 로프 두 조각
3. 타벨 로프 기믹 두 쌍

양면테이프

로프

그림 1

4. 로프 색의 플래카드용 수채물감 한 통
5. 낙타털이나 검은담비 털로 만든 4호 붓 하나
6. 날카로운 가위 하나
7. '마술 반지' 하나. 손가락에 끼우는 반지나 팔찌, 나무 링, 로프로 만든 링을 사용해도 된다. 로프로 만든 링은 **그림 1**과 같이 로프에 다양한 색깔의 작은 링을 끼운 후 양끝을 연결하면 된다.
8. 로프의 끝에 기믹을 끼울 때 이용할 흰색 실

준비

로프 기믹 한 쌍을 풀어서 볼록한 반쪽을 긴 로프의 한쪽 끝에 끼운다. 그리고 반대쪽 끝에는 오목한 반쪽을 끼운다. 25cm의 짧은 로프의 양끝에 기믹을 끼운다.

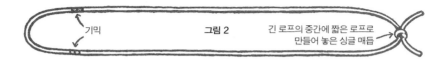

기믹   **그림 2**   긴 로프의 중간에 짧은 로프로 만들어 놓은 싱글 매듭

긴 로프 양끝에 달린 기믹에, 짧은 로프의 기믹을 연결하여 원을 만든다. 그리고 기믹을 로프 색으로 칠한 뒤 완전히 말린다. 그리고 남은 25cm의 짧은 로프의 중간에 싱글 매듭으로 묶는다. 그럼 짧은 로프 두 개는 서로 정반대에 위치하게 된다(**그림 2**). 로프를 접어서 테이블 위에 올려놓는다. 그리고 '마술 반지'를 코트 주머니나 바지주머니에 넣어두고, 가위는 테이블 위에 놓아둔다.

원하는 경우에는 조각이 새겨져 있거나 그림이 그려진 나무상자에 로프와 마술 반지, 가위와 상자에서 만들어내고 싶은 물건을 넣어둬도 된다. 상자에는 뚜껑이 있어서 열고 닫을 수 있어야 한다. 전문 마술사로서 순회공연과 같은 경우에는 특별하게 준비한 로프를 수십 개씩 들고 다니기도 한다. 각각의 로프는 두 번씩 접은 뒤, 13.7cm×21.2cm 크기의 종이로 싼 뒤 데니슨 페이퍼(Dennison Paper)로 봉인한다(**그림 3**). 이렇게 종이로 쌀 때는 두 개의 기믹이 서로 부딪혀서 페인트가 벗겨지는 일이 없도록 주의해야 한다.

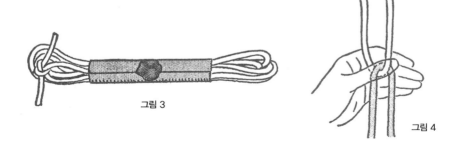

그림 3   **그림 4**

시연

헐렁하게 접힌 상태로 로프를 왼손으로 잡는다. 이때 기믹을 손으로 가린다.

"힌두 마술사들이 로프를 땅에 놓은 후, 로프의 한쪽 끝이 하늘로 올라가게 한다는 이야기를 들어보셨을 겁니다. 그리고 소년이 그 로프를 타고 올라간 뒤 감쪽같이 사라졌다고 하죠. 로프는 다시 땅으로 떨어지고요. 인도를 여행하고 온 사람들은 모두 하나같이 이런 이상한 이야기를 합니다. 하지만 동양의 마술사건, 서양의 마술사건, 마술사 중에는 어느 누구도 이런 광경을 보지 못했습니다. 하지만 우리는 세계를 놀라게 한 힌두 로프 미스터리를 알고 있습니다. 아무리 똑똑한 사람이라도 이 마술을 보면 당황하기 마련입니다. 이 마술은 할란 타벨(Harlan Tarbell)이라는 유명한 미국 마술사가 발견해 냈습니다. 그리고 그가 힌두 마술사들에게 전수해줬다고 하네요. 로프, 마술 고리, 삶의 원이라는 힌두 철학을 토대로 하고 있습니다."

왼손으로 매듭을 잡고 로프를 아래로 늘어뜨린다.

"모든 로프에는 두 개의 끝이 있다고 인도 사람들은 말합니다."

매듭을 풀어서 **그림 4**와 같이 잡는다. 왼손 엄지손가락으로 짧은 로프와 긴 로프가 교차하는 부분을 가린다. 제대로 잡으면, 앞에서 볼 때 마치 평범한 로프의 양끝을 나란히 잡고 있는 것처럼 보인다. 이때 양끝을 1.8~2.5cm 정도 벌려야 한다.

"로프의 한쪽 끝은 출생, 반대쪽 끝은 죽음을 의미합니다. 그리고 양끝에 있는 로프는 우리의 삶을 의미하죠. 우리 모두는 삶의 원(circle of life)을 갖고 있습니다. 이 원을 상징하기 위해서 로프의 양끝을 묶겠습니다. 먼저 싱글 매듭으로 묶겠습니다."

짧은 로프의 오른쪽 끝으로 긴 로프를 한 바퀴 감는다. 이때 위를 향한 로프의 끝을 **그림 5**와 같이 아래로 내린 후 **그림 6**과 같이 위로 올린다. 객석에서는 마치 로프의 양끝을 싱글 매듭으로 묶은 것처럼 보인다.

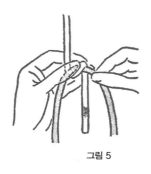
그림 5

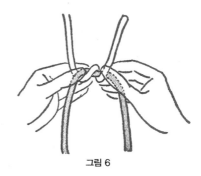
그림 6

"한 번 더 묶어서 더블 매듭을 만들겠습니다."

더블 매듭을 만드는 척하며 로프의 오른쪽 끝을 다시 풀어서 **그림 4**와 같이 되게 한다. 그런 다음 평범한 싱글 매듭을 만든다(**그림 7**). 관객은 모두 마술사가 더블 매 듭을 만들었다고 믿는다.

"더블 매듭은 싱글 매듭보다 두 배로 단단합니다."

왼손으로 매듭을 잡고 관객에게 보여준다. 그리고 오른손으로 로프를 잡아서 원을 보여준다. 다음으로 관객 두 명을 무대로 부른다.

"이렇게 삶의 원이 생겼습니다. 여기에는 고난의 매듭이 있네요. 선생님, 혹시 살아오시면 서 고난의 매듭을 만나신 적이 있나요? 아마 우리 모두 그런 경험이 있을 겁니다."

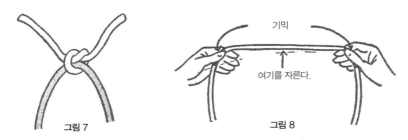

그림 7

그림 8

매듭을 놓아서 아래쪽으로 떨어뜨리고, 기믹 한 쌍은 오른손에, 나머지 한 쌍은 왼 손에 잡는다. 그럼 짧은 로프가 양손 사이에 위치하게 된다(**그림 8**).

"원 안의 공간은 육체적인 현세를 의미합니다. 그리고 원 밖의 공간은 영적인 내세를 의미합니다. 어떤 이들은 고난의 매듭을 피하기 위해서 삶의 로프를 잘라, 현세에서 내세로 넘어가려 합니다."

오른쪽에 있는 관객에게 가위를 건넨다.

"가위로 로프를 잘라주세요."

관객이 로프를 자르면, 잘린 양끝을 벌린다(**그림 9**).

"로프의 정가운데를 자르신 것 같네요. 로프가 정말로 잘린 것이 맞는지 의심의 여지가 있나요? 회의적인 분을 위해서⋯⋯."

왼손으로 가린 상태에서 왼쪽에 있는 기믹을 풀고, 왼손 엄지손가락과 집게손가락, 가운뎃손가락으로 기믹의 두 부분을 함께 잡는다. 그리고 잘린 부분의 왼쪽 끝을 오른손으로 잡는다(**그림 10**).

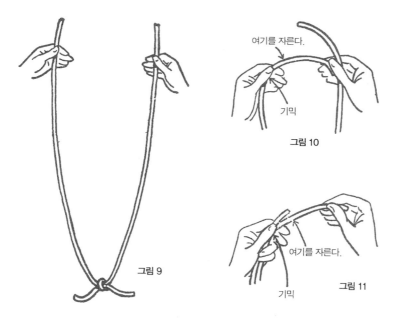

여기를 자른다.

기믹

그림 10

그림 9

여기를 자른다.

기믹

그림 11

오른쪽에 있는 관객에게, 이번에는 왼쪽 기믹에서 2.5cm 떨어진 지점을 자르도록 시킨다(**그림 10**). 그런 다음 자른 조각을 그에게 건넨다.

"이 조각을 객석에 던져주세요. 그럼 누군가는 이 조각을 기념품으로 갖고 가실 겁니다."

그럼 오른쪽에 있는 관객이 로프 조각을 객석으로 던진다. 이와 동시에, 나머지 오른쪽에 있는 기믹을 왼손으로 가져와서 푼다. 왼손 엄지손가락과 집게손가락, 가운뎃손가락으로 기믹의 두 부분을 함께 잡는다. 그리고 로프의 잘린 오른쪽 끝을 오른손으로 잡는다(**그림 11**).

"또다시 로프를 잘라주세요."

기믹에서 2.5cm 떨어진 지점을 자르게 한 뒤, 자른 조각을 그에게 준다.

"이번에도 로프를 객석으로 던져주세요. 좋은 기념품이 될 겁니다"

이때 왼손에는 한쪽 끝에 기믹이 달려 있는 짧은 로프 조각 두 개가 긴 로프와 함께 들려 있다(**그림 12**). 오른손 엄지손가락과 집게손가락, 가운뎃손가락으로 짧은 조각을 잡는다. 이때 오른손 손등이 객석을 향하게 하여 관객이 짧은 조각을 보지 못하게 해야 한다(**그림 13**).

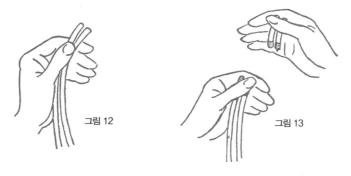

그림 12   그림 13

"어쨌든 우리는 로프를 잘랐습니다. 그러니 이제 힌두인은 삶의 영적인 면을 느낄 수 있는 기회를 얻게 되었습니다."

기믹이 달린 로프의 한쪽 끝을 왼손으로, 반대쪽 끝을 오른손으로 잡는다. 이때 **그**

림 9와 같이 양끝의 간격을 벌린다. 왼쪽에 있는 관객에게 말한다.

"이 로프가 진짜로 잘린 것 맞지요? 이제 로프의 끝을 모으겠습니다."

양끝을 모아서 기믹을 연결한다. 이때 관객이 손가락의 움직임을 보지 못하게 해야 한다. 그러기 위해서는 기믹을 보지 않고 손의 미동을 거의 주지 않은 상태에서 손가락만 살짝 움직여야 한다. 왼손으로 기믹이 있는 부분을 잡는다.

"만약 마술 반지를 갖고 있으면……."

주머니나 상자에서 마술 반지를 꺼내며, 손에 숨기고 있던 짧은 조각을 주머니에 넣는다.

"아, 제게 마술 반지가 있습니다. 선생님, 반지를 잡아주세요."

왼쪽에 있는 관객에게 반지를 건넨다.

"이제 반지로 로프를 건드려주세요."

관객이 기믹 근처를 반지로 건드릴 수 있도록 로프를 잡는다. 그리고 로프를 접어서 공중으로 높이 던진다. 떨어지는 로프를 잡아서 펼쳐 로프가 완전히 연결되었음을 보여준다.

"로프가 다시 하나가 되었습니다."

로프를 돌리거나 던져가며 자유롭게 로프를 보여준다.

"물론 힌두 사람이 어떻게 삶의 로프를 다시 연결할 수 있었는지 이해하지 못하시는 분이 계실지도 모릅니다. 그럼 다시 한 번 보여드리겠습니다. 선생님, 로프를 잘라주세요."

가위를 들고 있는 오른쪽 관객에게 말한다. 왼손 엄지손가락과 집게손가락, 가운뎃손가락으로 기믹을 잡고, 거기에서 10cm 정도 떨어진 부분을 오른손으로 잡는다 (**그림 14**). 그리고 나서 기믹에서 5cm 떨어진 부분을 자르게 시킨다.

"모든 의심을 없애기 위해서 로프를 다시 자르겠습니다."

그림 14   그림 15

왼손에서 10cm 아래로 내려온 부분을 오른손으로 잡는다(**그림 15**). 그리고 기믹에서 5cm 떨어진 부분을 자른다. 기믹이 달린 조각을 자연스럽게 코트 주머니나 바지 주머니에 넣는다.

"진짜로 로프를 잘랐다는 것은 부인할 수 없는 사실입니다."

오른쪽에 있는 관객에게 말한다.

"선생님께서는 로프를 가장 잘 관찰하실 수 있는 자리에 계십니다. 로프의 끝을 잘 살펴보십시오."

관객이 직접 로프의 끝을 볼 수 있게 한다.

"로프의 잘린 면을 확인할 수 있으시죠? 그럼 이제 제가 양끝을 모은 뒤 로프를 접어서 공중에 던지겠습니다."

양끝을 모으고 로프를 접어서 허공에 던진 뒤 떨어지는 로프를 잡는다. 양끝을 각각 양손에 잡고, 손을 벌려서 로프가 연결되지 않았음을 보여준다. 그리고 당황한 연기를 한다.

"오, 이런. 뭔가 잘못 됐습니다. 아, 마술 반지로 로프를 건드리는 것을 깜빡했네요. 물론 제게 마술 반지가 없었더라면 양끝을 묶어서 원을 완성시켰겠지요."

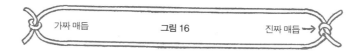

가짜 매듭　　　　　　　그림 16　　　　　　　진짜 매듭 →

양끝을 스퀘어 매듭(square knot)이나 그래니 매듭(granny knot)으로 묶는다(**그림 16**). 그럼 양손에는 진짜 매듭, 로프의 아래쪽에는 가짜 매듭이 있다.

"그럼 이제 삶에 고난의 매듭이 두 개 생겼습니다. 하나는 어떻게든 해결해 나가겠지만, 두 개는 너무 가혹하네요. 물론 고난의 매듭이 잘 보이지 않게 다듬을 수는 있습니다."

오른쪽에 있는 관객에게 가위를 돌려받은 뒤 두 개의 매듭이 비슷한 크기가 되도록 다듬는다. 매듭을 만들고 남은 양끝을 3.7cm 정도만 남겨두고 나머지는 잘라낸다. 왼손으로 매듭 두 개를 함께 잡은 후 오른쪽 관객에게 가위를 건넨다.

"하지만 그래도 매듭의 개수는 여전히 두 개입니다. 맨 처음에 원을 만들기 위해서 만들었던 매듭, 그리고 신사분께서 로프를 자른 뒤 만든 매듭이 하나 있습니다. 선생님, 아까 분명히 로프를 자르셨죠?"

진짜 매듭은 아래로 떨어뜨리고, 가짜 매듭만 왼손으로 잡는다.

"제가 전에 말씀드렸다시피 매듭을 없애기 위해서는 매듭을 풀면 됩니다."

가짜 매듭을 푼 뒤 짧은 로프와 긴 로프를 교차시켜둔다(**그림 17**). 왼손 엄지손가락으로 교차된 부분을 가린다. 자연스럽게 로프를 푼 뒤 **그림 17**과 같이 잡고 있으면, 긴 로프의 양끝을 나란히 잡고 있는 것처럼 보인다.

"하나의 로프, 두 개의 끝이 있던 처음으로 돌아왔습니다."

짧은 로프의 끝을 2.5cm 잘라낸다.

"끝을 잘라낸다고 끝이 사라지는 것은 아닙니다."

계속해서 잘라서 짧은 로프를 모두 잘라낸다. 그리고 왼손으로 짧은 로프와 긴 로프가 교차했던 부분을 잡는다.

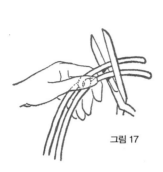
그림 17

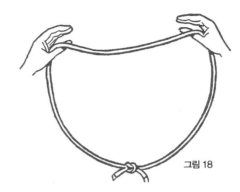
그림 18

"우리는 방금 로프의 끝을 잘랐습니다. 하지만 끝은 사라지지 않습니다. 이번에는 마술 반지로 양끝을 건드리겠습니다."

왼쪽에 있는 관객에게 돌아서서 왼손을 반지로 건드리게 한다.

"잘 보십시오. 기적이 일어날 겁니다."

로프를 접어서 공중으로 던졌다가 떨어지는 로프를 잡는다. 그리고 진짜 매듭이 잘 보이게 매듭이 있는 반대부분을 **그림 18**과 같이 잡는다.

"로프는 다시 하나가 되었습니다. 로프가 정말로 하나가 되었음을 확인하기 위해서 매듭을 풀겠습니다. 그리고 한쪽 끝은 오른쪽에 계신 분께, 반대쪽 끝은 왼쪽에 계신 분께 드리겠습니다. 그럼 이제 로프를 세게 당겨보십시오."

이렇게 말하며 매듭을 풀어서 양끝을 양쪽 관객에게 건넨다. 그리고 로프를 팽팽하게 당기도록 한다.

"그렇습니다. 로프는 다시 하나의 온전한 로프가 되었습니다. 그리고 이제 로프를 객석에 던지겠습니다. 직접 확인해 보시고 한 분이 기념품으로 챙기셔도 좋습니다."

던지기 쉽게 로프를 접는다. 그리고 관객이 직접 확인할 수 있도록 객석에 로프를 던진다. 이렇게 마무리하면 된다. 더욱 극적인 효과를 위해서 로프를 높이 던져 올려도 된다.

"이것이 바로 인도의 마술입니다."

방법 B

로프의 양끝을 벌려서 보여준다는 점을 제외하고는 방법 A와 동일하다. 처음에 로프의 양끝을 벌려서 보여준 뒤 타벨의 힌두 로프 미스터리를 선보이길 원하는 경우에 이 방법을 이용하면 된다.

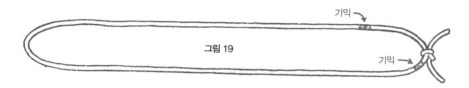

그림 19

준비

기믹을 연결한 로프를 **그림 19**와 같이 준비한다. 방법 A에서는 긴 로프의 가운데에 가짜 매듭을 만들었지만, 이번에는 짧은 로프 중간에 가짜 매듭을 만든다.

시연

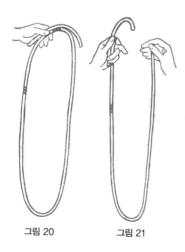

그림 20   그림 21

동그랗게 연결한 로프를 보여준다. 그리고 가짜 매듭을 오른쪽 기믹으로 밀어낸다. 가짜 매듭을 풀어서 짧은 로프를 기믹을 연결한 짧은 로프 한쪽과 포갠다(**그림 20**). 오른쪽 기믹을 푼다(**그림 21**). 그리고 왼손으로 짧은 로프의 포개진 부분을 가린다. 이 상태에서 로프의 두 개의 끝을 벌려서 관객에게 보여줄 수 있다. 그런 다음 오른쪽 기믹을 처음과 같이 다시 연결한다(**그림 20**).

"힌두인들은 로프의 양끝을 묶어서 하나의 고리, 삶의 원을 만들었습니다. 고리 두 개를 만드는 경우도 있고요."

오른손으로 고리의 아랫부분을 잡아서 위로 들어올린다(**그리 22**). 그리고 가짜 매듭을 만들었던 짧은 로프와 기믹 위에 올려놓는다(**그림 23**). 기믹으로 연결한 부분을 아래로 떨어뜨린다(**그림 24**). 그런 다음 긴 로프에 짧은 로프를 감아서 가짜 매듭을 만든다. 이 과정은 방법 A의 **그림 4~그림 7**에서 설명된 바 있다. 로프가 **그림 2**의 상태가 되면 타벨의 힌두 로프 미스터리를 시작할 수 있다.

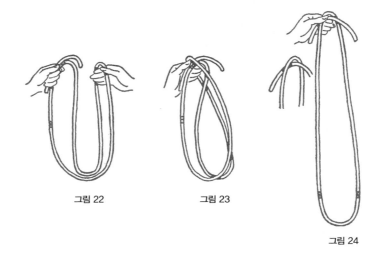

그림 22 그림 23

그림 24

방법 C

부드러운 흰색 로프를 타래로 말아 놓은 상태에서 시작하는 방법이다. 로프를 2.85m 정도 풀어서 자른다. 그리고 양끝을 모아서 매듭을 만들어 타벨의 힌두 로프 미스터리 루틴을 하기 위한 준비를 마친다.

준비

그림 25와 같이 로프를 잘라서 기믹을 연결한다. A와 B의 길이는 각각 25cm, C는 2.25m, D는 로프 타래에 연결되어 있다.

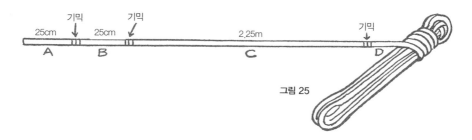

기믹　　　　기믹　　　　　　　　　　　　　　　　기믹

25cm　　　25cm　　　　　　　　2.25m

A　　　　　B　　　　　　　C　　　　　　　　　D

그림 25

시연

로프 타래를 보여준 후, 3.3m 정도 푼다. 마지막 기믹에서 10cm 정도 떨어진 부분을 자른다. 남은 타래는 옆으로 치워둔 후 로프의 양끝을 각각 양손에 잡고 보여준다(**그림 26**). 실제로는 양손으로 기믹을 가린다.

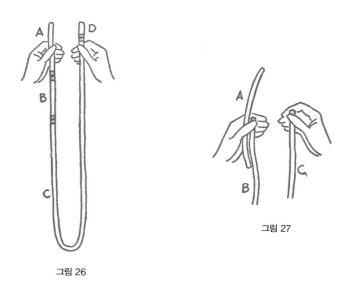

그림 26

그림 27

관객 몰래 D를 분리하여 숨긴다. 그런 다음 A와 B 사이에 있는 기믹을 풀어서 A와 B를 포갠다(**그림 27**). A의 아래쪽에 있는 기믹의 반쪽은 보이지 않게 손으로 가린다. 그리고 C와 D를 연결했던 기믹을 오른손으로 잡는다. 주머니에서 가위를 꺼내 오른쪽 관객에게 주는 과정에서 오른손에 숨기고 있는 D를 주머니에 넣는다.

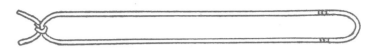

그림 28

C 끝에 있는 기믹을 왼손으로 잡는다. 그럼 방법 B의 **그림 21**과 같다. 그리고 **그림 22**, **그림 23**, **그림 24**와 같이 로프로 만든 원을 보여주고, **그림 4**, **그림 5**, **그림 6**, **그림 7**과 같이 가짜 매듭을 만든다. 그럼 **그림 28**과 같은 상태가 되어 타벨의 힌두 로프 미스터리를 위한 모든 준비가 끝난다.

'봄베이' 방법The 'Bombay' Method

몇 년 전 뉴욕에서 있던 마술사 연간 연회는 이 단순한 방법으로 인하여 발칵 뒤집혔다. 뉴욕의 여러 신문사도 이 이야기를 위해 지면을 할애했다.

★ 이펙트

마술사가 2.25m 길이의 로프 하나를 보여준다. 그리고 한 관객에게 로프를 반으로 자르게 한 후 잘린 양끝을 보여준다. 로프를 정말로 잘랐다는 것을 더욱 확실하게 하기 위해서 잘린 양끝 부분을 조금씩 더 자른다. 그런 다음 마술사가 잘린 양끝을 각각 양손에 잡고, 왼쪽에 있는 관객에게는 왼쪽 끝을, 오른쪽에 있는 관객에게는 오른쪽 끝을 건넨다. 그런 다음 잘린 양끝을 모으고, 왼쪽 끝에 마술 반지를 끼워서 마술사가 잡고 있는 로프의 가운데로 떨어뜨린다. 마술사가 손을 치워서 하나로 연결된 로프를 보여준다. 그리고 링을 오른쪽 끝으로 보낸다.

기믹   기믹

그림 29

★ 준비물

1. 1m 길이의 흰색 부드러운 빨랫줄 두 개와 15~25cm 길이의 빨랫줄 하나를 연결

하여 준비한 로프 하나. 기믹 두 쌍을 이용하여 두 개의 긴 로프 사이에 짧은 로프를 연결한다(그림 29).

2. 가위 하나
3. 마술 반지 하나

준비

로프를 잘 접어서 가위, 마술 반지와 함께 주머니에 넣어둔다. 아니면 잡기 쉽게 테이블 위에 놓아둔다.

시연

관객 두 명을 무대로 불러 도와달라고 부탁한다. 그리고 한 명은 왼쪽에, 다른 한 명은 오른쪽에 세운다. 주머니에서 접어둔 로프를 꺼내고 오른쪽에 있는 관객에게 가위를 건넨다. 그런 다음 로프를 타고 올라간 소년의 이야기와 같이 신비한 이야기를 하며, 로프를 일(一)자로 펴서 보여준다.

"이 빨랫줄의 길이는 약 2.2m입니다. 인도의 빨래를 널기에 충분한 길이죠. 인도 사람들은 하나의 로프에는 두 개의 끝과 하나의 중간이 있다고 말합니다. 중간은 이쯤이겠네요."

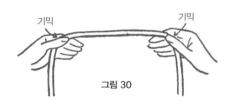

그림 30

손으로 로프를 쓸어내리다 기믹이 손에 닿으면 멈춰서 양손 엄지손가락과 나머지 손가락으로 기믹을 잡는다. 그럼 짧은 로프는 양손 사이에서 팽팽해진다(그림 30). 오른쪽에 있는 관객에게 돌아서며 말한다.

"로프를 반으로 잘라주세요. 여기 가운데를 자르시면 됩니다."

로프의 가운데, 즉 기믹으로 연결된 짧은 로프의 가운데를 자르게 한다(그림 31). 그런 다음 로프 두 조각을 그림 32와 같이 수직으로 세운다.

"이제 로프의 중간은 두 개의 끝이 되었습니다. 더 이상 중간은 없습니다. 이것이 바로 중간을 없애는 방법입니다. 선생님, 정말로 로프를 자르셨죠? 확실하게 하기 위해서 로프의 끝을 한 번 더 자르겠습니다."

관객 몰래 오른손으로 왼쪽 로프에 있는 기믹을 푼다. 그리고 왼쪽 엄지손가락으로 기믹의 두 부분을 함께 잡는다. 그리고 오른손으로 로프의 위 끝을 잡는다(**그림 10** 참조). 기믹에서 2.5cm 떨어진 부분을 자르게 한다. 자른 조각은 가위를 갖고 있는 관객에게 건넨다.

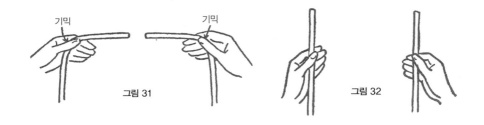

그림 31

그림 32

"이 조각을 객석으로 던져주세요. 누군가에게는 기념품이 될 겁니다."

이렇게 말하면서 양손에 있는 로프를 함께 왼손으로 잡는다. 이때 두 개의 기믹이 나란히 되게 한다. 관객 몰래 오른손으로 오른쪽 기믹을 푼 뒤, 왼손 엄지손가락으로 푼 기믹의 두 부분을 함께 잡는다. 그리고 오른손으로 로프의 위쪽 끝을 잡는다 (**그림 11**).

"이렇게 로프의 양끝을 모두 자르겠습니다."

기믹에서 2.5cm 떨어진 부분을 자르게 한다.

"그리고 이 조각도 객석에 던져주세요."

그럼 **그림 12**와 같이 로프 두 가닥이 나란하게 왼손에 있다. 앞의 멘트를 함과 동시에 관객 몰래 남은 짧은 조각을 숨긴다(**그림 13**). 그리고 마술 반지를 꺼내기 위해 주머니에 손을 넣으면서 짧은 조각을 주머니에 넣는다.

"이것이 바로 마술 반지입니다. 동인도에서 가져왔습니다. 이 반지에는 위대한 이야기가 숨어 있습니다."

반지를 왼쪽 관객에게 건넨다.

"이제 로프를 정말 반으로 잘랐다는 사실에 대해 의심의 여지가 남아있진 않겠죠?"

양손에 각각 로프 한 가닥씩 잡은 뒤 양손을 벌린다. 이때 기믹이 있는 부분을 엄지 손가락과 나머지 손가락으로 잡는다.

"물론 로프는 잘렸습니다. 너무도 분명한 사실이지요. 이제 왼쪽에 계신 신사분께서는 제 왼손에 있는 로프의 아래 끝을, 그리고 오른쪽에 계신 신사분께서는 제 오른손에 있는 로프의 아래 끝을 잡아주십시오(**그림 33**)."

그림 33

다시 한 번 양손을 벌려서 로프가 두 조각임을 보여준 뒤, 양손을 모아 손으로 가린 상태에서 기믹을 연결한다. 그리고 오른손으로 기믹을 가린다. 왼쪽에 있는 관객에게 돌아서서 말한다.

"이 반지를 로프에 꿰어주세요."

관객이 링을 로프에 꿰면 왼손으로 반지를 잡아서 오른손 쪽으로 가져온다.

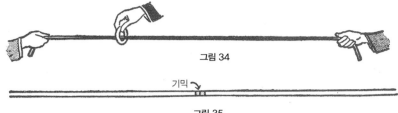

그림 34

기믹

그림 35

"마술 반지로 로프의 가운데를 건드리기만 하면 됩니다."

오른손으로 반지를 잡아 오른쪽으로 쓸어내린다. 이와 동시에 로프의 가운데가 다시 연결되었음을 보여준다(**그림 34**, **그림 35**).

"그럼 로프는 다시 연결되어 한 가닥이 됩니다."

기믹에서 왼쪽으로 30cm 떨어진 지점을 잡고, 계속해서 링을 오른쪽으로 보낸다. 그리고 오른쪽 관객에게서 로프의 오른쪽 끝을 건네받는다. 여전히 왼손으로 로프를 잡고 있기 때문에 왼쪽에 있는 관객이 로프를 세게 당겨 기믹이 풀릴 가능성은 없다.

"힌두 마술사들은 정말 이상한 사람입니다."

로프를 접어서 옆으로 치워둔다.

'캘커타' 방법 The 'Calcutta' Method

뉴욕의 연회에서 '봄베이' 방법을 이용한 타벨의 힌두 로프 미스터리로 사람들을 놀라게 한 뒤, 나는 오하이오에서 개최된 연회에 가서 '캘커타' 방법을 선보였다. 당시 사람들은 모이기만 하면 이에 대한 이야기로 분주했다.

★ 이펙트

22m 길이의 로프를 관객에게 건넨 뒤 다른 관객에게 가서 로프를 반으로 잘라오라고 시킨다. 로프를 잘랐다는 것을 확실하게 하기 위해서, 이번에는 네 끝을 모두 한 번씩 더 자른다. 왼쪽에 있는 관객이 로프 한 가닥의 한쪽 끝을 잡고, 오른쪽에 있는 관객이 다른 가닥의 한쪽 끝을 잡는다. 그럼 마술사는 가운데에서 두 가닥의 끝을 모

두 잡는다. 마술사가 두 가닥의 끝을 모으자 로프는 다시 하나로 연결된다.

★ 준비물

1. 특별하게 준비한 2.25m 길이의 흰색 부드러운 로프 하나. 2.1m 길이의 로프 하나와 7.5cm 길이의 로프 두 개가 연결되어 있다. 긴 로프의 한쪽 끝에는 기믹의 오목한 반쪽, 반대쪽에는 볼록한 반쪽을 끼운다. 그리고 짧은 로프 하나의 끝에 볼록한 반쪽, 나머지 짧은 로프의 한쪽 끝에 오목한 반쪽을 끼운다. 그리고 나서 기믹을 이용해 로프 세 가닥을 하나로 연결한다(**그림 36**).
2. 가위 하나
3. 마술 반지 하나

그림 36

시연

'봄베이' 버전과 비슷한 멘트로 시작하면 된다. 그렇기에 오프닝 멘트를 제외한 나머지 과정에 대해서만 설명하도록 하겠다.

두 명의 관객을 무대로 불러 도움을 청한다. 그리고 한 명은 왼쪽, 다른 한 명은 오른쪽에 세운다. 로프를 보여준 후 왼쪽 관객에게 건네며 양손으로 로프의 가운데를 잡게 한다(**그림 37**). 오른쪽에 있는 관객에게는 가위를 건네 로프 가운데를 자르게 한다. 한 사람에게 로프를 들게 한 뒤 다른 사람에게 자르게 하는 것은 매우 자연스러운 과정이다. 기믹은 로프의 양끝에 있기 때문에 관객은 눈치 채지 못한다.

왼쪽 관객이 로프를 반으로 자르면 양손을 벌려 로프가 두 조각이 되었음을 보여준다(**그림 38**). 로프 두 가닥의 위쪽 끝을 각각 양손으로 하나씩 잡는다(**그림 38**). 그리고 두 가닥을 모아서 왼손으로 가져온 뒤 손아귀로 잡는다. 두 가닥의 아래 끝을 위로 가져와 왼손 엄지손가락과 집게손가락으로 잡는다(**그림 39**).

"분명히 로프를 자르셨죠? 더욱 확실하게 하기 위해서 로프의 네 끝을 모두 자르겠습니다."

A 끝을 살짝 위로 당긴다. 그럼 오른쪽 관객이 5cm 정도 잘라낸다. 자른 조각은 객석에 던진다. A를 원래 있던 왼손 손아귀에 밀어 넣는다. 이때 로프의 끝이 뒤를 향하게 한다.

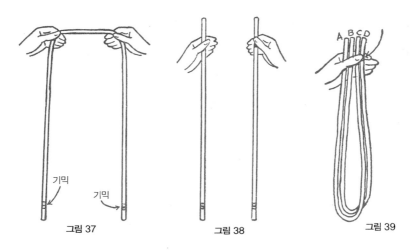

그림 37   그림 38   그림 39

B 끝을 잡고 A와 같은 방법으로 자른다. 그리고 자른 조각을 객석에 던지고, 다시 원래대로 A 옆에 밀어 넣는다. 관객 몰래 C 끝에 있는 기믹을 푼다. 그리고 손가락으로 기믹의 두 부분을 가린다. C 끝을 자른 후, 자른 조각을 관객이 직접 객석에 던지게 한다. C와 같은 방법으로 D 끝에 있는 기믹을 풀고 끝을 자르게 한 뒤, 자른 조각은 객석에 던진다. 그리고 기믹을 풀어서 생긴 두 조각을 오른손에 숨기고, 마술 반지를 꺼내기 위해 오른손을 주머니에 넣으면서 두 조각을 주머니에 넣는다. 주머니에서 꺼낸 반지는 왼쪽 관객에게 건넨다.

"이 마술 반지를 받으십시오."

그런 다음 A와 B를 아래로 떨어뜨리고, 왼손에는 C와 D만 남겨둔다. C와 D에 있는 기믹은 여전히 왼손 손가락으로 가려진 상태이다. 오른손으로 D를 잡고 양손을 벌린다. 왼쪽 관객에게 C를, 오른쪽 관객에게 D를 잡게 한다. 그럼 '봄베이' 방법에서 설명한 것과 같은 상태가 된다(**그림 33**). C와 D에 있는 기믹을 연결하여, '봄베이' 방법에서와 같이 반지를 통과시켜서 마무리하면 된다(**그림 34, 그림 35**).

'델리' 방법The 'Delhi' Method

때로는 로프를 이용하여 사이비과학에 대해 재미있게 설명하기 위해서 이 방법을 이용한다.

★ 이펙트

8m 길이의 로프를 보여준다. 마술사가 로프 한쪽 끝을 0.6m 잘라낸 뒤 그 조각을 반대쪽 끝에 가져간다. 이때 이상한 과학적인 사실에 대해 이야기한다. 로프의 자른 조각을 반대쪽 끝에 가져가면 그 길이는 전과 동일하다는 것이다. 물론 로프는 다시 하나로 연결되어 있다.

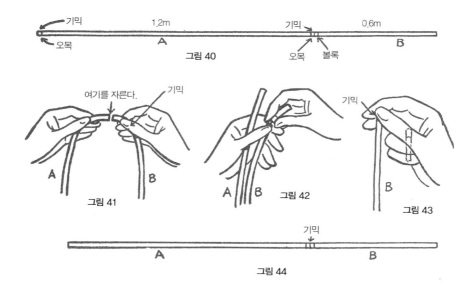

그림 40

그림 41

그림 42

그림 43

그림 44

★ 준비물

1. 1.8m 길이의 흰색 로프. **그림 40**과 같이 준비한다. 한쪽 끝에서 0.6m 떨어진 지점을 잘라서 기믹을 끼운 후 기믹을 연결한다. 이때 짧은 조각에는 기믹의 볼록한 부분이 끼워져 있고, 이와 마주하고 있는 긴 로프의 끝에는 오목한 부분이, 그리고 긴 로프의 반대쪽 끝에는 오목한 부분이 끼워져 있다.

2. 가위 하나

시연

준비한 로프를 꺼낸다. 그리고 관객 한 명을 무대로 불러 오른쪽에 세운 뒤 가위를 건넨다.

"수년간의 연구 끝에 로프와 관련된 아주 재미있는 과학적인 사실을 알게 되었습니다. 예를 들어, 선생님, 로프를 잘라주시겠습니까?"

그림 41과 같이 로프를 잡아서 오른손으로 기믹을 가린다. 그리고 왼손은 기믹에서 7.5cm 정도 떨어진 지점을 잡는다. 관객에게 로프를 자르게 한다(**그림 41**). 그리고 양손을 0.6m 정도 벌려서 로프가 진짜로 두 조각이 되었음을 보여준다.

"이제, 로프의 한쪽 끝을 자르면⋯⋯."

두 조각을 함께 왼손으로 잡는다(**그림 42**). 그리고 이때 관객 몰래 짧은 조각에 있는 기믹을 풀고, 기믹의 오목한 부분이 있는 짧은 조각을 핑거 팜으로 오른손에 숨긴다(**그림 43**). 다시 양손에 각 로프를 한 가닥씩 잡고 양손을 벌린다. 이때 기믹의 볼록한 부분을 오른손 엄지손가락과 집게손가락으로 잡는다.

"이렇게 로프의 한쪽 끝을 잘라서⋯⋯."

오른손으로 긴 로프의 아랫부분을 잡은 뒤, 로프의 윗부분을 잡고 있던 왼손을 놓아서 로프를 뒤집는다. 그리고 긴 로프에 연결된 기믹을 왼손으로 잡는다. 이때 로프에 끼워둔 기믹의 오목한 부분을 엄지손가락과 집게손가락으로 잡는다.

"자른 조각을 반대쪽 끝으로 가져가겠습니다."

기믹을 씌워둔 부분을 모아서 기믹을 연결한다. 그리고 B의 기믹이 있는 반대쪽을 잡아서 로프가 다시 하나가 되었음을 보여준다. 오른손으로 B 끝을 잡아서 로프를 아래로 늘어뜨린다.

"로프의 길이는 전과 동일합니다. 놀랍지 않습니까? 하지만 사실입니다!"

그림 44는 마지막에 로프의 모습을 보여준 것이다. 그리고 로프를 옆으로 치워둔다.

'이너 서클' 로프 미스터리 The 'Inner Circle' Rope Mystery

끝에 기믹을 씌운 로프를 이용한 방법은 끝이 없는 듯하다. 지금 소개하는 방법에서는 로프를 두 번 복원시키기 때문에 매우 효과적이다. 또한 아주 정직하게 이루어져 불가능한 것처럼 보이기 때문에 관객은 더욱 혼란스러워 한다.

★ 이펙트

마술사가 1.8m 길이의 로프를 보여준 후, 가운데에 길이 17.5cm의 고리를 만든다. 그리고 한 관객에게 고리의 두 곳을 자르게 한다. 그럼 로프는 세 조각이 되고, 로프의 끝은 모두 여섯 개가 된다. 두 개의 끝을 모으자 두 가닥이 연결되어 하나가 된다. 같은 방법으로 다시 두 개의 끝을 묶어서 매듭을 만든 뒤 매듭을 사라지게 하자 로프는 처음과 같이 하나로 연결되어 있다.

★ 준비물

1. 가위 하나

2. 마술 반지 하나. 반드시 오른쪽 주머니에 넣어두어야 한다.

3. 1.8m 길이의 흰색 부드러운 로프 하나. **그림 45**와 같이 준비해둬야 한다. 먼저 1.8m 길이의 로프를 A(1m), B(25cm), C(55cm) 세 조각으로 자른다. 그리고 기믹을 이용해서 A를 B에, B를 C에 연결시킨다. A의 끝에는 기믹의 볼록한 부분을, C에는 오목한 부분을 씌워야 한다. 그리고 B의 양끝에는 각각 볼록한 부분과 오목한 부분을 씌운다. A와 C 사이에 B를 넣고, 하나로 연결시킨다.

그림 45

시연

관객 한 명을 무대로 불러 도와달라고 한다. 오른쪽에 세운 후 가위를 건넨다. 그리고 **그림 46**과 같이 로프를 잡는다. 이때 오른손으로 오른쪽 기믹을 잡고, 왼쪽 기믹은 아래로 늘어뜨린다. 이때 양손 사이에 있는 로프의 길이는 67.5cm이다. 로프를 삼등분 하여, 왼손을 왼쪽에서 1/3 지점, 오른손은 오른쪽에서 1/3 지점을 잡는다.

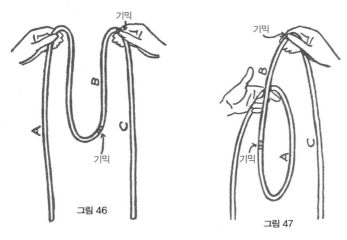

그림 46

그림 47

"이것은 이너 서클 미스터리입니다."

로프 B의 가운데를 로프 A의 왼손으로 잡고 있는 부분 위로 가져온다(**그림 47**). B와 C를 연결한 기믹을 잡은 왼손을 뒤쪽 아래로 내려서 A와 B를 연결한 기믹을 함께 잡아 **그림 48**과 같이 되게 한다. 이때 로프 B가 어떻게 접히고, 기믹이 어떻게 나란하게 되었는지 잘 확인해야 한다. 객석에서는 마치 1.8m 길이의 로프 가운데에 지름 17.5cm의 원을 만든 것처럼 보인다. 관객은 A와 B가 접힌 것에 대해서 전혀 알지 못한다.

"로프 가운데에 작은 원을 만들겠습니다. 그럼 신사분께서 가위를 갖고 원을 잘라주십시오."

기믹에서 왼쪽으로 2.5cm 떨어진 지점을 자르게 한다. 그럼 접힌 B가 잘려 **그림 49**와 같이 된다. 이제 A 혼자서 원의 남은 부분을 형성한다. 두 개의 기믹은 각각 긴 로프와 짧은 조각을 연결하고 있으며 모두 오른손에 들려 있다. 왼손으로는 A와 B가

교차하는 부분을 가린다.

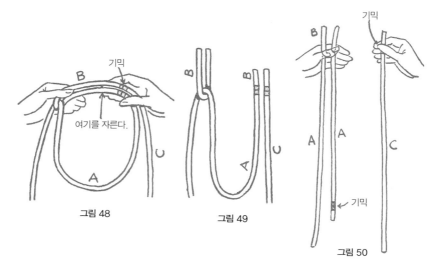

그림 48

그림 49

그림 50

"원의 윗부분을 이루는 로프 두 가닥을 잘랐습니다. 결국 로프는 세 조각이 되었습니다."

A와 B가 연결된 부분을 놓고, **그림 50**과 같이 로프를 잡는다. 왼손 엄지손가락으로 A와 B가 교차한 부분을 가리고, 양끝을 살짝 벌리면 마치 두 가닥의 로프를 나란히 잡은 것처럼 보인다. 그리고 오른손으로 남은 한 가닥을 잡는다.

그림 51

짧은 로프 B를 로프 A에 묶는다. A를 접은 상태에서 그 둘레에 B를 감은 뒤 매듭을 만든다(**그림 51**). A와 B가 분리된 상태에서 B를 싱글 매듭으로 묶는다. 이때 마치 두 가닥의 로프를 더블 매듭으로 묶는 것처럼 보이게 한다. 하지만 실제로는 필요할 때 로프 A에서 매듭을 쉽게 빼낼 수 있다.

"로프 두 가닥을 연결시키기 위해서 논리적으로 해야 하는 것은 두 가닥을 묶어서 매듭을 만드는 겁니다."

그림 52와 같이 왼손으로 로프를 잡아서 매듭이 아래로 늘어진 로프의 중간에 가게 한다. 그리고 오른손으로는 C를 잡고, 양손의 간격이 30cm 정도 되게 한다. 엄지

손가락으로 기믹을 어떻게 가렸는지 그림을 보고 정확하게 파악해야 한다. 그런 다음 로프 두 가닥을 왼손으로 모아서 기믹 두 개를 나란히 놓는다(그림 53). 왼손 엄지손가락으로 기믹을 누른다. 그럼 왼손으로 쉽게 기믹을 풀고, 짧은 조각을 긴 조각에서 분리해낼 수 있다. 왼손 집게손가락, 가운뎃손가락, 넷째 손가락, 새끼손가락으로 로프를 감싸면 기믹을 조금 더 쉽게 풀 수 있다. 한손으로 풀기 어렵다면 오른손을 이용해도 된다. 그리고 오른손에 짧은 조각을 숨기고, 주머니에 손을 넣어 짧은 조각을 넣는다. 그리고 주머니에서 마술 반지를 꺼낸다.

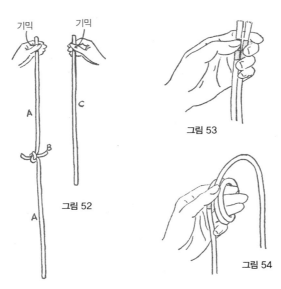

그림 52

그림 53

그림 54

"만약 제가 동양의 마술사였다면 마술 반지를 이용할 겁니다. 그리고 반지로 두 개의 끝과 매듭을 건드릴 겁니다."

반지를 다시 주머니에 넣고, 기믹 부분을 잡고 있는 양손을 벌려 로프가 두 가닥임을 보여준다.

"동양 마술사들은 마술 반지에 매듭을 없애는 능력이 있다고 말합니다."

기믹이 있는 양끝을 모아서, 손으로 가린 상태에서 기믹을 연결한다. 그리고 로프를 왼손 집게손가락, 가운뎃손가락, 넷째 손가락에 두 바퀴 감는다(그림 54).

"다시 말해, 마술 반지로 로프의 잘린 부분을 다시 연결시킬 수 있다는 겁니다. 로프를 이렇게 손에 감았다가, 다시 풀면……."

손에 감은 로프를 풀고, 로프의 왼쪽 끝을 오른손으로 잡고, 하나로 연결된 로프를 멋지게 늘어뜨린다.

"로프는 다시 하나가 됩니다."

오른쪽 관객으로부터 가위를 받아서 로프에 있는 매듭을 다듬는다. 그리고 가위를 테이블에 내려놓는다.

"여전히 매듭이 있습니다. 재미있는 사실은 매듭을 잘라낼 수록 매듭이 작아진다는 겁니다."

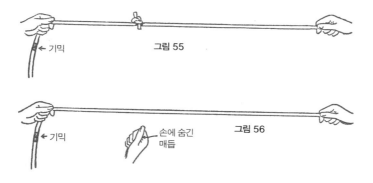

← 기믹   그림 55

← 기믹   손에 숨긴 매듭   그림 56

로프 A의 오른쪽 끝을 오른쪽 관객에게 건넨다. 그럼 마술사와 조수 사이에 매듭이 있다(**그림 55**).

"이렇게 매듭 위에 오른손을 놓으면……."

오른손으로 매듭을 가리며, 이와 동시에 로프를 당겨서 매듭을 로프에서 빼낸다. 그리고 매듭을 핑거 팜으로 숨기고, 오른손으로 로프를 몇 차례 쓸어내린다. 다음으로 로프에서 오른손을 떼어, 로프가 다시 하나가 되었음을 보여준다(**그림 56**).

"로프에 있던 매듭은 사라지고, 온전한 하나의 로프가 되었습니다."

관객이 들고 있는 로프의 끝을 오른손으로 돌려받는다. 그리고 로프를 아래로 늘어뜨려 온전한 한 가닥이 된 로프를 모두에게 보여준다.

"마술이 아닐 수 없습니다."

긴급 고리 방법Emergency Loop Method

기믹이 없는 경우에 유용한 방법이다. 위급한 상황에서 빨리 준비할 수 있다. 이 방법을 배운 후 에드 리노(Ed Reno)는 수년간 자신의 마술쇼에서 이 마술을 선보여 큰 인기를 얻었다.

★ 이펙트

길이 1.8m의 로프를 보여준 후 양끝을 묶어서 고리를 만든다. 매듭 반대쪽 가운데를 자른다. 로프를 진짜로 잘랐음을 보여주기 위해서 한쪽 끝을 약간 잘라낸다. 마술사는 잘린 양끝을 묶어서 다시 연결시킬 수 있다고 말한다. 더욱 간단한 방법은 로프를 묶은 후 로프의 끝을 잘라내고 다시 원래대로 만드는 것이다. 남은 매듭을 풀어서 로프가 하나가 되었음을 보여준다.

★ 준비물

1. 1.8m 길이의 로프 하나. 가위로 로프의 가운데를 자른 후, 잘린 면에 양면테이프를 붙인다. 그럼 가까이에서 보아도 양면테이프는 보이지 않고, 하나의 온전한 로프처럼 보인다. 양면테이프가 있는 정반대쪽에 짧은 로프로 매듭을 만든다(그림 57).
2. 가위 하나

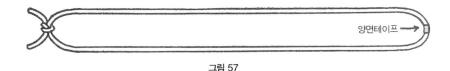

양면테이프 →

그림 57

시연

관객 한 명을 무대로 불러서 왼쪽에 세운 뒤 가위를 준다. 로프로 만든 고리를 모두에게 보여준다.

"인도의 거리에서는 마술사들이 로프로 된 고리에 앉아 있습니다."

로프를 잡은 양손을 벌려 동그랗게 만든다. 이때 매듭은 맨 위에 있다.

"그리고 로프에서 일어난 뒤, 그 로프를 이용해서 수많은 마술을 합니다. 그중에는 끊어지지 않는 로프 마술도 있습니다."

양면테이프로 연결한 부분이 왼손 엄지손가락과 집게손가락 사이에 오도록 잡는다. 그리고 오른손과 왼손의 간격이 15cm 정도 되게 한다. 왼쪽에 있는 관객에게 돌아서면서 말한다.

"로프의 중간은 양끝과는 정반대쪽에 위치합니다. 그것이 바로 과학이죠. 그럼 로프의 가운데를 자르겠습니다."

타벨의 힌두 로프 미스터리의 **그림 14**를 참고한다. 마술사의 양손 사이에 있는 로프를 관객에게 자르도록 한다. 양손을 벌린다.

"로프를 정말로 잘랐는지 의심하시는 분이 계실지 모릅니다. 그래서 다시 로프를 자르겠습니다."

그리고 왼손으로 오른손 바로 아랫부분을 잡는다(**그림 15**). 그런 다음 양면테이프에서 오른쪽으로 5cm 정도 떨어진 지점을 자르게 한다. 항상 왼손 엄지손가락으로 양면테이프로 연결한 부분을 가려야만 한다.

"만약 로프에서 한 조각이 떨어져 나간다면, 그것은 분명 로프가 잘렸음을 의미합니다."

짧은 조각을 자연스럽게 왼쪽 주머니에 넣는다.

"인도 사람들은 로프를 다시 원으로 만들기 위해서는 양끝을 묶어서 매듭을 만들어야 한

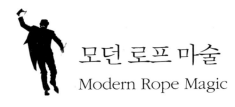

모던 로프 마술
Modern Rope Magic

위대한 마술사 몇 분이 타벨의 마술교실을 위해서 자신의 비법을 공개해주었다. 이 비법을 통해서 더욱 멋있는 마술을 할 수 있을 것이다. 반드시 관객에게 공개하기 전에 충분히 연습하여 그들에게 자랑스러운 모습을 보여야 할 것이다.

토니 로필라토의 로프-세이버
Tony Lopilato's Rope-Saver

마술에 있어서 아이디어는 매우 중요하다. 지금 소개하고자 하는 마술은 아주 멋진 아이디어로 인해 만들어진 것이다. 기발하게 로프를 잘랐다가 다시 연결시키는 마술로서, 유명한 뉴욕의 아마추어 마술사가 고안했다.

★ 이펙트

마술사가 예쁘게 포장된 상자 하나를 갖고 나온다. 상자 둘레에는 부드러운 흰색 로프가 감겨 있고, 상자 가운데에 매듭이 있다. 그리고 마술사는 이렇게 포장된 선물을 받고서 가위로 끈을 자르고 나면, 항상 끈이 짧아져서 다시 쓰기 어렵게 된다고 말한다. 이때 '로프-세이버(Rope-Saver)'를 생각하게 되었다고 한다. 포장을 뜯기 위해서 로프를 두 번 잘라 상자에서 떼어낸다. 하지만 신기하게 매듭은 사라지고, 로프는 다시 한 가닥이 된다.

★ 준비물

1. 가위 하나

2. 작은 소금 병 하나

3. 흰색 부드러운 로프나 두꺼운 리본으로 포장한 상자 하나. 상자의 크기는 23.7cm×30cm×10cm가 적당하다.

그림 1

상자를 포장하기 위해서는 먼저 1.8m 길이의 로프 가운데에 바우 매듭(bow knot)을 하나 만든다(**그림 1**). 그리고 바우 매듭을 상자 윗면 정중앙에 놓고, 한쪽 끝은 상자의 위로, 반대쪽 끝은 상자의 오른쪽으로 당긴다(**그림 2**).

오른쪽 끝을 아래로 내려 상자의 아랫면을 감싼 뒤 왼쪽 옆면을 지나 다시 윗면 정중앙으로 가져온다. 그리고 아래쪽 고리에 오른쪽 끝을 통과시킨다(**그림 3**). 위쪽 끝으로 상자의 아랫면을 감싼 후 다시 앞면 정중앙으로 가져온다. 그리고 위쪽 고리에 위 끝을 통과시킨다(**그림 3**). 바우 매듭을 더욱 꼭 조이고, 양끝을 당겨서 로프가 더욱 팽팽해지게 한다(**그리 4**, **그림 5**). 원하는 경우에는 매듭 밖으로 길게 나온 로프의 끝을 잘라내도 된다. 이렇게 포장한 상자는 평범하게 포장한 상자와 비슷해 보인다.

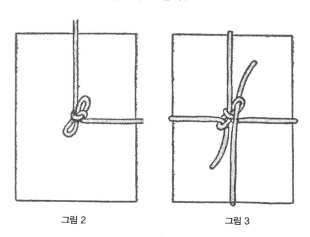

그림 2   그림 3

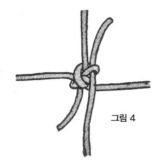

그림 4

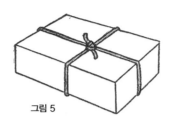

그림 5

시연

로프로 포장한 상자를 갖고 나온다.

"오랫동안 선물을 받으면서 다양한 크기의 리본, 가지각색의 방법으로 묶은 포장을 보았습니다. 하지만 언제나 리본을 자르고 나면 다시는 쓸 수 없게 망가져 버렸습니다. 리본이 너무 짧아져 버렸거든요. 저기 계신 신사분의 표정을 보니 저와 똑같은 경험을 하신 것 같네요. 지금 이 상자는 로프로 단단하게 포장되어 있습니다."

상자의 모든 면을 보여준다.

"상자의 모든 면에 로프를 감았습니다. 이제 포장을 풀어보겠습니다. 매듭의 한쪽을 자르는 데는 많은 시간이 필요하지 않습니다."

가위로 매듭 아래쪽 A를 자른다(**그림 6**).

"그리고 한쪽을 더 자르겠습니다."

매듭의 왼쪽 B를 자른다(**그림 6**). 상자와 로프를 분리하여 로프 가운데에 있는 매듭을 보여준다(**그림 7**).

"항상 이 상태에서 로프를 버리거나 아니면 이렇게 불룩한 매듭이 있는 상태로 다른 상자를 포장하곤 했습니다. 그런데 어느 날, 정말 입을 다물지 못할 정도로 놀랍고 꼭 필요한 '로프-세이버(Rope-Saver)' 와 '로프-조이너(Rope-Joiner)' 를 발견하게 되었습니다. 그 전에는 어느 누구도 알지 못하던 것이었지요. 몇 주간 고민한 끝에 말입니다. 여러분, 매듭의 끝을 아무리 잘라내도 매듭은 없어지지 않습니다."

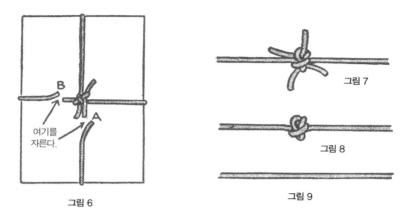

그림 6

그림 7

그림 8

그림 9

바우 매듭에서 삐져나온 로프의 네 끝을 모두 잘라낸다. 그리고 매듭을 위로 당겨 더욱 단단하게 만든다(**그림 8**).

"여전히 매듭은 있습니다. 그리고 로프의 끝도 없어지지 않았습니다. 하지만 여러분 이 소금 병 안에는……."

주머니에서 병을 꺼내거나 테이블 위에 놓아둔 병을 집는다.

"정말로 놀라운 가루가 담겨 있습니다. 이 가루를 아주 조금 매듭 위에 뿌리겠습니다!"

가루를 조금 집어서 매듭 위에 뿌리고 병은 다시 테이블 위에 내려놓는다.

"여러분, 그럼 이제 가루의 능력을 눈으로 확인하시겠습니다. 바로 로프에서 매듭을 사라지게 하는 능력입니다!"

양끝을 당겨 로프를 팽팽하게 만들면 바우 매듭이 당겨지면서 사라진다. 그럼 하나로 연결된 로프만 남게 된다(**그림 9**).

"그럼 로프는 다시 하나가 되어 다른 선물을 포장할 때 다시 이용할 수 있게 되었습니다.

이 놀라운 가루는 파나마트라즈 섬에서 자라는 망고 나무의 뿌리에서 추출했습니다. 하지만 1달러, 6달러도 아니고, 75센트도 아니고, 단돈 50센트입니다. 어느 집이나 꼭 필요한 겁니다."

토니 로필라토 매듭
The Tony Lopilato Knot

이번에 소개하고자 하는 기발한 로프 마술에서는 한 손으로 복잡한 매듭 여러 개를 만들어낸다. 매듭을 풀 때는 양손을 모두 사용한다.

★ 이펙트

2.4m 길이의 흰색 부드러운 로프를 관객에게 보여준다. 로프를 반으로 접은 후 로프에 매듭 여러 개를 만들어낸다. 마지막으로 로프의 끝을 사용하지 않고 매듭을 모두 푼다.

시연

필요한 준비물은 2.4m 길이의 로프 하나뿐이다. 로프를 관객에게 보여준 후 반으로 접는다. 그리고 로프의 가운데가 손목에 오도록 로프를 왼손에 건다(**그림 1**). 왼손을 아래로 구부려 아래로 늘어진 두 가닥을 엄지손가락과 집게손가락으로 잡는다(**그림 2**). 그런 다음 고리 A에서 손을 빼낸다(**그림 3**). 그럼 또 다른 고리, 고리 B가 생긴다.

그림 4와 같이 왼손을 고리 B에 넣고, 손목을 구부려서 아래에 있는 로프 두 가닥을 잡는다(**그림 5, 그림 6**). 두 가닥을 위로 당겨서 고리 B를 통과시킨다(**그림 7**). 그럼 세 번째 고리, 고리 C가 만들어진다. 로프를 조금씩 계속 당겨서 로프의 끝이 고리 C

를 완전히 통과하게 한다(**그림 8**). 로프를 멋있게 돌린다.

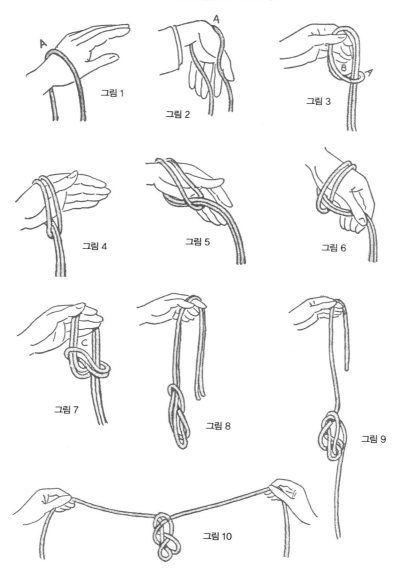

그림 1

그림 2

그림 3

그림 4

그림 5

그림 6

그림 7

그림 8

그림 9

그림 10

로프의 한쪽 끝을 놓아 **그림 9**와 같이 되게 한 뒤 그 끝을 오른손으로 잡는다. 그럼
매듭은 양손 사이에 위치한다(**그림 10**). 양끝을 당겨 로프를 팽팽하게 만들면 매듭은

저절로 풀어져 사라진다(**그림 11**).

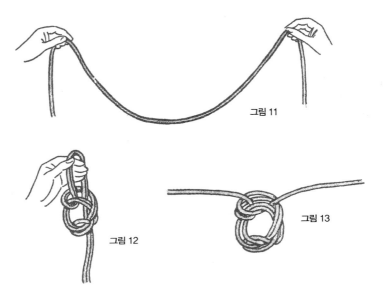

그림 11

그림 12

그림 13

매듭을 더욱 복잡하게 만들 수도 있다. **그림 7**과 같이 고리 C에 왼손을 넣은 상태에서 **그림 4**, **그림 5**, **그림 6**과 같이 아래에 있는 로프의 두 가닥을 잡아서 위로 당기면 **그림 12**와 같이 된다. 그리고 로프를 계속 비틀어서 로프의 끝이 고리를 완전히 통과하게 하여 **그림 8**과 비슷하게 만든다. 다음으로 한쪽 끝을 놓아 **그림 9**와 같이 되게 한 후 오른손으로 그 끝을 잡아서 매듭이 양손 사이에 위치하게 한다(**그림 13**). 양끝을 당겨 로프를 팽팽하게 만들면 슬립 매듭(slip knot)의 원리에 의해 매듭은 사라진다.

두 개의 매듭 만들기
The Double Knotter

토니 로필라토(Tony Lopilato)는 로프 하나를 이용하여 빠르게 매듭 두 개를 만드는 마술을 보여줬다. 그는 오들리 던햄(Audley Dunham)에게서 이 마술을 배웠고, 오들리는 찰스 롤타르(Charles Roltare, 에글레스톤(Eggleston))에게서 배웠다고 한다. 찰스는 오래전에 유명한 마술사이자 일루셔니스트였다. 순식간에 이루어지기 때문에 다른 로프 마술과 함께 하는 것이 좋다.

★ 이펙트

길이 2.4m의 흰색 로프를 보여준다. 로프를 반으로 접어서 양끝을 왼손 손가락으로 잡는다. 로프의 가운데 부분에 형성된 고리를 위로 들어 왼쪽 팔뚝에 걸친다. 어느 순간 로프에는 두 개의 싱글 매듭이 만들어져 있다.

시연

필요한 준비물은 길이 2.4m의 부드러운 로프 하나뿐이다. 양손으로 로프의 양끝을 잡고 관객에게 로프를 보여준다. 그리고 로프 한쪽 끝을 왼손 넷째 손가락과 새끼손가락 사이에 끼운다. 그리고 반대쪽 끝은 왼손 집게손가락과 가운뎃손가락 사이에 끼운다(**그림 1**). 이때 로프의 양끝이 손가락 사이로 5cm 정도 삐져나오게 한다. 로프의 가운데에 형성된 고리를 집어서 왼쪽 팔뚝에 걸친다(**그림 2**).

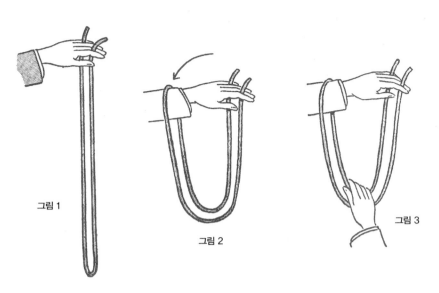

그림 1

그림 2

그림 3

이때 아래로 늘어진 두 가닥 중 몸에서 멀리 있는 가닥을 오른손으로 잡는다(**그림 3**). 이때 오른손 손등은 위를 향한다. 그런 다음 오른손을 오른쪽으로 뒤집어 손바닥이 위를 향하게 하여 로프를 비튼다(**그림 4**). 비틀린 부분 아래에 있는 고리를 A로 표시된 부분 위로 올린다(**그림 5**). 그리고 고리 안쪽에 오른손을 넣어 A를 잡는다.

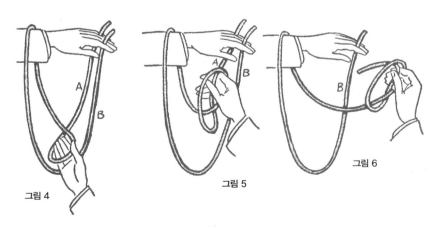

그림 4

그림 5

그림 6

A를 당겨 고리 밖으로 꺼낸다. 이때 로프의 끝을 왼손 가운뎃손가락과 넷째 손가락 사이에서 빼낸다(**그림 6**). 계속해서 오른손을 오른쪽으로 움직여서 A 끝으로 고리

를 완전히 통과시키면 싱글 매듭 하나가 만들어진다.

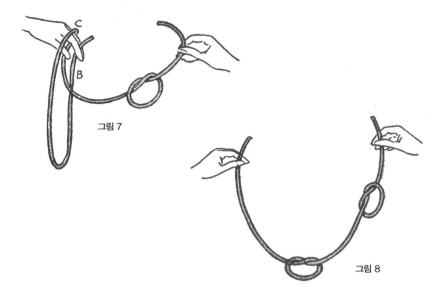

그림 7

그림 8

거의 동시에 고리 C를 아래로 떨어뜨린다(**그림 7**). 그리고 고리 C에 B를 통과시켜 또 다른 싱글 매듭을 만들어낸다(**그림 8**). 싱글 매듭 두 개를 만들어내는 모든 과정은 아주 짧은 시간 내에 이루어진다.

토니 로필라토의 로프 위의 링
Tony Lopilato' s Ring on the Rope

★ 이펙트
마술사가 관객에게 반지를 빌린다. 그리고 빌린 반지를 손수건 가운데에 놓고 싼 뒤 한 관객에게 맡긴다. 그런 다음 흰색 로프를 모두에게 보여준 후, 또 다른 관객을 무대로 불러서 관객의 뒤로 로프를 가져가 로프의 양끝을 관객에게 맡긴다. 손수건에 싸두었던 반지는 사라지고 관객 뒤에 있는 로프 가운데에 반지가 묶여 있다.

★ 준비물

1. 길이 1.35m의 흰색 부드러운 빨랫줄
2. 관객에게 빌린 반지 하나
3. 신사용 흰색 손수건 하나. 손수건의 한쪽 모서리에 반지 하나를 꿰매놓고, 작은 흰색 천으로 반지를 가린다(제2권 **레슨 31** 455페이지 참조).

시연

반지 하나를 빌린 뒤 모두가 반지를 볼 수 있게 들고 무대로 돌아온다. 관객 한 명을 무대 위로 부른다. 그리고 반지를 '반지 손수건(Ring Handkerchief)' 가운데에 올려놓고, 이와 동시에 손수건 모서리에 숨겨놓은 똑같이 생긴 반지를 잡는다. 관객에게 빌린 반지는 오른손 손아귀에 숨긴다. 이때 반지에 로프를 끼워 위아래로 쉽게 움직일 수 있도록 그렇게 반지를 잡는다. 똑같이 생긴 반지를 손수건 가운데에 놓고 싼 뒤 관객에게 맡긴다.

로프를 모두에게 보여주며 관객 몰래 로프의 끝에 반지를 끼운다. 또 다른 관객을 무대로 올라오게 한 뒤 로프를 갖고 그 뒤로 간다. 이때 손수건을 들고 있는 관객과 거리를 유지하여 그 관객이 마술사의 행동을 보지 못하게 해야만 한다.

오른손으로 로프를 위아래로 쓸어내리며 자유롭게 로프를 보여준다. 그러다가 로프의 한쪽 끝을 관객의 오른손에 쥐어준다. 그리고 반대쪽 끝을 관객 뒤로 가져간 뒤 반지를 놓아서 반지가 로프에 매달리게 한다(**그림 1**). 이때 왼손으로는 로프의 끝을, 오른손으로는 로프의 가운데를 잡고 있다.

빠르게 로프의 가운데에 싱글 매듭을 만든다. 로프의 끝을 **그림 2**와 같이 로프의 가운데 뒤로 가져간 뒤 로프의 끝을 아래로 구부린다. 그리고 두 가닥 사이로 들어온 로프의 끝을 왼손 가운뎃손가락과 넷째 손가락으로 잡는다(**그림 3**). 로프의 끝을 당겨 고리에서 완전히 빼낸다(**그림 4**). 그럼 링 둘레에 매듭이 생긴다(**그림 5**). 로프의 왼쪽 끝을 관객 앞으로 가져가서 관객의 왼손에 쥐어준다. **그림 6**은 앞에서 바라본 모습이다.

객석의 관객들은 마술사가 로프를 꺼낸 뒤 로프를 신사 뒤로 가져가 양끝을 신사에게 건네 준 것처럼 보인다. 이 과정을 침착하고 부드럽게 하면, 어느 누구도 로프에 매듭을 만들었다고 생각하지 못한다. 매듭을 묶는 과정은 순식간에 이루어지기 때문에 마치 왼손으로 로프의 끝을 잡고 살짝 흔드는 것처럼 보인다.

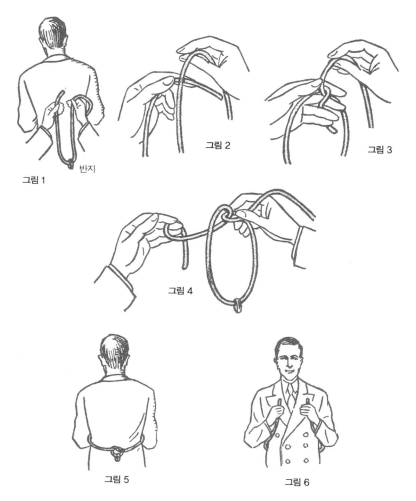

그림 1

반지

그림 2

그림 3

그림 4

그림 5

그림 6

'반지 손수건' 의 한쪽 끝을 잡고 관객의 손에서 손수건을 빼낸다. 반지는 보이지 않는다. 로프를 갖고 있는 관객에게 뒤로 돌아서라고 한다. 그러자 로프 가운데에 매듭으로 묶여 있는 반지가 보인다. 로프를 천천히 풀어서 로프에 꿰어 있는 반지를 보여준다. 그리고 로프를 기울여 반지 주인에게 돌려준다.

토니 로필라토의 '책갈피'
Tony Lopilato's 'Book Mark'

★ 이펙트

1.5m 길이의 로프를 보여준 뒤 50cm 잘라낸다. 그러면서 로프를 책갈피로 이용하면 좋다고 말한다. 책의 앞표지를 열어 거기에 잘라낸 로프를 끼운다. 그럼 로프의 양끝이 책 위와 아래로 늘어진다. 책을 덮어서 테이블에 놓거나 관객에게 맡긴다. 나머지 로프를 반으로 자른 뒤 다시 하나가 되게 한다. 그리고 종이 깔때기에 로프를 넣어 사라지게 한다. 책에 끼워둔 로프의 한쪽 끝을 당기자 50cm 길이의 로프가 아니 1.5m 길이의 로프가 나온다.

★ 준비물

1. 인기 있는 소설책과 같은 책 한 권. 크기는 15cm×22.5cm가 적당하다. 겉표지와 맨 앞과 맨 뒤의 몇 장을 제외하고, 안에 있는 모든 페이지를 네모나게 자른다 (**그림 1**). 그리고 자른 페이지는 스테이플러를 이용하여 하나로 묶어둔다. 이때 책의 한쪽 모서리를 빠르게 넘기기 위한 동작을 위해서 한쪽 모서리를 그대로 둔다.
2. 1.5m 길이의 흰색 로프 두 개
3. 가위 하나
4. '슈퍼바 종이 깔때기(Superba Paper Cone)' 하나. 제2권 **레슨 22**에서 손수건과 같이 작은 물체를 사라지게 할 때 이용한 것과 동일하다.

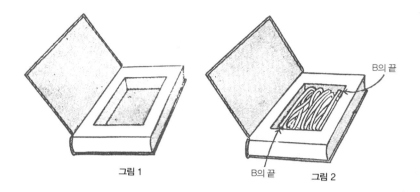

그림 1 그림 2

B의 끝

B의 끝

준비

1.5m 로프를 책 안의 공간에 숨겨둔다(**그림 2**). 이때 왼쪽에 있는 로프의 끝은 아래를 향하고, 오른쪽에 있는 로프의 끝은 위를 향하게 한다. 책의 표지를 덮어서 테이블 위에 올려놓는다. 슈퍼바 종이 깔때기와 또 다른 1.5m 길이의 로프를 가위와 함께 가까운 곳에 둔다.

시연

테이블에 있는 책을 집어서 표지를 열지 않은 상태로 잠시 관객에게 보여준다.

  "언젠가 한 친구가 제게 어떤 책갈피를 쓰는지 묻더군요."

책을 다시 테이블에 내려놓으며 로프와 가위를 집는다.

  "여러분도 아실지 모르겠지만, 로프는 정말 훌륭한 책갈피입니다."

로프의 1/3을 잘라서 들고, 나머지 2/3는 왼쪽 팔에 걸어둔다. 그리고 다시 책을 집어서 앞표지를 연다. 이때 로프를 넣어둔 책 안의 공간이 보이지 않게 책을 기울여야만 한다. 50cm 길이의 로프를 잡은 왼손을 책 앞으로 뻗어서 관객에게 보여준다(**그림 3**). 로프의 위 끝을 책 안쪽으로 당겨 로프를 책 사이에 끼우면서, 아랫부분을 위로 접어서 공간 안으로 넣는다. 그런 다음 로프 B의 끝을 아래로 당겨 책 밖으로 보이게 한다(**그림 4**). 자연스럽게 움직이면 마치 짧은 로프를 책 사이에 끼우는 것처럼 보인다.

Tarbell course in Magic

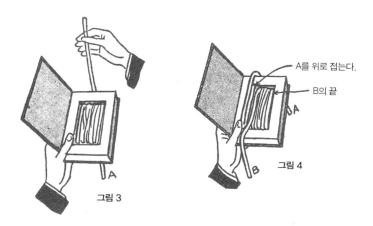

그림 3

A를 위로 접는다.

B의 끝

그림 4

그리고 갑자기 책 윗부분을 앞으로 숙였다가 원위치 시킨다. 그럼 책 위에 끼워둔 짧은 로프의 끝이 책 속의 공간으로 들어온다. 우연히 로프의 끝이 책 안으로 들어와서 다시 원래대로 하는 척한다. 하지만 실제로는 A의 끝은 그대로 공간 안에 두고, B의 끝을 위로 당겨서 책 밖으로 꺼낸다(**그림 5**). 앞표지를 덮는다(**그림 6**).

"그렇습니다. 로프는 최고의 책갈피입니다."

책을 돌려서 로프의 양끝이 책 위아래로 삐져나와 있음을 보여준 뒤 테이블 위에 내려놓는다. 그런 다음, 팔에 걸어두었던 1m 로프를 갖고, 로프를 잘랐다가 다시 연결시키는 마술을 보여준다. 로프의 가운데를 자른 뒤 가운데에 매듭을 만들어서 둘을 연결시키는 것처럼 보인다. 하지만 어느새 로프는 정말 하나가 되어 있다. 그 밖에 제2권 **레슨 31**에 소개된 다양한 로프 마술이나 제5권에서 소개된 로프 마술을 이용해도 된다.

다음으로 종이 깔때기를 집어서 벌리고, 그 안에 로프를 넣어서 사라지게 한다(**그림 7**). 종이 깔때기는 다시 테이블 위에 내려놓는다. 객석과 가까이에 있는 B 끝을 당긴다. 그럼 책에서 1.5m 길이의 로프가 나타난다. 종이 깔때기에서 사라진 1m 로프가 다시 책에 끼워둔 50cm 로프와 연결되어 1.5m 로프가 된 것처럼 설명한다. 자연스럽게 책을 다시 테이블 위에 내려놓는다.

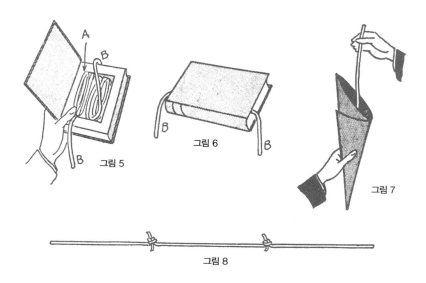

그림 5

그림 6

그림 7

그림 8

방법 2

지금 설명하는 방법에서는 1.5m 길이의 로프 하나에 가짜 매듭 두 개를 만들어 놓는다(**그림 8**). 그리고 가짜 매듭이 있는 로프를 책 안의 공간에 넣어둔다(**그림 2**). 책 표지를 덮고 테이블 위에 놓아둔다. 다른 로프를 집어서 반으로 자른 뒤 묶어서 매듭을 만든다. 슈퍼바 종이 깔때기로 로프를 사라지게 한 뒤 종이 깔때기는 테이블 위에 내려놓는다. 책을 집어서 가짜 매듭이 있는 로프의 한쪽 끝을 당긴다.

"로프가 어떻게 자신의 조각을 찾아서 매듭으로 연결되었는지 신기하지 않습니까?"

마지막으로 앞에서 설명한 방법을 이용하여, 매듭을 없애고 하나로 연결된 로프를 관객에게 보여준다.

타벨 링과 점점 길어지는 로프
Tarbell Rings and Growing Rope

이 마술은 모두를 놀라게 하는 마무리가 있기 때문에 애용한다. 로스앤젤레스의 공연에서 이 마술을 선보였을 때 하롤드 로이드(Harold Lloyd)와 체스터 모리스(Chester Morris)는 그 자리에서 내게 사업 제안을 했다. 여러 가지 방법으로 해봤지만 그중에서도 중국 스타일로 하는 경우 더욱 재미있다.

★ 이펙트

다양한 색깔의 나무 링 세 개를 1.8m 길이의 로프에 꿴다. 그리고 로프를 묶어서 링을 로프의 가운데에 고정시킨다. 쓰레기통을 들어서 안에 아무것도 없음을 보여준 뒤 그 안에 링을 넣는다. 이때 로프의 양끝은 쓰레기통 밖으로 나와 있다. 마술사가 한번에 하나씩 로프에서 링 세 개를 모두 빼낸다. 그리고 로프가 처음과 같이 한 조각임을 보여준다. 로프를 꺼내자 처음의 1.8m가 아닌 13.5m가 되어 있다.

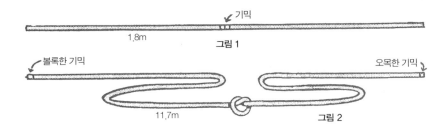

그림 1

그림 2

★ 준비물

1. 1.8m 길이의 흰색 로프 하나. 로프를 반으로 잘라서 가운데에 기믹을 연결한다 (**그림 1**). 그럼 기믹으로 연결된 0.9m 길이의 로프 두 조각이 된다.
2. 11.7m 길이의 로프 하나. 한쪽 끝에는 볼록한 기믹, 반대쪽에는 오목한 기믹을

씌워둔다. 그리고 로프의 가운데에 싱글 매듭을 만들어둔다(**그림 2**).

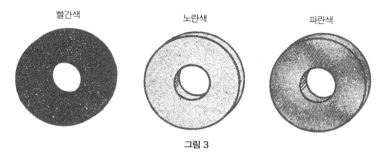

빨간색 노란색 파란색

그림 3

3. 각각 빨간색, 노란색, 파란색인 나무 링 세 개(**그림 3**). 각각의 링은 지름 10cm, 두께 1.7cm, 구멍의 지름 2.7cm이다.

4. 쓰레기통 하나. 휴대를 용이하게 하기 위해서 일본식 접는 쓰레기통을 이용해도 된다. 크기는 지름 21.2cm, 높이 27.5cm이다. 윗부분의 철사와 바닥의 동그란 판자를 접으면 쓰레기통을 납작하게 만들 수 있다.

쓰레기통 안에는 가짜 바닥을 만들어놔야만 한다. 가짜 바닥을 반으로 접으면 문 역할을 하여 아래 비밀 공간이 열린다. 가짜 바닥은 **그림 4**와 같이 쓰레기통에 꼭 맞는다. 이와 비슷한 종류의 다른 쓰레기통을 이용해도 된다.

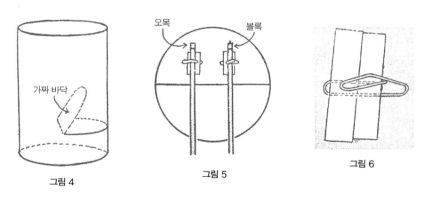

오목 볼록

가짜 바닥

그림 4 그림 5 그림 6

가짜 바닥에서 열리는 부분의 아랫면을 **그림 5**와 같이 준비해둔다. 3.5cm 길이의 클립 두 개를 이용하여 11.7m 로프의 양끝을 고정시켜 둔다. 가짜 바닥에 클립을 고정시킬 때는 양면테이프나 스카치테이프를 이용하면 된다(**그림 6**). **그림 6**에서와 같이 클립의 안쪽 부분을 위로 구부리면 쉽게 로프를 끼울 수 있다. 그리고 클립의 바깥쪽 부분에 테이프를 붙여서 가짜 바닥에 고정시킨다. 두 개의 클립 사이의 거리는 7.5cm가 적당하다. 이렇게 간단하게 클립에 로프를 끼워두면, 관객 몰래 로프를 빼낼 수 있다. 그리고 가짜 바닥에서 열리는 부분 윗면에는 반드시 손잡이나 클립을 달아서 쉽게 열 수 있게 만들어놔야 한다.

가짜 바닥을 쉽게 열 수 있도록 달아 놓은 손잡이

숨겨놓은 11.7m 길이의 로프

그림 7

준비

11.7m 로프를 반으로 접은 뒤 가운데 부분부터 쓰레기통 안에 넣는다. 그리고 가짜 바닥으로 로프를 가린다(**그림 7**). 1.8m 로프와 링 세 개를 쓰레기통 안에 넣는다. 이때 로프와 링은 가짜 바닥 위에 있게 된다.

시연

쓰레기통을 뒤집어서 1.8m 로프와 링 세 개를 테이블 위에 쏟는다. 그리고 쓰레기통 안에는 아무것도 없음을 보여준 뒤 테이블 위에 쓰레기통을 세워놓는다. 왼손으로 로프를 잡아서 관객에게 보여준 뒤 오른손으로 빨간 링을 잡는다.

"로프와 세 개의 링 마술입니다."

로프의 한쪽 끝을 통해 빨간색 링을 로프에 꿰어서 로프 가운데로 링을 떨어뜨린다.

"빨간색 링입니다."

노란색 링을 집어서 같은 방법으로 로프에 꿴다.

"노란색 링입니다."

그리고 파란색 링을 집어서 로프에 꿴다.

"파란색 링입니다."

로프 가운데에 있는 링 세 개를 보여준 뒤, 로프 양끝을 묶어서 링 위에 매듭을 만든다(**그림 8**).

"단단한 링 세 개를 1.8m 길이의 로프에 꿴 뒤 매듭을 만들어서 링을 묶었습니다."

링을 쓰레기통 위로 가져간 뒤, 로프의 양끝은 쓰레기통 밖으로 늘어뜨린다. 그리고 쓰레기통 안에 링을 내려놓으며 가짜 바닥을 연다(**그림 9**). 순식간에 이루어지기 때문에 관객은 전혀 눈치 채지 못한다.

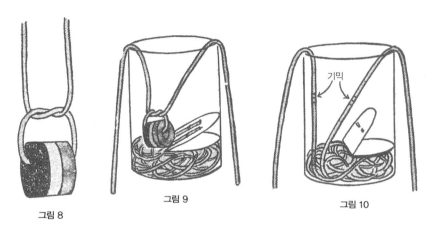

그림 8

그림 9

그림 10

매듭을 헐렁하게 하여 기믹을 링 옆으로 빼낸다. 그럼 쉽게 기믹을 풀고 링을 빼낼 수 있다. 클립에 끼워둔 오목한 기믹이 달린 11.7m 로프의 끝을 빼낸다. 그리고 1.8m 길이 로프의 볼록한 기믹에 연결시킨다. 그런 다음 11.7m 로프의 볼록한 기믹이 달린 끝을 빼서 1.8m 로프의 오목한 기믹에 연결시킨다(**그림 10**).

바구니에서 빨간색 링을 꺼내 링이 로프에서 완전히 자유로워졌음을 보여준다.

"빨간색 링입니다."

빨간색 링을 테이블에 내려놓으며, 쓰레기통에서 노란색 링을 꺼낸다.

"노란색 링입니다."

노란색 링을 테이블에 내려놓으며, 쓰레기통에서 파란색 링을 꺼낸다.

"파란색 링입니다."

파란색 링을 테이블 위에 내려놓는다.
쓰레기통 밖으로 늘어진 로프의 양끝을 각각 왼손과 오른손으로 잡는다.

"이제 쓰레기통 안에 남은 것은 로프뿐입니다."

전체 길이가 13.5m가 되는 로프를 서서히 당겨서 가운데 있는 매듭까지 모두 꺼낸다. 그리고 자랑스럽게 관객에게 로프를 보여주면서 말한다.

"매듭은 여전히 로프 가운데에 있습니다."

가짜 바닥을 닫고 쓰레기통을 기울여서 안에 아무것도 없음을 보여준다.

린치 판사의 넥타이 파티
Judge Lynch's Necktie Party

마술사들은 종종 로프 두 개로 목을 감은 뒤, 갑자기 목이 있던 곳에 고리가 남게 하는 마술을 한다. 그리고 코트의 양쪽 소매에 로프 두 가닥을 넣은 뒤 코트에서 로프를 빼내는 마술을 하기도 한다. 하지만 위대한 마술사 토니 로필라토는 또 다른 멋진 마술을 만들어 냈다. 마술사의 넥타이와 함께 로프 두 가닥을 빼내는 것이다. 이 마술에서는 로프로 만든 넥타이와 진짜 넥타이를 모두 이용하기 때문에 '린치 판사의 넥타이 파티' 라는 이름이 잘 어울린다.

★ 이펙트

2.4m 길이의 부드러운 흰색 로프 두 개를 보여준다. 로프를 나란히 하여 로프 가운데를 마술사의 뒷목에 갖다댄다. 그리고 한 가닥으로 마술사의 넥타이를 감싼다. 다시 로프 두 가닥을 모아서 마술사의 목 앞에 싱글 매듭을 만든다. 매듭 오른쪽에 있는 두 가닥은 오른쪽 소매에, 왼쪽에 있는 두 가닥은 왼쪽 소매에 넣는다. 소매 밖으로 나온 로프로 매듭을 하나 만든다. 그리고 오른쪽에 있는 관객에게 로프의 끝 두 개를 맡기고, 왼쪽에 있는 관객에게도 로프의 끝 두 개를 맡긴다. '린치 판사의 넥타이 파티'에 대한 이야기를 한 뒤, 마술사가 갑자기 로프에서 빠져나온다. 그리고 마술사의 넥타이는 마술사의 목이 아닌 로프에 걸려 있다.

★ 준비물

1. 2.4m 길이의 흰색 로프 두 개. 로프의 끝을 모두 1.2cm 두께의 양면테이프로 감아둔다(**그림 1**).
2. Y자 형으로 매는 보통 넥타이 하나
3. 흰색과 검은색 실 조금

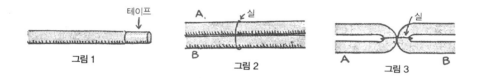

그림1   그림2   그림3

준비

나란히 놓은 두 개의 로프 가운데를 흰색 실로 감는다(**그림 2**). 그럼 관객 몰래 로프를 접어서 **그림 3**과 같이 만들 수 있다.

넥타이로 일반적인 넥타이 매듭을 만든다. 이때 원래 목에 맬 때와 같은 크기의 고리를 만든다. 고리의 뒷부분을 앞으로 접어서 **그림 4**와 같이 만든다. 그리고 고리의 접힌 부분에 검은색 실을 연결한다. 혼자 마술을 하는 경우에는 스스로 셔츠 칼라를 올린 뒤 검은색 실을 묶어서 넥타이를 고정한다. 그런 다음 칼라를 다시 접는다(**그림 5**). 턱시도를 입는 경우에는 필요할 때 한 사람을 무대로 불러 도움을 받아 넥타이를 고정시킨다. 가운데 실을 묶어둔 더블 로프는 접어서 테이블 위에 놓는다. 이때 실을 묶어 둔 부분을 오른손으로 쉽게 잡을 수 있게 놓아야 한다.

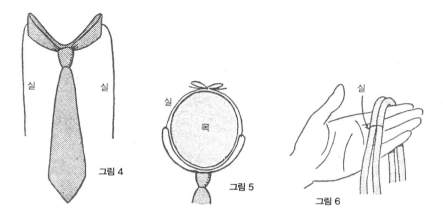

그림 4

그림 5

그림 6

시연

관객 두 명을 무대로 불러 도움을 청한다. 만약, 미리 약속한 관객에게 준비한 넥타이를 매게 했다면 그 관객도 함께 무대로 부른다. 하지만 마술사가 직접 넥타이를 매고 있다면 조수는 두 명으로 충분하다. 테이블에 놓인 로프의 가운데를 오른손으로 잡는다.

"린치 판사에 대한 이야기를 들어보셨나요? 그는 미시시피 강 서쪽에서 넥타이를 맨 유일한 판사였습니다. 어느 날 그는 법정에서 몇몇 소년들 때문에 잘못된 결정을 하게 되었습니다. 그래서 사람들은 그를 교수형에 처하기로 결정했습니다. 더욱 확실하게 하기 위해서 로프도 하나가 아닌 두 개를 이용했습니다."

더블 로프를 관객에게 보여준다. 실로 묶어둔 부분을 왼손 위에 놓은 뒤 손바닥이 위로 가게 한다(**그림 6**). 그리고 실 위쪽의 두 가닥 사이에 오른손 가운뎃손가락, 넷째 손가락, 새끼손가락을 넣고, 실 아래쪽의 두 가닥 사이에는 오른손 엄지손가락을 넣는다(**그림 7**). 이 상태에서 손가락을 구부려 로프를 감싼다. 그럼 **그림 8**과 같이 두 가닥의 로프는 서로 다른 방향으로 반으로 접힌다. 이 상태에서 오른손을 들어 왼손에서 로프를 떼어낸다.

"그리고 그들은 그의 목에 로프를 묶었습니다."

실로 연결한 로프의 가운데를 뒷목에 갖다댄다(**그림 9**). 안전을 위해서 실로 연결한 부분을 코트의 깃 위에 놓는 것이 좋다.

"판사가 넥타이를 매고 있으니, 흠, 행운을 위해서 로프를 넥타이에 끼우겠습니다. '절대 잊지 못하도록 넥타이를 맨 상태로 교수형에 처하겠습니다!' 이렇게 그들은 비아냥거렸습니다."

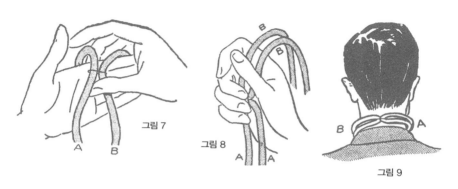

그림 7

그림 8

그림 9

왼쪽 로프의 한 가닥을 넥타이 매듭에 통과시킨다(**그림 10, 그림 11**). 그런 다음 오른쪽 로프 두 가닥으로 왼쪽 로프 두 가닥을 감싼다(**그림 12**). 이때 왼쪽 로프는 움직이지 않고, 그대로 아래로 늘어뜨린다.

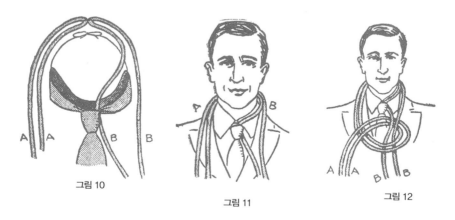

그림 10

그림 11

그림 12

"그들은 이렇게 판사의 목에 로프 두 가닥을 감았습니다. 더욱 확실하게 하기 위해서 로프의 끝을 소매에 넣었습니다."

B의 양끝을 왼쪽 소매에 넣고, A의 양끝을 오른쪽 소매에 넣는다(**그림 13**).

" '한 번 더 묶읍시다' 라고 누군가 소리쳤습니다."

왼쪽 소매 밖으로 나온 B의 한 가닥과 오른쪽 소매 밖으로 나온 A의 한 가닥을 묶어서 싱글 매듭을 만든다(**그림 14**). 이렇게 매듭을 만들면 A의 한 가닥은 B 옆에, B의 한 가닥은 A 옆으로 가게 된다. 왼쪽에 있는 A와 B는 왼쪽에 있는 관객에게, 오른쪽에 있는 A와 B는 오른쪽 관객에게 맡긴다. 이때 관객은 각각 양손에 로프 한 가닥씩 잡게 한다.

"그들이 막 판사를 나뭇가지에 매달려고 하는 순간, 판사는 이렇게 말했습니다. '텍사스의 판사를 교수형에 처할 수는 없는 겁니다. 이건 법에 위배되는 행위입니다!' 그러자 한 사형 집행관이 이렇게 대답했습니다. '우리가 텍사스 판사를 처형할 수 없다고? 우리는 지금 당신을 처형하고 있거든. 안 그래?' 이 말을 들은 판사는 곧바로 반격했습니다. '그렇게 생각하고 있나? 텍사스 판사가 교수형 당하는 일은 절대 없을 걸. 그리고 이런 로프를 갖고서…….'"

양손을 목 앞으로 가져가 왼손으로는 로프와 넥타이를 함께, 오른손으로는 로프를 잡는다. 이 상태에서 손을 앞으로 당겨 로프 두 가닥을 연결하고 있는 실과 넥타이에 연결된 실을 끊는다. 동시에 양쪽에 있는 관객에게 로프를 당기라고 말한다. 이 과정이 제대로 이루어지면 로프는 코트 밖으로 나온다. 이때 넥타이의 목 부분 고리가 로프 한 가닥에 걸려 있다(**그림 15**).

"순식간에 판사는 로프에서 빠져나왔습니다. 넥타이만 로프에 남겨두고 말입니다. '넥타이는 잘 간직하게. 그리고 린치 판사의 넥타이 파티를 기억하게나. 넥타이는 집에도 있거든.' 여러분, 린치 판사가 교수형을 당하지 않아서 좋으시죠? 그는 나중에 94세의 나이로 자다가 세상을 떠났답니다. 그때도 그의 목에는 넥타이가 매여 있었습니다."

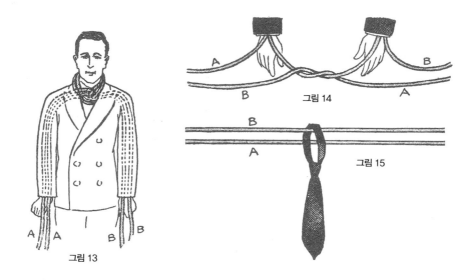

그림 13

그림 14

그림 15

전체 과정을 잘 연습하여 각각 동작을 능숙하게 할 수 있도록 해야 한다. 만약 조수에게 넥타이를 매도록 한 경우에는 멘트를 약간 수정해야 한다.

Tarbell
Course in MAGIC

Tarbell course in MAGIC

밤베르크 가의 마술
Magic of the Bambergs

　마술에 있어서 네덜란드의 밤베르크 가는 가장 유명한 가문 중 하나이다. 7대의 장자들이 모두 마술사가 되었고, 당시 유명한 마술사로 명성을 떨쳤다. 그중 세 명은 궁중 마술사로서 왕실 가문을 즐겁게 해주었다. 장자뿐만 아니라 다른 아들 중에도 마술사가 된 경우가 있다. 예를 들어 테오 밤베르크(Theo. Bamberg, 오키토(Okito))의 동생 에밀(Emile)과 에드워드(Edward) 역시 마술사가 되었다.

　마술사라면 이 위대한 가문에 대해서 잘 알고 있어야 한다고 생각한다. 나는 이 가문이 없는 마술은 상상할 수도 없다. 오랫동안 이 가문의 천재성이 마술을 발전시키는 원동력이 되었다.

　이번 레슨에서는 신문을 떠들썩하게 했던 밤베르크 가 7대에 대한 이야기뿐만 아니라 그들을 유명하게 만든 마술에 대해서도 소개하고자 한다. 그들은 모두 자신이 살던 시대의 전형적인 방법을 이용했다. 이들 마술의 비법은 주로 구전되어왔다. 이들이 있었기에 오늘날의 마술이 가능했다고 생각한다. 우리의 길을 닦아 놓은 이들이기에 이들에게 많은 것을 배울 수 있다. 밤베르크 가의 사람들은 단순히 마술 실력이 뛰어났던 것만은 아니다. 그들은 무대 예술과 정교한 연기에 대해 공부하고 훈련했다. 또한 그들은 문외한 관객들뿐만 아니라 당시 석학들과도 말이 잘 통했다. 그리고 왕과 왕비와도 대화를 나누었다.

야스퍼 밤베르크
Jasper Bamberg

내가 알고 있는 한 야스퍼(Jasper)는 밤베르크 가문의 첫 번째 마술사일 것이다. 그의 정확한 출생일은 알려지지 않았지만, 18세기 초에 태어났을 것이라고 사람들은 말한다. 그의 사망일에 대한 기록 역시 남아있지 않다. 그는 연금술사이자 강령술사였다. 그는 화학을 좋아했고 당시 화학자들이 그랬던 것처럼 비금속을 금으로 바꾸는 방법을 연구했다. 또한 강령술사였기에 그에게 죽은 사람의 영혼을 불러내는 능력이 있던 것으로 추정된다. 강령술사는 오늘날 무당의 선구자로 여겨지며, 이집트와 그리스 신전에서 강령술이 행해졌다고 한다.

야스퍼 밤베르크는 주전자에서 나오는 수증기나 연기로 방안을 뿌옇게 만든 뒤 연기 사이로 죽은 사람의 그림이 나타나게 하여 강령술을 행했다고 한다. 연기로 자욱하게 된 곳에 마술 랜턴(magic lantern)으로 죽은 사람의 그림을 영사하는 방법이 주로 이용되었다. 어두운 방이나 희미한 불빛만 있는 방안에서는 매우 신비한 분위기가 연출되기 때문에 관객의 상상력이 더욱 풍부해진다.

엘리아서 밤베르크
Eliaser Bamberg

엘리아서는 야스퍼 밤베르크의 첫째 아들로, 1760년 네덜란드의 라이든(Leyden)에서 태어났다. 그는 1833년 73세의 나이로 세상을 떠났다. 그는 나폴레옹 시대를 살았고, '절뚝거리는 악마(The Crippled Devil(Le Diable Boitieux))' 라는 별명을 갖고 있었다. 전쟁 중 부상당한 다리를 절단했다. 그리고 남은 여생동안 절단한 다리에 나무로 만든 의족을 끼고 살았다. 이로 인해 '절뚝거리는 악마' 라는 별명을 갖게 되었다.

엘리아서 밤베르크는 당시 유명한 마술사 중 하나였다. 그가 사물을 만들어내고 사라지게 하는 마술을 할 때, 그의 의족이 중요한 역할을 했다. 의족 안을 비워서 공간을 만들어두었기 때문에 유용한 도구가 되었다.

특히 핸드 슬레이트(hand sleight)로 명성을 떨쳤으며, 주로 카드, 동전, 컵, 공과 같은 사물을 이용하는 것을 좋아했다. 또한 수많은 로봇을 수집했으며, 그중에는 볼팅 피겨(Vaulting Figure)를 비롯하여 오프레(Opre)가 제작한 로봇도 포함되어 있었다. 그가 수집한 로봇은 여러 세대에 걸쳐 전해졌고 한때 로버트 우댕(Robert-Houdin)의 소유가 되기도 했다.

엘리아서는 피네티(Pinetti), 케터펠도(Katterfeldo), 꽁트 드 카글리오스트로(Count de Cagliostro, 요셉 발사모(Joseph Balsomo)), 코너스(Conus), 브리스로(Breslaw), 폭스(Faukes), 필립(Philippe), 꽁트 드 크리시(Count de Crisy)와 같은 마술사와 동시대에 활동했다. 그는 오렌지 공(Prince of Orange) 앞에서 마술을 하기도 했다. 이런 경우에는 예복용 패검을 착용했다.

그의 마술 중에서는 어항 속의 개구리와 물고기를 나타나게 했다가 사라지게 하는 마술이 가장 유명하다. 수년간 사람들을 혼란스럽게 만들었으며, 오늘날에도 아주 효과적이다.

개구리, 물고기, 그리고 어항
The Frogs, The Fish, and The Bowl of Water

★ 이펙트

엘리아서 밤베르크는 빈 어항을 보여준 뒤 주전자로 물을 따라 어항을 채웠다. 그리고 관객에게 빌린 손수건이나 자신의 손수건으로 어항을 가렸다. 손수건을 치우자 어항 안에는 개구리 한두 마리가 헤엄치고 있다. 다시 손수건으로 어항을 가렸다가 치우자 신기하게도 개구리가 물고기 몇 마리로 변해 있다. 다시 어항을 가리자 물고기는 사라지고 어항 안에는 물만 남아있다. 마지막으로 그는 어항에 있는 물을 다시 주전자에 쏟았다.

★ 준비물

1. 어항 하나. 손수건으로 가릴 수 있는 것 중 가장 큰 것으로 준비한다(**그림 1**).
2. 꽤 큰 크기의 두꺼운 손수건 하나. 어두운 색에 무늬가 있는 신사용 손수건을 이용하면 좋다.
3. 물이 담긴 주전자 하나
4. 테이블보가 씌워진 테이블 하나. 테이블 뒤에는 금속으로 만든 장치를 달아놓는다(**그림 1**). 장치는 두 칸으로 이루어져 있으며 한쪽에는 물고기를 넣을 물, 반대쪽에는 개구리를 넣을 물을 담아둔다.
5. 물고기 3~4마리를 담아둔 작은 망 하나. 망에 물고기를 넣은 후 검은색 실로 입구를 묶는다. 그리고 실의 끝은 섬 택(thumb tack)을 이용하여 테이블 뒤에 고정시킨다. 적절한 실의 길이는 연습을 통해 알 수 있다.
6. 개구리 두 마리를 담아둔 작은 망 하나. 5와 같이 준비한다(**그림 1, 그림 2**).

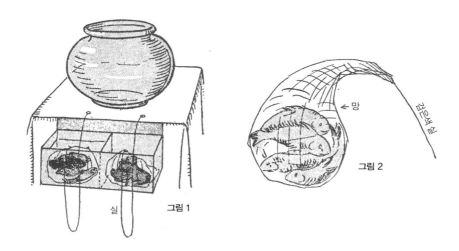

망 →

검은색 실

그림 2

그림 1

실

준비

그림 1과 같이 준비한다. 그리고 물이 담긴 주전자를 테이블 위에 올려놓는다. 그리고 그 옆에 깔끔하게 접은 손수건을 둔다.

시연

그림 3

어항을 집어서 안에 아무것도 없음을 보여준다. 다시 테이블에 어항을 내려놓고 주전자를 집어서 어항의 2/3를 물로 채운다. 그리고 주전자를 테이블에 내려놓으며 손수건을 집는다. 손수건을 펴서 앞뒤를 보여준 후 손수건으로 어항 앞을 가린다. 손수건의 오른쪽 위 모서리와 왼쪽 위 모서리를 각각 오른손과 왼손으로

잡고, 손수건의 아래 모서리는 테이블에 닿게 한다(**그림 3**). 양손을 뒤로 내려서 **그림** 4와 같이 손수건으로 어항을 덮는다.

개구리와 연결된 오른쪽 실 아래로 오른손 엄지손가락을 넣는다(**그림 4**). 그리고 집게손가락을 손수건 아래에 넣고, 나머지 세 손가락은 손수건 밖으로 내민다. 새끼손가락은 손수건 아래에 넣으면 된다. 어항 뒤쪽으로 늘어진 손수건을 잡아서 위로

올린다. 이때 오른손 엄지손가락으로 실을 잡았기 때문에 개구리가 담긴 망도 함께 올라간다(**그림 5**). 손수건을 **그림 3**의 위치에서 **그림 4**의 위치로 올려서 어항 안에 물 외에는 아무것도 없음을 보여준다(**그림 5**).

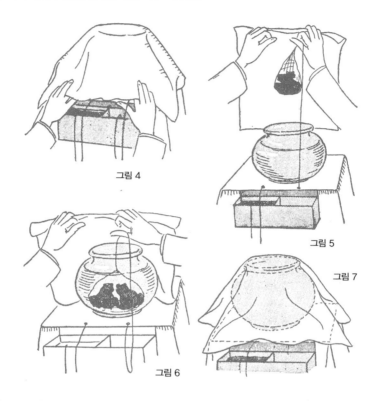

그림 4

그림 5

그림 7

그림 6

　다시 손수건을 아래로 내리면서 개구리를 어항 안에 넣는다(**그림 6**). 양손을 뒤로 내려서 **그림 4**와 같이 어항을 덮은 뒤 양손을 손수건에서 뗀다(**그림 7**). 이제 양팔을 앞으로 뻗어 손수건의 앞쪽을 들어올리면 어항 안의 개구리가 모습을 드러낸다. 그럼 손수건을 완전히 걷어낸다(**그림 8**). 망은 보이지 않기 때문에 갑자기 개구리 두 마리가 나타난 것처럼 보인다.

　다시 손수건을 어항 앞으로 가린 뒤 양손을 뒤로 움직여 오른손 엄지손가락으로 오른쪽 실을 잡는다(**그림 6**). **그림 5**와 같이 손수건을 위로 들어 올리며 개구리가 담긴 망을 어항에서 꺼낸다. 그럼 어항에서 개구리가 사라진 것처럼 보인다. 손수건으로 어항을 덮으면서 개구리가 담긴 망을 테이블 뒤에 달아놓은 장치의 오른쪽 칸에 넣는다. 그리고 이번에는 오른손 엄지손가락이나 왼손 엄지손가락으로 왼쪽 실을 잡는다. **그림 3**, **그림 4**, **그림 5**의 과정을 반복하여 물고기가 담긴 망을 손수건과 함께 들어올린다.

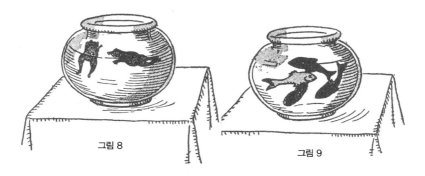

그림 8

그림 9

손수건을 아래로 내리면서 물고기가 담긴 망을 어항에 넣는다(**그림 6**). 그리고 손수건을 앞쪽부터 걷어 올려서 어항 안에 있는 물고기를 보여준다(**그림 9**).

그림 3과 같이 손수건을 다시 펼쳐서 어항 앞으로 가져간 뒤 양손을 뒤로 움직여 엄지손가락으로 왼쪽 실을 잡는다(**그림 6**). 손수건과 물고기가 담긴 망을 함께 들어올려서 어항에서 물고기가 사라졌음을 보여준다. 다시 손수건으로 어항을 덮으면서 물고기가 담긴 망을 테이블 뒤에 달아놓은 장치의 왼쪽 칸에 넣는다(**그림 4**). 그리고 실 아래에 끼워둔 엄지손가락을 빼낸다. 다시 손수건을 옆으로 치워놓고, 어항에 있는 물을 주전자에 쏟는다.

열심히 연습하여 각각의 동작을 자연스럽게 할 수 있도록 만들어야 한다. 개구리 대신 다른 동물이나 사물을 이용해도 된다.

데이비드 린더트 밤베르크
David Leendert Bamberg

밤베르크 가문의 세 번째 마술사는 데이비드 린더트 밤베르크(David Leendert Bamberg)였다. 그는 엘리아서의 아들로서 유명한 아버지의 훌륭한 후계자였다. 그는 1786년 태어나서 아홉 살의 나이에 아버지의 조수가 되었다. 아버지를 본받아 핸드 슬레이트를 열심히 공부하여 핸드 슬레이트의 대가가 되었다. 또한 커다란 에그 백(egg bag)은 그의 발명품이다. 주머니 안에 아무것도 없음을 보여준 뒤, 그 안에서 계란 여러 개와 마지막에는 닭을 만들어냈다. 이로써 밤베르크 가문의 명성은 더욱 높아졌고 그 역시 왕실의 사랑을 받는 마술사가 되었다.

1812년 그는 애른하임(Arnheim)의 프리메이슨(Freemasonery)의 당원이 되었고, 메이슨(Masonry)에서 높은 위치에 이르게 되었다. 또한 그는 후에 네덜란드의 메이슨 프래터니티(Masonic Fraternity)의 수장이 된 프레더릭 왕자(Prince Frederic)와 절친한 친구사이였다. 프레더릭 왕자는 네덜란드의 왕, 윌리엄 2세(William II)의 동생이자 빌헬미나 여왕(Queen Wilhemina)의 아버지였다.

데이비드 린더트 밤베르크는 1834년 궁중 마술사가 되었고, 1869년 1월 29일 암스테르담에서 83세의 나이로 세상을 떠났다.

D. L. 밤베르크의 체인지-오버 파이프
D. L. Bamberg's Change-Over Clay Pipes

오키토는 데이비드 린더트 밤베르크가 했던 놀라운 파이프 마술에 대해서 이야기했다. 오키토는 그의 증조할아버지가 사용한 정확한 방법을 알아내지는 못했다. 하지만 그는 오늘날의 방식을 이용하여 자신만의 독특한 효과를 낼 수 있겠다고 생각했다. 그와 같이 항상 신중한 분석과 계획으로 불가능해 보이는 것을 가능케 하는 사람이 진정한 마술사이다.

★ 이펙트
흰색 도제 파이프를 왼손 엄지손가락에 끼운다. 남은 네 개의 손가락에도 파이프를 끼운다. 이때 파이프의 대통 부분에 손가락이 들어간다. 같은 방법으로 오른손 손가락에도 파이프를 끼운다. 하지만 이번에는 흰색이 아닌 파란색 파이프를 이용한다. 마술사가 몸을 돌리는 사이 신기하게 왼손에 있던 파이프가 오른손으로 옮겨갔다. 그리고 오른손에 있던 파란색 파이프는 왼손으로 옮겨갔다.

★ 준비물
1. 흰색 도제 파이프 다섯 개. 대의 길이는 13cm 정도가 적당하다. 그리고 대통에 무언가를 넣어서 다섯 개의 손가락에 꼭 맞게 만든다. 오늘날에는 양면테이프를 이용하기도 한다.
2. 파란색 도제 파이프 다섯 개. 오른손 다섯 손가락에 꼭 맞아야 한다. 동시에 나중에 왼손으로 옮겨서 끼워야 하기 때문에 왼손 손가락에도 맞아야 한다.

시연
흰색 파이프를 왼손 손가락에 모두 끼운다(**그림 1**). 이때 대 부분이 모두 손바닥을 향해야 한다. 그리고 같은 방법으로 오른손 손가락에 파란색 파이프를 끼운다.

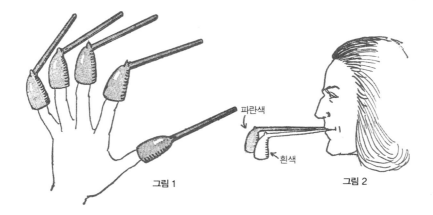

그림 1

그림 2

파란색

흰색

  여기에서 소개하는 방법은 데이비드 린더트 밤베르크가 사용한 방법은 아니다. 오키토와 나는 그 방법에 대해 알지 못한다. 하지만 오키토는 자신의 아버지로부터 이 마술에서 파이프를 바꾸는 데 마술사의 입이 큰 역할을 한다는 이야기를 들었다고 한다. 양손에 있는 파이프의 대부분이 마술사의 입을 향하기 때문에 마술사는 입 앞으로 양손을 움직이면서 양손 엄지손가락에 있는 파이프 두 개를 앞니로 물 수 있다 (그림 2). 이 상태에서 오른손 엄지손가락을 흰색 파이프에, 왼손 엄지손가락을 파란색 파이프에 끼운다. 다음 집게손가락에 있는 파이프를 바꾸고, 가운뎃손가락, 넷째 손가락, 새끼손가락에 있는 파이프를 차례로 바꾸면 된다.

  이때 반드시 손뿐만 아니라 몸을 함께 움직여야만 한다. 복잡한 과정은 아니지만 독특한 효과를 낼 수 있다. 파이프 루틴을 하는 경우 포함시켜도 좋다.

부러졌다가 다시 붙은 파이프
The Broken and Restored Clay Pipe

데이비드 린더트 밤베르크의 파이프 루틴에는 이상한 마술이 몇 가지 있었다. 그중에는 오늘날 무대에 올려도 전혀 손색이 없는 것도 있다.

★ 이펙트

마술사가 파이프를 자유롭게 보여준 후 대부분을 부러뜨려 두 조각으로 만든다. 두 조각을 모아서 다시 하나로 연결시킨다.

★ 준비물

1. 흰색 도제 파이프 하나. 대 부분에 폭 5cm의 종이를 감는다. 이때 종이 모서리와 대통의 거리는 1.2cm 정도가 되어야 한다(**그림 1**). 너무 두껍지 않은 흰색 종이를 이용한다. 종이로 대를 감은 후 종이의 끝에 테이프를 붙인다. 이렇게 만든 종이 튜브를 양옆으로 움직일 것이기 때문에 파이프에 테이프가 붙지 않게 주의한다.

흰색 종이 튜브

그림 1

시연

준비한 파이프를 꺼내서 관객에게 보여준다. 제대로 종이 튜브를 만들었다면 관객은 이에 대해 전혀 눈치 채지 못하고, 그저 평범한 싸구려 파이프라고 생각한다.

"파이프를 이용하여 담배를 피던 아일랜드 사람이 있었습니다. 파이프를 떨어뜨려 파이프가 부러지면 그는 다시 줍지도 않았습니다. 싸구려 파이프이기 때문에 그럴 가치가 없다고 생각했거든요. 그러고는 곧바로 새 파이프를 사곤 했습니다. 그에게는 스코틀랜드 친구가 있었습니다. 그 친구는 마술사였죠. 어느 날 그 친구에게 파이프를 건네며 담배를 권했습니다."

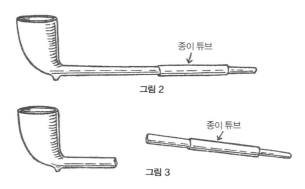

그림 2

그림 3

이렇게 말하면서, 왼손으로 대통을 잡고, 오른손으로는 대를 감싼다. 이때 오른손 엄지손가락이 대통을 향하게 한다. 오른손으로 가린 상태에서 종이 튜브를 오른쪽으로 살짝 밀어낸다(**그림 2**).

"스코틀랜드 친구도 그만 파이프를 떨어뜨렸습니다. 그리고 어김없이 파이프는 두 동강 났습니다."

왼손으로 대통을, 오른손으로 대의 바깥 부분을 잡고, 대통에서 3.7cm 떨어진 지점을 부러뜨린다. 파이프가 완전히 부러졌음을 보여준다. 이때도 여전히 종이 튜브는 오른손에 숨어 있다. **그림 3**은 부러진 대와 종이의 위치를 보여준다.

"하지만 그는 스코틀랜드 사람이었기 때문에, 그에게는 도제 파이프도 소중했습니다."

부러진 파이프의 조각을 맞춘다. 그리고 오른손으로 가린 상태에서 종이 튜브를 최대한 왼쪽으로 밀어서 부러진 부분 위에 씌운 뒤 종이 튜브 위를 잡는다(**그림 4**).

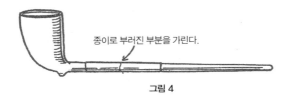

그림 4

"그러고는 주문을 외우기 시작했습니다. '붙어라!' 부러진 파이프가 연결되었습니다. 다시 쓸 수 있게 된 것이죠. 스코틀랜드 사람의 인생처럼 말입니다."

파이프를 관객에게 보여준다. 멀리에서 보면 종이 튜브가 보이지 않기 때문에 파이프가 정말로 연결된 것처럼 보인다.

토비아스 밤베르크
Tobias Bamberg

데이비드 린더트의 장남인 토비아스 밤베르크(Tobias Bamberg)는 1812년 태어났다. 그는 가문의 전통을 고수했으며 프랑스어, 독일어, 영어, 네덜란드어를 모두 유창하게 구사했다. 다양한 언어를 구사했기 때문에 더욱 많은 사람에게 자신의 마술을 보여줄 수 있었다. 또한 그는 위대한 학자이자 당시 최고의 교육을 받은 사람이었다. 핸드 슬레이트에 능했으며 유머감각이 뛰어났다. 그 역시 궁중 마술사로서 왕실 사람들을 즐겁게 했다. 그의 아버지가 세상을 떠난 지 15개월 만인 1870년 4월 58세의 나이로 눈을 감았다. 그와는 반대로, 그의 동생들은 모두 장수했다. 그의 동생인 에드워드(Edward)는 네덜란드의 유명한 배우로서 84세의 나이로 세상을 떠나기 직전까지 왕성한 활동을 했다.

토비아스 밤베르크는 관객에게 20개의 동전을 주어, 직접 동전을 세면서 쟁반에 놓게 했다. 그리고 쟁반을 뒤집어 관객의 손에 쏟고, 다섯 개는 마술사에게 줬다. 그러자 마술사의 손에 있던 동전은 사라지고, 관객의 손에서 사라진 동전 다섯 개가 나타난다. 제1권 **레슨 5**에서 소개한 '움직이는 돈(Invisible Money Transit)'은 이 마술의 응용 버전이다. 여기에서는 이 마술을 고안한 사람이 직접 자신의 마술에 대해서 한 이야기를 들어보기로 하자.

부메랑 동전
The Boomerang Coins

★ 이펙트

토비아스 밤베르크는 50센트와 1달러 동전 중간 크기의 금속 원반에 관객의 이목을 집중시킨다. 그리고 소년 한 명을 무대로 불러서 그에게 원반을 준 뒤 하나씩 쟁반에 내려놓으며 원반의 개수를 세도록 한다. 원반은 모두 20개이다. 쟁반에 있는 원반을 다시 소년의 손에 쏟고, 손으로 원반을 감싸게 한다. 그리고 마술사는 소년이 20까지 셀 수 있음에 대해서 축하하며, 혹시 뺄셈을 할 수 있냐고 물어본다.

"예를 들어, 나에게 원반 다섯 개를 주면 몇 개가 남지?"

소년이 밤베르크에서 원반 다섯 개를 주며 대답한다.

"열다섯 개요."

"그렇지. 여기 아주 훌륭한 수학자가 있습니다. 20에서 5를 빼면 15가 된단다. 하지만 이 원반은 부메랑 원반이란다. 네가 이 원반을 다른 사람에게 주더라도 다시 네게 돌아오도록 되어 있단다."

이렇게 말하는 동안 마술사의 손에 있던 원반은 사라진다. 소년에게 들고 있는 원반을 쟁반에 내려놓으며 세어보라고 한다. 놀랍게도 사라진 원반 다섯 개는 다시 소년에게 돌아가서 소년의 손에는 20개의 원반이 있다.

밤베르크는 아이가 부메랑 원리를 제대로 이해하지 못한 것 같으니 한 번 더 해보겠다고 말한다. 그리고 원반을 차곡차곡 쌓은 뒤 이번에는 소년에게 이로 원반을 물게 한다. 그러고는 무시무시한 식칼을 들고 소년의 입에 있는 원반 하나를 치겠다고 말한다. 그것도 아무 원반이 아닌 관객이 선택한 바로 그 원반을 치기로 한다. 소년은 두려움에 떨고, 밤베르크는 그의 입에 있는 원반을 꺼낸다. 소년이 긴장해서 이를 너무 꽉 문 탓에 원반은 한 덩어리가 되어버렸다. 마지막으로 원반을 하나씩 분리하여 소년의 손에 쏟는다.

그림 1

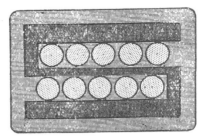

그림 2

★ 준비물

1. 흰색 금속 원반 30개. 1달러 동전과 50센트 동전 중간 크기가 적당하다.

2. 압력을 가하여 한 덩어리로 만든 원반 20개(**그림 1**)

3. 동전 쟁반(coin tray) 하나. 쟁반 바닥에는 평평한 금속 튜브와 구멍이 각각 두 개씩 있다(**그림 2**). 구멍은 각각 양끝에 위치한다. 그리고 구멍에는 각각 금속 원반 다섯 개를 넣어둘 수 있다. **그림 3**은 구멍이 있는 옆면의 모습이다. **그림 2**에서는 구멍에 동전을 넣어둔 모습을 볼 수 있다. 그리고 쟁반 위에 접시를 놓는다.

그림 3   ↑
       종전이나 금속 원반을
       넣기 위한 구멍

4. 커다란 식칼 하나

준비

코트의 오른쪽에 달아둔 비밀 주머니에 한 덩어리로 만든 20개짜리 원반을 숨긴다. 그리고 쟁반 바닥에 있는 두 개의 구멍에는 각각 원반 다섯 개를 넣고, 관객이 보지 못하게 조심한다. 이렇게 준비한 쟁반을 테이블 위에 놓는다.

시연

원반 20개를 집어서 관객에게 보여준 뒤 객석에서 무대로 올라온 소년에게 건넨다.

"학교에 가면 물건을 세는 법을 배우지? 덧셈도 배우고 뺄셈도 배우고? 20까지 셀 수 있니? 그럼 이 원반을 하나씩 쟁반에 내려놓으면서 모두가 들을 수 있게 아주 큰 소리로 세어 주겠니?"

마술사가 왼손으로 구멍을 가린 채 쟁반을 든다. 이때 반대쪽 구멍에 넣어둔 원반이 일찍 나오지 않도록 조심해야 한다.

소년은 원반을 하나씩 쟁반에 내려놓으며 숫자를 센다. 사이사이에 마술사도 함께 숫자를 센다.

"원반은 모두 20개지? 맞지? 숫자 세는 법을 제대로 배웠구나!"

소년에게 손바닥이 위로 가게 양손을 모으라고 한다. 그리고 쟁반을 기울여 쟁반 위에 있는 동전을 소년의 손에 쏟는다. 이때 구멍에 있는 동전 다섯 개도 함께 떨어지게 한다.

"양손으로 원반을 잘 감싸렴."

소년이 손으로 원반을 덮으면 다시 말한다.

"혹시 5까지 셀 수 있니? 아, 할 수 있지? 그럼 손에 있는 원반 다섯 개를 내게 주렴. 그리고 다시 양손으로 원반을 잘 감싸렴."

모두가 보는 앞에서 소년이 천천히 원반 다섯 개를 세어 마술사에게 준다.

Tarbell course in Magic

"손에 있던 원반 20개 중에서 내게 5개를 주면, 손에 남은 원반은 몇 개지? 15개? 그렇지! 15개가 남는단다. 신사 숙녀 여러분, 잘 보십시오. 이 아이는 천재입니다. 뺄셈도 아주 잘합니다!"

토비아스 밤베르크는 원반 다섯 개를 관객에게 보여준 뒤, 핸드 슬레이트를 이용해 동전을 사라지게 했다. 그리고 관객 몰래 코트에 달아 놓은 비밀 주머니에 동전을 숨겼다.

"그런데, 아이야, 네가 알지 어떨지 모르겠다만, 이 원반은 부메랑 원반이란다. 그래서 멀리 날아갔다가도 다시 네 손으로 돌아간단다. 보거라! 내 손에 있던 원반이 사라졌잖니? 15에 5를 더하면? 20, 그렇지! 내 말을 못 믿나 보구나. 그럼 손에 있는 원반을 하나씩 테이블에 내려놓으며 숫자를 세어보렴."

이번에는 아까와는 반대방향으로 쟁반을 잡는다. 그럼 왼손으로 빈 구멍을 가리게 된다. 소년이 원반을 쟁반에 내려놓으며 세어보니 원반은 15개가 아닌 20개이다.

"그렇지, 이것이 바로 부메랑 동전이란다. 호주 부메랑 동전 말이다. 호주 부메랑 동전에 대해서 못 들어 봤니? 그럼 내가 설명해 주마. 원반을 다시 집으렴."

소년이 벌린 양손에 쟁반을 기울여서 원반을 쏟는다. 이번에도 역시 구멍에 넣어 둔 원반 다섯 개가 함께 쏟아져 모두 25개의 원반이 쏟아진다. 그리고 쟁반은 테이블 위에 내려놓는다.

"내게 원반 다섯 개를 주렴."

소년이 마술사에게 원반 다섯 개를 준다. 정확하게 하기 위해서 하나씩 천천히 건네준다.

"이제 양손을 잘 모아서 원반을 감싸렴. 그래서 하나도 도망가지 못하게 해야 한단다. 15 더하기 5는 20이지? 맞지? 지금 내가 갖고 있는 건 5개, 네가 갖고 있는 건 15개. 너는 흥정에 탁월한 것 같구나."

손에 있는 원반 다섯 개를 보여준 뒤 사라지게 한다. 이번에는 마술사의 왼손에 원반을 하나씩 내려놓으며 원반을 센다. 역시 원반은 20개다. 소년이 마술사의 왼손에 원반을 내려놓으며 세는 동안, 몰래 오른쪽 주머니에 숨겨둔 원반 덩어리를 오른손에 숨겨서 꺼낸다.

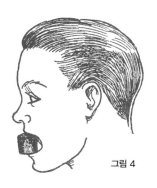

왼손에 있는 낱개짜리 동전을 차곡차곡 정리해서 오른손으로 옮겨 잡는 척한다. 이때 낱개 원반은 왼손에 숨기고, 오른손에 숨기고 있던 덩어리 원반을 관객에게 보여준다. 소년의 등 뒤를 돌아서 소년의 오른쪽으로 간다. 원반을 숨긴 왼손을 소년의 오른쪽 어깨에 올려놓는다.

그림 4

"이 동전을 잠시 맡아주겠니? 그냥 입을 벌려서 이로 물고 있으면 된단다."

덩어리 원반을 소년의 윗니와 아랫니 사이에 넣는다(**그림 4**). 그런 다음 오른손으로 테이블 위에 놓인 식칼을 집는다.

"신사 숙녀 여러분, 이제까지는 볼 수 없던 아주 놀라운 것을 보여드리겠습니다. 이 식칼로 동전 하나를 빼내겠습니다. 두 개도 아닌 단 한 개만 빼내겠습니다. 소년이 지금처럼 동전을 물고 있는 상태에서 말입니다. 그런데 어떤 동전을 빼낼지 아직 결정을 못 내렸습니다. 첫 번째? 두 번째? 어떤 게 좋을까요? 저쪽에 앉아 계신 신사분께서 정해주십시오. 열네 번째요? 네, 소년이 물고 있는 동전 중에서 열네 번째 동전을 빼내겠습니다."

동전을 치기 위한 준비를 하는 척, 식칼을 앞뒤로 휘두른다.

"아이야, 겁먹지 마렴. 이제까지 25년 동안 해왔단다. 그동안 죽은 아이는 단 한 명뿐이었단다. 그것도 아주 어린 아이였기 때문에 별로 중요하지 않단다."

다시 칼을 들고 앞뒤로 휘두른다.

"물론, 네가 너무 무서워서 나를 도와주기 싫다면 다른 방법을 찾아볼 거란다."

소년이 직접 입에서 원반을 꺼내며 원반이 한 덩어리가 된 것을 보고 놀란다.

"원반이 아주 한 덩어리가 되어버렸구나! 무서워서 얼마나 이를 꽉 깨물었으면……. 다시 원반을 하나씩 떼어낼 수 있겠니?"

소년이 원반을 떼어보려 하나 떨어지지 않는다.

"내게 줘 보렴."

오른손으로 덩어리 원반을 받고 왼손에 내려놓는 척한다. 이때 왼손에 숨기고 있던 낱개 원반을 모두가 볼 수 있도록 왼손으로 잡고, 덩어리 원반은 오른손에 숨긴다. 그리고 곧바로 오른손을 자연스럽게 아래로 내리면서 비밀 주머니에 덩어리 원반을 넣는다.

"아이야, 원반 20개를 한 덩어리로 만들어버렸구나. 이것을 해결하는 방법은 단 하나뿐이란다. 네가 입으로 얼마나 바람을 세게 부느냐에 달려 있단다. 붙어 있는 원반이 떨어질 수 있도록 최대한 세게 불렴."

소년이 세게 바람을 분다.

"좋아!"

왼손에 있는 동전을 차례대로 오른손에 떨어뜨린다. 그리고 다시 왼손으로 떨어뜨리며 원반이 완전히 분리되었음을 보여준다.

★ 주의

여기에서 소개한 방법은 토비아스 밤베르크 시대에 이용되던 방법이다. 오늘날에는 소년이 원반을 물기 전에 원반 위아래에 위생 종이를 놓는다. 혹은 소년이 오른손 엄지손가락과 집게손가락으로 원반을 잡는 경우도 있는데, 이보다는 직접 입으로 물어야 극적인 효과를 낼 수 있다.

데이비드 토비아스 밤베르크
David Tobias Bamberg

데이비드 토비아스 밤베르크(David Tobias Bamberg)는 밤베르크 가문에서 5대째 마술사가 되었다. 그는 테오 밤베르크(오키토)의 아버지이기도 하다. 오늘날 그는 '파파 밤베르크(Papa Bamberg)'로 알려져 있다. 데이비드 토비아스 밤베르크는 처음에는 연기자로 무대에 서기 시작했다. 그러다 1866년 23세의 나이로 로테르담(Rotterdam)에서 마술사로서의 데뷔 무대를 가졌고, 큰 성공을 거두었다. 그는 뛰어난 연설자이자 웅변가였으며, 다른 마술사를 모방하는 데도 능숙했다. 그로 인하여 밤베르크 가문의 위상은 한층 높아졌다.

1870년 그는 네덜란드 궁중 마술사로 임명되었고, 빌헬미나 여왕의 아버지인 윌리엄 3세(William Ⅲ) 앞에서 공연을 했다. 그리고 빌헬미나 여왕이 공주일 당시 그녀와 그녀의 어머니인 엠마 여왕(Queen Emma) 앞에서도 공연을 했다. 1886년 한 해 동안 궁중에서 2시간씩 두 번이나 공연을 가졌다. 이런 경우에는 항상 그의 아들 테오(오키토)가 그의 조수 역할을 맡았다.

1907년 아들과 함께 바타비아(자카르타의 옛 이름 - 옮긴이), 자바, 수마트라, 보르네오, 기니, 실론 등 각국을 다니며 공연을 했다. 데이비드 토비아스 밤베르크는 그의 아버지를 비롯한 선조들과 같이 핸드 슬레이트에 능했다.

오키토가 열두 살이 되던 해부터, 그는 자신의 아들에게 조수의 역할을 맡겼다. 이 둘이 함께하는 공연 중에는 관객을 위해 병에 있는 음료수를 모두 따른 후, 망치로 병을 깨서 그 안에서 살아있는 기니피그를 꺼내는 마술이 있었다. 하지만 어느 날 밤, 그는 망치 챙기는 것을 까먹었다. 그래서 급한 대로 끝을 상아로 꾸민 혹단 지팡이로 병을 내리쳤다. 이때 지팡이가 부러지고 말았다.

다음 무대에서 지팡이를 사용해야 했기 때문에 그는 오키토에게 지팡이를 만들라고 시켰다. 그래서 오키토는 검은색 종이에 풀칠하여 나무로 된 우산대에 감았다. 그

Tarbell course in Magic

리고 끝에 남은 종이는 잘 뭉쳐서 안으로 접어 넣었다. 부러진 지팡이의 끝 부분이 상아로 되어 있기 때문에 그와 비슷하게 하기 위해서 끝에는 흰색 종이를 붙였다.

풀이 완전히 마른 후 오키토는 자신이 만든 지팡이를 잡았다. 이때 우산대가 종이에서 빠지며 바닥으로 떨어졌다. 셸락이 코팅되어 있는 우산대에는 풀이 붙지 않기 때문이었다. 오키토는 아버지를 놀리기 위해서 종이 지팡이를 아버지의 책상 위에 놓았다. "아버지, 지팡이 다 만들었어요." 지팡이는 아주 자연스러워 보였다. 하지만 아버지가 지팡이를 들었을 때 너무 가벼웠다. 그는 웃으며, 이것을 이용하여 마술을 만들어보라고 오키토에게 말했다. 오키토는 창의력이 풍부했기 때문에 종이 지팡이에 진짜 지팡이를 넣은 상태로 의자를 두드리면, 진짜 지팡이처럼 보일 것이라고 생각했다. 그리고 의자에 놓인 종이를 집으면서 지팡이를 의자 뒤로 가져갔다. 이때 의자 뒤에 달아 놓은 장치에 진짜 지팡이를 넣었다. 그러고는 종이 지팡이를 다른 종이로 싼 뒤 찢어서 지팡이가 사라졌음을 보여줬다. 이 마술은 곧바로 큰 인기를 얻으며 성공했다. 이때 만들어진 배니싱 지팡이(vanishing wand)는 아직까지 사랑받고 있다.

시간이 지남에 따라 그는 오키토와 함께 지팡이를 숨기는 다양한 방법을 만들어 냈다. 쟁반 뒤에 다는 장치, 의자 뒤에 숨기는 긴 주머니, 조수의 등에 달아 놓는 장치 등도 모두 그들의 작품이다.

데이비드 토비아스 밤베르크의 프로그램에서 단연 최고의 인기를 얻은 것은 에그 백(egg bag)이다. 그의 할아버지인 데이비드 린더트 밤베르크가 만들고 자주 애용했던 도구이다. 데이비드 토비아스(파파 밤베르크)는 에그 백을 유명하게 만들었고, 그의 움직임은 너무 자연스럽고 시기적절하여, 다른 마술사들도 그의 마술에 칭찬을 아끼지 않았다. 지금 이 레슨을 쓰고 있는 순간에도 내 책상 앞에는 스코틀랜드 체크무늬가 있는 모직 천으로 만든 에그 백이 놓여 있다. 파파 밤베르크가 공연하던 당시 이용된 것이지만 좋은 재료로 만든 덕분에 오늘날까지도 상태가 양호하다. 그리고 좋은 친구 오키토 덕분에 그의 아버지가 사용했던 바로 그 방법을 소개할 수 있게 되었다.

데이비드 토비아스 밤베르크의 에그 백
David Tobias Bamberg's Egg Bag

★ 이펙트

너비 60cm, 깊이 42.5cm의 스코틀랜드 체크무늬 주머니를 보여준다. 주머니를 뒤집어 안에 아무것도 없음을 보여준 뒤 다시 원래대로 뒤집는다. 하지만 마술사가 의자 위에 놓고, 거기에 초를 꽂고 불을 붙인 뒤 주머니에 손을 넣자 진짜 계란 하나가 나온다. 계속해서 주머니에서 계란을 꺼내어 접시에 담는다. 모두 15개의 계란이 나온다. 마지막에는 살아있는 암탉이 나타난다.

　　"이 닭이 바로 계란을 낳았습니다."

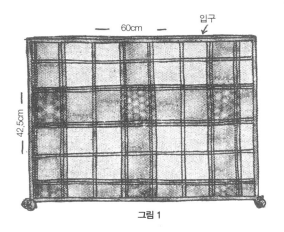

그림 1

★ 준비물

1. 밤베르크 에그 백 하나(**그림 1**). 스코틀랜드 체크무늬가 있는 부드러운 모직 천으로 만든다. 어두운 빨간색 테이프로 네 면을 모두 감싼다. 그리고 양쪽 아래

모서리에는 꽃 장식을 달아서 주머니의 안과 밖을 쉽게 구분할 수 있게 만든다. 주머니의 한쪽 면은 헝겊 두 겹으로 되어 있다. 그리고 그 두 겹 사이에 작은 주머니를 두 줄로 달아놓는다. 작은 주머니의 입구에는 고무줄을 넣어둔다. 그래야만 주머니를 뒤집더라도 계란이 주머니 밖으로 나오지 않는다. 각각의 작은 주머니는 7.5cm×6.5cm이다. 윗줄에 8개, 아랫줄에 7개, 모두 15개의 주머니를 달아둔다(**그림 2, 그림 3**).

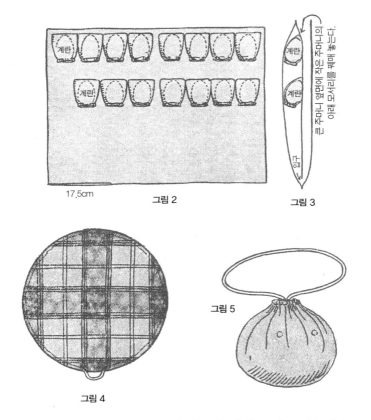

17.5cm

그림 2

그림 3

그림 5

그림 4

두 겹으로 된 면 아래에는 17.5cm의 입구가 있다(**그림 2**). 두 겹으로 된 면이 당신을 향하게 하여 들면 입구는 왼쪽에 온다. 그럼 오른손으로 주머니의 오른쪽 위 모서리를 잡고, 왼손을 주머니에 넣어 계란을 꺼낼 수 있다.

2. 치킨 백(chicken bag) 하나. 에그 백을 만든 헝겊과 똑같은 헝겊을 이용한다. 주머

니의 위쪽에는 끈을 끼울 수 있는 구멍을 만들어 놓는다(**그림 4**). 거기에 끈을 끼운 뒤 끈을 양쪽으로 당기면 주머니를 오므릴 수 있다. 적당한 끈의 길이는 직접 닭을 넣어보아야 알 수 있다. 주머니가 준비되면 안에 닭을 넣고 끈을 조인다(**그림 5**). 이때 통풍을 위해서 주머니에 구멍 몇 개를 뚫어 놓아야 한다.

3. 등받이가 완전히 막혀 있는 의자 하나. 의자 뒷면에 머리를 제거한 못 두 개를 박아서 치킨 백을 걸어 둘 수 있도록 만든다(**그림 6**). 이때 못 사이의 거리를 적당히 벌려야 쉽게 치킨 백을 잡을 수 있다.

4. 계란 16개. 15개는 날계란으로 준비하고, 나머지 하나는 닭에서 만들어낼 것이기 때문에 삶은 계란이나 나무 계란으로 준비해야 한다.

5. 큰 접시나 쟁반

6. 촛대에 꽂아둔 초 하나. 그리고 초에 불을 켤 때 이용할 성냥 한 갑. 요즘에는 전기를 이용한 초를 사용하기도 한다.

7. 치킨 백에 넣을 수 있는 크기의 살아있는 암탉 한 마리

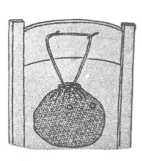

그림 6

그림 7

준비

밤베르크 에그 백의 안쪽에 달아 놓은 작은 주머니에 각각 계란 하나씩 넣는다. 그리고 치킨 백에 암탉을 넣어 의자 뒤에 걸어둔다. 접시 하나와 초, 촛대를 의자 위에 놓는다. 의자는 마술사의 오른쪽에 배치한다. 삶은 계란이나 나무 계란은 오른쪽 비밀 주머니에 넣어둔다.

시연

에그 백을 들고 무대로 나온다.

"저는 이 가방에 계란을 낳습니다. 물론 제가 직접 계란을 낳는 건 아니고요. 저는 계란을
만들어냅니다. 제가 암탉 대신에 여기 나온 겁니다. 이 가방은 안쪽 면과 바깥쪽 면으로 되
어 있습니다."

그림 7, **그림 8**과 같이 가방을 잡는다. 이때 한 겹으로 된 앞면이 객석을 향하게 하
고, 두 겹으로 된 뒷면은 마술사를 향하게 한다. 파파 밤베르크는 항상 뒷면이 객석
반대를 향하게 했다. 두 겹으로 된 뒷면이 아래로 늘어지도록 잡은 후 가방 안에 촛
불의 불빛을 비춘다(**그림 7**, **그림 8**). 한 겹으로 된 면이 객석을 향하기 때문에 불빛이
가방을 통과하여 밖으로 나온다.

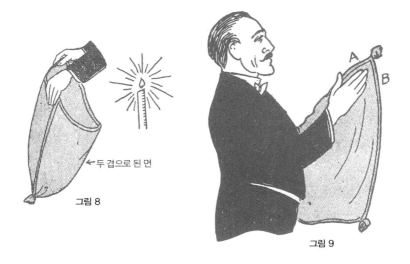

←두 겹으로 된 면

그림 8

그림 9

그림 9와 같이 왼손을 에그 백 안에 넣고 왼손 손바닥이 오른손 손바닥과 마주보
게 한다. 양손 사이에 한 겹인 면을 놓고 손뼉을 친다. 왼손을 옮겨 가며 몇 차례 반
복한다.

"이 주머니는 아주 좋은 재질로 되어 있습니다."

에그 백에서 왼손을 꺼낸 뒤, 왼쪽에 있는 모서리 A가 오른쪽으로 오도록 주머니를 비튼다(**그림** 10). 그런 다음 가방을 사이에 놓고 손뼉을 친다(이때 계란이 없는 부분을 쳐야 한다)(**그림** 11).

그림 10

그림 11

그림 12

그림 12와 같이 양손을 에그 백 안에 넣는다. 이때 손바닥이 객석을 향하게 한 뒤 손뼉을 친다(**그림** 13). 그럼 양쪽 모서리가 가운데로 모인다. 다시 양손을 벌려 **그림** 12와 같이 되게 한다. 이 상태에서 양손을 엇갈려 **그림** 14와 같이 되게 한다. 그리고 양손 손등이 마주보게 한 뒤 손가락 끝으로 주머니의 모서리를 잡아서 양손을 모은다(**그림** 15). 계속해서 모서리를 꽉 잡은 상태에서 팔뚝을 밖으로 꺼내며 주머니를 뒤집는다(**그림** 16). 그럼 여전히 한 겹으로 된 앞면이 객석을 향한다.

뒤집은 상태에서 주머니의 앞뒤를 보여준다. 그리고 다시 **그림** 14와 같이 양손을 엇갈려서 넣고, **그림** 15와 같이 양손을 모은다.

주머니의 입구를 아래로 내려서 주머니에서 팔뚝을 빼낸다. 그럼 주머니는 다시 원래대로 뒤집힌다.

"보시다시피 안이나 밖이나 모두 비어 있습니다."

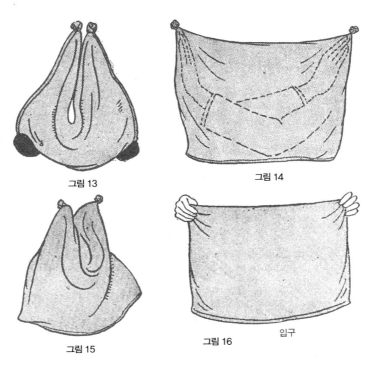

그림 13

그림 14

그림 15

그림 16

입구

주머니의 앞뒤를 모두 보여준 뒤, 다시 한 겹으로 된 면이 객석을 향하게 잡는다. 이 시점에서 파파 밤베르크는 객석의 한 신사에게 이렇게 말했다.

"제가 암탉처럼 꼬꼬댁 울면 주머니의 아래 모퉁이에서 계란이 나올 겁니다."

그러면서 왼쪽 아래 모서리를 가리킨다.

"안에 손을 넣어 보십시오. 무언가 느껴지나요?"

남자가 주머니 안에 손을 넣지만 아무것도 느껴지지 않는다. 그럼 아랫줄에 있는 작은 주머니를 눌러서 계란 하나를 밀어낸다(**그림 17**).

"물론 아무것도 만져지지 않을 겁니다. 제가 아직 닭울음소리를 내지 않았거든요. 제가 꼬끼오~ 하고 울면 이렇게 계란이 하나 나타납니다."

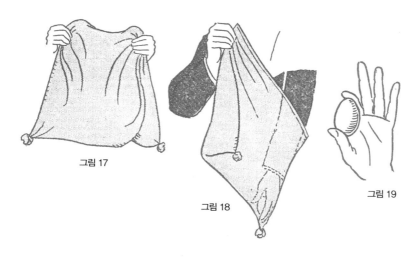

그림 17

그림 18

그림 19

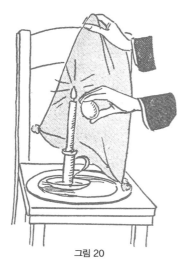

그림 20

우렁차게 닭울음소리를 낸 후, 주머니에 왼손을 넣어 계란을 꺼낸다(**그림 18**, **그림 19**). 그리고 불빛 앞으로 가져가서 진짜 계란임을 보여준다(**그림 20**).

"계란이 신선한지 그렇지 않은지 확인하기 위해서 우리의 선조들은 '촛불'을 이용했습니다. 촛불에 이렇게 계란을 비추면 계란 안을 볼 수 있습니다."

주머니의 윗부분을 오른손으로 잡은 상태에서 오른손을 의자 등받이 뒤로 가져간다. 매번 계란을 촛불에 비춰볼 때마다 이 동작을 반복한다. 그래야 15번째 계란을 만들어낸 뒤 의자 뒤에 걸려 있는 치킨 백을 잡을 때 아무런 의심도 받지 않는다. 촛불에 비춰본 계란은 접시 위에 내려놓는다. 자신의 취향에 따라 촛대를 접시 앞에 놓아도 된다. 단, 촛대는 의자의 오른쪽에 놓는 것이 바람직하다. 한번에 계란 하나씩 만들어낸다. 그리고 중간 중간에 주머니를 뒤집어 안에 아무것도 없음을 보여준다. 또다시 닭울음소리를 내고 계란을 만들어낸다.

Tarbell course in Magic

주머니에 숨겨둔 계란 중 반쯤을 꺼내면 젊은 신사나 숙녀에게 다가가서 말한다.

"물론 제가 저의 아버지나 할아버지께 훈련을 받아서 이렇게 할 수 있다고 생각하시겠죠. 하지만 그렇지 않습니다. 당신도 할 수 있습니다. 주머니 안에 손을 넣으십시오. 무언가 느껴지나요? 아니죠? 이제 닭울음소리를 내보세요! 그리고 다시 주머니 안에 손을 넣으세요. 무언가 느껴질 겁니다. 오, 계란을 만들어내셨군요!"

관객이 처음에 주머니에 손을 넣고 아무것도 만져지지 않는다며 손을 꺼내면, 그때 작은 주머니에 있는 계란을 밀어서 왼쪽 모서리로 떨어뜨린다. 그리고 관객이 닭울음소리를 낸 뒤 다시 주머니에 손을 넣어 계란을 꺼내게 한다.

"첫 번째 계란 낳은 것을 축하드립니다!"

관객이 꺼낸 계란을 건네받아서 접시에 담는다. 14번째 계란을 작은 주머니에서 밀어낼 때 15번째 계란도 함께 밀어낸다. 이때 계란이 서로 부딪히지 않도록 주의해야 한다. 14번째 계란이 왼쪽 모서리에 떨어졌을 때 살짝 오른쪽으로 밀어내면 15번째 계란과 부딪히지 않는다.

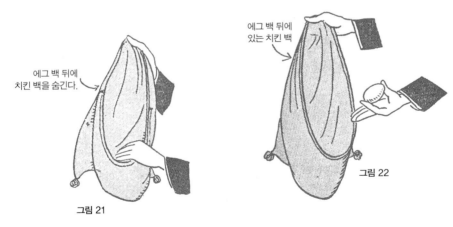

에그 백 뒤에 치킨 백을 숨긴다.

에그 백 뒤에 있는 치킨 백

그림 21

그림 22

14번째 계란을 만들어내어 촛불에 비춰본 후 접시에 놓는다. 이와 동시에 오른손 손가락으로 의자 뒤에 걸려 있는 치킨 백의 끈을 잡는다. 그럼 못에서 끈이 빠지면서 치킨 백이 에그 백 뒤로 온다(**그림 21**). 이때 에그 백은 관객을 향해 벌어져 있다. 또

한 주머니를 잡고 있는 오른손의 위치를 잘 기억해둬야 한다. 이 상태에서 에그 백 안에 손을 넣어 15번째 계란을 꺼내어 접시에 담는다(**그림 22**). 하지만 이번에는 에그 백을 의자 뒤로 가져가지 않는다.

왼손으로 에그 백 입구의 앞부분을 잡는다(**그림 21**). 그리고 **그림 23**과 같이 위로 들어올린다. 항상 에그 백 뒤에 숨긴 치킨 백이 보이지 않도록 주의해야 한다. 치킨 백의 끈을 왼손으로 옮겨 잡고, 오른손으로는 치킨 백의 입구를 잡는다. 그리고 에그 백 입구의 뒷부분을 놓아서 아래로 늘어뜨린다. 그럼 에그 백이 벌어지며 치킨 백을 안으로 넣을 수 있게 된다(**그림 24**). 왼손으로 잡고 있던 끈을 놓고 치킨 백을 에그 백 안에 내려놓는다(**그림 25**).

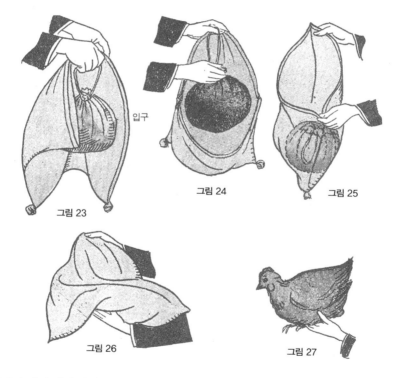

입구

그림 24

그림 25

그림 23

그림 26

그림 27

"제가 비밀 하나 알려드릴까요? 제가 직접 계란을 낳는 게 아닙니다."

왼손을 에그 백 안에 넣고 잽싸게 치킨 백을 연다. 그리고 왼손 위에서 에그 백을 뒤집는다(**그림 26**). 왼손으로 닭을 잡고, 오른손으로 에그 백과 치킨 백을 한 번에 잡아서 위로 들어 올린다.

"이것이 진짜 계란을 낳은 주인공입니다."

에그 백과 치킨 백은 옆으로 던져두고 관객에게 닭을 보여준다(**그림 27**). 오른손을 오른쪽 비밀 주머니에 넣어 미리 숨겨둔 삶은 계란을 손에 숨긴다. 그리고 닭 뒤로 계란을 가져가 마치 닭이 직접 낳은 것처럼 계란을 꺼낸 뒤 관객에게 보여준다.

"오! 오! 이제는 제 손에도 계란을 낳네요."

★ **주의**

에그 백 뒤에 숨겨둔 치킨 백을 에그 백 안에 넣는 또 다른 방법이 있다. 에그 백을 뒤집었다가 다시 되돌리는 과정에서 치킨 백을 에그 백 안에 넣으면 된다. 에그 백 마술은 반드시 충분히 연습한 후 무대에 올려야만 한다. 모든 동작 하나하나에 쇼맨십이 더해져야 한다.

테오 밤베르크(오키토)
Theo Bamberg(Okito)

밤베르크 가문에서 6대째로 마술사가 된 테오 밤베르크(Theo. Bamberg, 오키토(Okito))는 1875년 태어났다. 그는 전 세계를 다니며 공연을 펼친 유명한 마술사일 뿐만 아니라 마술의 역사에서 길이 남을 위대한 마술의 창시자이기도 하다. 그의 쇼맨십, 창의력, 예술 감각, 예의 등에 힘입어 마술계는 큰 축복을 받게 되었다.

1886년 열한 살의 테오는 유명한 아버지를 따라서 처음으로 궁전에 가보게 되었다. 그 날은 빌헬미나 공주의 생일이었는데, 이때 그는 공주 앞에서 직접 몇 가지 마술을 선보였다. 또래에 비해 왜소했지만 윌리엄 3세 왕은 그를 보고 칭찬을 아끼지 않았다. 테오를 토닥이며 귀에 대고 이렇게 속삭였다.

"언젠가 너도 네 아버지의 뒤를 이어 위대한 마술사가 되겠구나."

다음날 신문은 이 내용을 기사로 다뤘고, 테오의 인기는 날이 갈수록 커졌다. 그 후로, 그의 아버지는 공연이 있을 때면 테오를 데리고 가곤했다.

열여덟 살이 되던 해, 수영하던 중 사고를 당해 귀에 심각한 문제가 생겼다. 거의 청력을 잃었지만 그를 고칠 수 있는 의사는 없었다. 마술사는 관객과 대화를 해야 하기 때문에 청력을 잃게 된다면 마술사로서 큰 타격을 입게 된다. 그렇기에 그의 아버지는 위대한 사람 중에는 청각 장애인도 많았다는 이야기를 하며 극복할 수 있는 힘을 실어줬다. 이때 아버지는 에디슨과 베토벤의 이야기를 들려주었다.

어느 날 테오는 아버지에게 물었다.

"말하지 않고 마술을 하는 것에 대해서 어떻게 생각하세요?"

이때 아버지는 테오가 그런 생각을 하는 것을 보고 제 정신이 아니라고 생각했다. 말하지 못하는 마술사에 대해 들어본 적이 있는가? 당시엔 상상조차 할 수 없는 일이었다.

"왜 말을 못한다고 설명할 거니? 어떤 변명을 할 수 있겠니?"

아버지가 물었다. 그러자 테오가 대답했다.

"글쎄요. 외국에서 와서 그 나라 언어를 모르는 것처럼 연기할 거예요. 제가 일본인이나 중국인이 되는 거죠."

이렇게 그의 문제는 해결되었다. 그는 암스테르담에 가서 진짜 일본 의상을 구입했다. 그리고 TOKIO(도쿄)라는 단어의 철자를 바꿔서 OKITO(오키토)라는 이름을 만들었다. T를 I와 O 사이로 옮긴 것이다. 이렇게 그의 이름이 만들어졌고, 그 후로 오랫동안 많은 사람들의 기억에 남는 이름이 되었다.

오키토는 말을 하지 않고 할 수 있는 일본 마술 프로그램을 개발했다. 그리고 팬터마임 형식으로 연습했다. 그는 소년 조수 한 명과 함께 테이블 두서너 개가 놓인 무대로 올라갔다. 거기에는 10~15분간 마술을 하는 데 필요한 도구가 충분히 놓여 있었다. 베를린의 보드빌 극장에서 테오 밤베르크는 오키토로서 처음 사람들 앞에 나타났다. 이날 공연은 큰 성공을 거두었다. 실제로 그는 일상생활에서 프랑스어, 독일어, 영어를 사용했지만, 사람들은 무대 위의 그를 보고, 이런 사실을 전혀 눈치 채지 못했다.

오키토로서 무대에서 큰 성공을 거두었기에 테오는 그 후로도 오키토라는 이름을 고수했다.

일본에서 발생한 지진과 홍수로 인해 일본의 수출에 차질이 생겼다. 그래서 필요한 일본 의상과 소품을 구하기가 어려워졌다. 일본 의상을 구할 수 없었기 때문에, 그는 중국 의상을 구해서 중국 마술을 하기로 결정했다. 이를 계기로 그는 한동안 일본 이름을 갖고 중국 마술을 하게 되었다. 오키토는 항상 진짜 중국에서 만들어진 제품, 흠이 없는 제품을 고집했다. 그리고 중국의 의상, 장식, 도구 등에 대해서 연구했다. 그의 중국 의상 중에는 중국 태자의 의상, 왕실 의상, 만다린 의상도 포함되어 있다. 그렇기에 오키토의 마술에는 진실된 배경, 진정한 예술이 숨어 있다.

그는 세계 각지에서 공연을 했지만 무언으로 마술을 했기에 언어 장벽은 전혀 문제가 되지 않았다. 그의 마술은 절묘한 타이밍에 아름답고 정교하게 이루어졌다. 그렇기에 그 자체로 하나의 언어가 탄생되었다. 1899년 파리에서 열린 만국 박람회에서 그는 하워드 서스톤(Howard Thruston)을 만났다. 이때 서스톤은 '킹 오브 카드(King of Cards)'를 선보였다. 박람회 때 최고의 극장으로 꼽혔던 폴리에스 마리니 극장(Theatre des Folies Marigny)에서 서스톤의 공연이 있었다. 오키토는 유명한 카지노 드 파리(Casino de Paris)에서 공연을 하게 되었다. 그들은 처음부터 서로에게 관심이 있었고, 곧바로 친한 친구가 되었다.

1908년 오키토는 미국으로 건너가서 브로드웨이 28번가에서 마술 사업을 시작했다. 어느 날 서스톤이 그를 찾아와 자신이 켈라의 제자가 되었다고 말했다. 서스톤은 카드 마술사였기 때문에 저녁 내내 일루전을 포함한 다양한 마술을 선보이는 것은 아직 그에게는 낯선 일이었다. 그래서 오키토는 곧바로 자신의 사업을 정리하고 4년간 서스톤과 함께 하며 서스톤의 쇼를 도와줬다. 가끔 서스톤의 쇼에 출연했지만, 그의 마술과 겹치지 않도록 아름다운 그림자 마술을 선택했다.

1919년 오키토는 미국을 떠나 남아메리카로 갔고, 그곳 공연에서 성공을 거둔 뒤 유럽으로 돌아가서 계속 공연을 했다. 1932년 은퇴를 선언한 그는 네덜란드로 돌아 갔다. 하지만 제2차 세계대전이 발발하면서 네덜란드를 떠나야만 했다. 그래서 그는 자신의 아들 데이비드(David, 푸만추(Fu Manchu))가 명성을 떨치고 있는 남아메리카로 갔 다. 자신의 아내가 죽은 후, 그는 뉴욕으로 왔다가 마지막에는 시카고에 정착했다. 그곳에서 밤베르크 스타일의 오키토 마술을 개발했다.

오키토의 홍차, 우유, 설탕 미스터리
Okito's Tea, Milk and Sugar Mystery

1900년쯤 오키토는 자신이 좋아하는 이 마술을 중국 마술과 함께 선보였다. 그의 다른 마술처럼 이 마술 역시 잘못 모방되어 판매되었다. 켈라는 이렇게 모방된 잘못된 방법을 자신의 쇼에서 선보여 큰 성공을 거두었고, 이로 인해 그의 이름이 더욱 널리 알려지게 되었다. 켈라가 은퇴한 후 오키토는 켈라에게 정확한 비법을 알려주었다.

모방된 방법에서는 커피와 우유잔을 종잇조각이 가득 담긴 상자 안에 넣어서 각각 커피 와 우유가 담긴 잔으로 바꿔야만 했다. 그러나 오키토의 방법에서는 빈 커피 주전자와 우 유 주전자를 보여준 후 거기에 종잇조각을 채웠다. 주전자는 항상 밖에서 보이기 때문에 다른 주전자로 바꾸는 일은 없다. 이번 레슨에서는 밤베르크 가의 마술을 위해서 오키토 가 직접 진짜 비법을 공개했다. 여러분이 멋지게 이 마술을 해내리라 기대한다.

★ 이펙트

예쁘게 장식한 나무상자 두 개를 보여준다. 하나에는 갈색 종잇조각이 담겨 있고, 나머지 하나에는 흰색 종잇조각이 담겨 있다. 니켈로 도금한 주전자 두 개를 보여주 며 안에 아무것도 없음을 확인시킨다. 왼손으로 주전자를 잡고 상자 위에 놓은 후 오른손으로 상자 안의 갈색 종잇조각을 잡아서 주전자 안에 넣는다. 주전자 안에 종잇조각을 가득 채운 후 뚜껑을 닫는다. 주전자는 항상 관객이 볼 수 있도록 테이블 위에 내려놓는다.

같은 방법으로 두 번째 주전자에 흰색 종잇조각을 채운 뒤 뚜껑을 닫는다. 그리고 모두가 볼 수 있도록 테이블에 내려놓는다. 다음으로 작은 설탕 단지를 관객에게 건네 평범한 설탕 단지임을 확인하게 한다. 모두가 보는 앞에서 빈 설탕 단지 안에 흰색 종잇조각을 넣는다. 그리고 단지의 뚜껑을 닫는다.

주전자의 뚜껑을 열어보니 갈색 종잇조각이 김이 모락모락 나는 홍차로 변해 있다. 그리고 주전자 안에 있던 흰색 종잇조각은 우유로, 단지 안에 있던 흰색 조각은 설탕으로 변해 있다. 쟁반 위에 있는 잔에 홍차를 따라서 관객을 대접할 준비를 한다. 그리고 우유도 따른다. 갑자기 컵을 뒤집어보니 홍차는 다시 종잇조각으로 변해 있다.

★ 준비물

1. 니켈로 도금한 주전자 두 개. 높이는 15cm가 적당하다. 주전자의 바닥은 쉽게 제거할 수 있는 가짜 바닥으로 되어 있다(**그림 1**, **그림 2**, **그림 3**). 바닥의 한쪽에는 주전자 아래쪽에 끼울 수 있도록 작은 핀 두 개가 달려 있다. 그리고 주전자의 손잡이에는 피벗(pivot)이 달려 있다(**그림 1**, **그림 2**). 손잡이의 윗부분을 누르면 손잡이 아랫부분이 주전자에서 멀어진다. 그리고 손잡이 아랫부분에 달려 있는 철사 A는 주전자의 바닥까지 연결되어 있다. 가짜 바닥을 지지하기 위해서 끝이 B와 같이 구부러져 있다(**그림 2**). 손잡이의 윗부분을 누르면, 손잡이의 아랫부분과 함께 철사가 주전자에서 멀어지고, 이때 가짜 바닥이 분리된다(**그림 4**). 손잡이 윗부분의 반대쪽에는 내용물을 따르기 위한 주둥이가 있다. 그리고 뚜껑도 있는데 뚜껑의 단면은 **그림 5**와 같다. **그림 1**은 뚜껑을 닫은 모습이다.

2. 주전자 인서트 두 개(**그림 6**). 위는 뚫려 있고 아래는 막혀 있다. 금속으로 되어 있으며 주전자에 꼭 맞는 크기다(**그림 7**). 주전자 안에 인서트를 넣으면 구부러진 철사 B로 인해 움직이지 않는다.

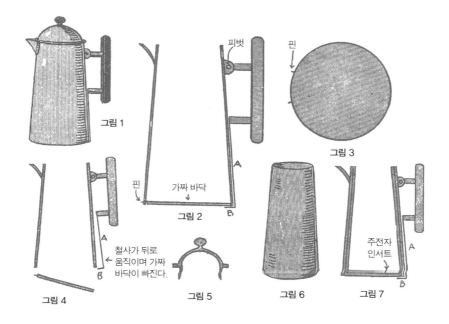

그림 1

피벗

핀

그림 3

핀

가짜 바닥

그림 2

철사가 뒤로 움직이며 가짜 바닥이 빠진다.

그림 4

그림 5

그림 6

주전자 인서트

그림 7

3. 뚜껑을 열 수 있는 설탕 단지와 인서트 하나(**그림 8, 그림 9**). 단지를 연 상태에 서 인서트를 쉽게 넣을 수 있다(**그림 10**). 단지 안으로 너무 깊이 들어가지 못하 도록 인서트 윗부분에는 얇은 테가 둘러져 있다. 인서트의 높이는 최대 6.2cm 이다.

4. 찻잔과 받침 네 쌍. 홍차와 우유를 종잇조각으로 바꿀 수 있도록 되어 있다. 각 각의 컵에는 얇은 금속으로 된 인서트가 들어 있다. 인서트의 바닥에는 아래로 연결되는 튜브가 있다(**그림 11**).

그림 8

그림 9

그림 10

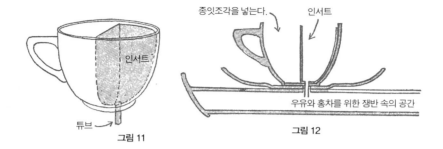

종잇조각을 넣는다. 인서트

인서트

튜브

우유와 홍차를 위한 쟁반 속의 공간

그림 11   그림 12

인서트는 컵의 1/2 크기이다. 인서트와 튜브를 연결시킨 후 찻잔 안에 고정시킨 다. 튜브와 인서트는 컵과 같은 색으로 칠한다. 컵 받침에는 튜브를 넣을 수 있 는 구멍이 뚫려 있다. 그리고 안에 액체를 담을 공간이 있는 쟁반을 준비한다(**그 림 12**). 쟁반에도 튜브를 넣을 수 있는 구멍이 뚫려 있다. 그럼 튜브는 컵의 바닥 을 통해 컵 받침과 쟁반의 윗면을 통과하여 비밀 공간으로 이어진다. 이 상태에 서 컵에 무언가를 따르면 곧바로 쟁반 안의 비밀 공간으로 들어간다.

5. 위가 뚫린 나무상자 두 개. 상자 두 개는 똑같이 생겼으며, 안에는 각각 특별한 장치가 들어 있다. 이 장치는 홍차와 우유 주전자 안에 주전자 인서트를 넣기 위 한 것이다. 겉으로 보기에는 양팔저울과 비슷하다(**그림 13**). 바닥에는 금속으로 된 접시가 있고, 그 위에 막대기가 고정되어 있다. 막대기 C의 끝에는 폭 1cm의 홈이 있다. 여기에 레버 막대기를 넣고 피벗으로 고정시킨다(**그림 14**). 레버 막 대기의 왼쪽 끝에는 원반 D를 고정시킨다. 원반 D의 둘레 1/2에는 약간 올라온 테두리가 있다. 이 위에 주전자 인서트를 놓을 수 있다(**그림 13**). 그리고 레버 막 대기 C의 반대쪽에는 원반 E를 놓는다. 가짜 바닥을 분리한 주전자의 아랫부분 2.5~5cm가 상자 안으로 들어오게 잡은 상태에서 E를 누르면 D가 위로 올라가며 인서트가 주전자 안으로 들어간다(**그림 15**).

6. 인서트에 넣어 둘 홍차, 우유, 각설탕

7. 흰색 종잇조각과 갈색 종잇조각

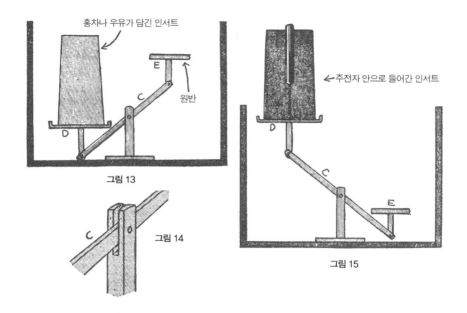

홍차나 우유가 담긴 인서트

E

C

D

원반

그림 13

주전자 안으로 들어간 인서트

D

C

E

그림 15

C

그림 14

준비

홍차(액체)를 넣어 인서트의 3/4을 채운 뒤 상자 안의 원반 D에 놓는다. 그리고 갈색 종이로 인서트를 덮는다. 다음으로 상자 안에 갈색 종잇조각을 가득 채운다. 인서트 위에 티슈를 놓았기 때문에 인서트 안으로는 종잇조각이 들어가지 않는다.

다른 상자 안에는 우유로 3/4을 채운 인서트를 놓는다. 그리고 흰색 티슈로 인서트를 덮고, 흰색 종잇조각을 상자 가득 넣는다. 그런 다음 상자의 오른쪽 모서리에 설탕을 담아둔 인서트를 넣는다. 설탕 인서트 역시 종잇조각이 들어가지 못하도록 티슈로 덮어둔다.

갈색 종잇조각이 담긴 상자는 왼쪽 테이블에, 흰색 종잇조각이 담긴 상자는 오른쪽 테이블에 놓는다. 그리고 각각의 상자 앞에는 가짜 바닥을 끼워둔 주전자를 놓는다. 설탕 단지는 뚜껑을 연 채로 오른쪽 테이블에 놓는다. 마지막으로 찻잔 네 개가 놓인 쟁반은 왼쪽 테이블의 왼쪽 앞 모서리에 놓는다. 이때 찻잔 두 개에는 갈색 종잇조각이, 나머지 두 개에는 흰색 종잇조각이 들어 있다.

시연

홍차 주전자를 들고 안에 아무것도 없음을 보여준다. 그리고 왼손으로 손잡이를 잡은 상태로 주전자 아랫부분 2.5~5cm를 상자 안에 넣는다(**그림 16**).

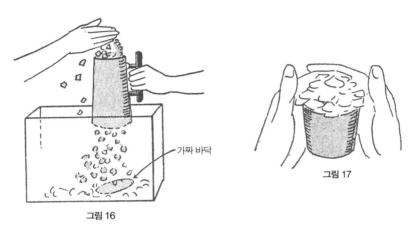

가짜 바닥

그림 16

그림 17

손잡이 아랫부분을 뒤로 당기면 가짜 바닥이 조용히 종잇조각 위로 떨어진다. 오른손을 상자 안에 넣어 갈색 종잇조각을 한 움큼 잡는다. 그리고 주전자 안에 넣는다(**그림 16**). 물론 주전자 바닥이 뚫려 있기 때문에 종잇조각은 곧바로 상자로 떨어진다. 이렇게 서너 번 주전자에 종잇조각을 넣은 후 원반 E를 누른다(**그림 13**). 그럼 홍차가 담긴 인서트가 주전자 안으로 들어간다. 이때 인서트가 걸리지 않도록 철사 B를 뒤로 뺏다가, 인서트가 완전히 주전자 안으로 들어오면 철사 B로 인서트를 받친다. 다음으로 주전자를 상자 앞에 놓는다.

우유 주전자를 집어서 같은 방법으로 안에 아무것도 없음을 보여준다. 그리고 가짜 바닥을 분리한 뒤 흰색 종잇조각을 넣는다. 이번에도 원반 E를 눌러서 주전자 안에 인서트를 넣은 뒤 철사 B로 인서트를 받친다. 주전자의 뚜껑을 닫고 상자 앞에 놓는다.

설탕 단지 안에 아무것도 없음을 보여준 뒤 테이블 안에 놓는다. 흰색 종잇조각이 있는 상자에 손을 넣어 설탕 인서트와 인서트를 덮어놓은 티슈를 함께 꺼낸다. 이때 **그림 17**과 같이 양손으로 인서트를 잡는다. 그리고 마치 양손으로 흰색 종잇조각을 가득 잡은 것처럼 연기하며 단지 안으로 인서트를 넣는다(**그림 18**). 다시 상자에 손을 넣어 종잇조각을 꺼내서 단지 위에 놓아 종잇조각이 옆으로 넘치게 한다. 그런 다음 한 손으로 단지 뚜껑을 집고 반대 손으로는 흰색 티슈 위에 놓은 종잇조각을 쓸어내린다.

그림 18

이 상태에서 뚜껑을 덮으면 뚜껑 밖으로 삐져나온 티슈가 보인다. 그럼 삐져나온 부분을 찢어낸다.

이제 테이블 위에 놓인 상자 두 개를 치우고, 테이블에는 주전자 두 개와 설탕 단지, 쟁반과 찻잔, 컵 받침만 남겨놓는다. 홍차 주전자의 뚜껑을 열고, 김이 모락모락 나는 홍차를 두 개의 찻잔에 따른다. 이때 찻잔 안에 넣어둔 인서트에 따르고, 찻잔 가득 따르는 것처럼 보이게 한다. 특히 주전자를 높이 들어서, 주전자에서 찻잔으로 떨어지는 홍차를 직접 보여주면 더욱 효과적이다. 차를 모두 따른 후에 테이블 위에 주전자를 내려놓는다.

같은 방법으로 우유 주전자의 뚜껑을 열고, 남은 찻잔 두 개에 우유를 따른다. 이번에도 인서트 안에 우유를 따른다. 그럼 쟁반 안의 공간으로 모두 내려간다. 주전자를 테이블에 놓고, 설탕 단지의 뚜껑을 연 뒤 쏟아서 설탕을 몇 개 꺼낸다.

홍차를 따른 찻잔을 집어서 안에 들어 있는 종잇조각을 공중에 날린다. 그럼 홍차가 다시 종이로 변한 것처럼 보인다. 나머지 세 개의 찻잔에 있는 종잇조각도 모두 공중에 날린다. 그런 뒤 찻잔은 다시 쟁반에 놓는다. 이때도 튜브와 구멍을 잘 맞춰야 한다. 타이밍을 잘 맞추면 오키토와 같이 정말 아름답고 효과적인 장면을 연출할 수 있다.

데이비드 밤베르크(푸만추)
David Bamberg(Fu Manchu)

데이비드(David)는 1904년 2월 19일, 영국의 더비(Derby)에서 태어났다. 그는 테오 밤베르크(오키토)의 아들로서 밤베르크 가문에서 7대째 마술사가 되었다. 그가 태어나자마자 그의 가족은 미국으로 이사를 갔고, 그는 뉴욕의 브루클린(Brooklyn)에서 유년시절을 보냈다. 처음 그가 마술을 시작하게 된 것은 학교에서 친구들을 즐겁게 하기 위해서였다. 열아홉 살이 되었을 때 그는 아버지와 함께 유럽을 여행했다. 후에는 자신의 그림자 마술을 갖고 그레이트 레이몬드(Great Raymond)와 함께 공연을 하게 되었다. 그의 아내 힐다(Hilda)는 레이몬드와의 공연에서 조수를 맡았다. 그들은 브라질과 아르헨티나로 순회공연을 떠났다.

레이몬드가 남아메리카를 떠날 때 데이비드는 거기에 남기로 결심했다. 그는 푸만추(Fu Manchu)라는 이름으로 자신의 마술쇼를 시작했다. 아름다운 중국 마술을 선보이며 그는 순식간에 성공을 거두었다. 그는 마술사에게 필요한 기술과 연기, 매력을 모두 갖고 있었고, 색에 대한 조예가 깊었다. 그렇기에 관객에게 더욱 강한 인상을 남길 수 있었다. 그의 쇼는 세계에서 가장 정교하고 아름다운 쇼로 꼽혔다. 이에 대해 테오는 내게 이런 말을 했다.

"데이비드의 쇼는 밤베르크 가문 마술의 최절정판이라네."

푸만추의 팬텀 백 이스케이프
Fu Manchu's Phantom Bag Escape

예전에 토비아스 밤베르크는 주머니에서 신기하게 탈출하는 마술을 선보였다. 그는 아무런 조작도 하지 않은 헝겊 주머니에 조수가 들어가도록 한 후 조수의 머리 위까지 주머니를 올린 뒤 주머니의 입구에 테이프를 감고, 거기에 봉인 왁스까지 찍어놓았다. 잠시 헝겊으로 주머니를 가린 뒤 주머니의 입구를 헝겊 밖으로 꺼냈다. 잠시 후 헝겊을 걷자 주머니에서 탈출한 조수가 관객에게 인사한다. 때로는 토비아스 밤베르크 스스로 주머니에 들어갔다가 탈출하기도 했다.

마술을 너무도 사랑한 데이비드는 그의 증조할아버지가 했던 그 마술을 기억했다. 그리고 자신만의 독특한 방법으로 그 마술을 재연하기로 했다. 타벨의 학생들을 위해서 데이비드는 자신의 비법을 공개했다.

★ 이펙트

어두운 와인색 헝겊으로 된 긴 주머니를 팔에 걸치고 무대로 등장한다. 주머니는 얇지만 속이 비치지 않는 공단 천으로 되어 있다. 길이는 최소한 1.8m이고, 사람이 편하게 들어갈 수 있는 너비이다. 주머니를 객석에 던져 한 사람이 받게 한다. 그럼 주머니를 받은 사람에게 주머니를 잘 확인해보라고 말한다.

> "다른 분들께서 선생님과 주머니를 보기 위해 자리에서 일어서려고 하시네요. 그냥 선생님 혼자 일어서시는 게 좋지 않을까요?"

그럼 주머니를 받은 사람이 일어난다.

> "감사합니다. 지금 제가 크게 말해야 하는데, 조금 제게 가까이 오시겠습니까?"

관객이 무대 가까이 오면 말한다.

"그럼 몇 계단 올라와 주세요. 그럼 다른 분들께서 주머니와 선생님을 잘 보실 수 있을 겁니다."

그가 계단을 오르면 그의 손을 잡고 무대 위로 데려온다.

"아니면 그냥 무대 위로 올라오세요. 그럼 모든 분들이 더욱더 잘 보실 수 있겠네요."

결국 주머니를 받은 관객은 무대까지 올라오게 된다. 객석에 있는 관객을 무대로 부르는 아주 교묘한 방법이다.

"주머니를 샅샅이 확인해보셨나요? 아무런 조작도 없는 그저 평범한 주머니 맞습니까? 뒤집어서 안쪽도 확인해보세요. 확인하셨으면 다시 원래대로 뒤집어 주세요."

데이비드는 관객 가까이에 서 있다가 갑자기 말한다.

"죄송한데요, 지금 제 발을 밟고 계시거든요."

관객을 웃게 하기 위한 멘트이다.

"주머니에 아무런 이상한 점이 없는 게 확실하죠?"

관객이 웃는 사이 여자 조수 한 명이 등장하고 데이비드는 조수를 소개한다. 주머니를 정리하여 바닥에 납작하게 놓는다. 그럼 조수가 그 안으로 들어가서 선다. 주머니의 입구를 잡고, 천천히 위로 올려 조수를 완전히 가린다. 무대로 올라온 관객에게 두께 2.5cm, 길이 1.8m의 테이프를 건넨다. 그리고 테이프로 주머니의 윗부분을 몇 바퀴 감은 뒤 단단하게 묶으라고 한다. 이때 매듭의 테이프에 반지를 넣어서 쉽게 확인할 수 있게 한다. 데이비드는 봉인 왁스를 이용하는 것보다는 반지를 이용하는 방법을 좋아했다.

그럼 이제 조수 두 명이 나와서 커다란 헝겊으로 주머니를 가린다. 하지만 주머니 윗부분의 30cm 정도는 헝겊 위로 보이게 한다. 그리고 주머니를 묶은 테이프도 관객의 시야에서 사라지지 않는다. 무대로 올라온 관객을 가운데로 오게 한 후 주머니를 묶은 테이프를 그의 손목에도 묶는다. 잠시 후 데이비드가 헝겊을 한쪽으로 걷는다.

그러자 관객의 손목에는 빈 주머니가 달려 있고, 주머니에 있던 조수는 주머니 옆에 서서 미소를 짓는다.

관객이 테이프를 풀어 자신의 반지를 꺼내고, 다시 주머니를 살펴본다. 하지만 주머니는 아무런 흠집이나 구멍도 없이 처음 그대로다.

★ 준비물

그림 1

1. 똑같이 생긴 주머니 두 개(**그림 1**). 아무런 조작도 없는 평범한 주머니이다. 주머니의 입구에는 끈을 끼울 수 있는 고리가 전혀 없으며, 그냥 헝겊을 자른 상태 그대로이다. 주머니의 길이는 1.8m 정도, 폭은 사람이 들어가서 움직일 수 있는 정도이다. 주머니는 어두운 색으로 되어 있다. 데이비드는 얇으면서도 불투명한 공단 천으로 만든 와인색이나 밤색 주머니를 애용했다.
2. 너비 2.5cm, 길이 1.8m의 테이프 하나
3. 불투명하고 현란한 색의 커다란 헝겊 하나. 양쪽 모서리를 잡았을 때 주머니를 가릴 수 있어야 한다.

준비

여자 조수가 중국 바지와 코트를 입는다. 그리고 주머니의 아랫부분을 바지에 넣은 뒤, 주머니를 지그재그로 접어서 주머니의 입구가 코트의 목 부분에 오게 한다. 그럼 여자 조수는 쉽게 주머니의 입구를 잡을 수 있다. 그리고 입구 위에 또 입구를 만들고 주머니에서 빠져나올 수 있다. 그리고 주머니를 옷에 숨기는 것도 매우 간단하다. 여자 조수가 중국 의상을 입지 않는 경우에는 더욱 신경 써서 주머니를 숨겨야 한다.

시연

어떻게 관객을 무대로 올라오게 하는지에 대해서는 이미 앞에서 설명한 바 있다.

중요한 것은 객석에 직접 주머니를 던져 어떤 속임수나 장난도 없음을 보여준다.

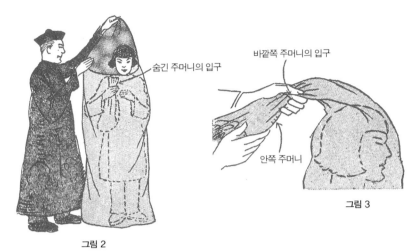

숨긴 주머니의 입구

바깥쪽 주머니의 입구

안쪽 주머니

그림 3

그림 2

여자 조수가 주머니 안으로 들어가면 주머니의 입구를 잡고 위로 올려서 조수의 머리만 보이게 한다. 왼손으로 주머니의 뒷부분을 잡아서 주머니가 떨어지지 않게 한다. 이때 조수는 코트 안에 숨겨둔 주머니의 입구를 꺼내서 바깥 주머니의 입구와 나란하게 만든다(**그림 2**). 그리고 마술사가 바깥 주머니를 위로 올리면 동시에 조수도 안쪽 주머니의 입구도 위로 올린다.

양손으로 주머니의 입구를 오므린 뒤 주머니의 입구를 잡은 왼손을 조수의 머리 바로 위로 가져간다. 그런 다음 오른손을 주머니 안에 넣어서 안쪽 주머니의 입구를 잡는다. 그리고 오른손을 위로 올려서 안쪽 주머니의 입구가 바깥 주머니 위로 30cm 정도 보이게 한다(**그림 3**). 이때 왼손으로는 바깥 주머니와 안쪽 주머니의 경계를 가린다.

다음으로 관객이 직접 확인할 수 있도록 테이프를 건넨다. 다시 테이프를 돌려받고 바깥 주머니와 안쪽 주머니의 경계 부분을 두 바퀴 감는다(**그림 4**). 이때 경계 부분이 보이지 않게 잘 감아야 한다. 그리고 테이프의 양끝을 관객에게 주며 주머니를 잘 묶으라고 말한다. 이때 마술사는 한손으로는 경계 부분을 반대쪽 손으로는 안쪽 주머니의 입구를 잡아서 관객이 테이프 묶는 것을 도와준다(**그림 5**). 관객이 테이프를 감을 때, 마술사가 묶어놓은 부분 아래로 내려오지 않게 주의해야 한다. 주머니에 테이프를 감은 후 묶어서 매듭을 만든다. 그리고 나중에 주머니가 바뀌지 않았음을 확인하기 위해서 관객에게 끼고 있는 반지를 테이프에 묶어 두라고 말한다. 긴 테이프를 사용했기 때문에 관객의 손목을 묶을 정도의 테이프는 충분히 남아있다.

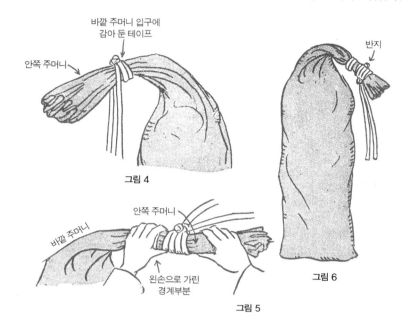

그림 4

그림 5

그림 6

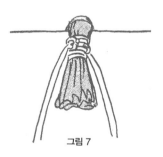

그림 7

주머니에서 양손을 떼어 조수가 있는 주머니를 꽁꽁 묶었음을 보여준다(**그림 6**). 그리고 두 명의 조수가 헝겊을 들고 나와 자연스럽게 관객에게 헝겊을 보여준다. 그리고 양 위쪽 모서리를 잡아서 주머니를 가린다. 하지만 이때 주머니를 완전히 가리지 않고 윗부분은 보이게 한다. 테이프를 감아놓은 부분은 헝겊 앞으로 늘어뜨린다(**그림 7**). 주머니가 항상 관객의 시야 안에 있기 때문에, 그것도 매듭이 있는 부분을 계속 볼 수 있기 때문에 관객의 놀라움은 더욱 고조된다.

마술사가 매듭이 있는 부분을 헝겊 앞으로 가져가기 위해서 안쪽 주머니의 윗부분을 잡으면 여자 조수는 잽싸게 바깥 주머니를 아래로 당겨서 바깥 주머니를 테이프에서 빼낸다. 그리고 옷에 숨겨둔 안쪽 주머니를 완전히 꺼낸다.

바깥 주머니를 완전히 아래로 내려서 주머니에서 나온 뒤 주머니를 납작하게 접어서 코트 안쪽에 숨긴다(**그림 8**). 그동안 마술사는 시간을 끌기 위해서, 무대 위로 올라온 관객을 헝겊 앞으로 오게 한다. 그리고 주머니를 묶고 남은 테이프로 그의 손목을 묶는다(**그림 9**).

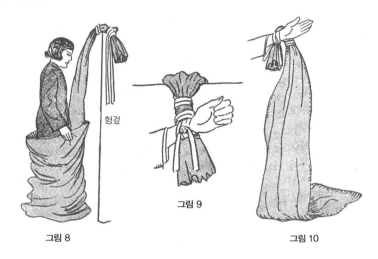

헝겊

그림 8

그림 9

그림 10

여자 조수는 주머니를 완전히 숨긴 뒤 신호를 보낸다. 그럼 곧바로 마술사가 헝겊을 치운다. 그럼 그 뒤에서 주머니에서 탈출한 여자 조수의 모습이 나타난다. 놀랍게도 빈 주머니는 관객의 손목에 매여 있다(**그림 10**).

완벽한 타이밍과 세심한 준비가 있었기에 데이비드의 무대에서 그 효과는 최고였다. 관객들은 푸만추가 '불가능'을 가능케 했다고 평했다.

★ 주의

데이비드 밤베르크는 종종 무대에 비밀 문을 만들어 두었다. 그럼 주머니에서 빠져 나온 조수는 그 문을 통해 무대 뒤로 빠져나가서 곧바로 객석 뒤로 간다. 그리고 조수가 주머니에서 탈출했음을 보여주는 순간, 객석 뒤에서 등장한다. 이 결말은 당시 세상을 떠들썩하게 했다.

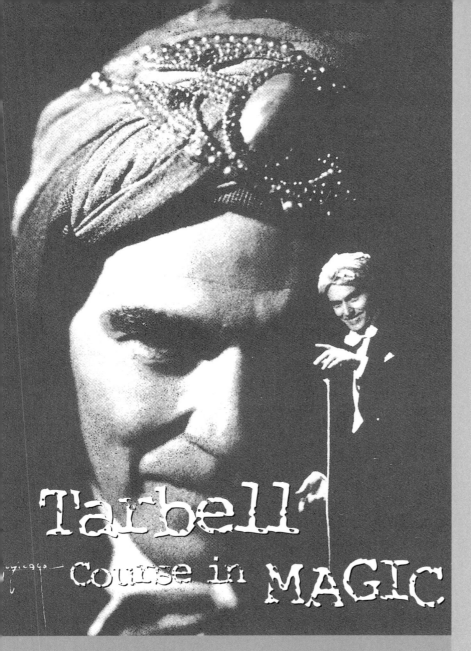

Tarbell
Course in MAGIC

Tarbell course in MAGIC

대접과 액체를 이용한 마술
Magic with Bowls and Liquids

미국 순회공연 중에 칭링푸(Ching Ling Foo)가 보여준 대접 만들어내기 마술은 잊을 수 없다. 당시 십대였던 나는 처음으로 중국 마술의 대가를 만났다. 롱택삼(Long Tack Sam), 청링수(Cung Ling Soo), 친우(Chin Wu), 판유젠(Paun Eu Gen), 오키토(Okito)와 같은 마술사는 대접을 이용한 마술로 관객을 놀라게 했다. 그들은 아무것도 없는 무대 위에서 물이 담긴 커다란 대접을 만들어냈다.

앞으로 나오는 이론에는 완벽한 설명이 곁들여져 있다. 그리고 다양한 효과와 다양한 방법도 함께 소개되어 있다. 그렇기에 각자 자신에게 맞는 방법을 선택할 수 있다. 이미 오래전부터 무대에 있던 마술이지만, 앞으로도 계속해서 관객에게 즐거움을 줄 것이다.

물이 담긴 커다란 대접 만들어내기
Production of a Large Bowl of Water

★ 이펙트

마술사가 커다란 헝겊을 집어 앞뒤를 보여준다. 그리고 손으로 헝겊을 쓸어 안에 아무것도 없음을 보여준다. 무언가 일어나길 기대하며 헝겊을 바닥에 던진다. 바닥에 있는 헝겊을 집어서 관객에게 보여준다. 다시 헝겊을 바닥에 던지자 헝겊 아래로 커다란 물체의 형태가 보인다. 헝겊을 걷어보니 물이 담긴 커다란 대접이 모습을 드러낸다. 대접에 있는 물을 다른 그릇에 따른다.

★ 준비물

1. 지름 37.5cm의 커다란 대접 하나
2. 대접을 덮을 특별한 커버 하나
3. 물이 담긴 대접을 몸에 달 때 이용할 특별한 하네스(harness) 하나
4. 중국 의상 한 벌
5. 문양이 있는 커다란 헝겊 하나. 불투명하고 두꺼워야 한다.

준비

대접 : 금속, 유리, 사기 중 어떤 재질의 대접을 이용해도 된다. 유리대접을 이용하는 경우에는 물에 금붕어를 넣고 관객에게 대접 안을 보여줄 수 있기 때문에 유용하다. 그러나 유리대접을 다룰 때는 주의가 필요하기 때문에 평범한 개수통을 이용해도 된다. 손잡이는 없어야 하고 겉에 중국풍의 문양을 그려놓는다(**그림 1**).

유리대접이나 사기대접의 경우 그 모양이 천차만별이다. 그중에서 **그림 2**와 **그림 3**이 가장 널리 이용된다. 칭링푸는 **그림 3**과 같이 생긴 무늬가 있는 사기대접이나 유리대접을 이용했다. 경제적인 면에서는 개수통에 그림을 그려서 이용하는 것이 가장 저렴하다. 그리고 완벽하게 익힐 때까지는 개수통으로 연습하는 것이 좋다.

그림 1   그림 2   그림 3

커버 : 이 마술의 핵심은 대접을 어떤 위치에 놓더라도 물이 새지 않도록 커버를 씌우는 것이다. 커다란 대접에 커버를 씌운 방법에는 다양한 이론이 있다. 작은 대접일 경우에는 특별한 고무 커버를 이용할 수 있다. 하지만 큰 대접인 경우에는 다른 방법을 이용해야 한다. 칭링푸는 자신의 비법을 철저히 숨겨왔다. 그가 양가죽을 드럼과 같이 팽팽하게 만들어서 사용했다는 말도 있다. 그 방법이 무엇이건 간에 중국 마술사들은 고무판을 씌운 캔버스를 이용하여 마술을 해냈다.

그림 4

그림 5

그림 6

커버를 만들기 위해서 대접보다 약간 큰 네모난 캔버스를 준비한다. **그림 4**는 캔버스와 대접의 크기를 비교한 것이다. 대접 위에 캔버스를 놓은 후 두께 1.2cm의 로프로 대접의 위 테두리를 감는다. 캔버스를 팽팽하게 당기고 로프도 팽팽하게 당겨서 감는다. 대접에서 물이 새지 않게 하기 위해서는 로프를 팽팽하게 당겨야 한다. 로프로 대접을 한 바퀴 감은 후 매듭을 만든다. 그리고 로프의 양끝을 12.5cm 정도 남겨둔다. 두꺼운 실로 꿰매서 매듭 양쪽을 캔버스에 고정시키면 로프가 더 팽팽해진다(**그림 5**). 캔버스의 아랫부분을 로프 위로 뒤집는다. 그리고 로프가 보이지 않게 아랫부분을 윗부분과 함께 꿰맨 뒤 남은 부분은 잘라낸다. 이렇게 꿰매면 로프가 고정되어 움직이지 않는다(**그림 6**).

약국이나 의료기기 판매점에서 고무판을 구한 뒤 캔버스 커버보다 약간 크게 자른다. 그리고 로프에 고무판을 꿰맨다. 그럼 캔버스와 고무판이 하나로 연결되어서 떨어뜨리더라도 분리되지 않는다(**그림 7**).

대접 윗부분의 2.5cm를 남겨두고 물을 채운다. 당근을 물고기 모양으로 잘라서 물에 넣어도 된다. 멀리에서 보면 진짜 금붕어처럼 보인다. 다음으로 고무판이 안쪽으로 가게 커버를 씌운다. 로프를 아래로 잘 내려서 캔버스와 고무판이 움직이지 않게 한다(**그림 8**).

또 다른 형태의 커버는 앞에서 설명한 커버와 비슷하지만 로프를 캔버스 커버에 꿰매지 않는다. 캔버스를 로프의 끝에 연결하고 고무판 역시 로프의 끝에 연결한다. 그리고 고무판으로 대접을 덮고, 그 위에 캔버스를 놓고 마지막으로 로프를 씌운다(**그림 9**).

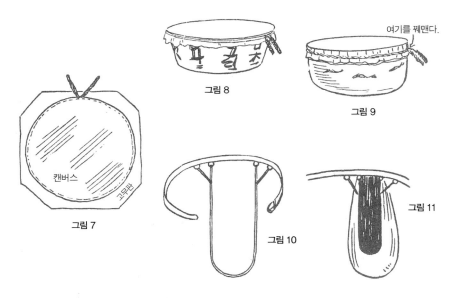

그림 8

여기를 꿰맨다.

그림 9

캔버스

고무판

그림 7

그림 10

그림 11

하네스 : **그림 10**은 하네스의 전체적인 모습이다. 마술사의 허리에 맞도록 벨트를 만든다. 그리고 좋은 하네스에는 네 개의 금속 링이 벨트에 고정되어 있다. 그리고 가운데 링 두 개에 로프를 묶은 뒤 짧은 로프 두 개를 바깥쪽 링에 연결하여 더욱 튼튼하게 만든다. 로프와 벨트로 형성된 타원에 검은색 주머니를 꿰맨다. 주머니는 뒤로 늘어져 있고 주머니의 입구와 연결되어 있는 로프는 주머니가 오므라들지 못하게한다. **그림 11**에서 어둡게 표시된 부분이 로프에 꿰매놓은 주머니의 입구이다.

대접의 바닥이 입구를 향하도록 주머니 안에 대접을 넣는다. 그럼 대접은 **그림 12**와같이 선다. 마술사의 허리에 벨트를 차면 물이 담긴 대접은 마술사 엉덩이 밑에 매달린다. **그림 13**은 하네스를 착용한 모습이다. 이때 주머니의 입구가 앞을 향해야 한다.

중국 의상 : 셔츠, 바지 한 벌 그리고 긴 코트가 필요하다. 하네스를 착용했을 때, 대접이 보이거나 불뚝하지 않도록 길고 통이 큰 코트를 준비해야 한다. 코트의 아랫단에는 금속 체인을 달아서 코트가 아래로 잘 늘어지게 만든다. **그림 14**는 물이 담긴 대접을 넣은 하네스를 착용한 상태에서 코트를 입은 모습이다. **그림 15**는 중국 의상을착용한 마술사를 객석에서 본 모습이다.

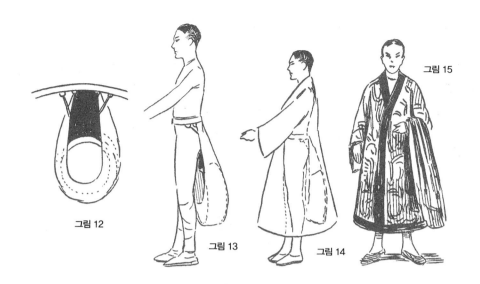

그림 12

그림 13

그림 14

그림 15

　프로덕션 헝겊 : 한 변의 길이가 1.5~1.8m인 정사각형 헝겊을 준비한다. 두껍고, 불투명하며, 문양이 있는 헝겊이어야 한다. 그리고 쉽게 젖지 않아야 한다. 헝겊의 둘레에 다른 색 천으로 테두리가 있으면 좋다. 헝겊 뒷면에는 단색 헝겊을 꿰매서 헝겊의 무게를 늘린다.

시연

　모든 준비를 하고 중국 의상을 입은 뒤 왼팔에 헝겊을 걸치고 등장한다(**그림 15**). 하네스와 주머니가 정확한 위치에 있다면 아무런 불편 없이 걸을 수 있다. 중국 마술사는 이 상태로 바닥에 앉기도 한다. 관객을 바라본 상태에서 양손으로 헝겊을 잡고 펼친다. 그리고 헝겊의 앞뒤를 보여준다(**그림 16**).

　헝겊을 접어서 양손으로 때린다. 그럼 관객은 헝겊 안에 아무것도 없음을 확인할 수 있다. 헝겊을 왼팔에 걸치고 한 바퀴 돌아서 다시 관객을 마주보고 선다. 돌 때는 살짝 폴짝이며 종종 걸음으로 움직인다. 이제 무릎 사이로 늘어진 코트를 때리며 말한다.

　　"없습니다."

　그런 다음 양손으로 가슴을 치며 말한다.

"없습니다."

이 두 동작을 통해서 관객은 마술사가 아무것도 숨기고 있지 않다고 생각한다. 다시 **그림** 16과 같이 헝겊을 잡는다. 그리고 헝겊의 아랫면이 바닥에 닿게 펼친다(**그림** 17). 그런 다음 헝겊을 완전히 바닥에 내려놓는다. 다시 헝겊을 집어서 앞뒤를 보여준다. 헝겊을 몸 앞에서 잡은 상태로 쪼그려 앉아서 대접이 바닥에 닿게 한다. **그림** 18은 옆에서 본 모습이다.

그림 17

그림 16

그림 18

대접이 바닥에 닿으면 윗부분이 아래로 기울어 대접이 똑바로 선다(**그림** 19). 이때 살짝 뒤로 움직이면 주머니에서 대접이 완전히 빠져나온다(**그림** 20). 계속해서 뒤로 움직이고 옷 밖으로 나온 대접을 헝겊으로 가린다. 이때 중국어로 몇 마디 한다(**그림** 21). 이 과정은 빠르게 진행되기 때문에 관객은 마술사가 잠깐 쪼그려 앉았다가 일어섰다고 생각한다.

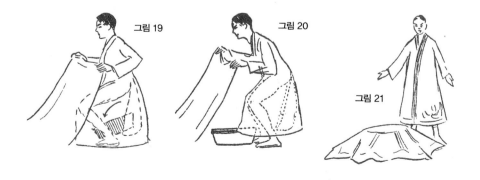

그림 19

그림 20

그림 21

그리고 헝겊 아래 있는 커다란 물체를 보게 된다. 헝겊으로 가린 상태로 손을 넣어 대접에 씌워놓은 로프의 끝을 잡는다. 그리고 곧바로 대접에서 커버를 벗긴다(**그림 22**). 헝겊을 잡고 흔들어 가며 위로 올려서, 물이 담긴 커다란 대접을 관객에게 보여준다(**그림 23**).

대접에 있는 물을 양동이나 다른 대접에 쏟아서 진짜 물임을 보여준다. 헝겊을 아래로 내리는 중간에 잠시 위로 올렸다가 아래로 내리는 동작을 통해 대접에서 커버를 벗겨내는 마술사도 있다.

그림 22

그림 23

각각의 동작을 연습하다 보면 어색함이 사라질 것이다. 그리고 우아하고 빠른 동작으로 진행하면 관객은 마술사의 동작에 대해 전혀 눈치 채지 못할 것이다. 그리고 갑자기 대접이 나타났다고 생각하게 된다.

물이 담긴 네 개의 어항 탑 만들어내기
Production of Stack of Four Bowls of Water

아주 효과적이면서도 관객을 혼란스럽게 만드는 마술이다. 물이 담긴 어항이 쌓여 있는 탑을 만들어내는 마술이다. 물을 쏟지 않고 어항 탑을 다루는 것은 불가능해 보인다.

★ 이펙트

마술사의 조수가 헝겊을 잡는다. 마술사가 그에게서 헝겊을 건네받아서 관객에게 보여준 뒤 바닥에 내려놓는다. 갑자기 헝겊을 위로 올리자 물이 담긴 어항 네 개가 쌓여 있다. 어항 안에는 금붕어가 헤엄치고 있다.

★ 준비물

1. **그림 1**과 같은 어항 네 개. 어항의 크기가 모두 달라서 큰 것은 아래에, 작은 것은 위에 쌓을 수 있어야 한다. 적당한 어항의 높이와 지름은 **그림 1**을 참고하면 된다.

2. 맨 아래 어항을 놓을 금속 받침대 하나. 금속 타구의 윗부분을 잘라서 **그림 2**와 같이 만들면 된다.

3. 어항 탑을 넣어둘 특별한 주머니. 이 주머니를 이용하여 쉽게 어항을 옮길 수 있다.

4. 불투명한 커다란 헝겊 하나. 한 변의 길이가 1.5~1.8m인 정사각형 헝겊으로 준비한다.

준비

어항 : 어항의 3/4에 물을 채운 뒤 진짜 금붕어나 가짜 금붕어를 넣는다. 그리고 금속 받침대 위에 가장 큰 어항을 놓고 어항을 차례로 쌓는다(**그림 3**). 어떤 종류의 어

항이나 대접을 이용하건 이런 방법으로 쌓으면 된다. **그림 4**는 다른 종류의 어항 세 개를 쌓은 모습이다.

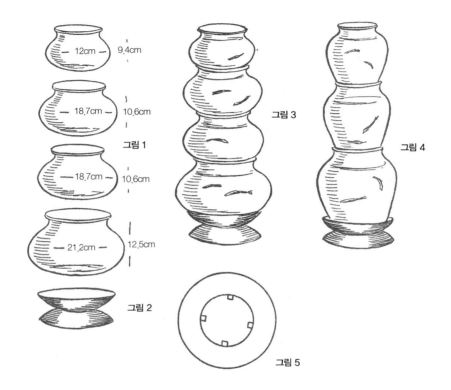

어항이 미끄러지는 것을 방지하기 위해서 어항의 아랫부분에 두꺼운 종이를 네모 나게 잘라서 붙인다. 제일 큰 어항에는 종이를 붙이지 않는다. **그림 5**는 어항에 종이 를 붙인 모습이다. 이렇게 어항에 종이를 붙이면, 아래 어항과 더욱 꼭 맞아서 덜 미 끄러진다.

　특별한 홀더 : 두꺼운 종이를 한 변이 10cm인 정가각형으로 자른다. 네 모서리를 잘 라낸 후 검은색 헝겊을 씌워서 아랫부분을 만들기 위한 준비를 한다. 그리고 종이 가 운데에 지름 2.5cm의 작은 금속 링 A를 달아서 윗부분을 만든다. 이때 링을 단단하 게 달아서 무거운 것을 들더라도 떨어지지 않게 한다. 필요한 경우에는 두꺼운 종이

여러 장을 붙여서 사용한다(**그림 6**). 지름 5cm의 링 B에 검은색 헝겊 네 조각을 연결한다. 이때 연결하는 헝겊의 폭은 5cm이고, 반으로 접어서 꿰맨다. 헝겊의 끝을 두꺼운 종이에 꿰맨 상태에서 링 B를 위로 당겼을 때, 링 B와 두꺼운 도화지의 거리가 5~7.5cm가 되어야 한다. 헝겊의 끝을 윗부분 두꺼운 도화지의 네 모서리에 꿰맨다(**그림 7**).

다음으로는 검은색 헝겊 두 장을 준비한다. 쌓아 놓은 어항의 높이보다 조금 더 길어야 하고, 폭은 제일 큰 어항 원주의 1/2이 되어야 한다. 수예점이나 공구점에서 금속으로 된 아일릿(eyelet) 몇 개를 구해둔다. 이때 아일릿은 못이나 철사를 넣을 수 있는 크기여야 한다. 헝겊 하나의 아래쪽 모서리에 각각 하나씩, 또 다른 헝겊의 아래쪽 모서리에는 각각 두 개씩 모두 여섯 개의 아일릿을 단다. 헝겊 두 장의 양옆 모서리를 포개면 한 개만 달아놓은 아일릿이 두 개 달아놓은 아일릿 사이에 위치한다. 헝겊 아래쪽에 주름을 만들어서 아래쪽이 살짝 좁아지게 만든다(**그림 8**, **그림 9**).

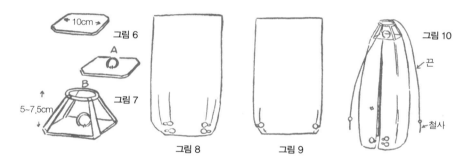

준비해둔 아랫부분 두꺼운 종이의 둘레에 검은색 헝겊 두 장을 꿰맨다(**그림 6**). 이때 헝겊의 양쪽 끝부분을 살짝 겹친다. 두꺼운 종이의 둘레에 비해 헝겊의 폭이 많이 넓은 경우에는 주름을 만들어 가며 꿰맨다. 그럼 두 장의 헝겊 사이에 틈이 생긴다.

이제 아랫부분을 윗부분에 붙인다(**그림 7**). 두꺼운 종이에서 주머니 아래에 달린 아일릿까지의 거리와 비슷한 길이의 낚싯줄 두 개를 링 B에 묶는다. 이때 헝겊의 벌어진 틈과 낚싯줄이 일치하게 한다. 그리고 나란히 모은 세 개의 아일릿에 꽂을 수 있도록 두꺼운 철사를 구부려서 낚싯줄 끝에 매단다. 급한 경우에는 철사 대신 못을 이용해도 된다. **그림 10**은 완성된 홀더의 모습이다.

그림 11

이렇게 준비한 홀더로 어항 탑을 덮는다. 이때 헝겊의 좁아지는 부분이 받침대의 오목한 부분에 오게 한다. 그리고 링 B를 놓아서 양쪽 아일릿에 철사를 꽂는다. 홀더의 아랫부분이 받침대보다 크지 않기 때문에 홀더를 이용해서 받침대를 들 수 있다(**그림 11**).

링 A를 들어서 어항 탑 전체를 쉽게 들어올릴 수 있다. 그리고 링 B를 올리면 아일릿에 끼워둔 철사가 **빠지면서** 어항 탑이 홀더에서 나온다.

어항의 크기에 따라서 홀더의 크기가 달라지기 때문에 정확한 치수는 설명할 수 없다. 연습을 통해서 홀더의 정확한 크기와 낚싯줄의 길이 등을 알게 될 것이다. 홀더를 제작하는 방법은 매우 다양하지만 개인적으로 이 방법이 가장 단순하고 좋다고 생각한다.

시연

오프닝으로 하기 좋은 마술이다. 어항을 쌓아서 홀더에 넣은 후 무대 중앙에 놓인 의자 위에 놓는다. 그리고 바로 앞에 여자 조수가 선다. 이때 여자 조수는 왼팔에 헝겊을 걸치고 뒤에 놓인 어항을 가린다. **그림 12**는 조수와 어항, 의자의 위치를 보여준다.

그림 12

그림 13

그림 14

조수의 왼쪽으로 걸어가서 왼팔에 걸려 있는 헝겊의 한쪽 모서리를 왼손으로 잡는다. 그럼 조수도 바로 이웃한 모서리를 잡는다. 함께 팔을 벌려서 헝겊을 펼쳐 앞면을 보여준다(**그림 13, 그림 14**). 오른팔을 헝겊 앞으로 뻗어 헝겊의 가운데를 잡는다. 그리고 잡고 있던 위쪽 모서리를 놓고, 헝겊의 네 모서리가 바닥에 닿게 아래로 늘어뜨린다(**그림 15**). 무언가 아래에 있는 척 헝겊을 위로 들어올린다. 하지만 바닥에는 아무것도 보이지 않는다. 헝겊을 공중으로 던졌다가 양손으로 받는다. 이때 관객은 헝겊에 아무것도 없다는 사실을 확인한다.

다시 헝겊을 펼쳐서 관객에게 앞뒤를 보여준다. 그리고 다시 **그림 13**과 같이 조수와 함께 헝겊을 잡는다. 왼손으로 헝겊의 모서리를 잡으면 오른손은 자유롭게 움직일 수 있다. 조수가 반대쪽 모서리를 잡으면 곧바로 오른팔을 뻗어서 홀더의 링 A를 잡는다. 그리고 의자에서 아래로 내려 헝겊 바로 뒤에 놓는다. **그림 14**와 같이 헝겊을 팽팽하게 만든다. 그럼 관객은 마술사가 아까와 똑같은 행동을 했다고 생각한다. 하지만 지금 마술사의 오른손에는 항아리가 들려 있다. 항아리를 헝겊 뒤에 놓고, 왼손을 뻗어 헝겊의 가운데를 잡는다. 이번에는 헝겊 뒤에 있는 링 A를 함께 잡는다. 그리고 헝겊을 아래로 늘어뜨려 홀더를 감춘다(**그림 16**).

그림 15

그림 16

그림 17

그림 18

어항 받침대가 바닥에 제대로 놓일 때까지 헝겊을 아래로 내린다. 그리고 링 A를 놓고, 링 B를 잡는다. 링 B를 위로 올리면 아일릿에 끼워둔 철사가 빠지면서 홀더가 헐렁해진다. 그럼 홀더를 헝겊 안에 숨긴 채로 갑자기 헝겊을 위로 당겨서 바닥에 놓인 어항을 보여준다(**그림 17**). 조수가 예쁘게 꾸민 양동이를 들고 나오면 어항에 있는 물을 쏟는다. 그래서 모든 어항에 진짜로 물이 들어 있음을 관객에게 보여준다(**그림 18**).

공연 중에 쌓아 놓은 어항 만들어내기 The Produced a Stack of Bowls During Performance

공연이 최고조에 이르렀을 때 쌓아 놓은 어항을 만들어내는 방법이 있다. 예를 들어 손수건을 만들어내는 마술을 한다고 하자. 모자나 중국 랜턴 등에서 손수건 여러 장을 만들어낸다. 그리고 손수건을 빈 테이블에 올려놓는다. 갑자기 손수건을 들어올려 쌓아놓은 어항을 만들어낸다. 이때 관객의 반응은 대단하다.

이때 어항을 쌓은 것보다 5cm 정도 높은 두 칸짜리 파티션이 필요하다(**그림 19**). 무대 어디엔가 파티션을 놓고, 그 뒤에 어항을 담아놓은 홀더를 놓는다(**그림 20**). 손수건을 모두 만들어낼 때마다 파티션에 하나씩 걸쳐놓는다. 이때 손수건의 한쪽 모서리가 홀더 위로 가게 한다(**그림 21**).

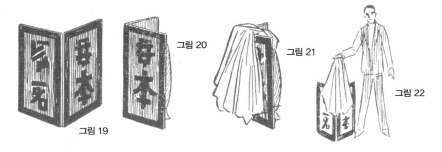

그림 20

그림 21

그림 22

그림 19

손수건을 모두 내려놓은 후, 곧바로 쌓아 놓은 손수건을 집는다. 이때 링 A를 함께 잡는다. 그리고 손수건과 함께 홀더를 위로 들어올린다. 마치 손수건만 집어 올리는 것처럼 자연스럽게 움직여야 한다(**그림 22**).

손수건과 홀더를 함께 집어서 테이블 위에 놓는다. 이때 관객이 안에 있는 어항을 보지 못하도록 주의한다. 손수건 사이로 링 B를 당겨서 아일릿에 끼워둔 철사를 뺀다. 그리고 홀더와 함께 손수건을 들어서 아래에 있는 어항을 공개한다.

★ 주의

손수건 여러 장을 만들어낸 후 어항을 만들어내는 경우, 밝은 빨간색으로 홀더를 만든다. 빨간색 손수건과 잘 어울린다. 그럼 손수건 사이로 홀더가 보이더라도 관객은 아무런 의심도 하지 않을 것이다.

중국의 대접 네 개 만들어내기
Chinese Production of The Four Bowls

물이 담긴 커다란 대접 만들어내기와 비슷하다. 단, 여기에서는 하나의 커다란 대접이 아닌 나란히 쌓아둔 대접 네 개를 만들어낸다.

특별한 하네스를 이용하기 때문에 꽤 큰 대접 여러 개를 만들어낼 수 있다. 하네스는 벨트와 벨트에 연결된 로프로 되어 있다. 로프의 끝에는 금속으로 된 장치가 달려 있다. 이 납작한 금속 장치의 앞쪽에는 훅(hook)이 달려 있고, 뒤쪽은 무겁게 되어 있다. 그렇기에 A는 위로 올라가고, B는 아래로 내려간다. 그 가운데에 고리가 달려 있어서 벨트와 연결할 수 있게 되어 있다(**그림 1**).

물이 담긴 어항을 쌓아서 홀더 안에 넣은 후 고리 A를 훅에 건다(**그림 2**). **그림 3**은 홀더를 건 하네스를 착용한 뒤 중국 코트를 입은 모습이다.

이제 어항 받침대가 바닥에 닿을 때까지 쪼그려 앉는다. 그리고 몸을 약간 앞으로 움직여 링 A에서 훅을 빼낸다. 그리고 나머지는 이번 레슨 처음에 소개한 마술과 동일하다. 헝겊으로 가린 상태에서 링 B를 잡아서 홀더를 벗긴다.

그림 3A는 철사와 추로 간단하게 만든 하네스이다. 그리고 **그림 3B**는 그런 하네스를 이용한 모습이다. 이때 어항은 마술사의 양 다리 사이에 위치한다.

그림 1

그림 2

그림 3A

그림 3

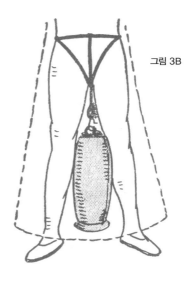

그림 3B

어린 아이 만들어내기
Production of a Child

그네와 같은 원리로 하네스를 만든다. 벨트에 긴 로프 두 개를 묶는다. 그리고 로프의 양끝에는 그네와 같이 판자를 달아 놓는다. 그럼 나중에 이 판자를 발판 삼아 밟을 수 있다. 그리고 벨트에 짧은 로프를 묶어서 손잡이를 만든다(**그림 1**). 혹은 마술사의 어깨에 로프를 묶어서 손잡이를 만들어도 된다.

그림 2는 아이가 중국 코트 아래에 숨었을 때 옆에서 본 모습이다. 그리고 마술사는 헝겊을 잡고, 아이 만들어내는 과정을 가린다.

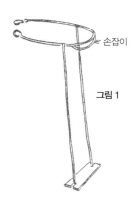 

그림 1　　　손잡이　　　그림 2

모든 준비가 끝나면 아이에게 신호를 보내서 아이가 바닥으로 내려오게 한다. 그리고 아이는 마술사의 다리 사이를 지나 앞으로 나와서 선다. 마지막으로 마술사가 헝겊을 거둬내어 관객에게 아이를 보여준다.

현대판 테이블 위에 놓인
물이 담긴 대접 만들어내기
Modern Production of a Bowl of Water on a Table

미국 스타일로 마술을 하는 마술사는 옷에 대접을 숨길 공간이 없다. 이런 경우를 위해서 수정된 마술이다. 활기차게 진행한다면 오프닝으로 안성맞춤이다. 아주 어렵고 신비해 보이지만 실제로는 아주 간단하다.

★ 이펙트
헝겊의 앞뒤를 보여준 후 왼팔에 걸친다. 갑자기 팔에서 무언가를 잡는 것처럼 보인다. 그것도 아주 무거운 물체인 것 같다. 테이블 위로 가져가서 물체를 내려놓은 뒤, 헝겊을 벗기자 물이 담긴 커다란 대접이 테이블 위에 놓여 있다.

★ 준비물
1. 특별한 테이블 하나
2. 물이 담긴 대접 하나
3. 불투명하고 두껍고, 한 변이 최소한 1.2m인 정사각형 헝겊 하나

준비

특별한 테이블 : 테이블 윗면을 받치는 기둥이 있고, 그 아래에는 금속이나 나무로 된 받침대가 있다. 기둥의 끝에는 테이블 윗면을 고정시킬 수 있게 되어 있다. 그리고 가운데에 구멍이 뚫린 두 번째 윗면이 첫 번째 윗면 아래에 있다. 구멍은 기둥보다 약간 크기 때문에, 두 번째 윗면을 위아래로 쉽게 움직일 수 있다. 그리고 각각의 윗면에는 작은 구멍이 두 개씩 뚫려 있다. 첫 번째 윗면에 두꺼운 실을 끼운 뒤 양끝을 두 번째 윗면의 구멍에 끼우고, 두 번째 윗면 아래에 매듭을 만든다. 이때 첫 번째와 두 번째 윗면의 거리가 10cm 안팎이 되어야 한다. 이렇게 실을 묶는 이유는, 실을 당겨서 두 번째 윗면을 첫 번째 윗면에 붙이기 위함이다(**그림 1**). 긴 벨벳 천의 양끝을 각각 첫 번째 윗면의 둘레와 두 번째 윗면의 둘레에 붙인다. 그리고 벨벳 천 아래에 금색 리본 끈을 두른다. 그럼 마치 테이블보를 씌워놓은 것처럼 보인다(**그림 2**).

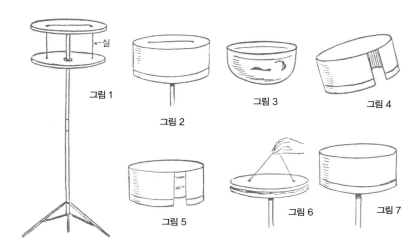

그림 1

그림 2

그림 3

그림 4

그림 5

그림 6

그림 7

이때 사용하는 대접의 지름과 테이블 윗면의 지름은 일치해야 한다. 그렇기 때문에 테이블을 제작하기 전에 반드시 어떤 대접을 이용할지 결정해야만 한다(**그림 3**). 이제 대접에 씌울 커버를 만들 차례이다. 앞에서 사용한 것과 똑같은 벨벳 천으로 커버를 만들고, 아래에 금색 리본 끈을 두른다. 하지만 대접의 커버는 테이블에 두른 벨벳보다 약간 더 길어야 한다. 그래서 두 개의 윗면을 포갠 상태에서 커버를 씌운 대접을 놓았을 때, 커버가 테이블 윗면을 완전히 가려야 한다. 대접을 쉽게 꺼낼 수 있도록 커버의 뒤쪽에 5cm 정도의 틈이 있다(**그림 4**). **그림 5**는 대접에 커버를 씌운 모습을 무대 뒤쪽에서 바라본 모습이다.

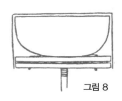

그림 8

이제 필요한 장치의 제작은 모두 끝났고 간단한 준비가 필요하다. 실을 당겨서 두 번째 윗면을 첫 번째 윗면과 붙인다. 이때 테이블보를 두 개의 윗면 사이에 넣어야 한다(**그림 6**). 실을 팽팽하게 당긴 뒤 테이블에 놓고 그 위에 물이 담긴 대접을 놓는다. 그럼 대접의 무게 때문에 실이 고정된다. 대접에 커버를 씌워서 대접과 테이블 윗면을 모두 가린다. 이때 커버의 벌어진 부분이 무대 뒤를 향하게 한다. **그림 7**은 객석에서 바라본 모습이다.

그림 8은 커버를 씌운 모습의 단면이다. 아래에는 테이블 윗면이 나란히 포개져 있고 그 사이에는 테이블보가 있으며 팽팽하게 당긴 실은 대접으로 고정되어 있다.

시연

헝겊을 들고 앞뒤를 보여준 뒤 잠시 팔뚝에 걸쳐두었다가 다시 앞뒤를 보여준다(**그림 9**). 그런 다음 헝겊을 왼쪽 어깨와 팔에 걸친다. 갑자기 팔에 무언가 무거운 물체가 놓인 것처럼 몸을 왼쪽으로 기울인다. 그리고 마치 무언가 둥근 물체를 팔로 잡은 것처럼 왼팔을 둥글게 구부린다(**그림 10**).

다시 왼팔을 들고 테이블을 향해 걸어간다. 이때 무거운 물체 때문에 걷는 것이 어려운 척 연기한다. 그리고 왼팔이 객석을 향하게 한다. 그럼 관객은 헝겊 때문에 테이블을 전혀 보지 못한다(**그림 11**). 왼팔로 헝겊을 잡고 오른손을 헝겊 뒤로 가져간다. 그리고 대접을 씌워둔 커버를 벗겨서 왼손으로 건넨다. **그림 12**는 무대 뒤에서 바라본 모습이다.

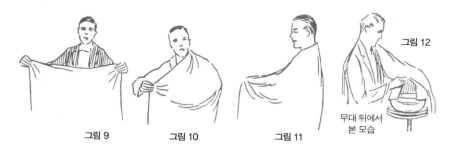

그림 9　　　　　그림 10　　　　　그림 11　　　　무대 뒤에서 본 모습

그림 12

오른손으로 대접을 약간 들어올려서 대접으로 눌러 두었던 실을 놓는다. 그럼 두 번째 윗면이 아래로 떨어지며 테이블보가 펼쳐진다. 다시 대접을 테이블에 놓는다. 대접 커버를 헝겊에 숨긴 상태에서 헝겊을 걷는다. 그리고 물이 가득 찬 대접을 보여준다. 관객은 테이블의 높이가 달라졌음을 눈치 채지 못한다.

물이 담긴 대접 없애기
The Vanishing Bowl of Water

★ 이펙트

마술사가 대접에 물을 따른다. 그리고 조수가 들고 있는 쟁반에 대접을 내려놓는다. 대접에 헝겊을 씌운 후 대접과 헝겊을 함께 들어올려 공중으로 던진다. 떨어지는 헝겊을 잡았을 때 대접은 이미 공중에서 사라진 후다.

★ 준비물

1. 특별한 금속 대접과 쟁반 한 쌍
2. 특별한 헝겊 하나
3. 물이 담긴 주전자

준비

특별한 금속 대접과 쟁반 : 대접은 금속으로 되어 있으며 흰색으로 칠해둔다. 흰색으로 칠한 금속 조각을 대접 위에서 1.2cm 떨어진 부분에 땜질하여 붙인다. 이때 금속 조각이 대접보다 약간 작기 때문에 물을 따를 수 있는 입구가 생긴다. 물을 따를 때 금속 조각으로 물이 가는 경우를 대비하여 A보다 B를 낮게 한다(**그림 1**).

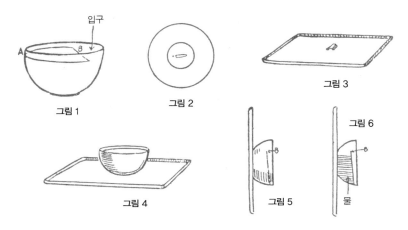

입구

그림 1

그림 2

그림 3

그림 4

그림 5

그림 6

물

대접의 바닥에는 두꺼운 철사가 고정되어 있다. 철사의 한쪽 끝은 대접에 땜질되어 있으며, 반대쪽은 뭉툭하게 되어 있다(**그림 2**). 그리고 쟁반 가운데에는 대접 바닥에 있는 철사를 고정시킬 수 있는 걸쇠가 달려 있다(**그림 3**). 그래서 철사를 걸쇠에 끼우면 대접이 쟁반에 고정된다(**그림 4, 그림 5**). 그리고 대접에 물을 따른 뒤, 쟁반을 기울이더라도 물이 쏟아지지 않는다. 단, B부분이 위를 향하도록 대접을 고정해야 한다(**그림 6**).

특별한 헝겊 : 한 변의 길이가 0.6m인 정사각형으로 불투명하다. 헝겊의 가운데에는 금속이나 두꺼운 종이, 셀룰로이드로 만든 커다란 링이 달려 있다. 링 전체를 고정하지 않고, 링의 양끝을 헝겊에 살짝 꿰맨다. 이때 링은 대접의 크기와 같아야 한다. 헝겊이 조명을 받으면 관객이 금속이나 종이로 된 링은 볼 수 있기 때문에 셀룰로이드 링이 바람직하다. 셀룰로이드 링은 보이지 않기 때문에 관객은 그냥 평범한 헝겊이라고 생각한다(**그림 7**).

시연

조수가 대접이 놓인 쟁반을 들고 오른쪽에 선다. 그럼 대접을 들고 뒤집는다. 이때 대접 안에 붙여 놓은 금속 조각이 보이지 않게 조심한다. 다시 쟁반 위에 대접을 놓고 걸쇠에 철사를 잘 고정시킨다. 이때 대접의 입구가 객석 쪽으로 가게 한다.

대접에 따르는 물의 양은 대접의 크기에 따라 달라진다. 대접을 **그림 6**과 같이 기울였을 때 넘치지 않을 정도로 물을 따른다. 주전자를 내려놓은 뒤 다시 헝겊을 집어서 잽싸게 앞뒤를 보여준다(**그림 8**). 그리고 헝겊으로 대접을 덮는다. 이때 완전히 덮지 않고, 관객이 가능한 한 오랫동안 대접을 볼 수 있게 한다. 그리고 헝겊에 달아둔 링이 대접 바로 위에 오게 한다(**그림 9**).

양손으로 링을 잡고 마치 대접을 잡은 것처럼 들어올린다. 헝겊의 모서리는 아래로 늘어지고, 헝겊 안에 대접이 있는 것처럼 보인다. 헝겊을 살짝 들어올리면, 조수는 곧바로 대접이 있는 쟁반을 90° 기울여서 쟁반의 바닥이 객석을 향하게 한다(**그림**

10). 대접을 잡은 것처럼 연기하며 헝겊을 들고 살짝 옆으로 이동한다. 그리고 조수는 곧바로 쟁반을 들고 무대를 내려간다(**그림 11**).

그림 12

그림 13

안에 대접이 있는 것처럼 헝겊을 공중으로 던진다. 헝겊이 떨어지면 헝겊의 양쪽 모서리를 잡는다(**그림 12**). 그리고 헝겊을 펼쳐서 대접이 사라졌음을 보여준다. 헝겊을 앞뒤로 뒤집어서 보여준 후 옆으로 치워둔다. 이때 관객이 헝겊에 있는 링을 알아채지 못하게 주의해야 한다(**그림 13**).

중국의 비둘기 만들어내기
Chinese Production of Doves

비둘기뿐만 아니라 다른 작은 동물이나 사물을 만들어낼 수 있다. 그리고 도구를 더 크게 제작하면 오리나 닭과 같이 더 큰 동물도 만들어낼 수 있다.

★ 이펙트
마술사가 빈 대야를 보여준 뒤 잠깐 판자로 대야를 덮는다. 그리고 판자를 들어보니 대야에서 비둘기 두 마리가 나온다.

★ 준비물

1. 지름 25.6cm의 대야 두 개. 포갤 수 있는 모양으로 똑같이 생겨야 한다.
2. 대야를 덮을 때 이용할 특별한 뚜껑 하나
3. 판자 하나. 한 변이 35~40cm인 정사각형 모양에, 두께 0.6cm가 적당하다.
4. 비둘기 두 마리

준비

대야 : 대야 두 개의 안쪽을 빨간색으로 칠한다. 그리고 대야 하나의 바깥 테두리를 칙칙한 검은색으로 칠한 뒤, 그 위에 펠트 천을 두른다. 그럼 다른 대야 위에 놓을 때 나는 소리를 없앨 수 있다(**그림 1**). 다른 대야는 밝은 녹색으로 바깥을 칠한다. 그리고 전과 마찬가지로 테두리는 검은색으로 칠한 뒤 검은색과 금색으로 중국 문양을 그린다(**그림 2**). 이렇게 대야 두 개에 모두 검은색으로 테두리를 칠해 놓으면, 두 개를 포개 놓아도 하나처럼 보인다.

뚜껑 : 대야 A보다 약간 작게, 지름 24.4cm의 원을 만든다. 이때 금속이나 규산염을 이용하여 만들고, 그 위에 소음 방지를 위해서 펠트를 붙인다. 급한 경우에는 두꺼운 종이를 이용해도 된다. 그리고 원의 양끝을 살짝 뾰족하게 만들어둔다. F는 대야에 있는 구멍에 넣을 수 있는 크기이다. (모든 대야에는 걸어둘 수 있도록 구멍이 뚫려 있다.) F 반대쪽에 있는 E는 F보다 약간 폭이 넓다(**그림 2A**, **그림 2B**).

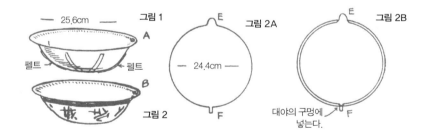

판자 : 판자는 꾸며도 되고, 판자 그대로 남겨둬도 된다. 판자를 뒤집어 아래에서 1/3인 지점에 못 두 개를 박는다. 이때 못의 간격은 22.5cm이다. 완전히 박지 않고 끝

에 0.5cm는 남겨둔다. 그리고 못 머리의 지름은 0.9cm 정도가 적당하다. 이 상태에서 대야 A를 판자 뒷면에 놓고, 못 아래로 밀어 넣으면 대야가 고정된다(**그림 3**). **그림 4**는 옆에서 본 모습이다.

대야 A에 비둘기 두 마리를 넣은 뒤 뚜껑을 덮는다(**그림 2B**). 그리고 판자에 고정시킨다. 이때 E가 두 개의 못 사이에 위치하고, F는 반대쪽으로 가게 한다. 이렇게 준비한 판자는 대야가 뒤로 가게 하여 의자 위에 세워둔다. 이때 F와 가까운 모서리 C가 위를 향한다(**그림 5**).

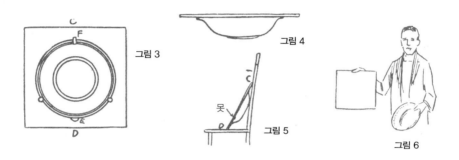

그림 3

그림 4

그림 5

그림 6

시연

대야 B를 집어서 모든 면을 보여준다. 윗부분이 객석을 향하게 왼손으로 대야를 잡고, 오른손으로 대야의 바닥을 친다. 그런 다음 오른손으로 의자에 놓인 판자를 집는다. 오른손으로 판자의 윗부분을 잡고, 앞면을 관객에게 보여준다(**그림 6**).

대야 B를 판자 뒤로 가져가서 대야 A에 포개 놓는다. 판자를 돌려서 수평이 되게 잡는다(**그림 7**). 관객은 마술사가 빈 대야를 판자로 덮었다고 생각한다(**그림 8**).

그림 7

그림 8

판자를 살짝 왼쪽으로 움직여서 대야 A를 못에서 빼낸다. 그리고 왼손으로 포개놓

일루전
Illusions

요즘 관객들은 고대 이집트에 높은 관심을 보인다. 그렇기에 '이집트의 미라(The Egyptian Mummy)'는 큰 인기를 끌었다. 이 마술은 '공주의 부활(The Re-birth of a Princess)'이라고도 알려져 있다. 관객에게 제대로 보여주면 놀라움과 즐거움을 동시에 선사할 수 있다.

이집트의 미라
The Egyptian Mummy

★ 이펙트

마술사가 이집트 관에 관객의 이목을 집중시킨 뒤 관의 네 면을 모두 보여준다. 앞의 문을 열자, 안에 또 다른 문이 나타난다. 문은 양쪽으로 열 수 있도록 되어 있으며 미라 모양이 그려져 있다. 안쪽 문을 열자 미라가 나타난다. 미라를 꺼낸 뒤 뒷문을 열어서 관객이 관을 통해 무대 뒤쪽을 볼 수 있게 한다. 다시 뒷문을 닫고 미라를 넣은 후, 안쪽 문과 앞문을 닫는다. 다시 관을 열어보니 이집트 공주 의상을 입고 있는 여자가 나타나고 미라는 보이지 않는다. 미라가 살아난 것처럼 보인다. 공주로 부활한 것이다.

★ 준비물

1. 일루전 캐비닛(Illusion Cabinet) 하나

2. 미라 모형 하나

3. 이집트 공주 의상을 입은 여자 조수 한 명

준비

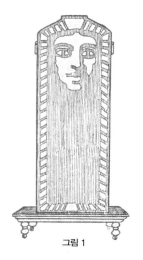

그림 1

일루전 캐비닛 : 일루전 캐비닛 제작방법은 그림을 통해 배우는 것이 가장 좋다. 우선 **그림 1**은 플랫폼 위에 놓인 캐비닛의 외관이다. 캐비닛을 놓은 후 플랫폼에는 사방으로 사람이 올라 설 수 있는 공간이 있어야 한다. 그리고 사람이 한쪽에 서도 쓰러지지 않도록 플랫폼의 다리를 바깥쪽에 달아야 한다(**그림 2**). 플랫폼에 캐비닛을 놓은 후 사방으로 30cm 정도 남아야 좋다.

캐비닛의 바깥은 이집트의 관처럼 보이게 꾸민다. 그리고 캐비닛의 양옆에는 손잡이를 달아 놓는다. 장식적인 효과를 위한 것도 있지만 그보다 조수가 캐비닛 옆에 섰을 때 잡을 수 있도록 준비해둔다.

그림 3은 앞문을 열었을 때의 모습이다. 안쪽 문에는 검은색 배경에 미라가 그려져 있다. 미라 그림이 멋질수록 그 효과는 뛰어나다. 그래서 금으로 안쪽 문을 만드는 경우도 있다. 배경이 꼭 검은색일 필요는 없다. 파란색이나 녹색도 잘 어울린다. 그리고 안쪽 문을 쉽게 열 수 있도록 양쪽 문짝에 손잡이를 달아놓는다. 그리고 안쪽 문과 앞문 사이에 공간을 만들어 손잡이가 걸리지 않게 한다.

미라 : 안쪽 문을 열면 미라가 나타난다. 미라는 뒷문에 달린 혹에 걸려 있다(**그림 4**). 나무로 프레임을 만든 후 형겊을 씌워도 되고, 철사 프레임을 이용해도 된다. 단, 진짜 미라처럼 보여야만 한다. 미라의 키가 꼭 1.5m를 넘어야 하는 것은 아니다. 그리고 미라 모형의 꼭대기에는 혹에 걸 수 있도록 아일릿을 달아 놓는다.

Tarbell course in Magic

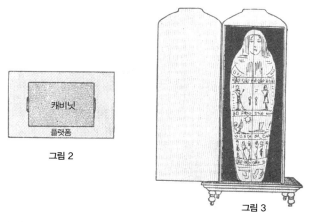

그림 2

그림 3

뒷문에는 회전문이 달려 있다. 이 회전문에 미라를 매달아 놓는다. 회전문을 밀면 쉽게 돌아간다.

그림 5는 캐비닛의 뒷모습이다. 여러 개의 선을 그려 캐비닛을 꾸미면 회전문은 전혀 눈에 띄지 않는다. 회전문에 걸쇠 두 개를 달아서 문이 너무 깊이 들어가지 않고 고정될 수 있게 한다. 회전문은 캐비닛 안에 들어가는 조수가 조작하게 된다.

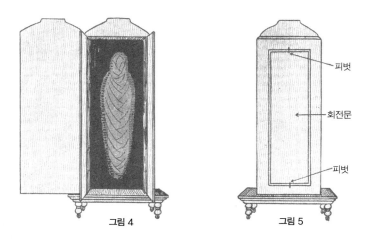

그림 4

그림 5

그림 6은 뒷문을 열어둔 캐비닛의 모습이다. 이때 관객은 캐비닛 안에 아무것도 없음을 확인할 수 있다. **그림 7**은 옆에서 본 모습이다. 그림을 통해서 핸들과 아래에 있

는 판자의 위치를 확인한다. 실제로 이 판자는 안쪽으로 열리는 문이다. **그림 8**은 문과 경첩의 위치를 확인할 수 있는 단면도이다.

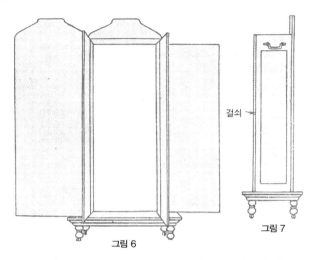

그림 6

그림 7

걸쇠

잠깐 사용하는 경우에는 못을 박아서 단단하게 만든다. 하지만 이동을 위해서는 분리할 수 있게 만들어야 한다. 너트와 볼트나 뺄 수 있는 핀을 이용하여 경첩을 만들어서 조립한다. 그리고 반드시 캐비닛을 플랫폼에 고정해야만 한다. 플랫폼에 다리 바퀴를 달아 놓으면 쉽게 돌릴 수 있다.

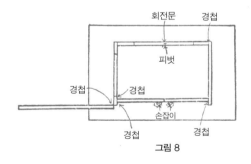

그림 8

제작 과정을 더욱 간단하게 하기 위해서는 회전문과 미라 모형을 생략하고, 판자에 미라를 그려서 뒷문에 걸어 놓는다. 이때 뒷문에서 쉽게 판자를 떼어낸 후 캐비닛의 옆면에 고정시킬 수 있도록 만든다. 캐비닛의 내부는 검은색으로 칠해 놓고, 미라의 뒷면에도 검은색으로 칠한다.

캐비닛 내부는 높이 1.8m, 폭 65cm, 깊이 55~60cm가 적당하다. 이 치수는 대략적인 것이기 때문에 마술사의 스타일에 따라 변경될 수 있다.

시연

뒷문 안쪽에 미라를 걸어둔다. 그리고 조수가 캐비닛 안으로 들어가면 문을 닫는다(**그림 9**). 이렇게 준비한 캐비닛을 무대 가운데로 가져와서 앞문이 객석을 향하게 놓는다.

> "여러분도 아시다시피, 고대 이집트의 미라는 오랫동안 미스터리 중에서도 미스터리였습니다. 파라오의 땅, 이집트에서 건너온 이 미스터리는 4000년이 지난 지금도 풀리지 않은 채로 남아있습니다. 이것이 유명한 이집트 공주의 관이라고 합시다."

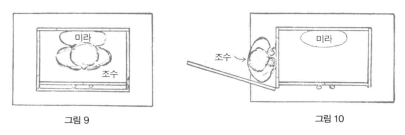

그림 9   그림 10

앞문을 연다(**그림 3**). 멘트를 하는 동안 조수는 옆문을 열고 캐비닛 밖으로 나가서 플랫폼 위에 선다. 이때 캐비닛 옆면에 있는 핸들을 잡고 균형을 잡는다. 그리고 곧바로 옆문을 닫는다(**그림 10**). 조수가 이 과정을 마칠 때까지 마술사가 시간을 끌어야만 한다.

> "이집트인들은 죽음을 막기 위해 시간이나 돈을 투자하지 않습니다. 그래서 그들의 시체는 수천 년간 지속됩니다. 앞문을 열어보니 안에 또 다른 문이 나오네요. 미라의 관입니다. 미라의 관을 통해서 그 사람의 일생을 읽을 수 있다는 말도 있습니다. 그리고 그렇게 읽은 내용으로 연극을 만든 예술가가 있다고 합니다. 이제 안쪽 문을 열어보겠습니다."

안에 있는 문을 활짝 연다(**그림 4**).

"위대한 공주의 미라입니다! 공주가 죽은 지 수천 년이 지났지만 아직까지 미라가 남아있습니다."

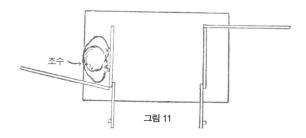

그림 11

미라를 꺼내서 다른 조수에게 맡긴다. 그리고 뒷문을 열어서 캐비닛 안에 아무것도 없음을 보여준다(**그림 11**).

"미라는 이 관 안에서 홀로 수천 년을 보냈습니다."

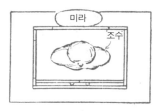

그림 12

다시 뒷문을 닫아서 잠근다. 그리고 조수에게 미라를 돌려받아서 캐비닛 안에 걸어둔 뒤 안쪽 문을 닫는다. 안쪽 문이 닫히면 조수는 곧바로 옆문을 열고 캐비닛 안으로 들어간 뒤 다시 옆문을 닫는다.

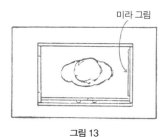

그림 13

앞문을 닫는다. 그리고 조수가 뒷문에 있는 회전문을 돌려서 미라 모형을 캐비닛 뒤로 보낸다(**그림 12**). 미라 그림을 이용하는 경우에는 **그림 13**과 같이 그림을 뒤집어 캐비닛의 옆면에 걸어둔다.

"그럼 이제, 오래된 전설이 진실이 되는 순간입니다. 때로는 마술사가 자신의 훌륭한 마술을 이용하여 공주에게 다시 생명을 불어넣을 수 있습니다. 보십시오! 놓치시면 안 됩니다!"

이때 무대 위에 다른 조수가 있는 경우에는 조수에게 심벌즈를 치게 한다. 그럼 분위기가 더욱 고조된다. 그리고 마술 주문을 외운다.

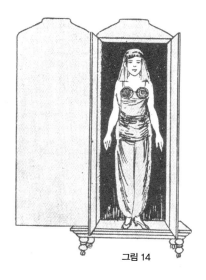

그림 14

앞문과 안에 있는 문을 열어서 안에 있는 조수를 공개한다(**그림 14**). 그리고 조수가 캐비닛에서 나오는 것을 도와주며 말한다.

"이집트의 공주를 소개합니다."

Tarbell
Course in MAGIC

Tarbell course in MAGIC

광고와 선전*
Publicity and Promotion

저명한 평론가인 클라우디아 캐시디(Claudia Cassidy)는 재능만으로는 공연의 성공을 이끌 수 없고, 좋은 사업을 위한 필수사항들이 갖춰져야만 한다고 말했다. 그렇기에 전문적으로 마술을 하려는 사람은 반드시 사업을 위한 필수사항에 대해 공부해야만 한다. 경영, 생산, 판매, 광고, 홍보 등 모든 분야에 대한 지식이 필요하다.

마술을 전문적으로 하여 돈을 벌기 원하는 사람을 위하여 이번 레슨을 쓰게 되었다. 그렇기에 마술 판매와 사업에 대해서 다루고자 한다. 다른 사업과 같이 먼저 판매할 상품이 필요하다. 그 상품은 반드시 소비자에게 만족을 주는 것이어야만 한다. 그리고 사람들에게 상품을 통해 얻을 수 있는 이익에 대해 설명해야만 한다. 그들이 편안한 집을 나서서 밖으로 나와 지갑을 열게 만들 수 있는 그런 이익이어야 한다.

돈을 벌 수 있는 마술은 없다. '미저스 드림(Miser' s Dream)' 에서와 같이 허공에 손을 뻗더라도 돈은 생기지 않는다. 돈을 가진 사람에게 팔 수 있는 상품이 있어야만 한다. 돈은 사람이 갖고 있는 것이고, 그 사람이 마술의 가치를 생각하여 돈을 지불하는 것이다. 돈을 벌기 위해서는 돈을 가진 사람과 당신, 두 사람이 필요하다는 사실을 절대 잊지 않길 바란다.

1~2달러를 갖고 시작하여, 거대한 사업을 일궈낸 사람들이 있다. 그들에게는 아이디어와 자신의 신념이 있었고, 사람들 돕기를 좋아했다. 그들은 자신의 아이디어를 이루기 위해서 끝까지 노력했다. 비록 시작은 미약했지만, 매일매일 조금씩 앞으로 나가서 결국은 성공을 거둔 것이다. 자신이 원하는 사업을 시작하기 위해서 꼭 필요한 것이 무엇이냐고 물으면, 많은 사람들은 돈이라고 말한다.

---

* 이번 레슨은 현대사회에도 적용될 수 있는 내용이지만 이 책이 집필된 20세기 초를 배경으로 하고 있음을 감안하고 읽길 바란다(감수자).

"당연히 돈이 필요하죠! 어떤 사업을 해야 돈을 벌 수 있는지 알고 있기 때문에 돈만 있으면 돼요!"

이런 사람들에게 돈을 빌려줄 만큼 한가한 사람은 없다. 그렇기에 그들은 항상 이렇게 외칠 뿐 시작도 하지 못한다.

에디 버넷(Eddie Burnette)과 루실(Lucille)
잠긴 트렁크 미스터리(Locked Trunk Mystery) 중

돈만 있다고 되는 것은 아니다Money Not the Only Essential

"내가 돈만 있다면 공연을 통해서 이 동네의 돈을 싹쓸이 할 텐데…"라고 말하는 사람이 있다. 이런 사람에게 수억 달러를 쥐어줘도, 결말은 쌈짓돈을 갖고 시작한 사람과 다를 바 없다.

남아메리카에서 데이비드 밤베르크는 주머니에 있는 돈을 탈탈 털어서 《타벨 코스(Course in Magic)》의 배송비를 지불해야 할 정도로 어려웠다. 그러나 그 책을 통해 아이디어를 얻었고, 새로운 용기와 영감, 일하고자 하는 열망이 생겼다. 그래서 쉽게 구할 수 있는 소품을 모아서 작은 쇼를 시작했고 쇼를 팔았다. 효과가 있었다. 곧 그는 앞뒤에 또 다른 마술을 첨가시켜 이브닝 쇼를 탄생시켰다. 이로써 세계에서 정교하고 재미있고 멋진 무대로 손꼽히는 유명한 '푸만추(Fu Manchu)'의 쇼가 탄생되었다.

성전 건축에 있어서 큰 성공을 거둔 흑인 목사는 자신의 성공 비법에 대해서 이렇게 말했다.

첫째, 앞으로 사람들에게 무슨 말을 할지 말한다.
둘째, 사람들에게 말한다.
셋째, 무슨 말을 했는지 말한다.

그와 조금 더 대화를 나눠본 후, 다음과 같은 다섯 단계의 공식을 도출했다.

첫째, 최대한 설교를 잘 준비한다.
둘째, 앞으로 할 설교에 대한 사람들의 흥미를 유발시킨다.
셋째, 설교를 한다.
넷째, 잘 기억할 수 있도록 되새겨준다.
다섯째, 실수가 있었다면 시정하여 다음에는 더 나은 설교를 할 것을 약속한다.

아주 단순한 공식이지만 마술을 비롯하여 모든 것을 판매할 때 아주 유용하다.

카디니(Cardini)와 조수 스완(Swan)(아내)
엑설런트, 듀얼, 액션(Excellent, dual, action) 사진

첫째, 사람들에게 즐거움을 줄 수 있는 최고의 연기와 쇼를 준비한다.

둘째, 보고 싶은 마음이 생기도록 사람들에게 쇼에 대해서 이야기하고 광고한다.

셋째, 쇼를 보여준다. 그리고 당신이 사람들을 즐겁게 할 수 있는 멋진 쇼를 갖고 있음을 증명한다.

넷째, 사람들이 쇼에 대해서 이야기하게 만들고, 신문에는 공연이 어떻게 좋았는지, 당신이 어떤 마술사인지, 마술이 얼마나 재미있고 신기했는지에 대한 기사가 실리게 한다.

다섯째, 실수가 있었는지 확인하고, 문제가 있는 부분은 고치고, 발전시킬 수 있는 부분은 발전시킨다. 그래서 다음에는 더 나은 쇼를 할 수 있도록 한다.

그럼 조금씩 쇼가 진보하게 된다. 그리고 인기를 얻게 되고, 더 많은 사람들이 당신의 마술을 보길 원하게 된다. 매표소는 북새통을 이룰 것이다.

경제적인 성공에 있어서 당신의 개성과 인간의 본성에 대한 이해를 무시할 수 없다. 무엇이 사람의 관심을 끄는지, 또 무엇이 사람들의 관심을 끌 수 없는지 등 인간의 본성에 대해서 연구한다. 만약 말을 하며 공연을 한다면 말을 잘하는 법을 배우고, 말없이 공연을 한다면 팬터마임을 익혀야만 한다.

먼저 활동할 영역을 선택하라 Select Your Field of Operation

쇼를 구상하기 전에 반드시 어디에서 표를 팔고 공연을 할 것인지 결정해야 한다. 오키토(Okito), 카디니(Cardini), 프락손(Frakson), 르폴(Le Paul), 텅핀수(Tung Pin Soo), 마도니(Mardoni), 칸투(Cantu) 등의 마술사는 10~20분 길이의 쇼를 통해 안락한 삶을 영위했다. 그들은 보드빌에서 시작했다. 하지만 보드빌이 점점 쇠퇴하면서 나이트클럽, 다양한 무대가 있는 극장, 호텔 식당 등에서 공연을 했다.

또한 문화회관, 학교에서 공연을 하여 성공하는 경우도 있다. 버치(Birch), 에드 리노(Ed Reno), 로란트(Laurant), 브러시(Brush), 로링 캠벨(Loring Campbell)이 그 예이다. 이런 쇼는 1~2시간 동안 진행된다. 그리고 트렁크를 갖고 쇼를 하는 경우, 커튼 등 정교한 장치를 이용하는 경우, 일루전을 선보이는 경우 등 매우 다양하다.

할란 타벨 박사(Dr. Harlan Tarbell)
'그가 어떻게 생겼나(what he looks like)' 를 보여주고 있다.

오키토(Okito, 테오 밤베르크(Theo Bamberg))　　　프락손(Frakson) '놀랍구나(It's Amazing)'
중국 마술을 선보이고 있다　　　　　　카드 라이즈 마술을 하고 있다

Tarbell course in Magic

학교 모임School Assemblies

마술 분야에서 '학교 모임'과 같은 종류의 프로그램은 특별한 학교 모임 에이전트에서 예약이 이루어진다. 길이는 45분~1시간이고, 특히 학교의 모임이 있는 기간을 위해 준비된다. 주당 일정 금액을 받기도 하고, 공연당 일정 금액을 받는 경우도 있다. 주로 학교 시즌을 다루기 전에 한 차례 순회공연이 이루어진다.

개인적으로 예약하여 공연을 하는 마술사도 있고, 혹은 에이전트에 수수료를 지불하고 예약하는 마술사도 있다. 예약료는 약 수입의 25~35%이다. 입장료는 주로 10~25센트이며, 이 중 50~60%, 많게는 70%가 마술사의 몫이다. 그리고 이런 공연을 통해서 학교에 수입이 생기는 경우 학교의 환영을 받는다.

버치, 에드 리노와 다른 학교 공연자들은 어린이를 위한 특별 공연이나 오전, 오후 공연에서 더 많은 돈을 벌 수 있다는 사실을 알게 되었다. 입장료가 더 비싼 어른을 위한 이브닝 공연은 공연 시간도 더 길뿐만 아니라 수입도 더 나을게 없었다.

클럽 쇼Club Shows

사친회(Parent-Teacher' s Association), 미군 재향 군인회(American Legion Clubs) 등 친목회나 교회의 특별 이벤트, '여성을 위한 밤'과 같은 행사를 이용하면 돈을 벌 수 있다. 메이슨스(Masons), 엘크스(Elks), 오드펠로우스(Oddfellows), 이글스(Eagles), 무스(Moose) 등과 같은 단체도 포함된다.

로터리(Rotarians), 키와니스(Kiwanis), 라이온스(Lions), 이그세큐티브(Executive), 익스체인지(Exchange)와 비슷한 성격의 사회봉사단체의 오찬에 적합한 프로그램을 갖고 있는 마술사도 있다.

여성 모임에서도 정기 모임이나 행사에서 마술사를 초청하는 경우가 있다.

또한 목사나 성직자 중에서 종교적인 이야기를 설명하는 데 마술이 유용하다고 생각하는 사람도 있다. 울스톤 박사(Dr. Woolston), 테드 부히즈(Ted Voorhees), 에버렛 밀즈(Everett Mills), 호머 로드헤버(Homer Rodheaver)는 이 방면에서 대가였다.

워너 C. 돈필드(Werner C. Dornfield, '도니(Dorny)')
유머감각 있는 마술사이자 '사회자'

할란 타벨 박사
멘탈 마술을 선보이는 중

프락손(Frakson)
사라진 라디오(Vanishing Radion) 공연 중

 Tarbell course in Magic

디너 테이블 쇼Dinner Table Show

버트 앨러튼(Bert Allerton), 스탠리 작스 박사(Dr. Stanley Jaks), 시드니 로스 박사(Dr. Sydney Ross)는 호텔 식당이나 고품격 레스토랑에서 활동하며 수년간 명성을 떨쳤다. 버트 앨러튼은 수년간 시카고의 앰버서더 이스트(Ambassador East) 호텔의 펌프 룸(Pump Room)이 고정적인 무대였다. 그리고 로스 박사는 뉴욕 록펠러센터(Rockfeller Centre)의 레인보우 룸(Rainbow Room)에서 수년간 활동하며 큰 인기를 얻었다. 작스 박사는 뉴욕의 디너 클럽 여러 곳에서 활동하며 큰 돈을 모았다.

단골이 미리 인쇄해 놓은 카드를 테이블 가운데에 세워놓으면, 마술을 보기 원한다는 표시이다. 주로 공연당 요금은 5달러이고, 대부분의 부유한 관객들은 팁을 주기도 한다. 공짜 공연을 보여준 뒤, 팁에만 의존하는 것은 좋은 생각이 아니다. 정확한 요금을 정해놓고 '특별한 무언가'를 보여준 뒤 팁을 받는 것이 좋다. 테이블 쇼는 상황에 따라 주로 15~20분간 진행된다. 마술사는 기발하면서도 재미있는 마술을 많이 알고 있어야 한다.

다른 종류의 마술쇼Other Types of Magic Show

W. C 돈필드(W. C. Dornfield), '도니(Dorny)'는 자신의 사회자로서의 능력에 마술사로서의 능력을 더해 활동했다. 사회를 맡으며 마술을 선보이기도 했다.

존 폴(John Paul)과 루디 시멜릭(Rudy Schmelic)은 독일의 지하식당풍의 테이블 마술을 만들어냈다. 바에서도 공연할 수 있으며, 자신의 호프에서도 마술을 선보였다.

매트 슐리엔(Matt Schulien)은 시카고의 할스디드가(Halsted Street)에서 자신의 아버지가 경영하던 오래된 독일식 호프를 인수했다. 그리고 자신의 천부적인 마술 소질로 사람들을 끌어 모았고, 미국 전역에 알려졌다. 사람들은 먹고, 마시고, 그의 공연을 보기 위해서 곳곳에서 몰려왔다.

이집트 마술사인 갈리갈리(Gali-Gali)는 테이블 미스터리와 호텔 쇼를 접목시켰다. 폴 로시니(Paul Rosini)는 나이트클럽과 디너클럽에서의 공연으로 지금의 명성을 갖게 되었다.

더닝거(Dunninger), 존 멀홀랜드(John Mulholland), 존 엘더 브랙에지(John Elder Blackedge)와 나는 강의와 콘서트 분야에서 활동하여 큰 성공을 거뒀다. 이 분야에서는 마술적

소질뿐만 아니라 뛰어난 언변이 필요하다.

켈라(Kellar), 서스톤(Thurston), 단테(Dante), 블랙스톤(Blackstone), 니콜라(Nicola), 이호창(Li Ho Chang), 푸만추(Fu Manchu)는 특별한 무대 배경이 있는 화려한 무대에서 커다란 규모의 마술을 갖고 이브닝 쇼를 관객에게 선사했다. 수많은 조수와 무대 예술가들이 그들과 함께 했다. 그들의 쇼는 그들 스스로 극장용으로 만든 것이었다. 무대 제작 등 공연 준비에 들어간 비용이 어마어마했다.

잭 귄(Jack Gwynne)은 보드빌 쇼로 시작했지만, 나중에는 완전한 길이의 이브닝 쇼를 혼자서 소화해냈다. 몇 년 동안 있던 그의 '가족' 공연에서는 자신의 가족이 스태프로 활동했다. 캘리포니아에서 라젠스(Larsens)는 윌리엄(William), 제랄딘(Geraldine), 그리고 두 아들 윌리엄(William)과 밀턴(Milton)과 함께 가족 공연을 펼쳤다.

공연 예약과 홍보Booking and Publicizing a Show

개인적으로 예약이 이루어지는 공연도 있고, 에이전트를 통해 예약이 이루어지는 공연도 있다. 대부분의 공연은 클럽 에이전트, 강의 에이전트, 문화센터 에이전트, 학교 모임 매니저, 콘서트와 극장 에이전트를 통해 예약된다. 이때 에이전트는 일정 금액이나 티켓 판매 금액의 일정 비율을 청구한다. 보증금을 요구하는 경우도 있다. 유명한 마술사의 경우, 비용에 대해 에이전트와 흥정할 수도 있다. 티켓 판매 금액의 일정 비율과 보증금을 모두 지급해야 하는 경우도 있다. 큰 도시에는 공연의 성격에 따라서 에이전트를 선택할 수 있다.

관람료는 대중의 요구와 공연의 성격에 따라 달라진다. 전국적으로 유명한 마술사의 공연은 신인 마술사의 공연보다는 당연히 관람료가 비싸다. 콘서트장이나 극장과 같은 경우는 입장료가 있기 때문에 많은 관객을 동원해야만 수익을 창출할 수 있다. 그렇기에 한 지역에서보다는 전국적으로 유명한 마술사가 되어야 하고 적절한 홍보 수단을 강구해야만 한다.

팸플릿, 사진 그리고 포스터Folders, Photos and Posters

에이전트에 자신의 쇼를 팔기 위해서는 먼저 무언가를 보여줘야만 한다. 쇼에 관한 팸플릿, 사진이 필요하다. 증명사진이나 상반신 사진뿐만 아니라 공연의 한 장면을 찍은 사진도 필요하다. 마술 공연에 대해서 잘 이해하고 있는 극장 사진작가를 찾아가면, 단순히 로비에 붙일 포스터나 팸플릿용 사진이 아닌 신문에도 실을 수 있는 제대로 된 사진을 찍을 수 있다. 이때 사진 크기는 21.2cm×27.5cm가 좋다.

팸플릿은 21.2cm×27.5cm 크기로 제작하거나, 27.5cm×43.2cm의 종이를 21.2cm×27.5cm로 접어서 사용한다. 대부분의 팸플릿이 이 사이즈이고 쉽게 다룰 수 있다. 인쇄 작업도 매우 중요하다. 사진 복사기를 이용해야 하는 경우도 있다. 그리고 팸플릿을 만들 때 지면 배치와 용지의 선택도 중요하다. 이런 작업에 있어서는 팸플릿에 대해 잘 알고 있는 전문가의 도움을 구하는 것이 현명하다. 당장은 비용이 들지 모르지만, 나중에 보면 이것이 가장 경제적인 방법이다. 전체적인 것에 대해서 모두 알고 있는 전문가를 찾아가라. 그리고 광고에 있어서도 당신만의 개성이 필요하다. 다른 사람의 것을 그대로 베끼는 것은 절대 금물이다. 일반적인 이론은 따를 수 있지만 반드시 자신만의 색깔을 표현해야만 한다.

사람들이 자신의 쇼에 관심을 갖게 만드는 경제적인 방법으로, 정부의 1센트 우편 엽서를 이용할 수 있다. 엽서의 뒷면에 자신의 사진과 쇼에 대한 정보를 담는다. 이런 엽서를 종종 발송한다.

대중을 위한 공연에서는 포스터가 필수적이다. 포스터의 크기는 주로 35cm×55cm이다. 55cm×70cm의 크기로 제작하는 경우도 있다. 포스터용 카드보드(poster cardboard)에 컬러로 제작한다. 극장 포스터 전문 제작업체에서 이런 종류의 일을 맡는다. 그중에서 유명한 곳은 시카고의 글로브 포스터(Globe Poster Corporation)이다. 포스터의 레이아웃은 마술 공연에 익숙한 전문 포스터 예술가에게 맡겨야 한다. 절대 아마추어에게 맡겨서는 안 된다.

큰 공연에서는 공연장과 거리에 붙일 벽보도 필요하다. 55cm×70cm의 종이 1/2을 이용하여 벽보를 만든다. 어떤 경우에는 이런 종이 한 장, 세 장, 네 장, 여섯 장을 이용하는 경우도 있다. 벽보에는 주로 석판으로 인쇄한 그림과 두꺼운 글씨가 있다.

신문을 통한 홍보 Promotion through Newspapers

먼저 신문에 실릴 만한 기사가 있어야 한다. 그리고 홍보담당자로 하여금 당신과 당신의 공연에 대한 기사를 쓰게 한다. 간단하고 무뚝뚝한 문체로, 뉴스로서의 가치

잘 만든 포스터의 예

가 있어야 한다.

1단이나 2단으로 기사를 작성하고 사진을 곁들인다. 사진은 증명사진이나 상반신 사진을 이용한다. 이때 망판 원판의 신문 스크린(사진 제판에서 원화의 농담을 망점으로 나타내기 위하여 사용하는, 그물눈이 있는 유리 또는 필름의 막)이 필요하다. 망판은 조판공에 의해서 촬영되며 어떤 종류의 종이를 사용하느냐에 따라 농도를 달리하여 제작한다.

큰 규모의 공연일수록 특별한 신문 홍보가 필요하다. 항상 바쁜 사람이기는 하지만 신문 편집장과 함께 반드시 개인적으로 면담을 가져야 한다. 마술사의 홍보를 위해 제작되는 신문은 없다. 그렇기에 광고 팀이 있는 것이다. 그들에게 돈을 지불하고 신문의 지면을 살 수 있다. 그러나 독자들이 관심을 가질 만한 특별한 뉴스가 있다면, 편집부가 직접 뉴스를 신문에 게재한다. 한동안 이를 위해서 일부러 이목을 끄는 행위를 한 마술사들도 있다. 이제까지 그들이 사용했던 방법을 잘 살펴보는 것이 좋다. 신문은 왜곡되지 않은 관점을 좋아한다.

이틀 동안 있을 콘서트 공연을 위해서 호놀룰루(Honolulu)에 간 적이 있다. 당시 기사거리가 풍부했기에 신문의 지면이 부족한 상황이었다. 하지만 나는 5일 동안 계속 신문의 첫 장을 장식했다. 선풍적인 기사를 제공한 것이다.

아는 것이 힘이다 Knowledge is Power

삶, 그 자체가 경쟁이다. 마술사들의 세계뿐만 아니라 모든 분야에 경쟁이 존재한다. 국제법보다 더 중요하고 선풍적인 기사거리를 만들기 위해서 마술사는 무엇을 해야 하나? 만약 인생을 사는 데 있어서 인생을 게임처럼 생각하며 공정한 방법으로 상대를 이기기 위한 방법을 찾기 위해 노력한다면 더욱 즐겁고 성취하는 삶을 살게 될 것이다.

마술사들은 홍보, 광고, 언론, 영업, 철학, 유머 등에 대해 공부하고, 사람들이 관심을 갖는 주제도 절대 소홀히 여기는 법이 없다. 그래서 경영학, 법학을 공부하여 사업 수완과 배경 지식을 쌓는 마술사도 있다. 그리고 《타벨 코스(The Tarbell Course)》의 출판인 루이스 탄넨(Louis Tannen)은 도구 제작 방법에 대해서 더 잘 이해하기 위해 기계 제작자 과정을 수료했다. 또한 마법을 위해서 실크 스크린 날염 과정도 공부했다. 또한 신문이 무엇을 원하는지 이해하기 위해서 신문에 대해 철저히 연구하기도 한다.

TARBELL *Takes* HONOLULU *By Storm!*

WORLD'S MASTER
MAGICIAN
AND MENTALIST

Front Page News *for* 5 Days

Capacity Audiences

UP FRONT WITH BLINDFOLDED DRIVER ON BUSY HONOLULU STREETS

At the START of Dr. Harlan Tarbell's blindfolded drive through Honolulu's busiest traffic Saturday noon, the famed magician leaves without any assistance, although his face is covered by a hood. He drove as you would, stopping for traffic lights.

DR. TARBELL DRIVES an automobile through downtown Honolulu streets. Dr. Tarbell and he didn't even see it.—Star-Bulletin photos.

THE HEAVY TRAFFIC didn't bother Dr. Tarbell and he didn't even have a clear cut. Thousands of persons watched the startling demonstration, all expressing amazement.

DR. TARBELL STOPS his brow with the black mask after his "work-out" Dr. Tarbell has done his feat in largest U.S. cities.—Star-Bulletin photos.

Magician's News Prophecy Right

HE PREDICTED THE TOP NEWS STORIES of Wednesday three days in advance—and hit them on the nose. Magician Harlan Tarbell, next, parades to Star-Bulletin managing editor, is somewhat startled. Tarbell is indicating the "Achtung" banner story to Vern Hinkley, managing editor, looks so somewhat startled. Tarbell is indicating the "Achtung" banner story to Vern Hinkley. Two of the five stories he forecast.—Star-Bulletin photo.

Honolulu Star-Bulletin

20 PAGES—HONOLULU, T. H., U. S. A. MONDAY, FEBRUARY 16, 1948—20 PAGES

EVERYBODY LOVES MYSTERY

THE HONOLULU ADVERTISER, FEBRUARY 19, 1948

Dr. Tarbell Amazes Audience With His Exhibition Of Magic

THE HAWAII HERALD.

DR. TARBELL, MARVELOUS MAGICIAN

PREDICTIONS OF THINGS TO COME ARE CONTAINED in this sealed box being presented by Magician Dr. Harlan Tarbell (look wall) to Paul C. McGurr, business manager of the Star-Bulletin.

사진 오프셋 인쇄 광고지(photo-offset circular)

하워드 서스톤(Howard Thurston)은 드와이트 L. 무디(Dwight L. Moody) 목사 밑에서 목사가 되기 위해 준비한 적이 있다. 서스톤은 항상 자신의 수련목회자 시절이 큰 도움이 된다고 말한다. 무디 목사가 서스톤에게 무대에 대한 훈련을 도와주었다. 그리고 무디 목사는 서스톤에게 이렇게 말했다.

"자네는 무대에서 목사가 될 수 있다네."

공고기사, 비평 그리고 광고Notices, Reviews and Advertising

해리 후디니(Harry Houdini)가 자신의 쇼에 신문사의 관심을 모으는 것을 보면 가히 마술과도 같았다. 신문을 위한 뉴스를 만드는 그의 특별한 방법을 통해 그의 성공이 가능했다고도 말할 수 있다. 후디니는 자신이 하는 놀라운 것을 세상에 알리면 된다고 믿었다.

대중을 위한 공연에 있어서 신문 광고는 필요하다. 이때 길이 2.5~10cm의 1단 기사를 미리 준비해두는 것이 좋다. 때로는 2단 기사가 필요한 경우도 있다. 광고에 사진을 넣으면 더욱 효과적으로 독자의 시선을 사로잡을 수 있다. 신문에 있는 공연 광고를 잘 살펴보면 많은 것을 배울 수 있다. 하지만 신문 광고만을 의지해서는 안 된다.

큰 신문사의 편집자와 비평가는 알아두면 좋다. 만약 당신이 정말 좋은 공연을 갖고 있다면 그들은 열성을 다해 비평을 써줄 것이다.

공연의 회장이나 공연장 매니저로부터 칭찬이 담긴 편지나 카드를 받았다면 반드시 사본을 만들어둬야 한다. 그리고 신문의 공고 란에 공연에 대한 내용이 실렸다면 그 부분도 보관해둬야 한다. 이렇게 모은 편지와 신문지는 깔끔하고 보기 좋게 스크랩해둔다. 그럼 공연에 있어서 더욱 자신감이 생기고 또한 다른 사람들로 하여금 당신의 공연을 보고 싶게 만든다.

시기적절한 관계Timely Tie-ups

유명한 윌 로저스(Will Rogers)는 알아주는 유머감각의 소유자이다. 그는 무대에서 세계에서 일어나고 있는 일을 재미있게 이야기한다. 그 시대에 일어나고 있는 상황을 이용하여 유머를 했고, 그는 더욱 유명해졌다. 윌 로저스와 같이 알 베이커(Al Baker)는 그날의 사건사고를 이용했다. 그리고 관객의 상황을 갖고 관객을 웃게 만들었다.

마술사로서 우리는 시대의 조류와 더불어 활동할 수 있다. 남들에게 팔기 위한 마술이나 공연은 시대 상황과 조류에 맞아야 한다. 그리고 격식에 맞게 옷을 차려입고 적절하게 관객에게 선사해야 한다.

마술을 판매하는 데 있어서 지름길은 없다. 하지만 성공한 이들이 공통적으로 이용하는 방법은 없다. 어느 날 아침 눈을 떴는데, 언론이 당신에 대해 새로운 시각을 갖고 대중이 당신을 원한다면 어떻게 될까? 마술에 있어서 최선의 방법은 천천히 그리고 확실하게 시작하는 것이다. 자신의 방법을 만들고, 재료를 확인하고, 그리고 그 분야에 익숙해지기 위해서 가능한 많은 조언을 듣는다.

카디니나 프락손의 공연과 같은 형태를 다루는 방법은, 블랙스톤이나 푸만추가 했던 이브닝 쇼를 다루는 방법과는 전혀 다르다. 어떤 마술사들은 각자의 영역에서 활동하면서, 자신의 영역에서 발생하는 문제점, 그 영역을 발전시킬 수 있는 방법에 대해 알려주기도 한다. 물론 마술을 팔기 위한 가장 좋은 방법은 사람들이 이야기하는 멋진 쇼를 만드는 것이다. 사람들의 입소문이 큰 도움이 된다. 그러나 하나에 너무 많이 의존해서는 안 된다. 신문에 광고를 싣는 것만으로는 부족하다.

명함과 레터헤드Stationary

멋진 디자인의 레터헤드와 명함은 필수적이다. 깔끔하게 타이핑된 편지는 당신의 마술을 더욱 사업답게 보이게 한다. 그리고 이제는 촌스러운 레터헤드와 명함은 통하지 않는다. 약간 비용이 들더라도 눈에 띄게 만들어야 한다. 다시 말하지만 전문가에게 부탁하는 것이 좋다.

꼭 잊지 말아야 하는 것이 있다. 잘 모를 때는 잘 알고 있는 사람을 찾아가라! 그것이 좋은 전문가의 비법이다. 그리고 성장하길 원한다면 배우는 것을 멈추지 마라! 그러면 내년에는 지금보다 더 나은 모습일 것이다. 오늘은 내일을 준비하는 시간이다.

할란 타벨 박사

(Dr. Harlan Tarbell, 1890-1960)

　어느 마술모임에서도 타벨 박사의 가르침을 받지 않은 사람은 하나도 없다. 수많은 마술사들이 자신의 업적을 ≪타벨의 마술교실≫의 공으로 돌렸다. 그는 ≪타벨의 마술교실≫에서 아주 자세한 그림과 명료한 문장을 통해 방대한 양의 마술을 설명했다. 때문에 학생들은 그의 책을 읽으며 곧바로 마술을 따라할 수 있었다. 타벨 박사는 스스로의 노력으로 마술 능력을 쌓았고 이에 어울리는 두 가지 선천적인 능력을 지녔다. 그는 천사와 같이 그림을 잘 그렸고, 놀라울 정도로 명료한 글을 썼다.

　전문가와 초보자를 동시에 쉽게 가르치는 것은 타벨만이 할 수 있는 일이다.

　그는 전국 단위의 모임이든 지역 모임이든 거의 모든 모임에 참석했다. 그럼에도 불구하고 한 번도 그를 직접 보지 못했을 수도 있다. 그를 처음 본 사람은 그가 윌 로저스(Will Rogers)와 닮았다고 생각한다. 그는 키 176cm에 몸무게 59kg

의 호리호리한 체격과 날카로운 눈매, 유창한 말솜씨를 갖고 있으며, 약간은 긴장한 듯한 모습을 하고 있다. 그리고 모든 사람에게 친절하고, 누구한테나 쉽게 다가갈 수 있는 성격이다.

타벨 박사는 우리 세대만의 스승이 아니다. 그는 최고의 마술 스승으로 길이 남을 것이다. 마술의 규칙을 성립하고, 그 규칙에 따라 마술을 했던 사람, 그가 바로 타벨이다.

타벨 박사는 새로운 마술을 만들고 비법을 밝혀내고 증명하는 데 천부적인 재능을 가지고 있다. 사람들이 불가능하다고 생각하는 것을 타벨 박사는 해냈다. 그는 마술을 단순한 예술이 아닌 그 이상의 과학으로 승화시켰다. 마술을 전혀 알지 못하는 사람뿐만 아니라 마술사들까지 놀라게 했다. 일찍이 타벨은 마술이 한 사람을 사로잡고, 그 사람의 운명을 결정하는 능력이 있다는 것을 깨달았다. 그는 사실이 죽어 전설이 되는 것을 보았다. 그리고 그가 만들어낸 허상은 진짜보다 더 진짜 같았다. 그래서 그는 정글스(Jungles)의 마녀, 이집트의 굴리굴리 마술사, 동서양의 마술사, 파간사원의 성직자 마술을 비롯하여 전 세계의 마술과 미스터리를 공부하기 시작했다. 이와 더불어 이너 브라더후드(Inner Brotherhood)의 현자였던 매기(Magi)가 집대성한 진실의 미스터리(Mysteries of Truth)도 공부했다. 그는 이런 방대한 지식을 토대로 자신이 개발한 마술로 미국 전역을 흥분시켰다.

새로운 마술을 만들어내는 능력, 쾌활한 성격, 유머감각, 언변이 그를 지금의 자리에 있게 했다. 관객은 누구나 타벨 박사의 마술을 좋아했고 그는 정말 위대한 엔터테이너였다.

옮긴이

한수영 한국외국어대학교 영어대학 통번역학을 전공하였다. 다양한 분야에서 번역활동을 하고 있으며, 특히 인문, 비즈니스 분야에 관심이 많아 이에 주력하여 활동하고 있다. 현재 번역에이전시 (주)엔터스코리아에서 출판기획 및 전문번역가로 활동하고 있다. 주요 역서로는 〈직장에서 살아남는 성공 노하우(가제)〉〈리더십 제대로 파헤치기(가제)〉〈타벨의 마술교실 2〉〈타벨의 마술교실 4〉〈아가사 크리스티〉〈치명적인 동료들(가제)〉 등 다수가 있다.

감수

김준오 대한민국 1세대 마술사 이흥선(알렉산더 리) 옹의 외손자이며 3대째 마술가업을 잇고 있다. 2000년부터 우리나라 최초의 마술대회인 대한민국 매직페스티벌을 주최하고 있으며 대한민국 신예 마술사들의 해외진출을 지원하고 해외 유명 마술사들을 국내에 초청, 소개하는 가교 역할을 하고 있다. 오산대학 이벤트연출과 교수를 역임했으며, 현재 알렉산더 매직패밀리 마술 연출 감독, FISM(세계마술연맹) 대한민국 회장, AMA(아시아마술협회) 대한민국 회장을 맡고 있다.